民航国际客运销售实务

于爱慧 主 编

陈燕 孙惠君 副主编

中国民航出版社

图书在版编目（CIP）数据

民航国际客运销售实务 / 于爱慧主编. —北京：中国民航出版社，2011.9（2020.9 重印）
ISBN 978-7-5128-0049-6

Ⅰ.①民… Ⅱ.①于… Ⅲ.①民用航空 - 国际运输：旅客运输 - 销售管理 - 技术培训 - 教材 Ⅳ.① F560.83

中国版本图书馆 CIP 数据核字（2011）第 175959 号

民航国际客运销售实务

于爱慧　主编

责任编辑	刘庆胜
出　　版	中国民航出版社（010）64279457
地　　址	北京市朝阳区光熙门北里甲 31 号楼（100028）
排　　版	中国民航出版社录排室
印　　刷	北京金吉士印刷有限责任公司
发　　行	中国民航出版社（010）64297307　64290477
开　　本	787×1092　1/16
印　　张	18.5
字　　数	410 千字
版 印 次	2012 年 2 月第 1 版　2020 年 9 月第 12 次印刷
书　　号	ISBN 978-7-5128-0049-6
定　　价	54.00 元

官方微博　http://weibo.com/phcaac
淘宝网店　https://shop142257812.taobao.com
电子邮箱　phcaac@sina.com

编辑委员会

主　　任：吴桐水

副主任：李江民　曹建雄　顾佳丹　王全华

委　　员：（按姓氏笔画排序）

马崇贤　王明远　车尚轮　田留文

冯　刚　陈　明　周如成　唐　兵

徐杰波　徐　强　浦照洲　蓝新国

魏振中

编 辑 部

名誉主编：魏振中

主　　编：陈　燕

执行主编：（按姓氏笔画排序）

于爱慧　付晓云　白　燕　孙继湖　孙惠君
陆　东　陈　芳　陈彦华　竺志奇

编辑部成员：（按姓氏笔画排序）

万　青	王静芳	王娟娟	文　军
孔令宇	史合义	孙燕平	闫世昌
李玉红	李　红	李建华	李瑞林
肖瑞萍	张乐发	张　英	张辉（上海）
张辉（广州）	陈小代	陈文玲	陈　怡
杨省贵	周石田	袁锦华	徐　青
曹允春	戚久宏	崔　岩	曾晓燕
廉秀琴	臧忠福	樊春雷	穆铁贵

前　言

中国民航运输业是改革发展、经济腾飞浪潮中的朝阳产业，在当前国民经济生产建设中占有不可或缺的地位，具有高科技含量、风险敏感性、国际一体化和跨地区经营等特点，应运而生的中国航空销售代理企业由1985年产生的第一家，迅猛发展到现今具有认可资质的万余家，为航空公司节约了大量的营业网点的建设、管理、销售等费用，极大地拓宽了航空公司的销售渠道，使旅客、货主直接受益。

按照民航局的要求，中国航空运输协会具有负责规范航空运输销售代理市场秩序，引导其快速、健康、稳定发展的职能。在不断地积累经验和理论探讨的基础上，中国航空运输协会以加强代理人培训、提高从业人员素质为己任，针对航空运输销售代理管理、培训和考核的体系，制定了"统一大纲和教材、统一施教标准、统一收费标准、统一考试、统一颁发证书"的"五个统一"管理规定，做到有章可循、有据可依。

此套航空运输销售代理培训教材正是"五个统一"的重要举措之一，涵盖了航空运输销售代理的国际客货运输专业和国内客货运输专业的基本内容，具备如下特点：

（一）容量丰富、内容更新。即在原有教材的基础上汲取精华、去旧添新，根据代理工作的特点，以国际间通行的业务准则为基本依据，增加了生产实践中普遍运用的新规定、新技术和新方法，在"质"与"量"的双方面都有突破。

（二）操作性强、实用性高。本教材在满足中国航空运输企业销售工作的客观要求的同时，将理论知识和客观实践融会贯通，突出从业人员应知应会的内容，并增加案例分析等实用内容，做到理论与实践相结合，规定与应用相接轨。

（三）该教材作为中国航空运输协会授权培训与考核的唯一指定教材，教员以此为依据编写教材或讲义，并作为考核评定标准；学员既可将其作为学习用书，又可作为业务查阅手册，是教与学结合的良性互动教材。

此套航空销售代理人培训教材是中国航空运输协会召集中国民航大学、中国民航管理干部学院、中国民航飞行学院、民航上海中等专业学校、广州民航职业技术学院、中国国际航空公司、中国国际货运航空公司、中国东方航空公司、中国南方航空公司、上海航空公司、海南航空公司等具有较高理论素养和丰富实践经验的教授和专家精心编写而成，摒弃了单纯的教条模式，系统而全面地介绍了民航业务。

此套教材在编写过程中参考了 IATA 的国际通用标准和各大航空公司及院校的现有教材，在编写完成后经过了民航业内专家顾问的审阅和评定，同时也得到了民航有关领导的支持和帮助，在此表示热忱感谢。

中国民航业的高速发展具有行业知识更新快、变动多、变化大等特点，作为权威的教材，在日后的教学使用中应不断查漏补缺、添新去旧、整合更替，也希望读者不吝赐教，使其日臻完善。

中国航空运输协会
2009 年 9 月 29 日

目 录

前言

第一章 国际航班信息 ·· 1
    第一节 航班信息手册 ·· 1
    第二节 时差的概念及应用 ··· 8
    第三节 航班最短衔接时间 ··· 12

第二章 《旅行信息手册》(TIM)的使用 ·· 20
    第一节 TIM 简介 ··· 20
    第二节 术语 ··· 21
    第三节 护照 ··· 22
    第四节 签证 ··· 25
    第五节 健康检疫证明 ··· 30
    第六节 税收 ··· 34
    第七节 海关 ··· 35
    第八节 货币 ··· 36
    第九节 其他 ··· 37

第三章 国际航空旅客运价基础 ·· 40
    第一节 国际航空运价的信息来源 ··· 40
    第二节 国际航空旅客运价的分类 ··· 44
    第三节 IATA 运价区域的划分 ·· 47
    第四节 旅客航程和运价区间 ·· 54
    第五节 航程中的客票点 ··· 58
    第六节 航程方向代码 ··· 61

第四章 货币 ··· 64
    第一节 运价的表示和货币兑换 ··· 64

i

第二节　IROE 兑换率表的查阅方法 ················· 66
　　第三节　NUC 和当地货币运价换算和进位 ············ 67

第五章　里程制运价 ································ 70
　　第一节　直达公布运价 ····························· 70
　　第二节　非直达航程运价计算的基本步骤 ············· 79
　　第三节　里程制运价计算的内容 ····················· 81
　　第四节　普通运价的中间较高点检查（HIP） ········· 90
　　第五节　全球范围内的使用限制 ····················· 93

第六章　普通运价计算和表达 ························ 97
　　第一节　单程普通运价 ····························· 97
　　第二节　来回程普通运价 ·························· 104
　　第三节　环程普通运价 ···························· 107
　　第四节　同一区间内有不同等级的航程运价计算 ····· 110
　　第五节　比例运价 ································ 115
　　第六节　缺口程普通运价 ·························· 127
　　第七节　使用普通运价的环球程 ···················· 130

第七章　税费 ····································· 134
　　第一节　税费的基本概念 ·························· 134
　　第二节　列入运价的税费 ·························· 136

第八章　国际客票 ································· 140
　　第一节　客票使用的一般规定 ······················ 140
　　第二节　电子客票 ································ 145
　　第三节　电子客票的销售 ·························· 159
　　第四节　国际自动出票 ···························· 161

第九章　非普通运价 ······························· 166
　　第一节　特殊运价的使用条件 ······················ 166
　　第二节　特殊运价标准条件 SC100 ················· 172

第三节　承运人销售运价简介及查询 ·················· 182
　　第四节　折扣运价的基本内容 ························ 186

全书练习题 ·· 208

附件一　航空公司价格文件参考资料 ···················· 233
　　1. 国航散客促销价格 ······························ 233
　　2. 国航上海—台北促销价格 ························ 236
　　3. 深航国际客票销售规定 ·························· 238

附件二　OAG 及 PAT 资料 ···························· 240
　　1. 城市全称查代码 ································ 240
　　2. 国家代码 ······································ 251
　　3. 航空公司代码 ·································· 253
　　4. 航空公司数字代码 ······························ 255
　　5. 五国州/省代码 ································· 257
　　6. 机场/城市代码查全称 ··························· 258
　　7. 国际时间计算表 ································ 272
　　8. IATA 兑换率表 ································· 274
　　9. EMA 里程补贴表 ································ 282

后记

第一章　国际航班信息

第一节　航班信息手册

航班订座是国际客运的第一个重要环节。当处理旅客订座和咨询业务时，航空公司客票销售人员和地面服务人员需要利用计算机订座系统（例如 ICS、CRS、GDS）或航班信息手册（例如 OAG——《官方航空指南》）查阅大量有关航班时刻、班次、班期、机型、舱位等级、座位布局、航班路线、承运人、出发和到达机场、旅客出入境手续等各种信息资料。

虽然每个航空公司都发行各自的航班时刻表，并且这些时刻表包含有非常详尽的本航空公司的航班时刻和其他资料，但是作为一种综合性的国际航班信息手册，OAG 具有更广泛的通用性。因此，本章将着重介绍 OAG 航班指南的主要内容和使用方法。

一、OAG 的主要内容

OAG（《官方航空指南》）的英文全称为"Official Airline Guide"，分为航班指南和航班指南附录两个版本，网站地址为 www.oag.com，OAG 为全球航班分销系统、旅游门户网站等提供最新航班信息，覆盖的航班统计量约达到 2800 万个航班。

OAG 的主要内容包括：国际时间计算表、航空公司的两字代号、代码共享承运人、航空公司的结算号、机型代号、州的两字代码、城市和机场的三字代号和最短转机时间等。

1. 航班指南（Flight Guide）

OAG 航班指南每月出版一期，列有 800 多个航空公司的航班信息，其主要内容包括：

- 国际航协（IATA）
- 世界各国的航空公司（Airlines of the World）
- 航空公司指定代码（Airline Codes）
- 代码共享承运人（Airline Code Share Carriers）

- 航空公司数字代码（Airline Code Numbers）
- 航班路线表（Flight Routings）
- 机型代码（Aircraft Codes）
- 城市/机场代码（City/Airport Codes）
- 州/省的两字代码（State Code）
- 机场航站楼（Airport Terminals）
- 最短衔接时间（Minimum Connecting Times）
- 国际时间换算表（International Time Calculator）
- 航班资料说明（Schedule Texts Explained）
- 世界各国城市间的航班时刻（Worldwide City-to-City Schedules）

2. 航班指南附录（Flight Guide Supplement）

该附录每季出版一期。其主要内容包括：
- 国家代码
- 货币代码
- 机场/城市代码
- 免费行李限额
- 航空公司常飞旅客优惠
- 旅馆业常住旅客优惠
- 汽车租用业常租旅客优惠
- 卫生保健信息
- 世界疫情图
- 各国使馆和旅游办事处网址
- 国际组织及其定义
- 世界各国旅行信息（包括各国有关护照、签证、海关和卫生检疫的规定以及主要机场和各国基本概况）
- 世界地图
- 世界时区图
- 机场示意图
- 飞机座位布局

二、OAG 航班时刻表及其相关信息

OAG 手册的主要内容是全球城市间的航班时刻表，它的编排版面是按照始发城市的英文字母顺序排列，每个始发城市对应的到达城市也按照英文字母顺序排列。

图 1.1 是 OAG 手册航班时刻表的中文范例，图 1.2 是 OAG 手册航班时刻表的英文范例。

第一章　国际航班信息

城市和机场信息是如何显示的

许多城市有多个机场。

城市/机场地图指明机场相对于城市的位置。

出发城市
从德国柏林（城市代码为BER）起飞

出发机场
柏林有3个机场。
SXF - 柏林Schonefeld机场，距市中心12英里
THF - 柏林Tempelhof机场，距市中心4英里
TXL - 柏林Tegel机场，距市中心5英里

柏林时间比GMT时间提前1小时

```
From Berlin, Germany BER GMT+1
  SXF (Berlin Schonefeld Airport) 12.0mls/19.0km
  THF (Berlin Tempelhof Airport) 4.0mls/6.0km
  TXL (Berlin Tegel Airport) 5.0mls/8.0km
Los Angeles, CA, USA LAX  5792mls/9319km GMT-8
```

洛杉矶时间比GMT时间晚8小时

到达城市
飞向美国加州的洛杉矶（城市代码为LAX）
柏林和洛杉矶相距5792英里

航班时刻表是如何显示的

一周中的每一天
M-周一，T-周二
W-周三，T-周四，F-周五
S-周六，S-周日
该航班周日运行

有效性
如果有效性栏目未显示日期，表明航班在该版本有效期内一直运行。
该航班从12月13日起有效。

天数指示符
这些栏目中的（+/-天）符号表明哪些到达出发时间与行程开始日期不在同一天。
+1 第2天
+2 第3天
+3 第4天
-1 前一天

出发和到达时间
所有时间都是当地时间。国际时间计算显示展示于当地时间与GMT（格林威治标准时间）的差异。
该航班于1145从纽约出发，于2355抵达新加坡（1天后）

记住：所有显示的时间都是当地时间下例列举了从纽约到新加坡的航班。

```
freq         validity    depart    arrive      flight    stops cabin
                                                               equip
Singapore SIN  9524mls/15324km GMT+8
SIN-Changi
·····S Until 8 Dec   0900 LGAM 2355+1 SIN1   UA881    2 *  FCY
       UA881          Equipment 319-ORD-744
MTWTFS· Until 12 Dec 0900 LGAM 2355+1 SIN1   UA881    2 *  FCY
       UA881          Equipment 320-ORD-744
MTWTFSS From 13 Dec  0900 LGAM 2355+1 SIN1   UA881    2 *  FCY
       UA881          Equipment 733-ORD-744
MTWTFSS             2120 JFK  0700+2 SIN1   SQ25     1 744 FCY
M·W·F·S             2120 EWRB 0635+2 SIN2   SQ23     1 744 FCY
connections         depart     arrive              flight
M·W··S· Until 27 Nov 0830 JFK1 1725 LHR2    BA002    0 SSC  F
                    2055 LHR4 1745+1 SIN1   BA017    0 744  FY
·····F· Until 20 Dec 0830 JFK1 1725 LHR2    BA002    0 SSC  F
                    2100 LHR4 1745+1 SIN1   BA017    0 744  FY
MTWTFSS             1145 JFK1 1550+1 NRT1   *NH7001  0 777 FCY
                    1735+1NRT1 2355+1 SIN1  *NH7051  0 744 FCY
```

航班编号
航班编号的2个字符是运营此航班的航空公司的代码

候机室代码
候机室代码（如果有的话）显示在机场代码旁边

参见航空公司代码区域，了解代码所示的航空公司。
本次航班由新加坡航空公司运营。

该航班从J F Kennedy 国际机场的7号候机室出发，经由Narita机场的1号候机室，到达Changi 机场的1号候机室。

机场代码
参见城市/机场代码区域，了解每个代码所代表的机场。
该航班从纽约的J F Kennedy国际机场（JFK）出发，途经东京Narita机场（NRT），最后抵达新加坡Changi机场（SIN）

航空公司代码共享运营商
符号H表示航班由另一家航空公司运营，不是航班编号的2个字符所表示的那个航空公司。
参见航空公司代码共享运营商区域，了解实际运营航班的航空公司。

直达航班
如果同一行的两个时间都用粗体显示，表明这是一个直达航班。
有可能从"出发城市"直飞到"到达城市"，中途不作停留。
也有可能在中途停留一个或多个城市。

中转航班
如果同一行的两个时间都不用粗体显示，说明这是一个中转航班。
中转航班意味着一个在中途机场从一个航班转入另外一个航班。
如果一个出发机场代码与上一个到达机场代码不同，则表明要改变机场才能转入中转航班。
中转航班显示在直达航班之后。

停留次数
如果停留次数超过8次，您会看到M（Multi-Stop）标记。
参见航线区域，来了解中途停留机场。该次航班的停留次数为0

飞机代码
参见飞机代码区域，了解各个代码所代表的飞机。
该次航班的飞机类型为744，-波音747-400（客座数）

舱位代码
F 头等舱
C 商务舱
Y 经济舱
该次航班可供选择的舱位有
F - 头等舱 和 C - 商务舱 和 Y-经济舱

Flight line comments
航班路线注释
航班的下方偶尔将会出现注释对于各种注释详尽的解释如下。

Subject to Approval
本航班的运作须经认可。与航空公司确认。

Subject to confirmation
本航班的运作须经确认。与航空公司确认。

Ops if sufficient demand
如有足够多的乘客该航班将运作。

Strictly local sale only
仅购持有本营运航空公司发行票据的乘客。

Local traffic only
乘客不能在任何中转中使用本次航班。

Local and online connex traffic only
乘客可将本次航班作为直达航班及转机航线的一部分。

图 1.1　OAG手册航班时刻表中文范例

3

民航国际客运销售实务

low city and airport information is shown
A number of cities have more than one major airport.

The city/airport maps pinpoint the airports' location in relation to the city.

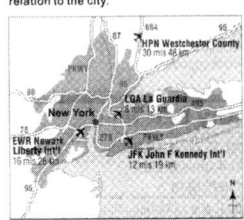

The time in Berlin is 1 hour ahead of GMT

The time in Los Angeles is 8 hours behind GMT

The departure city
Flights are from Berlin (city code BER), in Germany

The departure airports
Berlin is served dy three airports.
SXF - Berlin Schonefeld Airport, is located 12mls from the city centre
THF - Berlin Tempelhof Airport, is located 4mls from the city centre
TXL - Berlin Tegel Airport, is located 5mls from the city centre

From Berlin, Germany BER GMT+1
SXF (Berlin Schonefeld Airport) 12.0mls/19.0km
THF (Berlin Tempelhof Airport) 4.0mls/6.0km
TXL (Berlin Tegel Airport) 5.0mls/8.0km

Los Angeles, CA, USA LAX 5792mls/9319km GMT-8

The arrival city
Flights are to Los Angeles (city code LAX), in CA, USA
The number of air miles between Berlin and Los Angeles is 5792mls

How the flight schedules are disphayde

Days of the week
M-Monday, T-Tuesday,
W-Wednesday, T-Thursday, F-friday,
S-Saturday, S-Sunday
This flight operates on Sunday

Validity
If there are no dates in the validity column, the service operates throughout the period covered dy this edition.
This flight is vlind from 13 Dec

Day indicators
The (+/-day) symbols in these columns show which arrival and departure times are not on the same day as the day when the journey started.
+1 second day
+2 third day
+3 fourth day
-1 Previous day

Departure and arrival times
All times are local times, The Intemational time calculator section shows the differences between local times and GMT (Greenwich Mean Time).
This connection departs New York at 1145 and arrives in Singapore at 2355 (1day later)

Airport codes
Refer to the City/airport codes section to find the air port represented dy each code.
This connoction departs frrn New York, JF Kennedy Int'lAirport (JFK) via ToFyo.Nanta Ajrport (NRT) and AMIVES in Singapore: Changi Airport (SIN)

Remember: all times shown are local times
The example shown below tists flights from New Yokd to Singapore.

freq	validity	depart	arrive	flight	stops	cabin equip
		Singapore SIN 9524mls/15324km GMT+8				
		SIN-Changi				
S	Until 8 Dec	0900 LGA M	2355+1 SIN	DA881	2 ★	FCY
	UA 881	Equipment 319-ORD-744				
MTWTFS	Until 12 Dec	0900 LGA M	2355+1 SIN	DA881	2 ★	FCY
	UA 881	Equipment 320-ORD-744				
MTWTFSS	From 13 Dec	0900 LGA M	2355+1 SIN	DA881	2 ★	FCY
	UA 881	Equipment 733-ORD-744				
MTWTFSS		2120 JFK 7	0700+2 SIN 2	SQ25	1 744	FCY
M·W·F·S		2120 EWR B	0635+2 SIN 2	SQ23	1 744	FCY
connections	depart	arrive		flight		
M·W·S	Until 27 Nov	0830 JFK 7	1725 LHB	BA002	0 SSC	F
		2055 LHR	1745+1 SIN	BA017	0 744	FY
·F·S	Until 20 Dec	0830 JFK 7	1725 LHR	BA002	0 SSC	F
		2100 LHR	1745+1 SIN	BA017	0 744	FY
MTWTFSS		1145 JFK 7	1550+1 NRT 1	NH7001	0 777	ECY
		1735 NRT	2355+1 SIN	NH7051	0 744	FCY

Flight number
The first two characters of the flight number are the code for the airline operating the flight.

Refer to the Airline codes section to find the airline the code represents.
This flight is operated by Singapore Airlines

Airline code share carriers
This symbol means that the flight is operated by another airline, and not the airline whose codes appears as the first two characters of the flight number.
Refer to the Airline code share carriers section to find the airline operating the flight.

Airport terminal codes
Airpott terminal codes are shown (where applicable) alongside the airport code.

This connection deparis from J F Kennedy Int'l airport terminal 7, via Narita Airport terminal l, and arrives in Changi Airport lerminal l

Direct flights
If the times on one line are both in bold type the flight is a direct flight

It may fly non-stop from the departure city to the arrival city

Or it may stop ay one or more cities en route

Connecting flights
If the times on one line are NOT both in bold type, it is a connecting flight.

Connction flights involve transferring from one flight to another at an intermediate airport.

When a departure airport code is different from the previous arrival airport code, this requires change of airport to board the connecting flight.

Connecting flights are shown after any direct flights.

Number of stops
If there are more than 8 stops, you will see M (multi-stop)

Rerer to the Flight routings section to find the intermediate stops.
This flight has O stops

Aircraft codes
Refer to the Aircraft codes section to find the aircraft represented by each code.
The aircraft type on this fligth is 744– Boeing 747-400 (Passenger)

Cabin codes
F First
C Business
Y Economy
The cabins availabls co this flight are
F – First and C–Business and Y– Econcmy

Flight line comments
Occasionally there will be comments that appear underneath aflight line. A full explanation of what these various comments mean is shown below.

Subject to approval
The operation of this flight is subject to approval. Confirm with airling.

Subject to confirmation
The operation of this flight is subject to confirmation. Confirm with airline.

Ops if sufficient demand
This flight is operated if there is suffcient passenger demand.

Strictly local sale only
Only tickets issued by the operating airline will be accepted from passeng ers wishing to travel on this flight.

Local traffic only
A passenger cannot this flight in any connection.

Local and online connex traffic only
A passenger may travel on this flight as a direct flight or as part of an online transfer connecction.

图 1.2　OAG 手册航班时刻表英文范例

三、航空公司信息

航空公司信息在下列 OAG 的附表中公布：

1. 航空公司两字代码和代码共享航班

该表给出由 IATA 国际航协指定的航空公司两字代码及其所表示的航空公司名称。对于存在代码共享的情况，将在航空公司指定代码前加注 * 标志，并给出具体的航班号和实际的承运人代码。

2. 航空公司数字代码

该表给出由 IATA 国际航协指定的航空公司三位数字代码及其所表示的航空公司名称。航空公司数字代码由三位数字组成，主要用于客票、旅费证（MCO）、逾重行李票和货运单等航空运输凭证号码的前三位。

3. 世界各国的航空公司

该表列有世界各国的一些主要航空公司的名称、两字代码、三位数字代码，以及总部地址、网址等。

四、机型、舱位等级和舱内座位布局

1. 机型

在 OAG 航班时刻表中，机型是以三字代码的形式给出的。如需了解上述代码所表示的机型名称和类型，可查阅 OAG 航班指南中的"机型代码表"。

例如：733 表示波音 737-300 型喷气式飞机。

注意：某些航空公司在航班时刻表中有时为地面运输段指定一个航班号，并可以订座和出票，它们也有特定的"机型代码"。例如，BUS 表示公共汽车或大客车，TRN 表示火车。

2. 舱位等级

从座位等级看，主要有三种类型：头等舱 F（First Class）、公务舱 C（Business Class）和经济舱 Y（Economy/Coach）。

同一座位等级中票价等级并不一致，航空公司还会依据收益管理系统设计不同的价格。一般，P、F、A 均为头等舱等级代码，其中，P 是豪华头等舱，F 是一般头等舱，A 是有折扣的头等舱；J、C、D、I、Z 均为公务舱等级代码，其中，J 是豪华公务舱，C 是一般公务舱，其他是有折扣的公务舱；W、S、Y、B、H、K、L、M、Q、T、V 等均为经济舱等级代码，其中，W 是豪华经济舱，S 和 Y 是一般经济舱，其他是有折扣的经济舱。

3. 舱内座位布局

在 OAG 航班指南附录中给出部分航空公司的部分机型的舱内座位布局和飞机外形图，如图 1.3 和图 1.4 所示。

737
Business Class:
  Rows 1 - 3; 12 seats
Pacific Class: (Economy Class)
  Rows 4 - 20; 102 seats

Boeing 737-300

744
First Class:
  Rows 1 - 3; 12 seats
Business Class:
  Rows 7 - 19; 56 seats
Pacific Class: (Economy Class)
  Rows 23 - 60; 324 seats

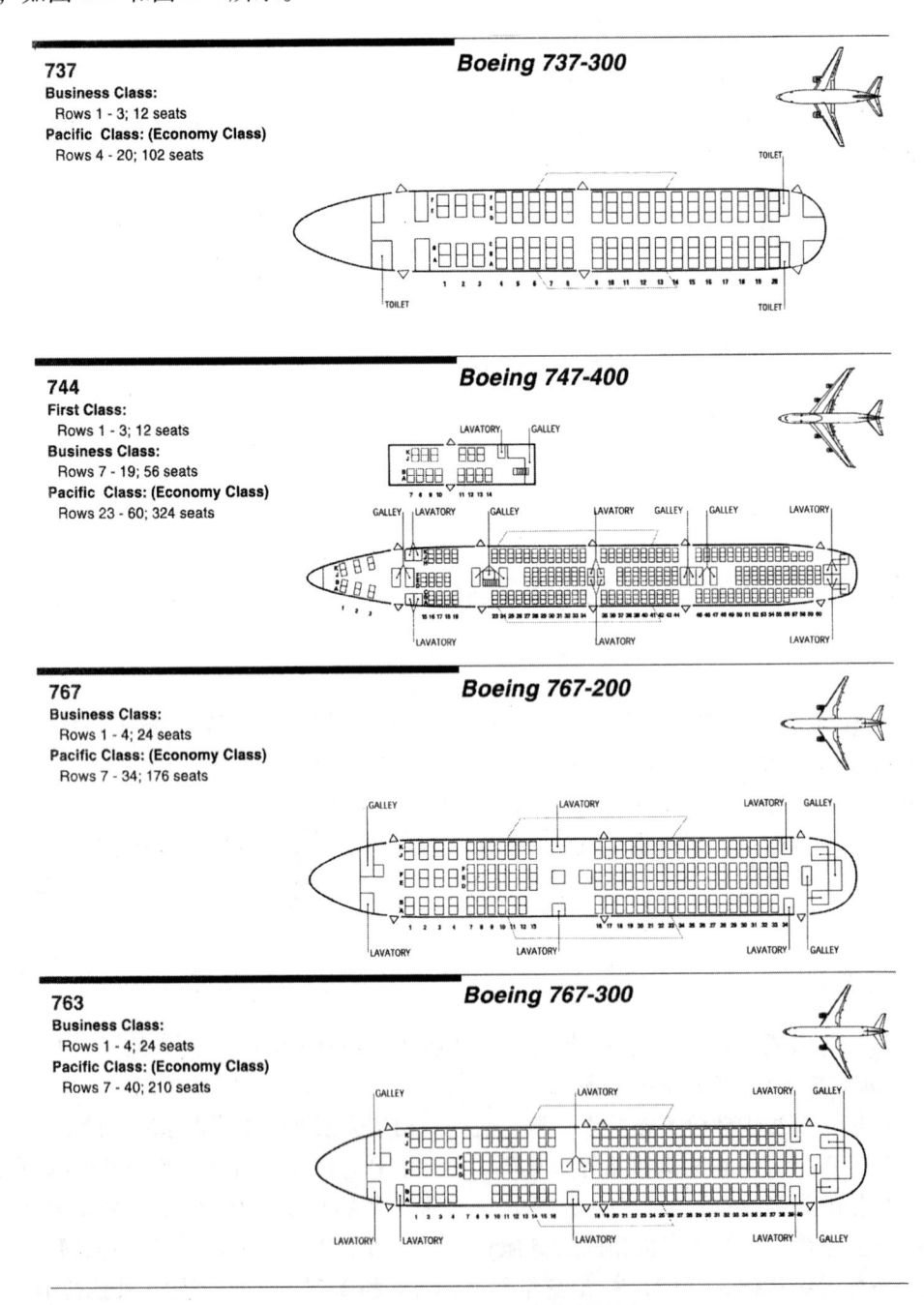

Boeing 747-400

767
Business Class:
  Rows 1 - 4; 24 seats
Pacific Class: (Economy Class)
  Rows 7 - 34; 176 seats

Boeing 767-200

763
Business Class:
  Rows 1 - 4; 24 seats
Pacific Class: (Economy Class)
  Rows 7 - 40; 210 seats

Boeing 767-300

图 1.3 波音飞机系列座位布局图

320
First Class:
 Rows 1 - 3; 12 seats
Tourist Class:
 Rows 6 - 28; 138 seats

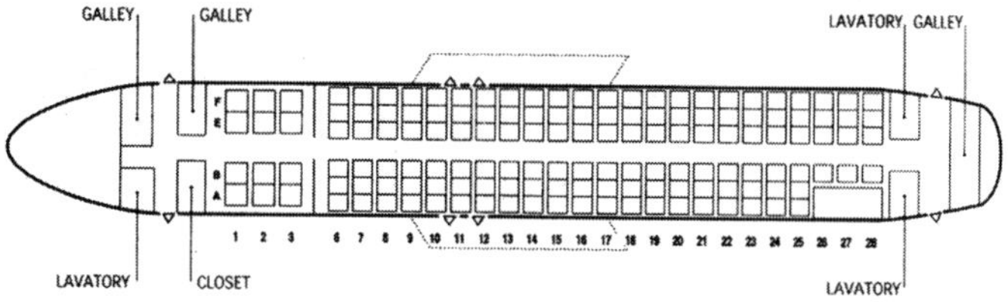

Airbus Industrie A320

310
First Class:
 Rows 1 - 3; 18 seats
Tourist Class:
 Rows 4 - 31; seats 200 seats

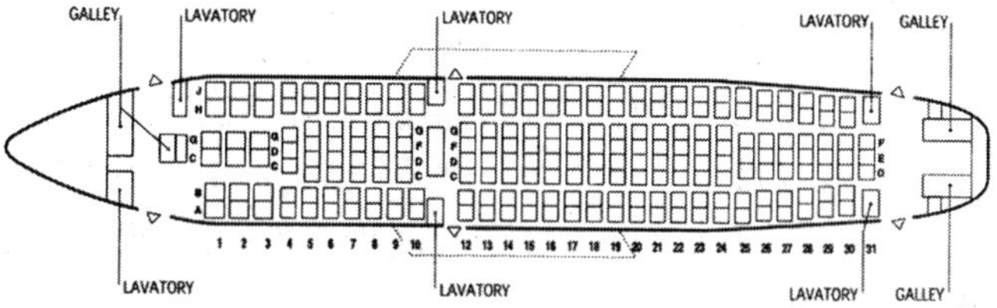

Airbus Industrie A310-300

321
First Class:
 Rows 1 - 3; 12 seats
Economy Class:
 Rows 6 - 35; 176 seats

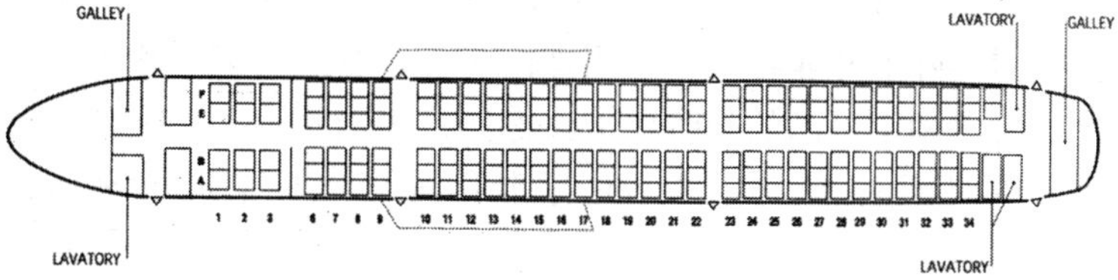

Airbus Industrie A321

340
First Class:
 Rows 1 - 2; 12 seats
Business Class:
 Rows 3 - 6; 28 seats
Economy Class:
 Rows 8 - 41; 254 seats

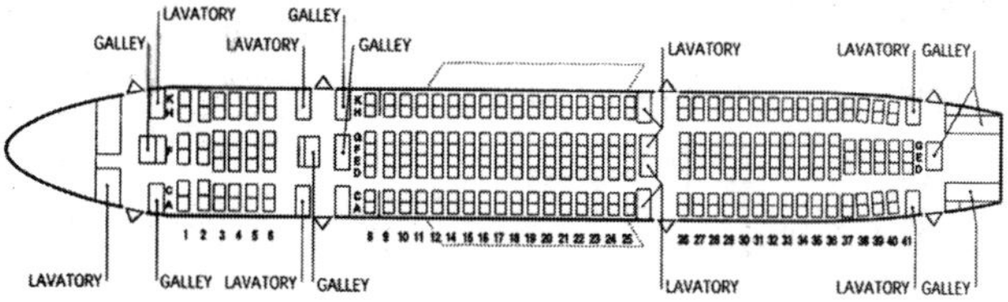

Airbus Industrie A340

图 1.4　空客飞机系列座位布局图

舱内座位一般根据需要设置。不同航空公司或不同航线的同类型飞机可能有不同的座位布局。通常在宽体客机和远程航班上可能设置三种舱位等级，而在其他情况可能只设置两种，甚至一种舱位等级。

第二节 时差的概念及应用

一、时差的概念

1. 格林尼治标准时（GMT）

从理论上来说，格林尼治标准时间的正午是指当太阳横穿格林尼治子午线时（也就是在格林尼治上空最高点时）的时间。为便于计时，在1884年，世界一些主要国家通过协议，将全球划分为24个时区。每隔经度15°为一个时区，相邻两个时区相差一个小时。并且，将穿过英国格林尼治的本初子午线（经度0°）为中线的西经7°30′和东经7°30′之间的区域称为中时区，并将该时区的时间称为格林尼治标准时（Greenwich Means Time，缩写为GMT）。以中时区为基准，向西每隔经度15°减1小时，向东每隔经度15°加1小时。

2. 当地标准时（SCT）和夏令时（DST）

随地球自转，一天中太阳东升西落，太阳经过某地天空的最高点时为此地的地方时12点，因此，不同经线上具有不同的地方时，按照上述方法得出的当地时间称为理论区时。但实际上并非各国都使用理论区时，有些国家跨越多个时区，为方便计时，它们根据需要，制定自己的计时标准。例如，中国跨越5个时区，但都以地处东8区的北京时间作为计时标准。上述计时标准称为当地标准时（Standard Clock Time，缩写为SCT）。

另外，有些国家规定，在夏季将时钟拨快一个小时，欧洲国家通常是每年三月底到十月底，美国通常是三月中至十一月初。在此期间临时使用的计时标准称为夏令时（Daylight Saving Time，缩写为DST）。

世界各地的当地时间可以用格林尼治标准时为基准来表示，例如：

GMT+1，表明当地时间（标准时/夏令时）比格林尼治标准时快1小时；

GMT-1，表明当地时间（标准时/夏令时）比格林尼治标准时慢1小时；

直到GMT+12和GMT-12。

如图1.5所示。

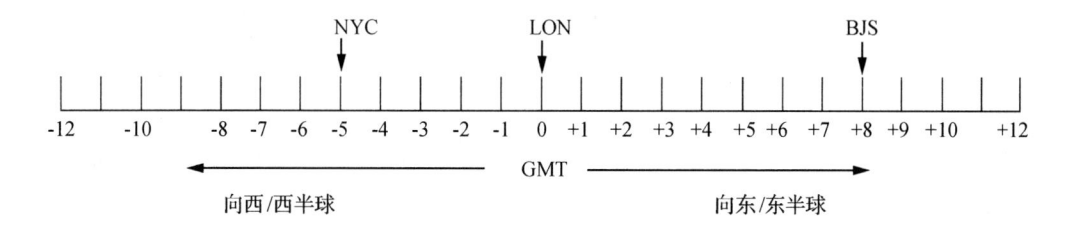

```
              NYC           LON              BJS
               ↓             ↓                ↓
|--|--|--|--|--|--|--|--|--|--|--|--|--|--|--|--|--|--|--|--|--|--|--|--|
-12   -10  -8 -7 -6 -5 -4 -3 -2 -1  0 +1 +2 +3 +4 +5 +6 +7 +8 +9 +10  +12
        ←──────────────────────GMT──────────────────────→
            向西/西半球                    向东/东半球
```

图 1.5　格林尼治标准时

注意：有些国家/地区与格林尼治标准时的时差不是整数。例如，阿富汗的当地标准时为 GMT+4.5，即比格林尼治标准时快 4 小时 30 分；尼泊尔的当地标准时为 GMT+5.45，即比格林尼治标准时快 5 小时 45 分。

3. 国际日期变更线

如上所述，以中时区为基准，向西每隔经度 15°减 1 小时，向东每隔 15°加 1 小时，但对于以经度 180°为中线的时区，经度 180°两端有不同的时差。西经 172°30′到经度 180°的地区（称为西 12 区）当地时间为 GMT-12，东经 172°30′到经度 180°的地区（称为东 12 区）当地时间为 GMT+12。因此，当 GMT 为 1 月 1 日上午 9 点时，西 12 区为 12 月 31 日晚上 9 点，东 12 区为 1 月 1 日晚上 9 点，虽一线之隔，日期相差一天。

为解决上述问题，国际社会将 180°经线定为日期分界线，也称为国际日期变更线。该分界线是一条穿越太平洋的南北向的假想线。它有一些偏折，以便避开有人居住的区域。当从西向东穿越日期变更线时，日期减少一天；反之，日期增加一天。

二、国际时间换算表（International Time Calculator）

在航班时刻表中公布的出发和到达时间均为出发地和到达地的当地时间，因此，有时需要进行时间换算。

OAG 航班指南列有国际时间换算表，该表按国家名称的英文字母顺序排列，包括表 1-1 中各栏。

表 1-1 国际时间计算表（International time calculator）

（1　2　3　4　/栏目序号）

Country/area	standard Clock Time	Daylight Saving Time	DST effective period
Afghanistan	+4.30		
China	+8		
France	+1	+2	27Mar11–30Oct11
Germany	+1	+2	27Mar11–30Oct11
Hong Kong	+8		
Macau	+8		
Pakistan	+5		
Saudi	+3		
Singapore	+8		
South Africa	+2		
Spain Mainland, Balearica, Ceuta,Melilla	+1	+2	27Mar11–30Oct11
Sudan	+3		
Suriname	−3		
Sweden	+1	+2	27Mar11–30Oct11
Switzerland	+1	+2	27Mar11–30Oct11
Thailand	+7		
Turkey	+2	+3	27Mar11–30Oct11

Country/area	standard Clock Time	Daylight Saving Time	DST effective period
United Kingdom	GMT	+1	27Mar11–30Oct11
U.S.A.**			
Eastern Time	−5	−4	13Mar11–06Nov11
Central Time	−6	−5	13Mar11–06Nov11
Mountain Time	−7	−6	13Mar11–06Nov11
Pacific Time	−8	−7	13Mar11–06Nov11
Alaska–All locations(except Aleutian Islands West of 169.30 deg W)	−9	−8	13Mar11–06Nov11
Alaska–Aleutian Islands (West of 169.30 deg W)	−10	−9	13Mar11–06Nov11
Hawaiian Time	−10		
Arizona	−7		
Uruguay	−3		04Oct11–12Mar12
Viet Nam	+7		
Zimbabwe	+2		

1. 国家/地区（Country/Area）

对于有多于一个时区的国家/地区，在其名称后面标有"＊＊"标志。例如，美国、加拿大、俄罗斯、澳大利亚等。

2. 当地标准时（Standard Clock Time）

在该栏目中给出当地标准时和格林尼治标准时的时差。例如，中国"＋8"表示当地标准时为 GMT＋8、东 8 区。

3. 夏令时（Daylight Saving Time）

在该栏目中给出夏令时和格林尼治标准时的时差，在其有效期内钟表拨快一小时。如本栏为空白，表示该国不实行夏令时。例如，英国、瑞典实行夏令时，而中国、苏里南等不实行夏令时，美国既实行夏令时，也是多时区国家。

4. 夏令时的有效期（DST Effective Period）

在该栏目中给出夏令时实行的期间。注意：南半球和北半球的夏季所在的期间不同。

除了使用国际时间换算表外，还可在 OAG 航班时刻表出发城市栏查找各城市当地时间和格林尼治标准时的时差。

三、应用举例

在民航国际客票销售中,国际时间的应用主要体现在计算某地的当地时间和推算某航班的空中旅行时间。

例 1. 当格林尼治标准时 GMT 为 2 月 6 日 21:30 时,北京时间是几点?

解:参考表 1-1,北京当地标准时差为 GMT+8,比格林尼治标准时快 8 个小时。列式计算如下(时间使用 24 小时制表示):

    2130/06FEB   (GMT)
  + 0800   (时差)
  ─────────────
    2930/06FEB
  即 0530/07FEB   (北京时间)

北京时间是 2 月 7 日凌晨 5 点 30 分。

例 2. 在 7 月出版的航班时刻表中,北京—旧金山的 CA983 航班,13:00 出发,当日 13:20 到达。如果旅客 7 月 20 日从北京出发,预计在北京时间几点到达旧金山?

解:参考表 1-1,北京当地时差为 GMT+8,旧金山(美国太平洋时区)在 7 月 20 日实行夏令时,当地时差为 GMT-7。因此,北京时间比旧金山时间快 15 个小时,也就是将旧金山当地时间加 15 个小时即为北京当地时间。列式计算如下:

    1320/20JUL   (旧金山当地时间)
  + 1500   (时差)
  ─────────────
    2820/20JUL
  即 0420/21JUL   (北京时间)

旅客预计在北京时间 7 月 21 日凌晨 4 点 20 分到达旧金山。

例 3. 旅客 7 月 20 日 13:00 从北京出发,次日 8:25 到达蒙得维的亚(乌拉圭),该行程的旅行时间是多少小时?

解决上述问题应先将出发和到达时间转化为同一地区的时间。

解法 1——将到达时间换算成北京时间:

参考表 1-1,北京当地时差为 GMT+8,蒙得维的亚当地时差为 GMT-3,即北京当地时间比蒙得维的亚当地时间快 11 个小时。列式计算如下:

第一步(将到达时间换算成北京时间)

    0825/21JUL   (到达时蒙得维的亚当地时间)
  + 1100   (时差)
  ─────────────
    1925/21JUL   (到达,北京时间)
  即 4325/20JUL   (转换为与起飞同一天的时间)

第二步（将都是北京时间的到达时间减去出发时间）

$$\begin{array}{r}4325/\text{20JUL}\\-\quad 1300/\text{20JUL}\quad\text{（出发，北京时间）}\\\hline 3025\end{array}$$

即该行程的旅行时间是 30 小时 25 分钟。

解法 2——将出发和到达时间均换算成格林尼治标准时：

参考表 1-1，蒙得维的亚的当地时差为 GMT－3，北京当地时差为 GMT＋8，即格林尼治标准时比蒙得维的亚当地时间快 3 个小时，比北京当地时间慢 8 个小时。计算过程如下：

第一步（将到达时间换算成格林尼治标准时）

$$\begin{array}{rl}0825/\text{21JUL}&\text{（到达时蒙得维的亚当地时间）}\\+\quad 0300&\text{（时差）}\\\hline 1125/\text{21JUL}&\text{（到达时 GMT）}\end{array}$$

第二步（将出发时间换算成格林尼治标准时）

$$\begin{array}{rl}1300/\text{20JUL}&\text{（出发时北京当地时间）}\\-\quad 0800&\text{（时差）}\\\hline 0500/\text{20JUL}&\text{（出发时 GMT）}\end{array}$$

第三步（到达时间减出发时间）

$$\begin{array}{rl}1125/\text{21JUL}&\text{（到达时 GMT）}\\\text{即}\quad 3525/\text{20JUL}&\text{（转换为和出发同一天的时间）}\\-\quad 0500/\text{20JUL}&\text{（出发时 GMT）}\\\hline 3025&\text{（旅行时间）}\end{array}$$

即该行程的旅行时间是 30 小时 25 分。

解法 3——将出发时间换算成乌拉圭时间。（略）

第三节　航班最短衔接时间

一、直达航班和中转衔接航班

在 OAG 城市间的航班时刻表中，通常会提供两点间的直达航班和一些中转衔接航班。如表 1-2 是北京至纽约的航班情况。

表 1-2 北京至纽约航班时刻表

days	validity	depart		arrive		flight	stops	cabin equip
From **Beijing, China BJS** GMT+0800							
PEK (Beijing Capital Airport) 15.0mls/25.0km								
NAY (Beijing Nanyuan Airport)								
New York NYC 6821mls/10974km GMT-4 (-5 From 7Nov)								
EWR-Newark, JFK-J F Kennedy								
MTWTFSS	From 7Nov	1300	PEK₃	1330	JFK₁	CA 981	- 744	FCY
MTWTFSS	From 7Nov	1300	PEK₃	1330	JFK₁	*US 5351	- 744	FCY
MTWTFSS	From 7Nov	1300	PEK₃	1330	JFK₁	*UA 5451	- 744	FCY
MTWTFSS	Until 30Oct	1300	PEK₃	1420	JFK₁	CA 981	- 744	FCY
MTWTFSS	Until 30Oct	1300	PEK₃	1420	JFK₁	*US 5351	- 744	FCY
MTWTFSS	Until 30Oct	1300	PEK₃	1420	JFK₁	*UA 5451	- 744	FCY
MTWTFSS	31Oct 6Nov	1300	PEK₃	1430	JFK₁	CA 981	- 744	FCY
MTWTFSS	31Oct 6Nov	1300	PEK₃	1430	JFK₁	*US 5351	- 744	FCY
MTWTFSS	31Oct 6Nov	1300	PEK₃	1430	JFK₁	*UA 5451	- 744	FCY
MTWTFSS	31Oct 6Nov	1535	PEK₃	1710	EWR_C	CO 88	- 777	CY
MTWTFSS	31Oct 6Nov	1535	PEK₃	1710	EWR_C	*UA 3421	- 777	CY
MTWTFSS	Until 30Oct	1545	PEK₃	1715	EWR_C	CO 88	- 777	CY
MTWTFSS	Until 30Oct	1545	PEK₃	1715	EWR_C	*UA 3421	- 777	CY
MTWTFSS	From 27Nov	1635	PEK₃	1710	EWR_C	CO 88	- 777	CY
MTWTFSS	From 27Nov	1635	PEK₃	1710	EWR_C	*UA 3421	- 777	CY
MTWTFSS	7 24Nov	1635	PEK₃	1710	EWR_C	CO 88	- 777	CY
MTWTFSS	7-24Nov	1635	PEK₃	1710	EWR_C	*UA 3421	- 777	CY
connections		depart		arrive		flight		
MTWTFSS	Until 29Oct	1235	PEK₃	1605	HKG₁	*CX 6873	- 330	FCY
		1700	HKG₁	2055	JFK₇	CX 840	- 773	FCY
MTWTFSS	From 7Nov	1300	PEK₃	1625	HKG₁	*CX 6109	- 330	CY
		1725	HKG₁	2015	JFK₇	CX 840	- 773	FCY
MTWTFSS	30Oct 6Nov	1300	PEK₃	1625	HKG₁	*CX 6109	- 330	CY
		1725	HKG₁	2115	JFK₇	CX 840	- 773	FCY
MTWTFSS	From 6Nov	1930	PEK₃	2305	HKG₁	*CX 6875	- 330	CY
		0100₊₁	HKG₁	0610₊₁	JFK₇	CX 888	1 773	FCY
MTWTFSS	Until 29Oct	1930	PEK₃	2305	HKG₁	*CX 6875	- 330	FCY
		0030₊₁	HKG₁	0705₊₁	JFK₇	CX 888	1 773	FCY
MTWTFSS	30Oct -5Nov	1930	PEK₃	2305	HKG₁	*CX 6875	- 330	CY
		0100₊₁	HKG₁	0710₊₁	JFK₇	CX 888	1 773	FCY
·····S · 30Oct Only		2030	PEK₃	2355	HKG₁	*CX 6893	- 320	CY
		0100₊₁	HKG₁	0710₊₁	JFK₇	CX 888	1 773	FCY
MTWTFSS	From 6Nov	2100	PEK₃	0035₊₁	HKG₁	*CX 6893	- 321	CY
		0935₊₁	HKG₁	1210₊₁	JFK₇	CX 830	- 773	FCY
MTWTFSS	31Oct -5Nov	2100	PEK₃	0035₊₁	HKG₁	*CX 6893	- 321	CY
		0935₊₁	HKG₁	1310₊₁	JFK₇	CX 830	- 773	FCY

1. 直达航班（Direction）

航班的始点到终点是一个航班号，有的航班中间有约定的经停点，按出发时间的顺序排列。出发时间和到达时间均用黑体字标出，如果同一城市的城市代码和机场代码不同时，在出发或到达时间后标有机场代码。

2. 中转衔接航班（Connection）

按始发时间的顺序排列。最初的出发时间和最终的到达时间用黑体字表示，转机点的到达和出发时间用普通字体表示。

注意：当一个城市有多个机场时，在转机点的到达机场和出发机场可能不同。

当为旅客选择航班时，应尽可能满足旅客有关出发到达时间、旅行路线、承运人、机型等方面的特殊要求。

以下举例说明航班时刻表的使用，如表1-3是北京至迪拜的航班时刻表信息。

表1-3　北京至迪拜航班时刻表

From	Beijing, China	BJS	GMT+0800				
PEK (Beijing Capital Airport) 15.0mls/25.0km							
NAY (Beijing Nanyuan Airport)							
Dubai	DXB	3623mls/5829km	GMT+4				
MTWTFSS	From 1Nov	0705	PEK₃	1200	DXB₃	EK309 - 345	FCY
MTWTFSS	Until 31Oct	0725	PEK₃	1200	DXB₃	EK309 - 343	FCY
M·W·F··	Until 29Oct	1230	PEK₂	1735	DXB₁	CZ331 - 332	CY ←
·TW·F·S	Until 29Oct	1740	PEK₁	2220	DXB₁	CA941 - 330	CY ←
MTW·F·S	Until 31Oct	1740	PEK₃	2310	DXB₁	CA941 - 330	CY
·T···S	From 2Nov	2050	PEK₁	0240₊₁	DXB₁	HU7953 - 767	CY
M·W·F·	From 1Nov	2110	PEK₁	0145₊₁	DXB₁	HU7923 - 340	FCY
·T···S	Until 30Oct	2110	PEK₁	0240₊₁	DXB₁	HU7953 - 767	CY
M·····	Until 25Oct	2145	PEK₁	0210₊₁	DXB₁	HU7923 - 340	CY
··W·F··	Until 29Oct	2200	PEK₁	0210₊₁	DXB₁	HU7923 - 340	FCY
MTWTFSS	From 31Oct	2330	PEK₃	0410₊₁	DXB₃	EK307 - 388	FCY
	EK 307 Subject to approval						
·T·TF·S	From 31Oct	2350	PEK₂	0440₊₁	DXB₁	CZ331 - 332	CY
M·W·F·S	From 1Nov	2350	PEK₂	0455₊₁	DXB₁	CZ331 - 332	CY
MTWTFSS	Until 30Oct	2355	PEK₃	0420₊₁	DXB₃	EK307 - 388	FCY ←
connections		depart		arrive		flight	
MTWTFSS	From 1Nov	0155	PEK₂	0530	SVO_D	SU574 - 763	CY
		1000	SVO_E	1620	DXB₁	SU521 - 320	CY
·TW·F·S	Until 30Oct	0200	PEK₃	0600	DOH	OR899 - 77W	CY
		0755	DOH	1000	DXB₁	OR100 - 77L	FY
MTWTFSS	Until 30Oct	0230	PEK₂	0655	SVO₁	SU574 - 763	CY
		1000	SVO_E	1515	DXB₁	SU521 - 320	CY
······S	31ct Only	0230	PEK₂	0655	SVO_D	SU574 - 763	CY
		1000	SVO_E	1620	DXB₁	SU521 - 320	CY
MTWTFSS	Until 30Oct	1000	PEK₃	1335	HKG₁	CX347 - 330	CY
		1625	HKG	2040	DXB₁	CX731 - 330	CY
MTWTFSS	From 31Oct	1000	PEK₃	1340	HKG₁	CX347 - 330	CY ←
		1640	HKG	2140	DXB₁	CX731 - 330	CY
MTWTFSS	Until 30Oct	1140	PEK₂	1555	SVO_D	SU572 - 333	CY
		1950	SVO_E	0110₊₁	DXB₁	SU519 - 320	CY
······S	31ct Only	1140	PEK₂	1555	SVO_D	SU572 - 333	CY
		1850	SVO_E	0110₊₁	DXB₁	SU519 - 320	CY
MTWTFSS	From 1Nov	1150	PEK₂	1510	SVO_D	SU572 - 333	CY
		1850	SVO_E	0110₊₁	DXB₁	SU519 - 320	CY
MTWTFSS	Until 30Oct	1930	PEK₃	2305	HKG₁	*CX6875 - 330	FCY
		0030₊₁	HKG₁	0455₊₁	DXB₁	CX745 - 330	CY
MTWTFSS	From 31Oct	1930	PEK₃	2305	HKG₁	*CX6875 - 330	FCY
		0100₊₁	HKG₁	0605₊₁	DXB₁	CX745 - 330	CY
MT·TF··	From 1Nov	2350	PEK₃	0415₊₁	DOH	OR899 - 77W	CY
		0805₊₁	DOH	1010₊₁	DXB₁	OR100 - 77L	FY

例1. 旅客要求预订29OCT（星期五）从北京（BJS）到迪拜（DXB）的航班座位。参考表1-3，为旅客选择当日适用的直达航班。

分析：表1-3中的直达航班，同时满足29OCT、星期五营运的航班，剩其中四个（如箭头所指）。正确答案以表格形式表示为：

| Airport codes | | Departure | | Arrival | | Flight | Class | Aircraft type | Stops |
From	To	Time	Day	Time	Day				
PEK$_3$	DXB$_3$	0725	FRI	1200	FRI	EK309	FCY	343	0
PEK$_2$	DXB$_1$	1230	FRI	1735	FRI	CZ331	CY	332	0
PEK$_3$	DXB$_1$	1740	FRI	2220	FRI	CA941	CY	330	0
PEK$_2$	DXB$_1$	2200	FRI	0210$_{+1}$	SAT	HU7923	FCY	340	0

例2. 旅客要求预订从北京（BJS）到迪拜（DXB）、06NOV（星期六）、8∶00～11∶40出发的航班座位。参考表1-3，如果当日所有的直达航班已没有空余座位，请为旅客选择当日适用的中转衔接航班。

分析：首先考虑06NOV、星期六营运的航班，总共有四组选择，但其中满足出发时刻要求的只有一组航班。正确答案以表格形式表示为：

| Airport codes | | Departure | | Arrival | | Flight | Class | Aircraft type | Stops |
From	To	Time	Day	Time	Day				
PEK$_3$	HKG$_1$	1000	SAT	1340	SAT	CX347	CY	330	0
HKG$_1$	DXB$_1$	1640	SAT	2140	SAT	CX731	CY	330	0

二、航班最短衔接时间

如果在航班时刻表中，没有公布某两点间的直达和中转衔接航班；或者，已公布的直达和中转衔接航班不能满足特定的要求，则需要为旅客选择合适的旅行路线和中转航班。

当为旅客选择中转航班时，必须注意有关最短衔接时间的要求。

最短衔接时间（Minimum Connecting Times，缩写为MCT），是指航空公司对世界各机场规定的旅客在该机场转机时所需要的最低限度的时间间隔。由于旅客在其航程的某一中间点转机时，需要花费一定时间办理手续和转换飞机，并且，航班的预计到达时间也不总是精确的，因此，为防止旅客衔接错失，必须留出足够的转机时间。特别对于有多个机场（Airport）的城市或有多个航站楼（Terminal）的机场，当在不同的机场或在不同的航站楼转机时，需要更多的时间。另外，国际旅客转机一般需要办理出入境手续，因此，比国内航班旅客可能需要更多的转机时间。

国际航协对最短衔接时间有严格的管理规定，订座人员如因违反MCT规定，造成旅客衔接错失将受到相应处罚。

在OAG中列有最短衔接时间表，主要包括以下内容：

1. 城市名称和机场名称

最短衔接时间表按城市英文名称的字母顺序排列，城市名称后接该城市所属国家/地区名称。注意：世界上有一些同名城市。例如，在英国和加拿大都有伦敦（London），因此，在选择时还需注意它们所属的国家。

当一个城市有多个机场时，在城市名称下分别列出各个机场名称和三字代码。

当一个机场有多个航站楼时，在机场名称下分别列出各个航站楼的名称。

2. 国内中转（Domestic）

是指在转机点的到达航班和出发航班均为国内航班的情况。

例如，旅客乘坐 CA1508 从南京到北京，然后乘坐 CA1603 从北京到哈尔滨，旅客在北京转机为国内中转。

3. 国际中转（International）

包括以下几种情况：

- 国内转国际（Domestic to International），是指在转机点的到达航班为国内航班（简称为国内到达），出发航班为国际航班（简称为国际出发）的情况。

例如，旅客乘坐 CA1508 从南京至北京，然后乘坐 CA937 从北京至伦敦，旅客在北京中转为国内转国际的情况。

- 国际转国内（International to Domestic），是指在转机点的到达航班为国际航班（国际到达），出发航班为国内航班（国内出发）的情况。

例如，旅客乘坐 CA984 从旧金山至北京，然后乘坐 CA1507 从北京至南京，旅客在北京中转为国际转国内的情况。

- 国际转国际（International to International），是指在转机点的到达和出发航班均为国际航班（国际到达，国际出发）的情况。

例如，旅客乘坐 CA984 从旧金山至北京，然后乘坐 CA945 从北京至卡拉奇，旅客在北京中转为国际转国际的情况。

注意：为确定最短衔接时间的目的，下列一般规则成立：

- 整个在同一国内飞行的航班，被认为是国内航班。
- 在不同国家间飞行的航班，被认为是国际航班。
- 所有从美国飞往加拿大的航班，被认为是国内出发。而仅仅加拿大的卡尔加里、埃德蒙顿、蒙特利尔、渥太华、温尼伯、温哥华和多伦多飞往美国的航班被认为是国内到达，从加拿大的其他城市飞往美国的航班被认为是国际到达。
- 如果某一国际航班在同一国家的多个城市降停，则在一般情况下，当该航班在同一国内已有一次降停，并且该航班有在这一国内的两个机场间承运当地旅客的完全运输权时，该航班在这一国内后续的降停被认为是国内到达。

例如，旅客乘坐 CA174 航班从悉尼至广州（经停）至北京，然后乘坐 CA901 航班从北京至乌兰巴托；由于 CA174 在广州已有一次降停，并且该航班有从广州至北京承运旅客的完全运输权，因此，旅客在北京中转为国内转国际的情况（国内到达，国际出发）。

- 如果某一国际航班在同一国家的多个城市降停，则在一般情况下，当该航班在同一国内还有另一次降停，并且该航班有在这一国内的两个机场间承运当地旅客的完全运输权时，该航班在这一国内先前的出发被认为是国内出发。

例如，旅客乘坐 CA902 航班从乌兰巴托至北京，然后乘坐 CA173 航班从北京至广州（经停）至墨尔本；由于 CA173 在广州还有一次降停，并且该航班有从北京至广州承运旅客的完全运输权，因此，旅客在北京中转为国际转国内的情况（国际到达，国内出发）。

4. 转机的几种情况

- 航空公司间（Interline）航班转机，即从一个航空公司的航班转换到另一个航空公司的航班。

例如，旅客乘坐 PK852 航班从卡拉奇至北京，然后乘坐 CA983 航班从北京至旧金山，旅客在北京中转为不同航空公司间航班转机的情况。

- 本航空公司（Online）航班转机，即从一个航空公司的航班转换到同一个航空公司的另一个航班。

例如，旅客乘坐 CA902 航班从乌兰巴托至北京，然后乘坐 CA174 航班从北京至悉尼，旅客在北京中转即为本航空公司航班转机的情况。

- 同一城市的不同机场间（Inter-Airport）转机。

例如，旅客乘坐 CA933 航班从北京至巴黎戴高乐机场（CDG），然后乘坐 TP5401 航班从巴黎奥利机场（ORY）至里斯本，旅客在巴黎中转即为不同机场间转机的情况。

- 同一机场的不同航站楼（Between Terminals）间转机。

5. 最短衔接时间（MCT）

MCT 用小时和分钟表示，例如，1hr 15mins 表示 1 小时 15 分钟。一般每个机场都公布有标准的最短衔接时间。但对于某些特定的航空公司，或来自和前往某些特定的地点，可能存在大量的例外情况。对于在 OAG 的 MCT 表中没有列出的城市或机场，国内转国内的航班最短衔接时间为 20 分钟，其他情形的为 1 小时。

三、最短衔接时间表的使用

例 1. 假定旅客乘坐伊朗航空公司（IR）的航班从德黑兰（THR）到阿姆斯特丹（AMS），然后继续乘坐法国航空公司（AF）的航班从阿姆斯特丹（AMS）到巴黎，写出旅客在阿姆斯特丹（AMS）转机的最短衔接时间（MCT）。MCT 见表 1-4。

表 1-4　阿姆斯特丹转机的 MCT 表

Amsterdam, Netherlands	AMS
Europe is comprised of Continental Europe, The British isles, Mediterranean Islands, Russia west of the Ural mountains, Algeria, Azores, Canary Islands, Madeira, Morocco and Tunisia.	
Domestic to Domestic	25mins
Domestic to International	50mins
Domestic to Europe	40mins
International to Domestic	50mins
Europe to Domestic	40mins
International to International	50mins
Within Europe	40mins
Europe to International	50mins
International to Europe	50mins

从来自德黑兰的 IR 的航班是国际航班，后续其他航空公司的航班，此后续航班是欧洲范围内的航班，而非一般的国际航班，因此在阿姆斯特丹中转的最短衔接时间为 50 分钟（国际转欧洲）。

注意：航班时刻表中公布的中转衔接航班已考虑最短衔接时间的限制，因此，可以直接选用。

例 2. 旅客乘坐 LY541 航班，27JUL（星期三）12:10 从特拉维夫（TELAVIV）出发，当日下午 14:15 到达阿姆斯特丹（AMS）；旅客要求乘坐最早的航班继续旅行从阿姆斯特丹（AMS）去伊斯坦布尔（IST）。参考表 1-4 和表 1-5，为旅客选择合适的航班。

表 1-5　阿姆斯特丹至伊斯坦布尔的航班时刻表

From	Amsterdam, Netherlands					
AMS	GMT+1 (+2 UNTIL 30OCT)					
Airport	Schiphol 9.0mls/14.0km					
Istanbul IST	1375mls/2212km GMT+2(+3 until 30OCT)					
IST-Ataturk Apt. SAW-Sabiha Apt						
MTWTFSS	Until 31Oct	0720	1150	IST₁	TK31956 - 738	FCY
M··TF·	From 1Nov	0725	1145	SAW	HV6583 - 737	CY
	HV6583 Local traffic only					
MTWTFSS	From 31Oct	0920	1345	IST₁	KL1613 - 737	CY
MTWTFSS	Until 30Oct	0925	1345	IST₁	KL1613 - 737	CY
MTWTFSS	Until 30Oct	1135	1605	IST₁	TK1952 - 321	CY
MTWTFSS	From 31Oct	1140	1610	IST₁	TK1952 - 738	FCY
MTWTFSS	Until 30Oct	1355	1810	SAW₁	PC672 - 738	Y
MTWTFS·	From 1Nov	1355	1810	SAW₁	PC672 - 738	Y
·T·F·S		1430	1900	SAW	*TK7373 - 738	FY
·T·F··		1450	1900	IST₁	PK762 - 310	CY
·T·T·S	Until 31Oct	1600	2015	SAW	HV6583 - 737	CY
	HV6583 Local traffic only					
MTWTFSS	Until 30Oct	1730	2205	IST₁	TK1954 - 738	FCY
MTWTFSS	From 31Oct	1735	2205	IST₁	TK1954 - 738	FCY
MTWTFSS		2000	0020₊₁	IST₁	KL1617 - 737	CY
MTWTFSS	From 31Oct	2320	0315₊₁	IST₁	TK1956 - 738	FCY
connections		depart	arrive		flight	
·T·T···	Until 28Oct	0740	0940	WAWₐ	LO270 - E75	CY
		1305	WAWₐ 1630	IST₁	LO135 - 735	CY
····S·	Until 30Oct	0820	1020	WAWₐ	LO270 - E75	CY
		1305	WAWₐ 1630	IST₁	LO135 - 735	CY
····S·	From 6Nov	0820	1020	WAWₐ	LO270 - E75	CY
		1310	WAWₐ 1635	IST₁	LO135 - 735	CY
·T·T··S	From 31Oct	1035	1230	WAWₐ	LO266 - E75	CY
		1310	WAWₐ 1635	IST₁	LO135 - 735	CY
M·W·F·	From 1Nov	1035	1230	WAWₐ	LO266 - E75	CY
		1320	WAWₐ 1645	IST₁	*LO5133 - 738	CY
M·W·F·	Until 29Oct	1035	1230	WAWₐ	LO266 - E75	CY
		1340	WAWₐ 1710	IST₁	*LO5133 - 321	CY

分析：旅客在阿姆斯特丹（AMS）转机，检查最短衔接时间（参见表1-4）；

  出发：TEL（LY 541）27JUL（星期三）12:10
  到达：AMS 27JUL（星期三）14:15

  MCTs：International to Europe   50mins

应选择时刻表中27JUL（星期三）15:05以后的航班。因此，正确答案为：
  TK1954 1730 AMS 2205 IST$_1$

第二章 《旅行信息手册》（TIM）的使用

第一节 TIM 简介

Travel Information Manual——《旅行信息手册》，简称为 TIM。本章将介绍 TIM 的使用方法。

TIM 是由 27 家航空公司联合出版的，每月出版一期。TIM 用词简单明了，在其封面上有书中主要内容的目录，易于使用，更适于从事国际客运销售的业务人员使用。

本书中所引用的部分资料都是从某一期的《旅行信息手册》中摘录下来的，所以实际工作中所使用的《旅行信息手册》在具体内容上会有一些变化，销售人员应以当月有效的《旅行信息手册》为准。

对于一个在途中旅行的旅客而言，最令他不快的是费尽周折所办理的官方旅行文件是无效的，如下情况都会对他的旅行造成影响。

- 中途拒载
- 药物检测
- 中途被拒绝进入某国
- 返回旅行始发国或其他国家

出现这些情况时，如果航空公司牵涉在内，那么有关航空公司要因此而受到惩罚，并要支付旅客的有关费用。所以，鉴于此种原因，在航空公司"不能随意拒载旅客"服务原则的指导下，当航空公司发现持有不完整旅行文件的旅客时，必须请这些旅客填写一个表格表示所有的罚金将由旅客来支付。这种表格世界通用，叫做"责任波动"或"解决责任"证明（英文是：Release from Liability 或 Waiver of Responsibility）。

所以，对于国际客运销售业务的从业人员而言，必须明确：他们有责任告知旅客准确而完整的信息，同时也要把不利因素向旅客说清楚。

为了便于解释有关内容，下面将《旅行信息手册》划分为如下八个方面：

- 术语
- 护照
- 签证

- 检疫证明
- 税收
- 海关
- 货币
- 其他

第二节 术 语

在《旅行信息手册》中，有专门一部分介绍如何使用此手册，即"How—to—Use"，而且所有专业术语在"术语及定义"（Terms and Definitions）栏目中有解释，任何一个国家的相应内容都是根据如下顺序来介绍的：

- 护照
- 签证
- 健康
- 税收
- 海关
- 货币

以下这些专业术语，要特别注意它们的不同点：

1. 公民（Citizen）

持有某国国籍的人，其国籍是通过出生或入籍而得到的。

2. 外国人（Alien）

住在某国的非该国公民，但不是移民。

3. 移民（Immigrant）

通过申请而进入某国，并想永久居住的外国人。移民必须持有所到国领使馆签发的特令。由于申请移民的手续经常变动，所以办理移民的人必须与所去国在当地的领事馆联系。

4. 旅客（Tourist）

在某国停留时间超过 24 小时的观光者。对于公务出行（Business Travel）的人员，除非在特殊说明的情况下，一般视为旅客。

5. 过境旅客（Transit Passenger）

是指那种经过某个国家，但仅在飞机客舱内活动或者在机场的"过境区"内活动的旅客。对于这样的旅客，一般情况下，不需要办理过境国家的特别证件，但是必须满足前提：这些旅客均持有订妥座位的续程机票。当然，也有一些国家对某些国家的某些旅客有特别要求，即需要办理过境签证。

其他一些术语，在工作当中可随时查阅《旅行信息手册》的相关内容。

第三节 护 照

一、护照的要求

护照（Passport）是某国政府发给本国公民或无国籍人员的文件。

每一位出国旅客必须持有护照或者其他有效的身份证明文件。在这些文件中，必须注明持有者的国籍和允许出国的授权章。而对于国际旅行者而言，在这些文件中要注明其有效期。有些特殊注明的情况下，一些过期护照也视为有效。除此之外，还应该含有护照持有者的照片、签证、所到国家的许可证等等。

护照的发放是政府的一种权利。如果在旅客的居住地以外，则需由该国政府在当地的代表机构来发放。

二、护照的分类

在 TIM 的"术语及定义"章节中，护照有如下几种：

（1）普通护照（Normal Passports）；
（2）外侨护照（Aliens Passports）；
（3）儿童身份证（Children's Identity Card）；
（4）外交护照（Diplomatic Passport）；
（5）合用护照（Joint Passport）；
（6）其他护照（Other Passport）；
（7）官方特别护照（Official, Special or Service Passports）；
（8）其他旅行文件（Other Travel Documents）。

除了主要的这几种之外，前面提到的"其他官方证明文件"，只有在一些特殊情形和特殊地区才可以使用。如果实际工作中遇到这种情况，最好查当月有效的 TIM 来确认一下。如果为了更保险一些，需要得到有关国家的证明。

护照上还会注明对哪些国家是有效的，如果适用于所有国家，也要注明；如果适用于多数国家，则要把那些不适用的国家特别说明。

三、护照的查验

在使用 TIM 来查阅有关护照的问题时，需要从如下几方面来考虑：
（1）离开旅行始发国所需的文件；
（2）"经过国"所需的文件；
（3）进入及离开目的国所需的文件；
（4）再回到始发国所需的文件。

当旅客开始旅行时，必须确保旅客所持有的有效身份证明对于上述四个方面是适用的。有关信息是在 TIM 书中相应国家名下的"Passport"一项中查阅的。在该节中是"除……之外要申请"（Required Except for），从中可以查阅到所有的适用于各种旅客的可接受的护照代替文件，这些有效证明文件必须对所有的经过国以及目的国都是有效的，而且对此设有其他特殊限制。有些情况下，护照还包括进入/经过一些国家的签证。对于这方面的限制，如果需要查阅的话，可参阅"允许入境及经过的限制"（Admission and Transit Restrictions）栏目中的内容。该栏目是"护照"这一章节中的一项。

表 2-1 是新西兰有关入境护照的具体内容。

表 2-1 TIM 资料中新西兰关于护照的内容

NEW ZEALAND

1. **Passport**：Required except for holders of：
   1) Carte de Service issued to officials of the South Pacific Commission；
   2) Certificate or document of identity, incl. Seaman Book (except if issued by countries mentioned under Admission and transit restrictions 1. and 2.) provided holder is entitled to re-admission into the country which issued the document；
   3) Certificate of identity issued by the Government of New Zealand；
   4) International refugee travel document；
   5) Laissez-Passer issued by the United Nations；
   6) Military Identity Card (with movement order) provided traveling on duty to New Zealand；
   7) Joint (family) passport provided all persons named travel together.

Validity：Passport and passport replacing documents of visitors must be valid at least 3 mouths beyond intended stay.

Admission and transit restrictions：
1. Holders of travel documents issued by Democratic Kampuchea, Korea Dem. People's Rep. (North Korea), Bophuthatswana, Ciskei, Transkei, Venda, the authorities of the area of Cyprus not controlled by the Government of Cyprus and Rhodesia (prior to independence 18 April 1980) whose regimes are not-recognized by the New Zealand Government should be advised to carry an acceptable form of travel document when applying for permission to enter New Zealand.
2. Holders of Tongan protected person passports, which are also not acceptable for entry to, or transit through New Zealand, should carry an acceptable travel document.

Minors：of 17 years or older must hold their own passport.

在此，还必须要保证一点：所有证明文件的有效期必须适用于所有的经过国和目的国。

有关护照的有效期的规定是这样的：自旅客到达该国之日起在其停留期限上适当延

长几个月。这项内容在"有效期"（Validity）或"允许入境及经过限制"（Admission and Transit Restrictions）栏目中查阅。

例1. 参考表2-2，有一位法国公民且持有法国居民身份证的旅客想从巴黎（Paris）去雅典（Athens），然后在塞浦路斯（Cyprus）度过两周，请确认旅行中有关护照的要求。

表2-2　TIM 资料中希腊、塞浦路斯关于护照的内容

■GREECE	■CYPRUS
1. **Passport**：Required, except for holders of： 　1）Laissez-Passer (provided with a Greek visa) issued by the United Nations. 　2）Military Identity Card (with movement or leave order) issued by a NATO country (see Terms and Definitions). 　3）National Identity Card issued to nationals of Austria, Belgium, France, Italy, Luxembourg, Monaco, Netherlands ("Toeristenkaart"), Portugal, Spain, Switzerland or the United Kingdom ("British Visitor's Passport"). 　4）Passport expired max. 5 Years issued to nationals of Austria, Belgium, France, Luxembourg, Netherlands, Portugal, Spain, Switzerland. 　5）Seaman Book (travelling on duty) issued by any country. **Admission restrictions**：The Government of Greece refuse admission to holders of travel documents bearing any visa, stamp other indication that they intend to visit or have visited the area of Cyprus not controlled by the Government of Cyprus. **Additional information**：If it appears from e. g. the documents of a non-Greek passenger that his orginal nationality was Greek he shoukd be informed that — in case he wants to stay in Greece for more than 3 months – he might be requested. — when applyhing for a visa — on arrival to submit a certificate stating that he has been exempted from his military service in Greece.	1. **Passport**：Required, except for holders of： 　1）Laissez-Passer issued by the United Nations. 　2）Seaman Book (traveling on duty) issued to nationals of Belgium, Den-mark, France, Greece, Iceland, Italy, Liechtenstein, Luxembourg, Netherlands, Norway, San Marino, Sweden, Switzerland and U. S. A. 　3）Travel document issued by the Government of Cyprus to nationals of Cyprus. **Validity**：All visitors must hold travel documents which are on arrival valid at least 3 months. **Additional information**：Passengers who entered Cyprus via the airport of Ercan or the ports of Famagusta, Kyrenia or Karavostassi will be refused entry into the zone controlled by the government of Cyprus. The airports of Larnaca and Paphos and the ports of Larnaca, Limas-sol, Paphos and Latsi are situated within the zone controlled by the Government of Cyprus. Leaving the zone controlled by the Government of Cyprus to ports or airports of Ercan, Famagusta, Kyrenia or Karavostassi is not allowed.

分析：

通过查看希腊（Greece）关于护照的规定，我们可以发现：
- 该国接受法国居民身份证；

- 对于经过/入境旅客设有特殊限制；
- 该国对有效期无限制。

通过查看塞浦路斯关于护照的规定，我们发现：
- 除去在"Passport"列明的身份证之外，其他国家的身份证件均不接收；
- 对于经过/入境旅客设有特殊限制；
- 护照必须是在到达之日起三个月有效期［关于该项内容查看"附加信息"（Additional Information）一项，且该项要仔细阅读］。

第四节 签 证

一、签证的要求

签证（Visa）是由官方政府发放的，与护照或其他旅行文件一起使用的进入某一国家的许可证。它用来证明持有者有权利进入或再次进入相关国家。

持有或免除某国签证不能自动视为可以进入任何国家，最后的决定权在于最终要进入的国家。其他一些进入的条件还包括：进入某国在停留期限内的所花费用的各种发票，回程或续程机票，检疫证明，以及护照的有效期，旅客进入其他国家的签证认可权等。

儿童同样需要申请签证。如果儿童与成人共用一本护照旅行，则在护照的签证部分必须分开注明成人、儿童的签证。对于这样的儿童，不能脱离成人或持有这样的护照单独旅行。对于与父母不同国籍的儿童，在旅行时必须持有自己单独的护照与相关国家的签证。

申请进入某国的签证需要考虑如下几个方面：
（1）旅行者的国籍；
（2）在旅行国的停留时间；
（3）到达某国的目的；
（4）持有者的护照类型。

二、签证的分类

签证的种类主要从以下角度分类：

1. 进入某国的签证（To Enter a Country）

- 旅游签证（Tourist Visa）：也叫做临时观光签证，适用于公务出差以及观光旅游的旅客。
- 过境签证（Transit Visa）：适用于旅行经过某国之其他国家的旅客，有些情况下也指继续乘坐同一航班旅行的旅客。
- 移民签证（Immgrant Visa）：适用于想加入某国国籍的旅客。
- 外交签证（Diplomatic Visa）：适用于外交人员，领、使馆的工作人员及其他一些驻签证国的外交政府代表。
- 公务签证（Business Visa）：适用于到某国以营利为目的的旅客，一般需持有相关的邀请信和资金方面的证明。

从原则上来讲，签证中应注明在某国的停留时限、有效期以及进入该国的次数。

2. 再次进入某国的签证（To Re-Enter a Country）

适用于证件持有者又回到自己的住处，一般指的是那种又回到自己国家的居民。

3. 离开某国的签证（To Leave a Country）

出境许可证（Exit Permit）：赋予证件持有者离开某国的权利。

过境不需签证（Trans Without Visa，简称TWOV）：除非有特殊注明的情况下，一般对于在几个小时之内转机的旅客是不需要申请的。这些特殊情况在TWOV一项中可以找到。有些情况下，过境旅客可以离开机场但不能超过24小时、48小时，或72小时。但这样的旅客必须持有再证实座位的后续航程的机票。

三、签证的查看

在查看TIM签证（Visa）的相关内容时，须注意如下几点：

1. 进入签证（Entry Visa）

对于允许进入某国一次的签证只能使用一次，无论是否在它的有效期之内。对于允许进入某国多次的签证，它的有效期是依据可标明的日期来确定的。当旅客持有自己的护照进入某国时，当地政府会盖章注明到达的准确日期，以表示此签证是用过的，这个章盖在相关签证的那一页上。

在具体查阅时，标题"2. VISA"之下，以"除……之外不用申请"（Required Except for...）形式叙述的，其中注明了持有哪些类型的护照的旅客可以免去申请签证，尤其要注意的是，与此有关的注释要详细阅读，注释部分在VISA的最后。阅读时要注意VISA部分的附加信息，因为这部分叙述签证申请的有关事宜。

例1. 一个加拿大公民想到秘鲁去度假两周，回程机票的座位已再证实，那么该旅客是否需要申请进入秘鲁的签证？可参考表2-3回答这个问题。

表2-3 TIM资料中秘鲁关于护照的内容

■PERU

1. **Passport**: Required except for holders of:
   1) Laissez-Passer (traveling on duty) issued by the United Nations;
   2) Seaman Book (traveling on duty) issued by any country.
2. **Visa**: Warning: If passengers arrive without a visa (if required) they will be deported and the delivering carrier must pay a fine of USD1000.00 per passenger, which will be doubled in case of recurrence.

   Visa required, except for:
   1) nationals of Peru;
   2) diplomats accredited to Peru (they must hold a red card issued by the Peruvian Protocel or a diplomatic passport provided with a special stamp from a consulate abroad);
   3) those holding diplomatic or official passports, (nationals of Israel also if holding service passports), for a stay not exceeding 15 days (unless a longer period is granted according to their nationality elsewhere in the Visa section);
   4) nationals of France, Korea Rep. (South) and Portugal;
   5) for a tourist stay **21**
      a. nationals of Argentina, Austria, Belgium, Brazil, Canada, Denmark, Finland, Greece, Honduras, Ireland, Italy, Japan, Liechtenstein, Luxembourg, Netherlands, Norway, Spain, Sweden, Switzerland, Uruguay, U.S.A;
      b. holders of British passports (irrespective of endorsement in passport regarding their national status);
   6) provided entering on a cultural, touristic or sports trip and for a stay up to 60 days (extension to 90 days possible); nationals of Bolivia, Colombia, Ecuador and Venezuela;
   7) those holding a "Laissez-Passer" issued by the United Nations and traveling on duty;

   (TWOV)
   8) merchant seamen (travelling on duty) arriving by air to join a ship in Peru, whether holding a passport or seaman book.

   The Shipping Agent in Peru should submit a guarantee to immigration. He must be present on arrival to accompany the seaman to his ship.
   9) provided not leaving the transit area at the airport—; those holding tickets with reserved seats and other documents to continue their journey to a third country by same or connecting aircraft; up to six hours stay in Lima allowed.

   Additional Information:
   1. Tourists **22** from any country must hold tickets and other documents for their onward or return journey. Immigration officers are very strict on this regulation; if passengers arrive without a return or onward ticket they must buy a ticket or they will be deported on first available flight.
   2. Those coming to Peru for business purposes and artists have to report to the immigration authorities within 15 days after their arrival. In case above groups of passengers fail to report, they will not be allowed to depart.

   Re-entry permit: Required for returning alien residents;
   1. a re-entry permit "Ficha de Reingreso" to be obtained before leabing Peru;
   2. a Permiso Especial de Salida y Reingreso "A" ("Special Permit for Exit and Re-entry") (Green Card) issued for several "Exits and Returns" within 6 months, or
   3. a visa to be obtained from a Peruvian consulate abroad.

   Returning alien residents are entitled to only one entry within the period of validity of the "Ficha de Reingreso".

   Exempt are those holding a "Laissez passer" issued by the United Nations and traveling on duty.

   Exit: Prior to departure from Peru;
   1. a fiscal tax ("Consumo en el interior") of USD 50 must be paid at any, office of the Banco de la Nacion by:
      a. nationals of Peru residing in Peru;
      b. nationals of Peru residing abroad but who stayed in Peru longer than 3 months;
      c. alien residents of Peru.
   2. all alien residents need —in addition—a "Permiso de Salida y Reingreso" in case of temporary stay outside Peru or a "Permiso de Salida" in case of permanent stay outside Peru.

   Notes:
   21 Visa exemptions are for a stay of 90 days (up to the discretion of the immigration authorities) unless otherwise specified and provided holding tickets and other documents for their return or onward travel.
   22 The obligation for tourists to hold onward or return tickets is not applicable to those holding diplomatic or official passports and to nationals of Israel also if holding Service passports.

分析：通过阅读秘鲁关于VISA部分，该旅客是不需要申请签证的，有关信息参阅第五段。阅读时要注意通读VISA全章，尤其是相关的注释，不要漏掉任何重要内容。

如果该旅客是一位墨西哥公民，那么需要申请秘鲁的签证吗？我们的答案是"需要申请进入秘鲁的签证"，因为墨西哥不在"不需申请"的范围之内。

2. 过境免签（TWOV）

我们以一位荷兰公民自阿姆斯特丹至卡拉奇经过巴林为例，他们需要在巴林等待6小时再衔接其后续航班，荷兰人是否需要申请巴林的签证？参阅表2-4所示巴林的VISA部分。

27

表 2-4　TIM 资料中巴林关于签证的内容

■ BAHRAIN

Visa required: except for:
1. nationals of Bahrain;
2. national of the following countries of the G. C. C. (Gulf Cooperation Council); Kuwait, Oman, Qatar, Saudi Arabia, United Arab Emirates;
3. British subjects [21] being "Citizen of the United Kingdom and Colonies" if born or residing in Great Britain&Northern Ireland;
4. U. S Navy personnel traveling on a special diplomatic passport;
(**TWOV**)
5. Merchant seamen [23] (travelling on duty) boarding their ship in Bahrain and oil workers [23] joining a rig in the Bahrain area holding;
    a. a seaman book AND a passport and
    b. a guarantee of the shipping agent in Bahrain that they will board their ship/rig within 72 hours after arrival;
6. those [23] continuing their onward or return journey within 72 hours after their arrival, provided holding tickets with confirmed seats and other documents for onward or return travel and not leaving the airport transit area.
    Some categories of passengers may obtain a 72 hours / 1 week visa upon arrival-see 2 Visa issue.

Issue (after consultation of the Immigration authorities in Bahrain):
1. in the U. S. A by the consul of Bahrain attached to the Bahrain U. N. mission in New York;
2. by consulates of Bahrain that are established in: Egypt (Cairo), France (Paris), India (Bombay), Iran (Tehran), Iraq (Baghdad), Kuwait, Lebanon (Beirut), Pakistan (Karachi), Saudi-Arabia (Jeddah) and United Kingdom (London);
3. on arrival to the following categories of passengers [22], [23], [24] provided holding onward or return tickets;

a. transit passengers, tourists or businessmen, Visa validity 72 hours;
b. —businessmen;
    —tourist groups having made prior arrangement with the Directorate of Tourism at the with the Directorate of Tourism at the Ministry of Information of Bahrain or the agencies dealing with tourism in Bahrain.
Visa validity 1 week. Fee BHD 8-;
The nearest hotel accommodation available is Manama town, 6 km. from the airport.
4. on arrival to those coming from countries where no diplomatic representation of Bahrain is established, provided they can submit the original No Objection Certificate (N. O. C.) which must have been obtained in advance from the Immigration Department.

Notes:
[21] Visa exemptions are generally for a stay of 4 weeks.
[22] Not applicable to those trying to find employment in Bahrain. Holders of a passport with a visa (either valid or expired) of Israel are only allowed to travel in transit through Bahrain, if they proceed by same aircraft without leaving the airport.
[23] Not applicable to nationals of Albania, Bulgaria, China (People's Rep.), Cuba, Czechoslovakia, Hungary, Korea North (People's Dem. Rep.), Mongolian People's Rep. Poland, Romania, U. S. S. R., Vietnam, Yugoslavia.
[24] The following categories of passengers need a letter of recommendation and must apply for a visa at least 2 weeks in advance.
Nationals of:
a. Arab League countries (see Terms and Definitions) who are not visa exempted according to their nationality;
b. Asian countries other than Japan;
c. African countries.

通过查阅表 2-4，荷兰人是需要申请巴林的签证的，但在 TWOV 中，又说明除去注释 23 中所列国家居民之外，其他国家的旅客如果停留时间不超过 72 小时者，可以不申请签证，但该类旅客必须持有订妥座位的续程机票，且不允许离开机场的"过站隔离区"（Transit Area）。

3. 出境许可证（Exit Permit）

参考表 2-5，一位瑞士居民在乍得度过两周的假期后，是否需要申请离开乍得的出境许可证？

表 2-5 TIM 资料中乍得关于护照和签证的内容

CHAD

1. **Passport**: Required, except for holders of:
   1. National Identity Card or passport expired max 5 years issued to nationals of Cameroon, Central African Rep., Chad, Congo, Ivory Coast, Madagascan Dem. Rep., Niger, Senegal.
   2. Seaman Book traveling on duty issued by any country.
2. **Visa: Warning**: For all designations in Chad excluding N'Djamena a special permit (autorisation circuler issued by the Ministere de I'interieur) is required.
   This special permit is only obtainable on arrival which may take considerable time.
   Visa required, except for:
   1. nationals of Chad;
   2. nationals of the countries mentioned under 1, "passport" 1. **21**;
   3. nationals **21** of Germany Fed. Rep. (West) and Nigeria;
   4. holders of a re-entry permit or residence permit;
   5. holders of diplomatic passports who are accredited to Chad;
   (**TWOV**)
   6. those continuing their journey within 48 hours to a third country or to their home country by the same or first connecting aircraft, provided holding tickets with reserved seats and other documents for their next destination (they are allowed to leave the airport).
   Issue:
   1. by a representation of Chad in Algeria, Belgium (Brussels; also for Luxembourg and the Netherlands), Cameroon, Central African Rep., China (People's Rep.), Congo, Egypt, Libya, Nigeria, Saudi Arabia, Sudan, Switzerland (Geneva), U.S.A. (also, New York), U.S.S.R., Zaire;
   2. by French consulates who act for Chad in countries where Chad has no representation of its own.

Additional information:
1. Nationals of Chad travelling to Europe must hold return tickets;
2. passengers must make a deposit at the Public Treasury. The amount must be equal to the value of a ticket to the country of origin or of onward destination. The deposit is refundable on request before leaving Chad.

Exempt are:
a. passengers holding tickets for their return or onward journey within 3 months;
b. persons whose pastoral profession requires occasional border crossings;
c. personnel of international organizations;
d. holders of diplomatic or consular passports and their dependants and families;
e. nationals of Cameroon, Central African Rep., Niger and Nigeria;
f. those who are an alien resident of Chad already before its independence.

Re-entry permit: Required and to be obtained in Chad before departure for alien residents in possession of a residence permit.
Validity one year and for several entries.
Exempt are those who do not require a visa for entry in Chad.

Exit permit: Required for:
1. nationals of Chad;
2. all other nationals if their stay exceeds 24 hours.

Notes:
21 Visa exemptions are generally for a stay of 3 months.

我们发现这个旅客需要申请乍得的出境许可证,在"Exit Permit"一项中注明,只要在乍得停留时间超过 24 小时,就要申请出境许可证。

4. 再次入境许可证（Re-Entry Permit）

有些国家的法律规定,对于本国公民以及居住在该国的居民,出国旅行之后再次返回该国时,必须持有该国的再次入境许可证。

我们以索马里公民出国旅行之后回到索马里为例,参考表 2-6,来看该旅客是否需要申请再次入境许可证。

表2-6　TIM资料中索马里关于护照和签证的内容

■ **SOMALIA**

Geographical information:
Somalia consists of the Northern Region (former British Somaliland) and the Southern Region (former Italian Somaliland).

1. **Passport**: Required — also for nationals of Somalia — except for merchant seamen travelling on duty in possession of a Seaman Book.
2. **Visa** Required, except for:
   1. nationals of Somalia;
   2. holders of a re-entry permit;
   (TWOV)
   3. transit passengers who continue their journey to a third country by same aircraft at date of arrival (without overnight t stay) and without leaving the airport. They must hold tickets with reserved seats and other documents for their onward journey.
   Issue: (Transit) visas are issued by:
   1. representations of Somalia in Algeria (Algiers), Belgium (Brussels), Canada (Ottawa), China People's Rep. (Beijing), Djibouti (Djibouti), Egypt (Cairo), France (Paris), India (New Delhi), Iran (Tehran), Iraq (Baghdad), Italy (Rome), Japan (Tokyo), Kenya (Nairobi), Kuwait (Kuwait), Libya (Tripoli), Nigeria (Lagos), Oman (Muscat), Pakistan (Islamabad), Qatar (Doha), Saudi Arabia (Jeddah), Senegal (Dakar), Sudan (Khartoum), Sweden (Stockholm), Switzerland (Geneva), Syria (Damascus), Turkey (Ankara), Uganda (Kampala), United Arab Emirates (Abu Dhabi), United Kingdom (London), U.S.A. (Washington), U.S.S.R. (Moscow), Yemen Arab Rep. (Sana'a), Yemen People's Rep. (Aden), Yugoslavia (Belgrade), Zambia (Lusaka) and the U.N.O. representation in New York;
   2. Somali Arab League representation in Tunisia (Tunis);
   3. the Immigration Dept. in Somalia.
   Compulsory currency exchange: Upon arrival all non-residents must exchange USD 100.-or equivalent of other freely convertible forging currencies into local currency. Exempt are children under 18 years.
   Re-entry permit: Required by all alien residents. To be obtained before leaving Somalia.

我们的答案是旅客必须要在离开索马里旅行之前申请再次入境许可证。详细内容参阅"Re-Entry Permit"部分。

所以，通过上面对于签证部分的解释，我们可以得出如下结论：

证件检查不仅仅是在旅客的航班起飞之前的有效证件检查，还需要检查所有的签证是否都已经具备。

所考虑的签证有如下几项：
- 始发国的出境许可证
- 过境签证
- 目的地国的入境许可证
- 如果需要的话，需再次查阅始发国的再次入境许可证。

对于签证一项必须特别注意。因为如果签证不合格的话，对于一个旅客的旅行是十分不利的。除此之外，旅客和承运人还要交纳一定数量的罚金。在日常工作中，要参考最新出版TIM，同时在中航信的CRS系统终端也可查到TIM的相关信息。如果使用中有任何疑问，可向有关国家在当地的领、使馆咨询，以确保所采用信息的准确性。

第五节　健康检疫证明

一、健康检疫的要求

对于那些来自易感区的旅行者，一般情况下，需要出示国际认可的对于霍乱

(Chorera)、黄热病（Yellow Fever）的接种检疫证明（Vaccination Certificate）。易感区在 TIM 的起始部分的"一般健康信息"（General Health Information）中注明。如表 2-7 所示。

表 2-7 TIM 资料中关于健康检疫的内容

GENERAL HEALTH INFORMATION

NEW INFORMATION ON INFECTED AREAS
Only to be consulted in case the country page concerned refers to " Infected areas（see General Health Information）".

Infected areas exist according to the World Health Organization in the following countries
CHOLERA：
in Africa：
Angola, Benin, Burkina Faso, Burundi, Cameroon, Equatorial Guinea, Ghana, Guinea (Rep.), Ivory Coast, Liberia, Mali, Mauritania, Nigeria, Rwanda, Sierra Leone, Tanzania, Zaire.
in Asia：
India, Indonesia, Iran, Malaysia, Thailand, Vietnam.

YELLOW FEVER：
in Africa：
Burkina Faso, Gambia, Ghana, Guinea (Rep.), Mali, Mauritania, Nigeria, Sudan, Zaire.
in S. America：
Bolivia, Brazil, Colombia, Peru.

★For "yellow fever endemic areas" consult maps in Terms and Definitions (see pages 22 and 23).

Measures of health authorities
In case health authorities of countries. signatories to the International Health Regulations (see page 16, which excludes Australia etc.) take measures contrary to the directives of these "International Health Regulations" (see pages 16, 19 and 20 for cholera and yellow fever resp.) please warn the TIM Editor for further follow up, especially if authorities impose fines for missing vaccination certificates. An immediate forwarding of the receipts concerned or other evidence might improve the situation at short notice.

For " PROTECTION AGAINST COMMUNICABLE DISEASES" see：
—General ·· page 18
—Cholera ·· Page 19
—Yellow fever ··· Page 21
—Malaria ·· Page 25

WARNING
In order to avoid difficulties with customs/security authorities, those using medicines (especially if drugs contain or have been derived from opium) are advised to hold a medical attestation (preferably in English), duly signed by treating physician, stating: trade name, generic name and quantity of applicable drug which has been prescribed as treatment for their health.

　　检疫证明可以由家庭医生或健康保健中心依据有关规定而出具。世界卫生组织（World Health Organizaion，简称 WHO）的国际通用的检疫证明可由承运旅客的航空公司或有关保健中心出具，且必须有检疫工作人员的签字，并有相应单位的公章。

　　检疫证明的有效期是这样的：
- 霍乱：6 个月；
- 黄热病：10 年。

　　特别值得注意的是，对于霍乱和黄热病在其有效期内的再检疫，所有检疫证明的有效期自检疫之日起算。另外，根据旅客从哪里来，经过了哪些易感区而决定旅客是否需要检疫证明。有一些在霍乱易感区的国家，对于进入该国家的旅客是不需要检疫证明的，但是为了旅客自身的健康，在进入易感区之前必须一下检疫，对于黄热病也是同样。再如旅客需要到非洲、越南这样的典型的易感区，当又回到始发国时，要特别仔细地去做检疫。

在 TIM 的 "3. HEALTH" 中还说明了如果丢失或持有失效的检疫证明时的处理方法，这些法则适用于世界卫生组织范围内的所有国家。

二、检疫证明的查验

对于一个订妥航班的旅客预备出行时，其有关检疫证明应从如下几方面着手考虑：
（1）始发国出发的检疫证明；
（2）航程经过国（或中转国）的检疫证明；
（3）进入目的国及离开目的国所需的检疫证明；
（4）又回到始发国所需的检疫证明。

在查阅 TIM 中 "HEALTH" 一项时，应从如下几点来阅读：

1. 自始发国离开时所需要的检疫证明

自某国离开时需要检疫证明的情况特别少，甚至有时旅行始发国是在易感区之内的也不需要检疫证明。但是，无论旅客是否搭乘同一航班继续旅行，在第一个中途分程的国家是需要检疫证明的。如果某国需要检疫证明，则在 HEALTH 中是有详细说明的。

2. 途经国所需的检疫证明

在途经国所需出示的检疫证明是一种保护性措施，可以在每个国家后面找到所需提供的检疫证明，但对于过境旅客而言，有时会有例外情况，比如不允许他们离开机场，不能超过某个国家的停留时间或者要求他们必须搭乘同一班机继续旅行等。

而有些国家，对于过境旅客也要求出示检疫证明。表 2-8 说明，对于过境旅客也必须出示黄热病的检疫证明。

表 2-8　TIM 资料中南非关于健康检疫的内容

South Africa

3. **Health**: Required—also for transit passengers not leaving the airport—vaccination against:
   yellow fever if arriving within 6 days after leaving or transiting **31** infected areas (see General Health Information) or African countries situated in the endemic areas (see Terms and Definitions).
   Persons without yellow fever certificate—if required—will be quarantined for 6 days or deported to country of origin at airline's expense.
   Babies under 12 months are allowed to travel without a yellow fever vaccination certificate, provided a medical certificate can be submitted stating that it is undesirable to inoculate the baby.

   Recommended:
   malaria prophylaxis. Malaria risk exists throughout the year in the north, east and western low altitude areas of Transvaal, and Natal, coastai areas of 28°S (Richards Bay) (see Terms and Definitions). Resistance to chloroquine reported.
   Notes:
   31 Not required for those who, in the infected areas (see General Health Information) or in the African countries situated in the endemic areas (see Terms and Definitions), do not leave the airport e. g. Kano Airport, Brazzaville Airport.

3. 进入目的地国所需的检疫证明

在"HEALTH"一项中,我们可以看到有关霍乱与黄热病检疫证明的申请条件。在很多情况下,对于那些刚刚离开或经过易感区到另一国家的旅客,所到国是需要有关检疫证明的。易感区在"一般健康信息"栏中。如果有些国家认为在此所得到的信息不够全面的话,在该国的"HEALTH"一项中另有解释。

除去前面的文字性的叙述之外,还有图 2.1 也表示出了易感区。

8. **Yellow fever endemic area map**
Yellow fever endemic areas in **Africa** (for yellow fever endemic areas in Central and South America, see page 23).
The yellow fever endemic areas charts are only to be consulted in case the country page concerned refers to "Yellow fever endemic areas".

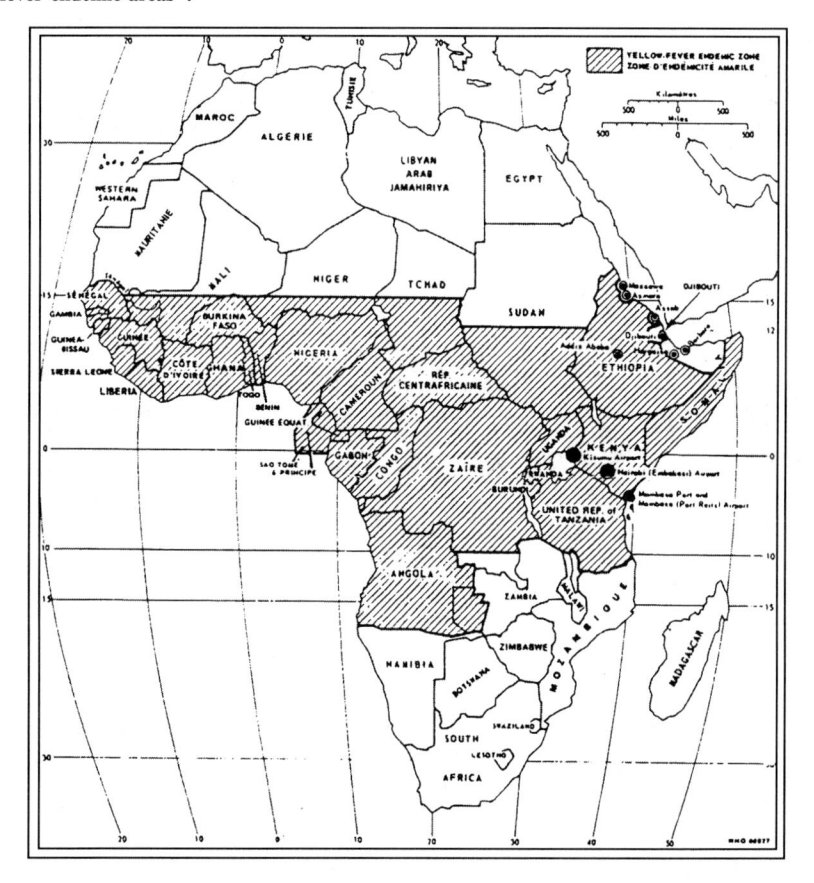

The map above is reproduced, by permission, from the Vaccination Certificate Requirements and Health Advice for International Travel, 1987, WHO

Egypt and India consider as endemic the whole country any part of which is endemic.
● The airports and ports of places so marked are excluded from the endemic zones.

Recommendation: Even if not specifically required for entry into country of next destination, passengers who intend to leave the airport (s) /ports are recommended to have a valid certificate of vaccination against yellow fever.
For list of yellow fever **infected** areas see General Health Information — Infected Areas.

图 2.1　TIM 资料中黄热病非洲易感区域图

对于那些没有离开机场的过境旅客，一般不需要检疫证明，在 TIM 中，以如下的形式描述：Not required for those not leaving the airport in the areas concerned。

例 1. 航程为伦敦—达喀尔—拉各斯，旅客在达喀尔停留一个月，在拉各斯停留两周，参阅表 2-9，回答哪些检疫证明是必需的，哪些检疫证明是非必需但要提供的。

表 2-9　TIM 资料中塞内加尔、尼日利亚关于健康检疫的内容

■SENEGAL	■NIGERIA
3. **Health**：Required — except for transit passengers not leaving the airport — vaccination against： **Yellow fever.** **Exempt** are：children under one year. **Recommended**： Malaria prophylaxis Malaria risk exists throughout the year in the whole country. There is less risk from January through June in the Cap-Vert region（see Terms and Definitions）.	3. **Health**：Required — except for transit passengers not leaving the airport and continuing their journey the same day — vaccination against： **Yellow fever.** Exempt are children under one year. **Recommended**： malaria prophylaxis. Malaria risk exists throughout the year in the whole country（see Terms and Definitions）.

必须要提供的检疫证明为：
- 塞内加尔：黄热病检疫证明；
- 尼日利亚：黄热病检疫证明。

霍乱的检疫证明在以上两个国家都不需要。但是，我们从前面的易感区中可以看到，塞内加尔和尼日利亚都在霍乱的易感区之内，所以，霍乱的检疫证明是要提供的。另外，疟疾在上述两个国家的发病率都很高，所以，应该告诉旅行者要注意采取防护措施。

第六节　税　收

在第四项"税收（Taxes）"中提供了所有到达或离开该国的旅客所应缴纳税收的情况。它包括如下几项：
- 税收的种类和金额；
- 适用于哪种旅客的税收；
- 税收的例外情况。

例 1. 请参考表 2-10，莫桑比克有哪些税收，应在什么地方支付？一个年满 4 周岁的旅客乘国际航班时，所缴纳的税金应是多少？

表 2-10　TIM 资料中莫桑比克关于税收的内容

■MOZAMBIQUE

4. **Tax**：**Airport Tax** levied on all passengers embarking in Mozambique on：
   a. international flights：…………**MZM** 1000. -；
   b. domestic flights：……………**MZM**500. -.
   Place of payment：Airport of departure in Mozambique.
   Exempt are：
   1. transit passengers not leaving the airport；
   2. children under 2 years.

分析得出的答案依次是：

该国仅有一种税收——机场税；税收的缴税地点是机场；对于乘坐国际航班的旅客，应支付莫桑比克货币 MZM1000。

从税收这一项中，除了可以查阅税收的种类、交税金额及缴税地点之外，还可以看到免除缴税的信息。此例中，对于不离开机场的过境旅客和两岁以下的婴儿都不用缴纳机场税。

第七节　海　关

第五项"海关（Customs）"中，包括如下几项内容：
- 进口允许额；
- 出口允许额；
- 宠物的有关规定；
- 禁止进、出口的物品。

海关的规定中对酒和香水等用品有所限制，个人用品一般不受限制。在 TIM 中，列出了对香烟、酒和香水的免税额，这些限量是根据旅客来自什么地方、哪种类型的旅客来决定其数量的。

参考表 2-11 哥伦比亚的"海关"的规定，在"Customs"中是以如下顺序公布的：
- 进口；
- 禁止物品；
- 宠物；
- 出口。

表 2-11　TIM 资料中哥伦比亚关于海关的内容

■COLOMBIA

5. Customs：
   Import：free import by passengers of 18 years of age and older：
   1. 200 cigarettes and 50 cigars and less than 50 grammes of tobacco；
   2. 2 bottles of alcoholic beverages per passenger；
   3. a reasonable quantity of perfume for personal use of lady passengers.
   The import regulations are very strict.
   Prohibited：vegetables, plants or plant material；meat and food products of animal origin.
   Pets：dogs and cats require an import license from the Ministry of Agriculture with a special stamp of I. C. A. certificate of good health, issued in country of origin, visaed by consul. The health certificate must state that the animals have been inoculated against rabies and distemper not less than 8 days and not more than 3 years prior to dispatch.
   Airports of origin must telex station manager of transporting airline at disembarkation point notice of arrival, so a veterinarian will be available.

   All animals, whether accompanied or not, are subject to import duties.
   Export：free export of tobacco products and alcoholic beverages as under "Import".
   The export regulations are very strict.

阅读时要注意阅读全面的内容。

"海关"部分中还规定了允许带进的宠物。很多机场需要宠物的检疫证明，比如宠物的健康证明，有些国家还需要进口许可证。在有些情况下，动物主人还需要花费一定的金钱给所携带的动物做一个检疫，然后才被允许将动物带入某国。而对于过境的动物仍有限制。有些动物是不允许过境和进口的，比较明智的做法是在包装动物之前先查看 TIM 中的有关规定，同时还需要征得有关航空公司的同意，因为这方面航空公司可能有自己的一些规定。

在进口方面，有些物品是受到严格限制的，如食物、植物、药品及武器。而有些物品是明令禁止的，如麻醉剂等等。

第八节　货　币

在第六项"货币（Currency）"中，主要有如下几项内容：
- 当地货币的名称以及该国货币的 IATA 三字代码；
- 在一些限制条件之下的允许带入、带出的本国货币及外币金额；
- 金、银币的进口限制。

所有这些规定都必须要严格遵守，如不按相应的规定去做，后果是很严重的。除交纳一定的罚金之外，严重者，如携带违禁品的旅客还可能会负刑事责任。

第九节　其　他

最后，在 TIM 中我们所看到的是"Stop Press"。这里所指的是编辑收到的迟到的信息，已经来不及分类编入正文了。每个月收到 TIM 时，要仔细阅读这部分内容。

在实际工作中，销售业务人员查阅一个途经许多国家的航程所需的证明文件时，需要按顺序来查阅，从始发国开始，按实际旅行的顺序逐词查阅，最后还要查阅再次进入始发国的许可证。

一、TIM 的使用方法小结

我们归纳为如下几点：

1. 检查的国家

- 旅行始发国；
- 所有经过的国家；
- 按旅行顺序观光的国家；
- 最后的目的国以及旅行始发国的再次进入情况。

2. 护照

检查护照的有效期。同时要注意航程中所有经过国的有关规定，还要注意，该护照应包括签证以及其他文件。

3. 签证

TIM 中的签证要详细阅读。尤其要注意其中的注释及附加信息两项内容。如果具体使用中有任何疑问，与该国的有关代表联系。

4. 检疫证明

检查有关检疫证明的有效期。同时注意查看传染区与易感区（Infect Area & Endmic Area），提醒旅客可能会用到哪些检疫证明以及旅客行程中会有哪些传染性疾病，注意提早采取防护性措施。

5. 货币

旅行中，如果不服从有些国家的关于货币的有关规定，可能把旅客置于很难堪的境地，甚至会受到相应的制裁。作为销售业务人员，不要忘记提醒旅客严格遵守有关规定，涉及范围是旅行始发国以及所有观光国。

二、其他出版物

除 TIM 之外，其他类似的书刊还有 OAG 旅行计划（OAG Travel Planner）和 ABC 国际旅行（ABC Guide to International Travel），但它们的格式是不太一样的。在 OAG 国际旅行手册中，包括如下信息：

- 当地时间、所使用的官方语言、电压、驾驶证的申请、货币系统；
- 航空旅行（包括机场的位置及机场的税收）；
- 气候情况；
- 公众假期；
- 社会内容、礼仪。

三、申根国和申根签证

《申根协定》最早于 1985 年 6 月 4 日由几个欧盟国家在卢森堡的一个小城市申根签署，该公约于 1995 年 7 月正式全面生效，《申根公约》的成员国亦称"申根国家"或者"申根公约国"，成员国的整体又称"申根区"。《申根公约》的目的是取消相互之间的边境检查点，并协调对申根区之外的边境控制，即在成员国之间取消边境管制，持有任意成员国有效身份证或签证的人可以在所有成员国境内自由流动。根据该协定，旅游者如果持有其中一国的有效签证即可合法地到所有其他申根国家参观。

截止到 2009 年，申根国有 25 个：奥地利、比利时、丹麦、芬兰、法国、德国、冰岛、意大利、希腊、卢森堡、荷兰、挪威、葡萄牙、西班牙、瑞典、匈牙利、捷克、斯洛伐克、斯洛文尼亚、波兰、爱沙尼亚、拉脱维亚、立陶宛、马耳他和瑞士。

申根国家中除挪威和冰岛之外均为欧盟国家，相反英国和爱尔兰是欧盟国家，但不是申根协定的成员国。欧盟国≠申根国≠欧元国。英国为欧盟国，但非申根国，也非欧元国；挪威是非欧盟国和非欧元国，但却是申根国；爱尔兰是欧盟国和欧元国，但非申根国；瑞典、挪威、丹麦虽为申根国，但非欧元国；瑞典、丹麦虽为欧盟国，但非欧元国；冰岛、瑞士虽为申根国，但是非欧盟国和非欧元国。

那么，申根签证又是什么呢？以上 25 个申根国家根据《申根公约》，可以为短期往返访问的外国人签发"申根国统一签证"，得到其中一国的申根签证，可前往其他申根国家访问，无须其他签证。这在很大程度上方便了学生的日常生活，既可在业余时间自由旅游、打工，也可在将来转入其他国家就业，创造了广阔的发展前景。

"申根签证"的具体申请规定如下：

- 只前往某一申根国家，应申办该国的签证；
- 过境一申根国或几个申根国前往另一申根国，应申办另一申根国（入境国）的签证；
- 前往几个申根国，应申办主要访问申根国（主访国）或停留时间最长的申根国的签证，在签证申请表停留期限一项中必须将在各申根国停留的时间累加填写；

- 无法确定主访国时，应申办前往的第一个申根国的签证；
- 各国颁发签证所需的材料要求不变，必要时受理国可要求提供附加材料；
- 申根签证不能逐个国家申办，须统一在某一申根国办理；
- 根据《申根协定》，办妥一国签证可进入其他申根国，被一国拒签意味着被其他申根国拒签。

第三章　国际航空旅客运价基础

国际航空旅客运价（Fares，以下简称国际运价或运价），是指在国际航空旅客运输中，承运人对其载运的旅客及其限额内的行李所收取的从始发站机场到目的地机场的运输费用或价格以及这些费用或价格的适用条件（Rules）。

本章主要介绍国际运价的信息来源、航空旅客运价的类型，以及相关的IATA地理和旅客航程、方向代码等内容。

第一节　国际航空运价的信息来源

一、国际运价资料——《旅客航空运价》（PAT）

国际航空运价信息繁杂多变，世界上各航空公司在给旅客订票时，多以计算机订座系统里的运价信息为准；静态信息多以"Passenger Air Tariff"（《旅客航空运价》）为参考。"Passenger Air Tariff"简称PAT，由国际航空运输协会（IATA）和国际航空电信协会（SITA）共同出版。该运价所公布的运价和规则是经官方批准的。目前其成员航空公司有近100家，如中国国际航空公司（CA）、英国航空公司（BA）、意大利航空公司（AZ）、泰国航空公司（TG）等。

一套完整的PAT分为四册，分别为：
- General Rules（《一般规则》）；
- Worldwide Fares（《全球运价》）；
- Worldwide Fares Rules（《全球运价规则》）；
- Maximum Permitted Mileages（《最大允许里程》）。

General Rules（《一般规则》）和Worldwide Fares Rules（《全球运价规则》）都是每年出版4期，每季度的第一个月出版；Worldwide Fares（《全球运价》）每月出版一册；Maximum Permitted Mileages（《最大允许里程》）每年4月出版一期。规则的有效期限是本季度，而运价的有效期是出版的当月。

二、《一般规则》

《一般规则》的内容涉及6个方面：
- 使用指南（PAT Guide）；
- 代码表（Coding/Decoding）；
- 规则部分（General Rules）；
- 部分航空承运人的特殊规定（Carrier Special Regulations）；
- 客票点里程表（Ticketed Point Mileages—TPM）；
- 环球运价表（Round the World Fares）。

在查阅《一般规则》时，应先阅读印于该册最前面的"Editorial/Changes in this book"部分，它是该册的最新变动提要。《一般规则》是对《旅客航空运价》（PAT）一书的介绍及使用说明，包括《旅客航空运价》各册的出版、征订信息、本册的详细目录等内容。

1. 代码表

此部分共涉及五类代码表，分别是城市代码，国家（地区）代码，一些国家的州、省或行政区代码，航空公司代码，共享同一机场的城市以及多个机场的城市速查表。

1）城市代码（City Codes）

城市代码以3个英文字母组成，收录全世界城市的名称和代码6800余个，以英文字母顺序排列，可从城市全称查代码或反之。

例1.

City names	Country	Codes
Beijing	CN	BJS
Casablanca	MA	CAS
Washington D. C.	US	WAS

中文释义：由城市全称查代码

城市名称	国家	代码
北京	中国	BJS
卡萨布兰卡	摩洛哥	CAS
华盛顿	美国	WAS

本资料仅收录城市代码，如需查询某城市内的多个机场代码，如上海的SHA、PVG或伦敦的LHR、LGW、LTN或STN等，可参阅Official Airline Guides或City Code Directory等资料。

2）国家（地区）代码（Country Codes）

该代码以 2 个英文字母组成，可从代码查全称或反之，同时示以国家所在的 IATA 区域。

例 2.

DECODING		
CA	Canada	Area1
ES	Spain	Area2

中文释义：由代码查全程

CA	加拿大	1 区
ES	西班牙	2 区

3）州、省或行政区代码

阿根廷、巴西、美国、加拿大和澳大利亚五国的州、省或行政区两字代码可由此查询，如美国 50 个州的两字代码等。另外，由于**俄罗斯地跨亚欧两洲**，特将其位于亚洲和欧洲的城市分别开列，以利于运价计算中的区域查询。

4）航空公司代码

该部分收录了经营旅客定期航班的 1000 余家航空公司的代码，涉及航空公司全称、三字数字代码和两字英文代码。知其一，便可查询其他。

例 3. 从英文全称查询：

| Deutsche Lufthansa | 220 | LH |

从两字英文代码查询：

| AA | American Airlines | 001 |

从三字数字代码查询：

| 999 | Air China | CA |

5）共享同一机场的城市速查表

该表列出两个距离相当的城市共同使用一个机场的资料。如涉及运价计算，则可视为自始发点到这两个城市具有相同的里程数，如法国的戛纳和尼斯、德国的科隆和波恩等。

6）多个机场的城市

该表列出了拥有多个机场的城市清单。如上海有虹桥（SHA）和浦东（PVG）两个机场，纽约有肯尼迪（JFK）、拉瓜蒂尔（LGA）和纽瓦克（EWR）三个机场等。

2. 一般规则部分（General Rules）

一般规则部分是本卷的重点，其中包括缩语和定义、国际运价计算规则、行李运输、折扣、航空承运人、旅客运输规定、付款规定、税费收取、客票填开和其他有价票证、客票签转和信用卡等多项内容。

本书后面各章节将具体讲述相关内容。

3. 部分航空承运人的特殊规定（Carrier Special Regulations）

部分航空承运人在执行国际航空运输协会相关规则的同时，由于各自的市场需求，在经营活动中建立了一些仅适用于该公司运输的特种运价及规定，并公布于此。在查阅和使用这些规定时，要特别注意对承运人的限定。

4. 客票点里程表（Ticketed Point Mileages）

用以查阅两城市间的里程，该表按城市英文全称以字母顺序排列，单位为英里。

5. 环球运价表（RTW Fares）

该部分收录环球特种运价及其规则。

三、《全球运价》（Worldwide Fares）

《全球运价》主要包括6个部分：货币规定、运价注解、比例运价表、正常和特种运价表、航路和超里程附加表。

PAT《全球运价》中包括了普通运价和特种运价，它提供了该册适用范围内两点间的各类直达运价和最大允许里程。按城市的英文字母顺序排列，始发地城市为重体大号字体，终点站城市为重体小号字体。所公布的运价种类包括头等舱、公务舱和普通舱以及各种经济舱折扣运价，分别以单程（浅色字体）和来回程（深色字体）的当地货币数及中间组合单位数（NUC）列出。

本书的后续有关章节将具体讲解其应用。

四、《全球运价规则》（Worldwide Fares Rules）

《全球运价规则》包括运价规则索引、运价规则、运价规则的标准文本和环球运价表等。

使用运价应遵循其运价规则。基本的运价规则有两种，一种是普通运价的标准条件（SC101），另一种是特种运价的标准条件（SC100）。

五、《最大允许里程》（Maximum Permitted Mileages—MPM）

每年出版一期。该手册公布有部分城市对间的最大允许里程，仅用于使用比例运价的情况。

第二节 国际航空旅客运价的分类

从不同的角度出发，国际运价可划分为各种不同类别。

一、普通运价和非普通运价

按照运价水平划分，国际运价可分为普通运价和非普通运价。

1. 普通运价（Normal Fares）

是指适用于头等舱（例如 P、F）、公务舱（或称中间等级，例如 J、C）、经济舱（例如 W、S、Y）的全额票价。

普通运价又可分为：

（1）不受限制的普通运价。使用此类运价时，通常没有附加的适用条件。

（2）受限制的普通运价，例如 F2、Y2、Y3 等。使用此类运价时，通常对航程中的中途分程的次数有严格的限制。

2. 非普通运价（Unnormal Fares）

是指除普通运价之外的任何其他运价。非普通运价又可分为：

（1）特殊运价（Special Fares），也被称为促销运价（Promotional Fares），是航空公司为扩大需求、刺激销售、提高客座利用率而制定的各种优惠运价。

例如，短期旅游运价（Excursion Fares）、预购旅游运价（APEX Fares）、即购旅游运价（PEX Fares）、综合旅游运价（Inclusive Tour Fares）、团体旅游运价（Group Travel Fares）等。

上述各种运价在使用时有严格的限制条件。

（2）折扣运价（Discounted Fares），是在普通运价或特殊运价的基础上，根据旅客的不同年龄、身份而给予一定的百分比折扣构成的运价。

例如，青年折扣运价（Youth Fares），在普通运价的百分比基础上建立的儿童或婴儿折扣运价。

二、行业运价和承运人运价

按照运价制定方式划分,国际运价可分为行业和承运人运价。

1. 行业运价（Industry Fares）

是指在 PAT 成员公司都能适用的运价。此类运价主要用于不同国家的航空公司间的联程运输。

2. 承运人运价（Carrier Fares）

是指航空公司自行制定的仅适用于本公司或两国间对飞航空公司的国际运价,一般低于行业运价。

三、单程运价和来回程运价

按照航程种类划分,国际运价可分为单程运价和来回程运价。

1. 单程运价（OW Fares）

单程运价是适用于单程航程的运价,通常是指没有回到始发国的航程。

2. 来回程运价（RT Fares）

来回程运价是适用于来回程、环程、环球程和缺口程的运价,通常是对应回到始发国或始发点的航程。

四、直达公布运价、比例运价和组合运价

按照运价构成方式划分,国际运价可分为直达公布运价、比例运价和组合运价。

1. 直达公布运价（Published Through Fares）

直达公布运价是指运价手册中公布的城市对间的直达运价,包括单程运价和来回程运价,也包括普通运价和特殊运价。它不仅适用于两点间的直达航程,而且在一定条件下也适用于非直达航程。

直达公布运价可分为指定航程运价和里程制运价两种形式:

1）指定航程运价（Specified Routings）

指定航程运价是一种协议运价。通常在公布的运价后面有一个给定的数字编号,可以在对应的航程表中查出指定的经由点（有时还包括指定的承运人）。当非直达航程满足给定的条件时,可以直接使用公布的从始发点到终点的直达运价,通常价格优惠。

2）里程制运价（Mileage System）

里程制运价是同时公布有一个里程数（英里数）的运价,该里程数称为最大允许

里程（Maximum Permitted Mileage—MPM）。当非直达航程使用里程制运价时，应将航程中各段实际航行里程（即客票点里程）之和与最大允许里程进行比较。

2. 比例运价（Proportional Fares 或 Add-on Fares）

比例运价是由直达公布运价和给定附加值相加构成的直达运价。它适用于两点间没有直达公布运价的情况。

在运价资料的运价表中，能查到世界上许多城市两点间的直达运价，也有部分城市之间没有公布的直达运价，而采用公布该城市至该国门户点间的规定金额的附加值（Add on Amounts）方式。我们可以通过查阅比例运价表来获取这类附加金额，和门户点之间的直达运价相加，从而计算出所需要的全程始点和终点间的直达运价。

3. 组合运价（Combination of Fares）

组合运价是由若干航段运价或次航程（Sub-Journey）运价组合而成的全程运价。

五、国内运输权运价

国内运输权运价（Cabotage Fares）：是指适用于一国领土及其海外领地间，或该国各个海外领地间的航空运价。该运价并不适用于所有的承运人。

上述国内运输权运价的销售、出票和承运仅限于某些指定的承运人。其他承运人仅当得到被授权的承运人或政府当局的特许，才可以使用这些运价。否则，在运价手册中公布的国内运输权运价对于未被授权的承运人仅是一个信息。但如果不只是为了航班衔接，而是真正在另一国领土内的国内运输权点间中途分程，则任何承运人可以销售客票和参加承运。在这种情况下，全程运价必须超越该中途分程点计算。但如果全程运价低于该国内运输权段始发点到终点的直达运价，则必须提高到国内运输权运价（参见中间较高点检查规则）。

例如，马德里—圣胡安—迈阿密。

在此，圣胡安—迈阿密是美国的国内运输权航段，一般情况下，只有美国的指定承运人有权参与运输。但如果在圣胡安是一次真正的中途分程，则其他承运人也可以参与运输，但运价必须全程计算。除非圣胡安—迈阿密的运价较高，才可以使用该国内运输权运价。

国内运输权主要有以下四种：

1）英属国内运输权

下列领土间的航程属于英国国内运输权（运输仅限于英国的空运企业，在某些情况下，可授权外国空运企业出票）：百慕大、英属维尔京群岛、凯科斯岛、开曼群岛、直布罗陀、蒙特塞拉特岛、特克斯岛、联合王国。

2）荷属国内运输权

在下列领土之内和之间：荷兰、荷属安的列斯、阿鲁巴。

3）法属国内运输权

在下列领土之内和之间：法国、法属圭亚那、法属波利尼西亚、瓜德罗普岛及其托管地、马提尼克岛、马约特群岛、留尼汪岛、圣皮埃尔和密克隆岛、瓦利斯和富图纳群岛。

4）美属国内运输权

下列领土间的航程属于美国国内运输权：美属萨摩亚、贝克岛、关岛、豪兰岛、贾维斯岛、约翰逊环礁、金曼礁、中途岛、北马里亚那岛、波多黎各、塞班岛、斯温斯岛、太平洋托管地、巴尔米拉岛、美属维尔京群岛、威克岛。

第三节　IATA 运价区域的划分

为便于协调和制定国际运价及其规则，IATA 将全球划分为若干区域（Areas），每个区域又被划分为若干次区（Sub-areas）及小区（Regions）。

由于在区域划分中，不仅要考虑各个国家或地区所在的地理位置，而且应考虑它们的发展状况、经济联系和空运市场特征，因此，尽管许多 IATA 区域的名称与地理上使用的名称基本相同，但所包含的地域可能会有差异，应加以区别。

一、IATA 运输会议区域

为了运价调整的便利，IATA 将全球分为三个大运输会议区域（IATA Traffic Conference Areas），简称为一区（TC1 或 Area1）、二区（TC2 或 Area2）和三区（TC3 或 Area3）。如图 3.1 所示。它们通常被用于运价规则的解释以及计算国际航空运价。

1. IATA 一区

IATA 一区是指北美洲和南美洲大陆及其附属岛屿、格陵兰、百慕大、西印度群岛和加勒比海各岛屿、夏威夷群岛（包括中途岛和巴尔米拉岛）。

2. IATA 二区

IATA 二区是指欧洲、非洲及其附属岛屿，阿森松岛和乌拉尔山以西的亚洲部分，包括伊朗和中东。

3. IATA 三区

IATA 三区是指亚洲及其附属岛屿（除去已包括在二区的部分）、东印度群岛、澳大利亚、新西兰以及太平洋中的岛屿（已包含在一区内的部分除外）。

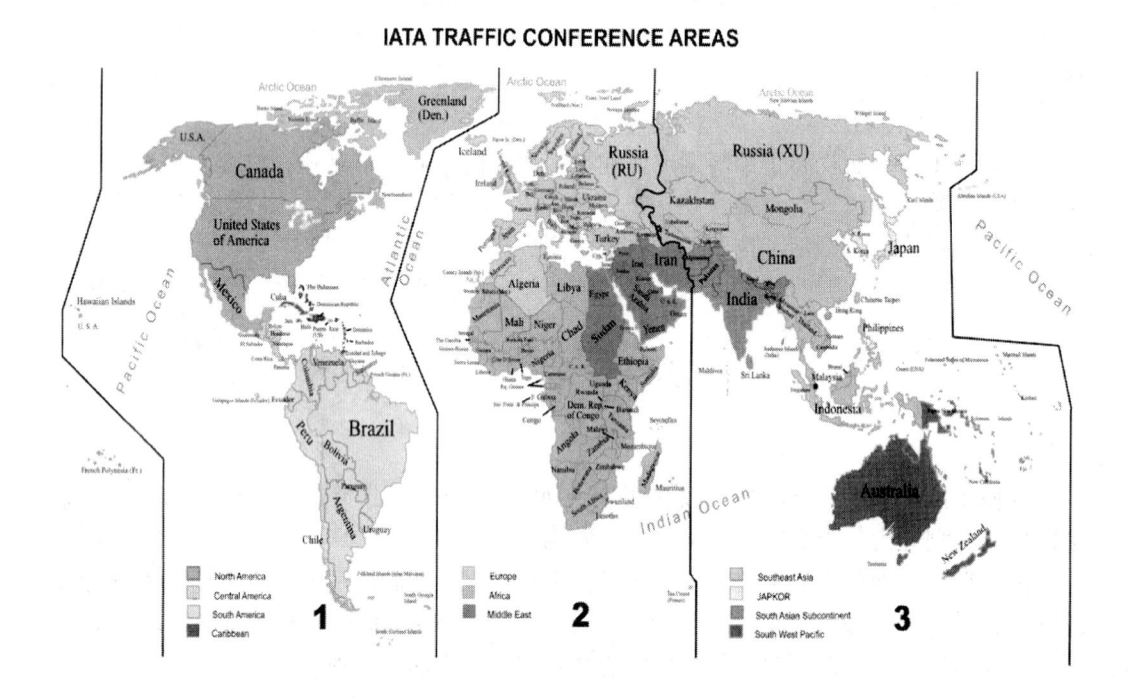

图 3.1　IATA 世界区域图

二、各分区之间的分界线

1. IATA 一区和二区的分界线

因为一区和二区分别位于南北美洲和欧洲、非洲之间,所以它们之间有天然的分界线,即大西洋。

2. IATA 一区和三区的分界线

因为一区和三区分别位于南北美洲和亚洲及大洋洲之间,它们之间也有一个天然的屏障,即太平洋,所以一区和三区的分界线为太平洋。

但是需要注意的是,在太平洋中的美国夏威夷属于 IATA 一区;除此之外,除了个别岛屿外,其他地区和国家均属于三区。

3. IATA 二区和三区的分界线

由于三区和二区是连接在一起的亚欧大陆,因此,它们之间的分界是特别界定的。它们的分界线,从北至南依次为乌拉尔山、乌拉尔河、里海、土库曼斯坦、伊朗、阿富汗、巴基斯坦境界。其中伊朗位于 IATA 二区，土库曼斯坦、阿富汗、巴基斯坦位于 IATA 三区。

三、东西半球

东半球（Eastern Hemisphere—EH）：是指 IATA 二区和三区。
西半球（Western Hemisphere—WH）：是指 IATA 一区。

四、IATA 大区内的次区

在每一个区域下面有小的"次区"或称"地区"，可以通过 PAT 全球运价卷查阅哪一个国家属于哪一个区域或次区。一区的各次区可参看图 3.2。

图 3.2 IATA 一区区域图

1. IATA 一区（TC1 或 Area1）

（1）IATA 一区包括 4 个次区：北美洲、南美洲、中美洲和加勒比。
①北美洲次区（North America）

包括：加拿大（CA）、美国（US）、墨西哥（MX）、圣皮埃尔和密克隆（PM）。

②南美洲次区（South America Sub-area）

包括：阿根廷（AR）、哥伦比亚（CO）、秘鲁（PE）、乌拉圭（UY）、玻利维亚（BO）、巴西（BR）、巴拿马（PA）、厄瓜多尔（EC）、智利（CL）、巴拉圭（PY）、委内瑞拉（VE）、苏里南（SR）、圭亚那（GY）、法属圭亚那（GF）。

③中美洲次区（Central America）

包括：伯利兹（BZ）、萨尔瓦多（SV）、洪都拉斯（HN）、危地马拉（GT）、尼加拉瓜（NI）、哥斯达黎加（CR）。

④加勒比次区（Caribbean Area Sub-area）①

包括：安圭拉（AI）、阿鲁巴（AW）、巴巴多斯（BB）、安提瓜和巴布达（AG）、巴哈马（BS）、古巴（CU）、圣卢西亚（LC）、英属维尔京群岛（VG）、百慕大（BM）、海地（HT）、开曼群岛（KY）、瓜德罗普岛（GP）、牙买加（JM）、多米尼克（DM）、多米尼加共和国（DO）、马提尼克（MQ）、格林纳达（GP）、蒙特塞拉特（MS）、波多黎各（PR）、荷属安的列斯（AN）、圣基茨和尼维斯（KN）、美属维尔京群岛（VI）、特立尼达和多巴哥（TT）、圣文森特和格林纳丁斯（VC）、特克斯和凯科斯群岛（TC）。

（2）当使用一区和二/三区间经大西洋航线的运价时，一区还可划分为以下三个次区：北大西洋、中大西洋和南大西洋。

①北大西洋次区（North Atlantic Sub-area）

包括：加拿大、格陵兰、墨西哥、圣皮埃尔和密克隆、美国（包括阿拉斯加、夏威夷、波多黎各、美属维尔京群岛）。

②中大西洋次区（Mid Atlantic Sub-area）

包括：安圭拉、安提瓜和巴布达、阿鲁巴、巴哈马、巴巴多斯、贝利兹、百慕大、玻利维亚、开曼群岛、哥伦比亚、哥斯达黎加、古巴、多米尼克、多米尼加共和国、厄瓜多尔、萨尔瓦多、法属圭亚那、格林纳达、瓜德罗普、危地马拉、圭亚那、海地、洪都拉斯、牙买加、马提尼克、蒙特赛拉特、荷属安的列斯、尼加拉瓜、巴拿马、秘鲁、圣基茨和尼维斯、圣卢西亚、圣文森特和格林纳丁斯、苏里南、特里尼达和多巴哥、特克斯和凯科斯群岛、委内瑞拉、英属维尔京群岛。

③南大西洋次区（South Atlantic Sub-area）

包括：阿根廷、巴西、智利、巴拉圭、乌拉圭，通常用 ABCPU 的缩写来表达这五个国家。

2. IATA 二区（TC2 或 Area2）

IATA 二区包括 3 个次区：欧洲、非洲和中东。IATA 二区区域如图 3.3 所示。

---

① 中美洲和加勒比次区有部分重合。

图 3.3　IATA 二区区域图

①欧洲次区（Europe Sub-area）①

包括：阿尔巴尼亚（AL）、安道尔（AD）、亚美尼亚（AM）、奥地利（AT）、阿尔及利亚（DZ）、比利时（BE）、阿塞拜疆（AZ）、摩纳哥（MC）、拉巴特、波斯纳亚—黑塞哥维那（BA）、捷克共和国（CZ）、丹麦（DK）、保加利亚（BG）、克罗地亚（HR）、爱沙尼亚（EE）、德国（DE）、格鲁尼亚（GE）、直布罗陀（GI）、拉脱维亚（LV）、希腊（GR）、爱尔兰共和国（IE）、匈牙利（HU）、意大利（IT）、冰岛（IS）、列支敦士登（LI）、立陶宛（LT）、卢森堡（LU）、马其顿（MK）、马耳他（MT）、摩尔多瓦（MD）、白俄罗斯（BY）、摩洛哥（MA）、荷兰（NL）、挪威（NO）、波兰（PL）、突尼斯（TN）、罗马尼亚（RO）、俄罗斯（乌拉尔山以西）（RU）、圣马力诺（SM）、斯洛文尼亚（SI）、斯洛伐克（SK）、瑞典（SE）、土耳其（TR）、瑞士（CH）、乌克兰（UA）、英国（GB）、葡萄牙（PT）（包括亚速尔群岛和马得拉群岛）、芬兰（FI）、西班牙（ES）（包括巴利阿里群岛和加那利群岛）、法国（FR）、塞浦路斯（CY）、塞尔维亚—蒙特内哥罗（CS）。

---

① IATA 定义的欧洲次区的范围除包括地理上的欧洲外，还应加上突尼斯、阿尔及利亚、摩洛哥、加那利群岛、马德拉群岛（上述国家或地区在地理上属于非洲）以及塞浦路斯和土耳其的亚洲部分。

51

下列国家及地区在计算运价时，通常视为一国：
- 丹麦、挪威、瑞典视为一国（北欧三国）；
- 法国及法属的海外国家视为一国；
- 俄罗斯（XU）（乌拉尔山以东，在亚洲的部分）和俄罗斯（XR）（乌拉尔山以西，在欧洲的部分）视为一国。

②非洲次区（Africa Sub-area）

非洲次区由以下小区组成：中非、东非、南非、西非、印度洋岛屿、利比亚。
- 中非（Central Africa）：马拉维（MW）、赞比亚（ZM）、津巴布韦（ZW）。
- 东非（Eastern Africa）：布隆迪（BI）、肯尼亚（KE）、坦桑尼亚（TZ）、吉布提（DJ）、卢旺达（RW）、乌干达（UG）、索马里（SO）、埃塞俄比亚（ET）。
- 南非（Southern Africa）：博茨瓦纳（BW）、南非（ZA）、纳米比亚（NA）、莱索托（LS）、莫桑比克（MZ）、斯威士兰（SZ）。
- 西非（Western Africa）：安哥拉（AO）、贝宁（BJ）、科特迪瓦（CI）、布基纳法索（BF）、喀麦隆（CM）、乍得（TD）、利比里亚（LR）、中非共和国（CF）、佛得角（CV）、刚果（CD）、尼日利亚（NG）、赤道几内亚（GQ）、冈比亚（GM）、加蓬（GA）、塞内加尔（SN）、几内亚比绍（GW）、几内亚（GN）、加纳（GH）、塞拉利昂（SL）、毛里塔尼亚（MR）、尼日尔（NE）、马里（ML）、圣多美和普林西比（ST）、多哥（TG）。
- 印度洋岛屿（Indian Ocean Islands）：科摩罗（KM）、毛里求斯（MU）、马达加斯加（MG）、塞舌尔（SC）、马约特岛（XM）。
- 利比亚（Linya）[①]：利比亚（LY）。

③中东次区（Middle East）

包括：伊朗（IR）、伊拉克（IQ）、科威特（KW）、以色列（IL）、约旦（JO）、黎巴嫩（LB）、沙特阿拉伯（SA）、阿曼（OM）、巴林（BH）、叙利亚（SY）、阿拉伯联合酋长国（AE）、也门共和国（YE）、卡塔尔（QA）、埃及（EG）、苏丹（SD）。

3. IATA 三区（TC3 或 Area3）

IATA 三区包括 4 个次区：东南亚、日本/韩国/朝鲜、南亚次大陆、西南太平洋。IATA 三区区域如图 3.4 所示。

1）东南亚（South East Asia Sub-area—SEA）

包括：文莱（BN）、柬埔寨（KH）、中国（不含香港、澳门特别行政区）（CN）、中国香港特别行政区（HK）、中国澳门特别行政区（MO）、中国台湾（TW）、印度尼西亚（ID）、哈萨克斯坦（KZ）、吉尔吉斯斯坦（KG）、马来西亚（MY）、马绍尔群岛（MH）、密克罗尼西亚（FM）、蒙古（MN）、缅甸（BU）、贝劳（PW）、菲律宾

[①] 利比亚属于非洲次区，但不属于上述任何小区。地理上的非洲还应加上阿尔及利亚、加那利群岛、埃及、马德拉群岛、摩洛哥、突尼斯、苏丹。上述国家或地区在 IATA 区域的定义中分属欧洲和中东次区。

（PH）、新加坡（SG）、俄罗斯（乌拉尔山以东）（RZ）、塔吉克斯坦（TJ）、老挝（LA）、泰国（TH）、土库曼斯坦（TM）、乌兹别克斯坦（UZ）、越南（VN）、关岛（GU）、东帝汶（TL）。

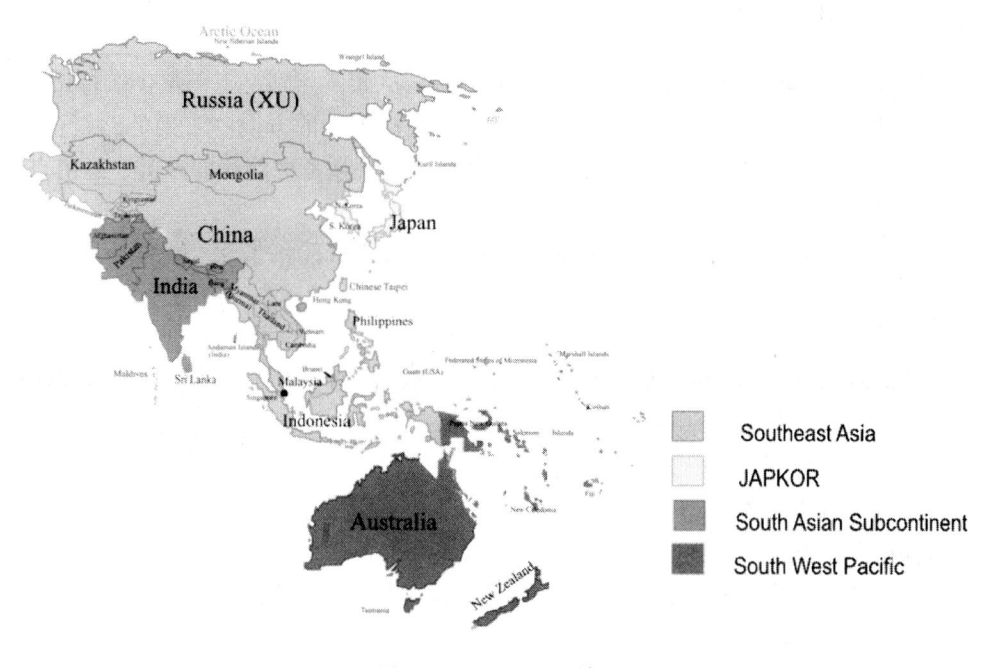

图 3.4　IATA 三区区域图

2）日本/朝鲜/韩国（Japan，Korea Sub-area）

包括日本（JP）、大韩民国（KR）、朝鲜民主主义人民共和国（KP）。

3）南亚次大陆（South Asian Subcontinent—SASC）

该次区由 8 个南亚次大陆国家组成：阿富汗（AF）、巴基斯坦（PK）、印度（IN）、孟加拉国（BD）、不丹（BT）、尼泊尔（NP）、斯里兰卡（LK）、马尔代夫（MV）。

4）西南太平洋（South West Pacific Sub-area—SWP）

这里是指大洋洲岛屿国家，包括：澳大利亚（AU）、萨摩亚（AS）、库克群岛（CK）、斐济（FJ）、法属波利尼西亚（PF）、基里巴斯（KI）、新喀里多尼亚（NC）、新西兰（NZ）、纽埃（NU）、巴布亚新几内亚（PG）、汤加（TO）、萨摩亚群岛（WS）、所罗门群岛（SB）、瑙鲁（NR）、图瓦卢（TV）、瓦努阿图（VU）、瓦利斯群岛和富图纳群岛（WF）。

第四节　旅客航程和运价区间

一、旅客航程的概念

旅客航程（Journey）是指在客票中表明的旅客从始发点到终点的整个航行旅程。

由于地球是一个球体，从一点到另一点可以经由不同的方向和不同的路线，因此，也会有不同的航行距离和不同的运价。在计算运价时必须考虑航程的种类、经由点、方向等基本特征。

按照航程中有无中间转机点，旅客航程可分为直达航程和非直达航程。

1. 直达航程

直达航程（Direct Route）：是指两点间（单向或双向）的直达航班所经过的最短路程。

例如，单程：北京—东京；
　　　来回程：北京—东京—北京。

在直达航程中可能有经停点，也可能没有经停点。旅客在经停点只作短暂停留，但无须改换航班，航班号不变。

不论航班是否有经停点，对于直达航程，旅客从始发点到终点（或折返点）通常仅需一张客票乘机联。

2. 非直达航程

非直达航程（Indirect Route）：也称联程运输，是指在航程中有中间转机点的情况。对于非直达航程，旅客从始发点到终点（或到折返点）需要多于一张的客票乘机联。

按照国际运输运价计算规则，对于非直达航程，可以联程出票；并且，只要符合条件，应尽量使用两点间的直达运价。例如，北京—马尼拉（中转）—悉尼，可使用北京—悉尼的直达运价。

一般非直达航程有以下三种情况：

（1）在航班时刻表中没有可供选择的直达航班，因此必须在某一中间点转机。

例如，从北京到加拿大的卡尔加里，在航班时刻表中没有可供选择的直达航班。如果旅客乘坐 CA991 航班从北京到温哥华，然后再乘坐 AC 的航班从温哥华到卡尔加里，则温哥华是航程中的中间转机点。

此例中，北京—温哥华、温哥华—卡尔加里需要两张乘机联，两个不同的航班号。

（2）也可能两点间原本有直达航班，但旅客要求在直达航班的经停点逗留，然后继续旅行。

例如，CA945 航班，从北京—卡拉奇（经停）—科威特，旅客要求在卡拉奇停留三天，然后继续从卡拉奇到科威特。

此例中，北京—卡拉奇、卡拉奇—科威特需要两张乘机联。其中，卡拉奇被称为中途分程点。

（3）还可能两点间原本有直达航班，但不符合旅客的特定要求（如班期、机型、承运人、经由点、出发到达时间等），旅客要求在航程的某一中间点转机。

例如，从北京到纽约，原本有直达航班，但旅客要求在东京停留两天，然后继续从东京到纽约。

此例中，北京—东京、东京—纽约需要两张乘机联。其中，东京是中途分程点。

二、运价区间的概念

在计算国际运价时，对于非直达航程，既可使用全程始点到终点的直达运价，也可使用分段组合运价。

例如，旅客航程为：北京—首尔—马尼拉—悉尼。该航程运价可按下列几种方式构成：

方法一：可以由三个部分构成，即可用北京—首尔的运价、首尔—马尼拉的运价和马尼拉—悉尼的运价分段相加；

方法二：可以由两个部分构成，即可用北京—首尔的运价和首尔—马尼拉—悉尼的运价分段相加；

方法三：还可以由一个部分构成，即可用北京—首尔—马尼拉—悉尼的全程直达运价。

航程中仅使用一个运价的组成部分称为运价区间（Fare Component），也可称为运价计算组或运价组成部分。

本例第一种方法：全程由三个运价区间构成；第二种方法：全程由两个运价区间构成；第三种方法：全程由一个运价区间构成。本例图示如下：

方法一	方法二	方法三
BJS	BJS	BJS
SEL	SEL	SEL
MNL	MNL	MNL
SYD	SYD	SYD

三、运价构成点

上述运价区间的端点（包括航程的始发点和终点），称为运价构成点（Fare Construction Points，缩写为 FCP），也称为运价分界点（Fare Break Points，缩写为 FBP）。

上例第二种方法，全程由两个运价区间构成，第一个区间的运价构成点为 FCP BJSSEL，第二个区间的运价构成点为 FCP SELSYD；上例第三种方法，全程由一个运价区间构成，运价构成点为 FCP BJSSYD。

确定运价构成点，或者说划分运价区间是计算非直达航程普通运价的基本步骤之一。在通常情况下，确定非直达航程的运价构成点主要考虑里程问题以及如何在遵守运价规则的前提下构成最低运价。其具体方法将在以后各章中加以说明。

四、航程的种类

按照航程的路径和计算的基础运价，旅客航程可分为下列五种基本类型：

1. 单程（One Way Trips—OW）

单程是指不构成完全的来回程、环程或其他使用 $\frac{1}{2}$RT 运价的缺口程的航程。单程航程一般使用两点间的单程运价（OW Fare），按实际旅行方向计算运价。但对于终点在始发国的运价区间应按从始发国出发方向计算运价。[①]

使用普通运价的单程具有以下特征：

（1）是从一点出发，但不回到原始发国的航程；

例1. 北京—曼谷—开罗

在本例中，可使用北京—开罗的单程直达运价。

例2. 北京—开罗—曼谷

在本例中，应使用北京—开罗和开罗—曼谷的单程运价相加构成全程运价。

（2）虽然回到始发国，但包含地面运输段（Surface Sector），并且地面运输段两端不在同一国。

例3. 北京—马德里（地面运输）里斯本—北京

在本例中，因为回程的终点在始发国，应使用北京—马德里和北京—里斯本的单程运价相加构成全程运价。

2. 来回程（Round Trips—RT）

来回程是指旅行从一点始发，经某一折返点再回到原出发点，并且全程航空运输。在运价计算中，来回程具有两个主要特征：[②]

（1）全程仅由去程和回程两个运价区间组成；并且

（2）去程和回程均具有相同的从始发点到折返点方向的同等级普通 $\frac{1}{2}$RT 运价。

来回程的去程和回程均应使用按照从始发点到折返点方向计算的 $\frac{1}{2}$RT 运价。

由上述定义可知，来回程可分为两种情况：

- 去程和回程经由相同的路线，并且去程和回程均可使用相同的从始发点到折返点方向的普通 $\frac{1}{2}$RT 运价。

[①] 上述定义和规定对使用特殊运价的航程可能不适用。
[②] 上述定义不适用于环球程的情况。

例 4. 北京—纽约—北京

本例是点到点的直达航班，使用北京到纽约的来回程运价（RT Fare）。

例 5. 北京—卡拉奇（中转）—开罗—卡拉奇（中转）—北京

本例去程和回程均使用北京到开罗的 $\frac{1}{2}$RT 运价为计算基础。

- 去程和回程经由不同的路线，但去程和回程均可使用相同的从始发点到折返点的普通 $\frac{1}{2}$RT 运价。

例 6. 北京—吉隆坡（中转）—悉尼—马尼拉（中转）—北京

本例中，应使用去程的北京—悉尼的 $\frac{1}{2}$RT 运价和回程的北京—悉尼的 $\frac{1}{2}$RT 运价相加构成全程运价。

例 7. 下列航程可被视为来回程：[①]

  北京—纽约—北京
   C 舱 Y 舱

3. 环程（Circle Trips—CT）

环程是指旅行从一点始发，经一条连续、环形的空中路线，最后又回到原出发点的航程。环程可以由两个或两个以上的运价区间组成，但不包括来回程所定义的航程。

环程的全程运价应使用 $\frac{1}{2}$RT 运价构成，一般按实际旅行方向计算运价，但对于终点在始发国的运价区间，应按从始发国出发方向计算运价。

环程和来回程的主要区别在于：

（1）环程可以由两个以上的运价区间组成。

例 8. 北京—墨尔本—伊斯坦布尔—北京；

本例全程由三个运价区间运价相加构成全程运价：

$$\text{FCP BJSMEL } \frac{1}{2}\text{RT 运价}$$

$$\text{FCP MELIST } \frac{1}{2}\text{RT 运价}$$

$$\text{FCP BJSIST } \frac{1}{2}\text{RT 运价}$$

（2）当全程由两个运价区间组成时，去程和回程区间有不同的从始发点到折返点方向的同等级普通运价。

---

① 如果由两个运价区间组成的封闭航程的去程和回程使用不同的舱位等级运价/不同的季节性运价/不同的周日周末运价/不同的承运人运价，上述计价单元仍可被视为来回程；条件是：适用于去程的 $\frac{1}{2}$RT 运价在相同条件下也适用于回程区间，反之亦然。上述情况称为来回程的局部组合。

例9. 北京—伦敦—里斯本—马尼拉—北京；

本例以里斯本为运价分界点时，由于去程部分有中间较高点（关于中间较高点的概念可参见本书有关章节），去程和回程有不同的从始发点到折返点方向的普通运价，所以该航程为环程。

环程若只有两个运价区间时，往往只有在运价计算过程中才能和来回程加以区分。

4. 环球程（Round The World—RTW）

环球程是指从一点始发，穿越（且仅一次穿越）大西洋和太平洋，最后又回到原出发点的航程。

由上述定义可知，环球程具有如下几个基本特征：
（1）环球程是环程的特例；
（2）它是既经大西洋，又经太平洋，并且仅有一次经过上述两大洋的航程；
（3）航程中应包括一区、二区和三区的点。

例10. 北京—巴黎—纽约—北京（连续向西航行）；
例11. 北京—安克雷奇—巴黎—北京（连续向东航行）；
例12. 北京—纽约—巴黎—洛杉矶—北京，本例两次经过太平洋，故不属于RTW。

5. 缺口程（Normal Fare Open Jaw—NOJ）

普通运价缺口程是指旅行从一国始发，最后又回到该始发国的使用普通运价的航程。全程仅由去程和回程两个国际运价区间构成，但在始发地和/或折返地存在一个国内缺口。

普通运价缺口程的全程运价应使用1/2RT运价构成，并且去程和回程都使用从始发地出发方向的运价。

例13. 始发国缺口航程：北京—东京—上海
例14. 折返国缺口航程：北京—东京——（地面运输）——大阪—北京
例15. 双缺口航程：　　北京—东京——（地面运输）——大阪—上海

由上述定义可知，普通运价缺口程具有来回程的特征，但又不构成完整的来回程。另外，缺口两端必须在同一国内，即必须在始发地和/或折返地所在国内。

第五节　航程中的客票点

一、术语及解释

1. 航程的始发点（Origin—O）

航程的始发点是指在客票中列明的整个航程最初的出发地点。

2. 航程的终点（Destination—D）

航程的终点是指在客票中列明的整个航程最终的到达地点。

3. 运输的始发国（The Country of Commencement of Travel/Transportation—COC）

运输的始发国是指旅程中第一个国际航段的出发地所属的国家。

4. 航程中的客票点（Ticketed Point）

航程中的客票点是指在旅客客票的航程栏（Good For Passage）中开列的所有各点，包括航程的始发点、终点、中途分程点和中转衔接点。

5. 中途分程（Stopover）

中途分程是指旅客在航程中的某一中间点中断旅行，并且停留时间超过 24 小时的情况。上述中间转机点称为中途分程点，或简称为分程点。

中途分程可分为两种类型：
- 自愿中途分程：是由旅客主动要求，并经航空公司事先同意的中途停留。
- 非自愿中途分程：是因旅行需要，旅客必须在航程中间某点转换航班，但衔接时间超过 24 小时的情况。

例 1. 旅客于 21DEC 乘坐 MU571 航班从上海至新加坡，16:35 出发，21:25 到达；然后于 26DEC 乘坐 NZ024 航班从新加坡—奥克兰，9:20 出发，14:15 到达；新加坡为中途分程点。

6. 中转衔接（Connection）

中转衔接是指因旅行衔接的需要，旅客在航程中的某一中间点转换航班，并且衔接时间不超过 24 小时的情况。上述中间转机点称为中转衔接点，或简称为中转点。

中转衔接点又称为非中途分程点（No Stopover Point）。

例 2. 旅客于 21DEC 乘坐 MU571 航班从上海至新加坡，16:35 出发，21:25 到达；然后于 22DEC 乘坐 NZ024 航班从新加坡—奥克兰，9:20 出发，24:15 到达；新加坡为中转衔接点。

7. 转机（Transfer）

转机是指旅客在航程的某一中间点转换航班的情况。分程点和中转点均为转机点，也称中间客票点（Intermediate Ticketed Point）。

转机可分为两种类型：
- 航空公司内的转机（Online Transfer）：是指旅客从某一航空公司的一个航班转换至同一航空公司的另一航班的情况；
- 航空公司间的转机（Interline Transfer）：是指旅客从某一航空公司的一个航班转

换至另一航空公司的一个航班的情况。

二、对中途转机的限制

当使用里程制运价或公布的指定航程运价时，只要事先安排并在客票中明确指定，在航程中任一中间点中途分程或中转衔接都可被允许。但下列情况除外：
- 承运人在该点无运输权；
- 特殊运价或折扣的适用条件限制或不允许中途转机。
- 指定航程的适用规则不允许中途分程或中转衔接。

1. 分程或转机次数的计算方法

在运价计算过程中，当运价适用条件对中途分程或转机的次数有限制，或要求对中途分程收费时，需计算分程次数或转机次数。

除非另有说明，分程或转机次数的计算在各运价区间内来计数，全航程的分程或转机次数等于各运价区间的次数之和，运价区间的端点不计在转机次数中。

当航程中存在地面运输段时，该地面运输段的两个端点可合并计为一个转机点。但如果地面运输段的两个端点是运价构成点，则不计入转机次数。

如果有地面运输段的航程中需要收取中途分程费，则地面运输段两个端点合并为一点收费；如果地面运输段的两个点需要收取不同的中途分程费，则仅按地面运输段的两个端点中费率较高的一个点收费。

2. 中途分程和转机次数计算示例

例1. 旅客航程为：北京—孟买（中转）—开罗—开普敦；运价构成如下：

```
    BJS
X/  BOM    CA
    CAI    MS    M
    CPT    MS    3291.78    （BJS—CPT OW NUC）
    ───
```

说明：
（1）本例为单程航程；
（2）全程共有四个客票点；
（3）其中，运价构成点 FCP 为 BJS（始发点）CPT（终点）；
（4）全程有两次转机（Interline Transfer & Online Transfer）；转机点为 BOM（中转点）和 CAI（中途分程点）；
（5）全程有一次中途分程，中途分程点为 CAI。

例2. 旅客航程为：广州—巴黎（中转）—马德里—马尼拉—广州；运价构成如下：

CAN			
X/PAR	MU	M	
MAD	AF	1934.51	(CAN—MAD $\frac{1}{2}$RT NUC)
MNL	TP	M	
CAN	MU	1934.51	(CAN—MAD $\frac{1}{2}$RT NUC)

说明：

（1）本例为来回程；

（2）全程共有五个客票点；

（3）其中，运价构成点为 CAN（始发点）、MAD（折返点）、CAN（终点）；

（4）全程有两次转机（均为 Interline Transfers），其中，去程和回程各有一次转机；转机点为 PAR（中转点）和 MNL（中途分程点）；

（5）全程有一次中途分程，中途分程点为 MNL。

第六节　航程方向代码

一、航程方向代码的概念

地球是一个球体，从一点到另一点可以经由不同的方向和不同的路线，因此，也会有不同的航行距离和不同的运价。航空客运过程，旅客的舒适感和旅行时间长短相关，体现在国际运价中，两点间可能公布有多个同等级运价。

例如，从北京到里约热内卢，可以经由如下航程：

- 北京—（经太平洋）—里约热内卢；或
- 北京—约翰内斯堡—（经南大西洋）—里约热内卢；或
- 北京—巴黎—（经大西洋）—里约热内卢；等等。

上面的几种航程都可以使用北京到里约热内卢的直达运价，但同等级、同类别的运价可能不同。因此，使用运价时还需考虑航程方向。

在运价表中，不同航程方向的运价对应着不同的指定代码。该指定代码称为两字方向代码（Two-Letter Direction Codes），或称全球方向指示代码（Global Indicator，缩写为 GI）。

二、常用的航程方向代码

1. 西半球航线——WH（Western Hemisphere）

适用于在 IATA 一区（西半球）之内旅行。

例1. YVR—YYZ—SFO—LAX—NYC—MEX—SAO

例2. 里约热内卢—迈阿密—多伦多

2. 大西洋航线——AT（Atlantic）

适用于以下两种情况：
（1）在IATA一区和IATA二区之间经大西洋的旅行；

例3. YOW—DTT—SFO—PAR—ROM—VCE—MAD

例4. 罗马—巴黎—纽约

（2）航线在IATA一区和IATA三区之间经由IATA二区、大西洋的旅行。

例5. BJS—LON—SFO—DTT—NYC

例6. 北京—伦敦—迈阿密

3. 太平洋航线——PA（Pacific）

航线在IATA一区和IATA三区之间，经太平洋的旅行。

例7. BJS—TYO—OSA—SEL—HNL—SFO—YOW

例8. 北京—洛杉矶—迈阿密

4. 大西洋和太平洋航线——AP（Atlantic & Pacific）

适用于二区和三区间，既经大西洋，又经太平洋（经一区）的航程。

例9. BJS—TYO—HNL—SFO—NYC—LON

例10. 北京—旧金山—迈阿密—里斯本

5. 南大西洋航线——SA（South Atlantic）

适用于南大西洋次区和东南亚次区之间经大西洋的航程，但需满足下列条件：
（1）南大西洋和东南亚之间乘坐直达航班（即只用一张乘机联）；或
（2）经中非、南非或印度洋岛屿的点，但不经过除中非、南非或印度洋岛屿以外的二区的点。

例11. SAO—BUE—JNB—HKG

例12. 北京—曼谷—约翰内斯堡—里约热内卢

6. 太平洋经北美航线——PN（Pacific via North America）

适用于中、南美和西南太平洋次区之间经太平洋并经北美次区的航程。

例13. MEL—SFO—BUE

例14. 悉尼—洛杉矶—里约热内卢

7. 东半球航线——EH（Eastern Hemisphere）

适用于整个在东半球内的航程，包括：①
（1）二区内的航程
例 15. STO—ZRH—FRA—HAM—PAR—MIL—ADD
例 16. 莫斯科—伊斯坦布尔—开罗
（2）三区内的航程
例 17. BJS—HKG—SIN—MNL—SYD—WLG—AKL
例 18. 悉尼—曼谷—德里
（3）二区和三区间的航程
例 19. BJS—HKG—KHI—KWI—VCE—VIE—LON
例 20. 北京—卡拉奇—开罗—拉各斯

8. 跨西伯利亚航线——TS（Trans Siberia）

适用于二、三区之间，经西伯利亚（经欧洲和日本/韩国/朝鲜之间的直达航段）的航线。
例 21. TYO—FRA—ZRH—LON
例 22. SEL—PAR—MAD
例 23. 香港—东京—哥本哈根
例 24. 东京—布鲁塞尔—达喀尔

9. 远东航线——FE（Far East）

适用于俄罗斯（乌拉尔山以西）/乌克兰和三区（日本/朝鲜/韩国除外）之间不经西伯利亚的航程。

注意：当使用远东航线运价时，俄罗斯（乌拉尔山以西）/乌克兰和三区之间不可经由中东和欧洲（俄罗斯/乌克兰除外）的点。
例 25. HKG—SHA—BJS—MOW
例 26. 孟买—莫斯科—基辅

10. 俄罗斯航线——RU（Russia）

适用于三区（南亚次大陆除外）和俄罗斯（乌拉尔山以西）之间，经日本/韩国/朝鲜和俄罗斯（乌拉尔山以西）之间的直达航段，该航线不得经由欧洲的其他点。
例 27. SYD—SEL—IEV
例 28. 北京—东京—莫斯科
注意，下列航程不能使用 RU 运价，而应使用 TS 运价：TYO—HEL—MOW；因为赫尔辛基是不在俄罗斯的欧洲的点。

---

① 俄罗斯和三区间的 EH 运价仅适用于经欧洲和/或中东的航程，否则应使用 FE 或 RU 运价。

第四章 货 币

国际航空运输在票价计算和票面显示中有其特有的货币系统和付款规则。本章将介绍国际运价计算中需使用的中间组合单位 NUC 和始发国货币运价 LCF 及两者之间的兑换率 IROE。

第一节 运价的表示和货币兑换

一、运价的表示

在 PAT 运价表示中，运价均以始发国当地货币运价 LCF 和中间组合单位 NUC 两种价格符号表示。

绝大多数的当地货币运价 LCF 为本国或本地区货币，例如从中国内地出发的运价以人民币表示，香港出发的以港币表示等；但是有某些特殊国家的始发运价并不适用本国货币表示，它们均以美元为标准单位，例如，秘鲁、印度尼西亚、巴西等［这些国家的货币由于受到币值不稳的影响而采用美元，通常称为软货币（Soft Currency）］。

二、当地货币运价（LCF）

在同一条国际航线上，往往会有多个不同国家的承运人，并可能经由几个不同的国家，若各国承运人都选择其本国货币公布和计算运价，其表达和换算就会非常不一致，工作量繁重。为了便于协商制订运价，国际空运中通常以航空运输始发国当地货币作为制定和公布运价的基础货币（Basic Currency），对应的国际运价称为当地货币运价（Local Currency Fare，缩写为 LCF）。

需注意的是，在 PAT-General Rules 11.2 节中列出了那些特殊使用美元计价的国家或地区的名称；自 2001 年 1 月起，欧元区国家统一使用欧元作为始发国当地货币。

三、中间组合单位（NUC）

按照国际运价规则，当计算非直达航程运价时，经常需要对不同航段的运价进行比较或组合，由此会涉及多个国家或地区的当地货币，而不同的货币单位不能直接比较或相加。例如，联程 SHA—HKG—HNL，必须分为两个计算区，因此，第一段为人民币，第二段为港币。当旅客要求付款和出票时，付款地点在中国上海，由于两段为不同的当地货币而无法直接加总。

为了便于构成和计算国际运价，国际航协引进了统一的以美元为基础建立的货币计算单位，称为中间组合单位（Neutral Unit of Construction，缩写为 NUC）。在 PAT-Worldwide Fares 书中两点间的运价会同时列出始发国当地货币运价 LCF 和 NUC 运价。

例如，2008 年 4 月出版的 PAT-Worldwide Fares 中，SHA—HKG 的单程普通经济舱全额票价是 CNY2170、NUC305.28，HKG—HNL 的单程普通经济舱全额票价是 HKD9750、NUC1252.12，两段使用中间组合单位货币（NUC）就可以方便地进行计算。

四、IATA 兑换率 IROE

中间组合单位 NUC 和当地货币运价 LCF 为双向换算，需要使用 IROE 兑换率对 NUC 和 LCF 进行换算。IROE 是 IATA 兑换率（IATA Rate of Exchange，缩写为 IROE 或 ROE），为 IATA 清算所（IATA Clearing House，缩写为 ICH）定期公布的当地货币和 NUC 的比价，每三个月更换一次，从而使得运价的兑换有章可循，并在某阶段内保持相对的稳定性。取每季度第二月份 15 日前五天内的美元兑换当地货币（国际空运计价货币）的平均外汇中间价，作为下一季度保持不变的 IROE，并在当月公布。IATA 每年公布四种新的 IROE，即在每个季度开始时使用一个新的 IROE 兑换率。

但是在特殊的情况下，当某国货币币值的波动超过 6%，需要随时更换该国的 IROE，以便和该货币的实际币值一致，并且在下月 1 日开始实施。

五、当地货币运价（LCF）和 NUC 的兑换

当地货币运价可以通过 IATA 兑换率转换为 NUC 运价，其关系式为：

$$NUC = LCF/IROE$$

由于各国货币与美元的比价经常发生变动，IROE 也几乎每三个月总会随之发生变动。因此，即使当地货币运价 LCF 在一定期间内保持不变，受 IROE 的影响，NUC 运价仍会发生变化。汇率对一国的运价水平会产生很大的影响。

按照国际运价规则，当计算非直达航程的全程运价时，应使用 NUC 进行。但由于 NUC 不是一种可支付货币，因此，必须利用 IROE 将最终计算结果转换为始发国当地货币，其关系式为：

$$LCF = NUC \times IROE$$

上述计算均涉及 IATA 兑换率表的使用以及尾数的处理，下节将对此进行讨论。

第二节　IROE 兑换率表的查阅方法

一、货币兑换率表

在 PAT-Worldwide Fares 4.1 所公布的 IATA 兑换率表（Currency Exchange Rate）表格中可以查阅 IROE。参见表 4-1。

表 4-1　IATA 兑换率表

Country (+ local currency acceptance limited) ①	Currency Name ②	ISO Codes Alpha	ISO Codes Numeric	From NUC ③	Rounding Units Local Curr Fares ④	Rounding Units Other Charges	Decimal Units ⑤	Notes ⑥
	Abu Dhabi (see United Arab Emirates)							
+	Afghanistan	Afghani	AFA	004	54700.000000	1	1	2	2, 25
	Albania	US Dollar	USD	840	1.000000	1	0.1	2	5
	Algeria	Algerian Dinar	DZD	012	72.222000	10	1	2	
	American Samoa	US Dollar	USD	840	1.000000	1	0.1	2	5
	Angola	Kwanza	AOA	973	5.920800	0.1	0.1	2	2
	Anguilla (see Eastern Caribbean)								
	Antigua Barbuda (see Eastern Caribbean)								
+	Argentina	Argentine Peso	ARS	032	1.000000	1	0.1	2	1, 2, 5, 24
+	Armenia	Armenian Dram	AMD	051	527.160000	1	0.1	2	2
	Aruba	Aruban Guilder	AWG	533	1.790000	1	1	2	
	Australia	Australian Dollar	AUD	036	1.628416	1	0.1	2	17
	Austria	Schilling	ATS	040	14.238519	10	10	2	
	Austria	euro	EUR	978	1.034754	0.01	0.01	2	5
+	Azerbaijan	Azerbaijanian Manat	AZM	031	4402.000000	1	0.1	2	2
	Bahamas	US Dollar	USD	840	1.000000	1	0.1	2	5
	Bahrain	Bahraini Dinar	BHD	048	0.376000	1	1	3	
+	Bangladesh	Taka	BDT	050	51.000000	1	1	0	2, 19
	Barbados	US Dollar	USD	840	1.000000	1	0.1	2	5
+	Belarus	Belarussian Ruble	BYB	112	933200.000000	1	0.1	2	2
+	Belarus	Belarussian Ruble	BYR	974	933.200000	10	1	0	2
	Belgium	Belgian Franc	BEF	056	41.741853	1	1	0	5
	Belgium	euro	EUR	978	1.034754	0.01	0.01	2	5
+	Belize	Belize Dollar	BZD	084	2.000000	1	1	2	2, 5
	Benin	CFA Franc	XOF	952	678.753805	100	100	0	
	Bermuda	US Dollar	USD	840	1.000000	1	0.1	2	5
	Bhutan	Ngultrum	BTN	064	43.616000	1	1	2	
+	Bolivia	Boliviano	BOB	068	6.028000	1	1	2	1, 2, 7
+	Bosnia and Herzegovina	US Dollar	USD	840	1.000000	1	0.1	2	2,
	Botswana	Pula	BWP	072	4.784040	1	0.1	2	
+	Brazil	Brazilian Real	BRL	986	1.745750	0.01	0.01	2	2,14,33
	Brunei Darussalam	Brunei Dollar	BND	096	1.706240	1	1	2	5
+	Bulgaria	US Dollar	USD	840	1.000000	1	0.1	2	2,
	Burkina Faso	CFA Franc	XOF	952	678.753805	100	100	0	
+	Burundi	Burundi Franc	BIF	108	633.661000	10	3.1	0	2, 16
+	Cambodia	US Dollar	USD	840	1.000000	1	0.1	2	5
	Cameroon	CFA Franc	XAF	950	678.753805	100	100	0	
	Canada	Canadian Dollar	CAD	124	1.461281	1	0.1	2	12
+	Cape Verde Islands	Cape Verde Escudo	CVE	132	115.123600	100	1	0	2, 22
	Cayman Islands	Cayman Islands Dollar	KYD	136	0.798000	0.1	0.1	2	2, 5
	Central African Rep.	CFA Franc	XAF	950	678.753805	100	100	0	
	Chad	CFA Franc	XAF	950	678.753805	100	100	0	
+	Chile	Chilean Peso	CLP	152	505.676000	1	1	0	2
+	China excluding Hong Kong SAR and Macau SAR	Yuan Renminbi	CNY	156	8.278500	10	1	2	

二、表格包含的主要信息

1. 国家名称

将全球的所有国家按英文字母的顺序排列。

2. 货币名称和货币代号

货币名称为该国的官方货币的英文名称，例如，Yuan Renminbi 表示人民币，US Dollar 表示美元。货币符号由三个英文字母组成，前两个为 ISO 国际标准组织的国家代号，例如，中国为 CN，美国为 US 等；第三个字母为货币名称的缩写，例如，人民币缩写为 Y，因此人民币的货币代号为 CNY，美元为 USD 等。

3. IROE 兑换率

即 NUC 与当地货币的兑换关系。

4. 货币进位法

货币进位法分两种情况，第一种为票价的进位规定，即 Local Curr. Fare 的进位；第二种为其他收费的进位的规定，主要适合于税款、逾重行李费等运价以外费用的进位规定，即 Other Charges 的货币票价以外的各种收费。

5. 货币显示法

即当地货币的小数点，如果为 2，则显示两位小数，即 ".00"；如果为 0，则只显示整数位数字；如果为 3，即显示 3 位小数，但这种情况较少。

6. 注解

即 Notes，为正确判读、计算当地货币进位的关键。通常注释号 5 的内容是有关四舍五入的，对应的当地货币尾数取舍按四舍五入的规则；其他注释号没有描述尾数的取舍，则认为是余额进位的规则。

第三节　NUC 和当地货币运价换算和进位

一、将当地货币运价（LCF）转换成 NUC

已知始发国货币运价，除以 IROE，得到的 NUC 最后结果应保留两位小数，之后的部分全部舍去，而不四舍五入。

例 1. 将加拿大元（CAD）转换成 NUC，运用公式 LCF÷IROE = NUC

CAD3568.00÷IROE1.471281 = NUC2425.09759

最终 NUC 取 2425.09。

在计算超里程附加收费等所有关于 NUC 的尾数都适用以上规则。

例 2. 从香港出发的某国际航段票价为 HKD1000.00，若要在有关国际资料上公布，则需要多少 NUC？

解：HKD1000.00/IROE7.803270 = NUC128.151

考虑 NUC 的进位规定，应为 NUC128.15。

注意：本书练习中所用的 IROE 数据并不是当前实际的数值，当季度实际的 IROE 需根据有关实时资料查询确定。

二、当地货币运价（LCF）的进位规则

NUC 乘以 IROE 后得到当地货币运价（LCF），但是计算结果的尾数需按规则取舍，不同的当地货币取舍方法不同。

1. 计算当地货币的进位方法

目前计算当地货币的进位方法有两种，即：

1）余额进位法

又叫全进位法（Full Adjustment），按照兑换率表中规定的舍入单位，计算结果的尾数有一位必须进一位，进到更高的一位英文表示为 HIGHER，用 H 表示。

2）四舍五入法

即半进位法（Half Adjustment），英文表示为 NEAREST，即进到最接近的小数位，用 N 表示。

2. 主要流通货币的进位规则

（1）尾数按余额进位处理的货币主要有人民币、澳元、日元等，如果要求进位的尾数为 1、5、10 等，应将当地货币的票价尾数取到小数点的后一位，舍去其余部分，然后检查该数字。即百分位之后的尾数舍去，若从其保留位数的后一位起、到十分位的各位上不全为 0，则余数应进位；若全为 0，则不进位。具体是：

- 人民币 CNY 的进位规则为余额进位，最小单位为 10 元，表示为 H10，例如 CNY1234.5678，取 CNY1240；
- 澳元 AUD 的进位规则为余额进位，最小单位为 1 元，表示为 H1，例如 AUD5678.09023，取 AUD5678；
- 日元 JPY 的进位规则为余额进位，最小单位为 100 元，表示为 H100，例如 JPY2315 23.0567，进位后的数字为 JPY231600；
- 泰国货币 THB 的进位规则为 5 进制，即不到 5 的小数应进位至 5，超过 5 的数

字应进位至 10，表示为 H5。例如，56 3.12，进位后为 565.00。

（2）尾数按四舍五入处理的货币主要有美元等，若其保留位数的后一位大于等于 5，则进位；小于 5，则舍去。具体是：

- 美元 USD 的进位规则为四舍五入，最小单位为 1 元，表示为 N1，例如 USD123.4567，取 USD123。

三、NUC 运价和当地货币运价（LCF）的换算

在国际联程运输计算运价的过程用 NUC 运价，最终要按以下公式转换成实际的始发国当地货币运价（LCF）：

$$NUC \times IROE = LCF$$

例 1. 将 NUC685.45 转换成澳大利亚元 AUD，IATA 兑换率是 1.979350，澳元是 H1，小数点后保留 2 位：

NUC685.45 × IROE1.628416 = AUD1116.19775　取 AUD1117.00

例 2. 若从日本出发的某国际航段票价为 NUC1000.00，旅客用日元付款，则需要多少？

解：NUC1000.00 × IROE107.619000 = JPY107619.000

考虑日元的最小进位单位的规定，应为 JPY107700。

四、货币之间转换

在国际客运中，包括一些货币转换的问题。货币转换率是由外汇交易市场上买卖双方的交易决定的。银行作为金融机构，可以代理顾客用现钞在外汇交易市场上进行交易。所以，货币转换的主要比率是现钞的银行卖出价 BSR（Bankers' Selling Rate）和现钞银行买入价 BBR（Bankers' Buying Rate）。

例如，银行公布的人民币对美元的比率就是：

BBR 1.00 USD = CNY6.82587

BSR 1.00 USD = CNY6.83858

需要指出的是，根据我国有关法律，人民币是中华人民共和国境内唯一合法使用的货币，且人民币只是在经常项目下可兑换，所以售票业务人员不能接受旅客用外币支付的票款，即使是按照银行兑换率进行兑换。

第五章 里程制运价

公布的直达票价主要适用于直达的航程，但有时也适用于非直达的航程。在一般情况下，因旅客的需要，或者在始发地和目的地之间没有直达航班必须在旅途中转机，应考虑联程始点到终点的直达运价及最大允许里程的限制等来计算这类联程航程的运价，称为里程制（Mileage System）运价。

本章将介绍里程制运价的基本要素和计算步骤。[①]

第一节 直达公布运价

直达公布运价（Published Through Fare）是指全球范围公布的两点间的直达运价，包括普通运价和特殊运价。下面以 PAT—Worldwide Fares 一书中从北京出发的到一些城市的直达公布运价为例说明。

一、直达公布运价表的内容

在 PAT—Worldwide Fares 中的运价表按城市的英文字母顺序公布，起点城市用大号黑体字表示，后接城市三字代码，下标国家名称和当地货币名称及代码；终点城市用小号黑体字表示，后接城市三字代码。

查找运价时，应按运价计算方向，首先查找起点城市，然后在其后顺序查找终点城市。运价以始发国货币和 NUC 两种货币形式表示，运价不得反向使用。

表 5-1 为北京始发的运价表范例，表中栏目含义如下：

- FARE TYPE——运价等级，轻体字表示单程运价，黑体字表示来回程运价。
- LOCAL CURRENCY——始发国货币表示的两点间运价。
- NUC——以中间组合单位表示的两点间运价。

---

① 为便于叙述，本章仅就使用单程航程的全程运价进行讨论。

- CARR CODE——承运人代码，若有内容表示此运价只能此家承运人使用，若空白表示此运价为行业运价，各承运人均可使用。
- RULE——运价适用规则，表示该运价的适用条件需到 PAT—Fares Rules 一书中查找规则号对应的具体内容。
- GI——航程方向代码，表示该运价对应的具体航程方向。
- MPM——以英里表示的最大允许里程，是指该运价用于非直达航程时，给定的运价区间里的各航段所允许经由的最大航行里程之和（一般为 TPM 之和）。
- ROUTING——指定航程代码，如有一格四位数代码，则表示该运价是指定航程运价。在 PAT—Fares Rules 运价规则手册的指定航程表（Routings）中给出该航程的指定经由点和/或指定承运人。使用指定航程运价无需考虑里程问题，但须严格按指定的路线顺序旅行。

表 5-1　北京始发的运价表范例

FARE TYPE	LOCAL CURRENCY	NUC	CARR CODE	RULE	GI	MPM & ROUTING
BEIJING(BJS)						
CHINA					YUAN RENMINBI(CNY)	
To AMSTERDAM (AMS)					EH	7300
Y	23280	3275.15		Y146	EH	
Y	35810	5037.94		Y146	EH	
C	29270	4117.86		Y146	EH	
C	45020	6333.65		Y146	EH	
F	44020	6192.96		Y146	EH	
F	67710	9525.80		Y146	EH	
YLPX3M	16660	2343.81		Y149	EH	
YKPX3M	17280	2431.04		Y149	EH	
YHPX3M	17930	2522.48		Y149	EH	
YLEE6M	21591	3037.39		Y153	EH	
YKEE6M	22210	3214.62		Y153	EH	
YHEE6M	22840	3213.25		Y153	EH	
To BANGKOK (BKK)					EH	3410
Y	5510	775.17		Y275	EH	
Y	9180	1291.49		Y275	EH	
C	7100	998.86		Y275	EH	
C	11830	1664.30		Y275	EH	
F	8120	1142.36		Y275	EH	
F	13520	1902.06		Y275	EH	
YEE45	6170	868.02		Y366	EH	
YOW4	5510	775.17	CA	E1136	EH	
YRT4	9180	1291.49	CA	E1136	EH	
COW4	7100	998.86	CA	E1136	EH	
CRT4	11830	1664.30	CA	E1136	EH	
FOW4	8120	1142.36	CA	E1136	EH	
FRT4	13520	1902.06	CA	E1136	EH	
YEE45G	6170	868.02	CA	E1137	EH	
To BUENOS AIRES (BUE)					SA	14971
					AT	14384
					PA	14541
Y	38340	5406.53		X0870	SA	
Y	59120	8317.31		X0870	SA	
Y	46620	6558.75		X0870	AT	
Y	71720	10089.95		X0870	AT	
Y	23950	3369.41		X1102	PA	
C	49970	7001.91		X0870	SA	
C	76560	10770.87		X0870	SA	
C	55270	7775.68		X0870	AT	
C	85020	11961.06		X0870	AT	
C	38270	538402		X1151	PA	
BHSA0	15420	2169.36	CA	P0936	PA	0011
BHSA	26300	3700.02	CA	P0936	PA	0011
To NEW YORK (NYC)					AT	11204
					PA	8180
Y	47790	6723.35		X0864	AT	
Y	73520	10343.18		X0864	AT	
YLAP3M	36160	5087.18		X0874	AT	
YHAP3M	39760	5593.65		X0874	AT	
YLEE6M	43380	6102.93		X0867	AT	
YHEE6M	47730	6714.91		X0867	AT	
Y1	15700	2208.76	CA	P0922	PA	
DXOLYM2	31160	4383.75	CA	P0921	PA	
DXROLYM2	51920	7304.38	CA	P0921	PA	
MLXAB0	6060	852.55	CA	P0925	PA	0084
MLXAB	10100	1420.92	CA	P0925	PA	0084

二、选择运价的基本原则

在 PAT 的运价表中,相同两点间经常有多种不同的运价,应根据具体航程和运价规则选取适用的运价。选择运价主要考虑以下因素:

1. 运价类别

可分为普通运价和特殊运价。普通运价通常高于特殊运价,但使用普通运价的限制条件较少。

如前所述,普通运价还可分为以下两种类别:
- 不受限制的普通运价。例如,F 或 F1,Y 或 Y1。
- 受限制的普通运价。例如,F2,Y2,Y11 等。

对普通运价可能有以下限制条件:
- 对中途分程和转机次数的限制;
- 对适用的季节性运价和平日/周末运价的限制;
- 对承运人的限制。

特殊运价的使用规则可参阅本书第九章"非普通运价"。

例1. 在表 5-2 中,公布的 SEL—FRA 的 EH 和 TS 航线的经济舱普通运价包括两种类别:Y 和 Y2;其中,对应 Y2 运价有注释号 Y096,表明该运价的使用有限制条件,其内容可参见表 5-3。

表 5-2 SEL—FRA 运价表

FARE TYPE	LOCAL CURRENCY	NUC	CARR CODE	RULE	GI MPM & ROUTING
SEOUL (SEL) KOREA					WON(KRW)
To FRANFURT (FRA)				EH	8473
				TS	8023
				AP	12118
Y	1585700	1662.73		Y094	EH TS
Y	3020200	3166.92		Y094	EH TS
Y2	1185600	1243.19		Y096	EH TS
Y	1733600	1817.81		Y094	AP
Y	3302000	3462.41		Y094	AP
C	2949600	3092.89		Y094	EH TS
C	5618200	5891.13		Y094	EH TS
C	3212500	3368.56		Y094	AP
C	6118900	6416.16		Y094	AP
YLPX3M	1671800	1753.01		Y090	EH TS
YHPX3M	1755500	1840.78		Y090	EH TS
YLEE6M	1975700	2071.68		Y083	EH TS
YHEE6M	2074500	2175.28		Y083	EH TS

2. 航行方向代码

当两点间有多个不同航行方向的运价时,正确判断航行方向代码是正确选择运价的前提条件之一。

例2. 假定旅客航程为 SEL—WAS—FRA，全程使用 C 舱票价；该航程应使用 SEL—FRA 的单程、C 舱、AP 航线的运价；由表 5-2 可知，该运价为 NUC3368.56 或 KRW3212500，MPM 为 AP12118。

假定旅客航程为 SEL—AMS—FRA，全程使用 C 舱票价；该航程应使用 SEL—FRA 的单程、C 舱、TS 航线的运价；由表 5-2 可知，该运价为 NUC3092.89 或 KRW2949600，MPM 为 TS8023。

假定旅客航程为 SEL—BKK—FRA，全程使用 C 舱票价；该航程应使用 SEL—FRA 的单程、C 舱、EH 航线的运价；由表 5-2 可知，该运价为 NUC3092.89 或 KRW2949600，MPM 为 EH8473。

3. 单程（OW）运价和来回程（RT）运价

OW 运价适用于单程航程；在 PAT 运价手册中，单程运价以普通字体印刷。RT 运价适用于来回程、环程、环球程和缺口程；在 PAT 运价手册中，RT 运价以黑体字印刷。

例3. SEL—FRA 的 C 舱、OW、TS 航线的运价在表 5-2 中为 NUC3092.89 或 KRW2949600；

SEL—FRA—SEL 的 C 舱、RT、TS 航线的运价在表 5-2 中为 NUC5891.13 或 KRW5618200。

如在运价表中没有公布 RT 运价，可用 OW 运价乘以 2 代替 RT 运价。

三、承运人运价的选择

对于来自或前往美国/加拿大的运价区间，除了公布行业运价外，也公布承运人运价。

按照国际运价规则，如果来自或前往美国/加拿大的同一运价区间内有不同的承运人时，应按下列规定选择承运人运价：

- 对于一区和二区/三区间的跨大西洋或跨太平洋的运价区间，跨大洋航段承运人的运价和运价规则适用于整个运价区间；
- 对于整个在西半球（一区）的运价区间，来自美国/加拿大或前往美国/加拿大的国际航段承运人的运价及其规则适用于整个运价区间。

例1. 旅客航程为：BJS（北京）—CA—WAS（华盛顿）—TW—NYC（纽约）；横线中间为航空公司两字代码；全程使用 Y 舱票价。（参见表 5-1 中 BJS—NYC 的运价。）

在本例中，跨大洋航段的承运人是 CA，因此，全程应使用 CA 的 BJS—NYC 的 Y1. OW. PA 运价：NUC2208.76；同时，该运价的适用规则（P0922）也适用于整个航程。

注意：上述运价表中当没有适用的承运人运价时，可以使用行业性运价。

四、运价规则的适用

除上述因素外,选择运价时还需考虑该运价的适用规则,主要应关注有关中途分程、转机的限制,以及适用的承运人、指定航程、经由点、季节性运价、平日/周末运价、儿童和婴儿折扣等。

运价的适用规则包括以下几种形式:

1. 特定运价的适用条件

某些运价有其特定的适用条件,在此情况下,对应于该运价的规则栏(RULE)中将标明一个注释号,其特定的适用条件可在对应的运价规则手册中查找。

例1. 在表5-2中,有两种SEL—FRA的EH和TS航线的经济舱单程普通运价:Y和Y2,其中Y2伴随有适用规则代号Y096。按照适用规则Y096(参照表5-3),该运价为有限制的普通运价,适用于单程和来回程运价区间;使用该运价时,单程航程中不允许中途分程,单程每个计价单元仅可以有2次转机(中转衔接),来回程每个方向可以有2次转机(中转衔接)。

表5-3 运价规则Y096

```
Y096 RESTRICTED ECONOMY CLASS FARES ⇒ SC101
     FROM KOREA TO EUROPE VIA EH, FE, RU, TS
0)  APPLICATION
 A)  1)Application
      restricted economy class fares
      from Korea to Europe via EH, FE, RU, TS
8) STOPOVERS
 A) not permitted
9) TRANSFERS
 A) owe way or half round trip: 2 permitted
```

例2. 下列情况可以使用SEL—FRA的Y2运价:
- SEL—KE—FRA(直达航程);
- SEL—KE—X/ROM(中转衔接)—KE—FRA。

下列情况不可以使用Y2运价:
- SEL—BA—ROM(中途分程)—KE—FRA(该运价不允许中途分程)。

适用规则Y096中没有涉及的其他条款需根据标准条件SC101。下面将介绍适用于普通运价的标准条件SC101。

2. 标准条件

标准条件SC分为适用于普通运价的SC101和适用于特殊运价的SC100两种形式,并且每个表中的左右两部分(Part1的A和Part2的B)应结合使用,其中Part2是对Part1的进一步解释(参见表5-4)。

表 5-4　普通运价标准条件 SC101

SC101 - Standard Condition for Normal Fares (based on IATA Resolution 101)

Part 1	Standard Condition (Definitions are in General Rule 1.2)	Part 2	the following Governing Conditions and General Rules always apply unless specifically overridden in the fare rule
0)	**APPLICATION** A) 1) **Application** 　　see the fare rule 　2) **Fares** 　　shown in the fares pages 　3) **Passenger Expenses** 　　permitted		B) 1) **Types of Trip** 　　General Rule 2.7 　　one way, round trip, circle trip, open jaw 　2) **Passenger Expenses** 　　General Rule 8.4
1)	**ELIGIBILITY** A) no requirements 　Exception: unaccompanied infant: not eligible		
2)	**DAY/TIME** A) no restrictions 　**Carrier Fares Rules Exception:** midweek and weekend periods 　　midweek:　Mon, Tue, Wed, Thu 　　weekend:　Fri, Sat, Sun		B) **Midweek/Weekend Application** 　the day of departure on the first international sector of each fare component determines the applicable fare 　**Carrier Fares Rule Exception:** transatlantic/transpacific midweek/weekend fares: the date of departure on each transatlantic/transpacific sector determines the applicable fare
3)	**SEASONALITY** A) no restrictions		B) **Seasonal Application** 　the date of departure on the first international sector of each fare component determines the applicable fare 　**Carrier Fares Rules Exception:** transatlantic/transpacific seasonal fares: the date of departure on the outbound transatlantic/transpacific sector determines the applicable fare for the entire pricing unit
4)	**FLIGHT APPLICATION** A) no restrictions 　**Carrier Fares Rules Exception:** travel is restricted to services of carriers listed in Paragraph 0) Application		B) General Rule 2.4
5)	**RESERVATIONS AND TICKETING** A) no restrictions		
6)	**MINIMUM STAY** A) no requirement		
7)	**MAXIMUM STAY** A) no requirement		
8)	**STOPOVERS** A) unlimited permitted		B) General Rule 2.1.9
9)	**TRANSFERS** A) unlimited permitted		B) 1) General Rule 2.1.10 　2) if there are limitations on the number of transfers: each stopover uses one of the transfers permitted
10)	**CONSTRUCTIONS AND COMBINATIONS** A) 1) **Constructions** 　　unspecified through fares may be established by construction with applicable add-ons 　2) **Combinations** 　　permitted		B) 1) **Constructions** 　　General Rule 2.5.6.1
11)	**BLACKOUT DATES** A) no restrictions		
12)	**SURCHARGES** A) no requirements		
13)	**ACCOMPANIED TRAVEL** A) no requirements		
14)	**TRAVEL RESTRICTIONS** A) no restrictions		
15)	**SALES RESTRICTIONS** A) 1) **Advertising and Sales** 　　no restrictions 　2) **Extension of Validity** 　　as provided in General Rule		B) 1) **Advertising and Sales** 　　a) sales shall include the issuance of tickets, miscellaneous charges orders (MCOs), multiple purpose documents (MPDs) and prepaid ticket advices (PTAs) 　　b) advertising: any limitations on advertising shall not preclude the quoting of such fares in company tariffs, system timetables and air guides 　2) **Extension of Validity** 　　General Rules 15.5.1 and 15.5.2
16)	**PENALTIES** A) no restrictions		B) 1) **Cancellation, No-Show, Upgrading** 　　General Rule 9.3 　2) **Rebooking and Rerouting** 　　a) voluntary: General Rule 15.11, 15.7, 15.8 and provisions for rebooking and rerouting in case of illness 　　b) involuntary: General Rule 15.11 and 15.9
17)	**HIGHER INTERMEDIATE POINT AND MILEAGE EXCEPTIONS** A) specific exceptions are shown in the fare rule		B) General Rules 2.9 and 2.4.2
18)	**TICKET ENDORSEMENTS** A) no restrictions		
19)	**CHILDREN AND INFANT DISCOUNTS** A) 1) **Children** 　　a) accompanied children aged 2-11 years: charge 75% of applicable adult fare 　　b) unaccompanied children aged 2-11 years: charge 100% of applicable adult fare 　2) **Infant** 　　a) accompanied infant 　　　i) no seat: charge 10% of applicable adult fare 　　　ii) booked seat: charge 75% of applicable adult fare 　　b) unaccompanied infant: not permitted		B) General Rule 6.2
20)	**TOUR CONDUCTOR DISCOUNTS** A) permitted		B) General Rule 6.6

续表

SC101 - Standard Condition for Normal Fares (based on IATA Resolution 101)

21) AGENT DISCOUNTS 　A) permitted	
22) OTHER DISCOUNTS/SECONDARY FARE APPLICATIONS 　A) 1) Fares 　　　specific requirements are shown in the fare rule 　　2) Eligibility 　　　specific requirements are shown in the fare rule 　　3) Documentation 　　　specific requirements are shown in the fare rule 　　4) Accompanied Travel 　　　specific requirements are shown in the fare rule	
23) not used	
24) not used	
25) not used	
26) GROUPS 　A) no requirements	
27) TOURS 　A) no requirements	B) General Rule 18
28) not used	
29) DEPOSITS 　A) no requirements	

当使用普通运价时，如果没有特定的运价规则，则标准条件 SC101 适用。此外，标准条件也可配合运价的特定条件使用。

3. 中文 SC101 的基本内容

以下是适用于普通运价的标准条件 SC101 对应的中文内容。

第一部分　标准条件（A 部分）

第二部分　除非特定运价条件另有支配性说明，下列限定条件和一般规则适用（B 部分）

0）运价的适用

　A）1）适用

　　　见运价决议

　　2）运价

　　　表明在运价决议的附件中

　　3）旅客费用

　　　允许

　B）1）旅行种类

　　　参见一般规则 2.7

　　　单程、来回程、环程、缺口程

　　2）旅客费用

　　　参见一般规则 8.4

1）资格

　A）没有要求

　　　例外：无成人陪伴婴儿；不符合条件

2）日期/时间

　A）没有限制

承运人运价适用规则除外：平日或周末运价适用的旅行期间
　　平日：星期一、星期二、星期三、星期四
　　周末：星期五、星期六、星期日
　B）平日/周末运价的适用
　　每一运价区间的第一个国际段的出发日期决定适用的运价
　　承运人运价规则例外：由各运价区间跨大西洋或跨太平洋的日期决定运价区间适用的运价
3）季节性
　A）没有限制
　B）季节性运价的适用
　　每一运价区间的第一个国际段的出发日期决定适用的运价
　　承运人运价规则例外：由去程跨大西洋或跨太平洋的日期决定整个计价单元适用的运价
4）航班适用条件
　A）没有限制
　　承运人运价规则例外：旅行受0）运价适用性中的条件限制
　B）见一般规则2.4
5）订座和出票
　A）没有限制
6）最短停留期限
　A）没有要求
7）最长停留期限
　A）没有要求
8）中途分程
　A）无限许可
　B）参见一般规则2.1.9
9）转机
　A）无限许可
　B）参见一般规则2.1.10
　　如果对转机次数有限制，则每一次中途分程应计为一次允许的转机
10）构成和组合
　A）1）构成
　　　　非指定直达运价可以使用该运价与比例附加值构成；
　　2）组合
　　　　允许
　B）1）构成
　　　　见一般规则2.5.6.1

11）锁定日期

　　A）没有限制

12）附加费

　　A）没有要求

13）相伴旅行

　　A）没有要求

14）旅行限制

　　A）没有限制

15）销售限制

　　A）1）广告和销售

　　　　　没有限制

　　　2）有效期的延长

　　　　　服从一般规则的条件

　　B）1）广告和销售

　　　　a）销售包括发售客票、旅费证、多用途票证和预付票款通知

　　　　b）广告：任何有关广告的限制不妨碍在公司运价表、系统时刻表和航空指南中公布该运价

　　　2）有效期的延长

　　　　　参见一般规则 15.5.1 和 15.5.2

16）罚金

　　A）没有限制

　　B）1）取消、误机、升舱

　　　　　参见一般规则 9.3

　　　2）改变订座和改变航程

　　　　a）自愿：一般规则 15.11、15.7、15.8，以及在患病情况下改变订座和改变航程的条款适用

　　　　b）非自愿：一般规则 15.11 和 15.9

17）中间较高点和里程例外

　　A）特定的例外情况将在该运价规则中说明

　　B）参见一般规则 2.9 和 2.4.2

18）客票签转

　　A）没有限制

19）儿童和婴儿折扣

　　A）1）儿童

　　　　a）有成人同行的 2~11 岁儿童：收取成人适用运价的 75%

　　　　b）无成人陪伴的 2~11 岁儿童：收取成人适用运价的 100%

  2）婴儿
    a）有成人同行的
     1/无座：收取成人适用运价的10%
     2/占座：收取成人适用运价的75%
    b）无成人陪伴婴儿：不接受
 B）见一般规则6.2
20）导游折扣
 A）允许
 B）参见一般规则6.6
21）代理人折扣
 A）允许
22）其他折扣/第二水平运价的使用
 A）1）运价
   特定要求将在该运价规则中说明
   2）资格
   特定要求将在该运价规则中说明
   3）文件
   特定要求将在该运价规则中说明
   4）陪伴旅行
   特定要求将在该运价规则中说明
23）~25）无
26）团体
 A）没有要求
27）旅游
 A）没有要求
 B）一般规则18
28）无
29）保证金
 A）没有要求

第二节　非直达航程运价计算的基本步骤

  按照国际航协制定的运价计算规则，对各种航程运价有不同的计算方法，但对每一个运价区间或次航程都包含以下一些基本类似的计算步骤，可用缩语表示，如表5-5所示。

表 5-5 里程制运价计算基本步骤

步骤	缩语	英文/中文含义	说明
1	FCP	Fare Construction Points 运价构成点	确定运价区间及其端点（运价构成点）
2	NUC	Neutral Unit of Construction 中间计算单位	确定上述运价构成点间的用 NUC 表示的直达运价 （直达公布运价或比例运价）
3	RULE	Rules or Conditions 运价适用规则/限制条件	检查上述直达运价是否满足适用条件， 或是否为指定航程运价
4	MPM	Maximum Permitted Mileage 最大允许里程	确定上述运价构成点间的最大允许里程
5	TPM	Ticketed Point Mileage 客票点里程	计算该运价区间各段实际航行里程之和
6	EMA	Extra Mileage Allowance 额外里程优惠	检查该运价区间是否有里程优惠 （如有，则应从 TPM 中减去 EMA）
7	EMS	Excess Mileage Surcharge 超里程附加费	当 TPM（-EMA）大于 MPM 时， 计算超里程附加收费的百分比
8	HIP	Higher Intermediate Points 中间较高点	按照运价规则指定的范围， 检查该运价区间是否有较高点
9	RULE	Rules or Conditions 运价适用规则/条件	检查上述较高点运价是否满足其适用条件
10	AF	Applicable Fare 适用的运价	考虑里程和较高点， 构成该运价区间的里程制运价
11	CHECK	Minimum Check 最低限额运价检查	对各种航程或次航程应进行各种最低限额运价 检查（如 BHC、CTM、COM、CPM、DMC 等）
12	TTL	Total Fare 运价总额	根据步骤 1 至 11，计算全航程的 NUC 运价总额
13	ROE	Rates of Exchange IATA 兑换率	确定该航程的始发国货币的 IATA 兑换率
14	LCF	Local Currency Fare 当地货币运价	计算全航程的始发国货币运价（NUC×ROE）

下面各节将具体讲述里程制运价的基本概念和基本步骤。

第三节　里程制运价计算的内容

一、最大允许里程（MPM）

1. 随运价同时公布的 MPM

最大允许里程（Maximum Permitted Mileage—MPM）是指非直达航程使用航程始点到终点间的直达运价时，所允许旅行的最大里程，单位是英里。旅行的航程方向不同，公布的运价和其所适用的最大允许里程也不同。

最大允许里程随票价一起公布并且大多附有旅行的航程方向代号，可在查运价的同时查到。它是在票价区间的两个端点之间旅客航程中所能旅行的最大距离。旅客在旅途中所经过的客票点里程不能超过这个限额，否则就属于超里程，须附加运价。有时候，相同始发地目的地的航程由于旅行方向不同，会有好几种不同的运价，同时也会有几种不同的最大允许里程。为了选定所适用的最大允许里程，一定要确定正确的航程种类或者旅行的方向代号。

例 1. 在表 5-1 中，北京经太平洋至纽约的经济舱全价为 15700 元人民币，对应最大允许里程 PA8180；而北京经大西洋至纽约的经济舱全价为 47790 元人民币，最大允许里程 AT11204。

前一个票价是经太平洋的，后一个票价是经大西洋的，由于旅行方向不同，最大允许里程亦不同，前者低于后者，价格亦如此。

2. EH 方向 MPM 附减

TC2 与 TC3 之间，全程在欧洲与日本/韩国/朝鲜之间的旅行，如经中国境内一点，且从欧洲至中国境内一点与该点至日本/韩国/朝鲜之间都各使用一张单独的乘机联时，所使用的 EH 方向的 MPM 需减少 1000 英里。

例 2. 航程为 SEL—BJS—FRA，公布的 SEL—FRA 的 MPM 是 EH8473，但由于 SEL—BJS 和 BJS—FRA 均各使用一张单独乘机联，符合上述原则，SEL—FRA 所采纳的 MPM 是：8473 - 1000 = 7473。客票填开方式 "L/BJS"，表示经 BJS 减 1000 英里的里程。

二、客票点里程（TPM）

客票点里程（Ticketed Point Mileage—TPM）也称为实际里程，是指在客票的航程栏中填列的所有连续的两个开票点（包括始点、终点、转机点）之间的实际航段里程。最大允许里程 MPM 是有航程方向的，而客票点里程 TPM 是没有方向性的。

客票点里程可以在 PAT 的《一般规则》手册的"TPM"表中查到，如表 5-6 所示，该表列出有直达航班连接的城市对间的实际航行里程。在计算一个航程的实际里程时，要把航程中的每一段里程相加。它应该包括航程中每一个经停点和转机点之间的里程，即在机票上出现的每一个开票点之间的里程。

表 5-6 客票点里程（TPM）

BETWEEN/AND		TPM	GI
Beijing			**CN**
Amsterdam	NL	4864	EH
Bangkok	TH	2057	EH
Moscow	RU	3600	FE
New York NY	US	6817	PA
Paris	FR	5086	EH
Seoul	KR	568	EH
Tokyo	JP	1313	EH
Seoul			**KR**
Amsterdam	NL	5448	TS
Bangkok	TH	2283	EH
Moscow	RU	4096	RU
New York NY	US	6879	PA
Paris	FR	5635	TS
Tokyo	JP	758	EH

三、不超里程的航程

一个运价区间的客票点里程之和需与该运价区间构成点间的直达运价对应的最大允许里程相比较，如果 TPM 之和没有超过对应的 MPM，则称该运价区间对应的航程为不超里程的航程。

按照 IATA 里程制运价计算规则，当航程不超里程，并且没有中间较高点（HIP）时，可以使用从该航程的起点到终点（即 FCP 间）的直达运价。

例 1. 旅客航程为：BJS（北京）—CA—SEL（首尔）—CA—NYC（纽约）；全程使用 Y 舱运价，计算全程运价。运价参见表 5-1，TPM 参见表 5-6。

计算运价基本步骤如下：

FCP	BJSNYC
NUC	Y PA OW 2208.76
RULE	P0922
MPM	PA8180
TPM	7447 = 568 + 6879
EMA	NIL（表示 0 或没有）
EMS	M

```
HIP     NIL
RULE    NIL
AF      NUC2208.76
CHECK   NA（NOT APPLICABLE，表示不需要或不适用）
TOTAL   NUC2208.76
IROE    ×7.108060（H10）
LCF     CNY15700
```

客票计算栏（FC）填开如下：

> BJS CA SEL CA NYC M 2208.76Y NUC2208.76END/ROE7.108060

四、额外里程优惠（EMA）

额外里程优惠（Extra Mileage Allowance—EMA），亦称客票点里程附减（TPM Deduction），是指航程经过某些特定的路线或地点出现 TPM 总和大于 MPM 时，可按规定给予里程优惠，即可将优惠的里程数额从 TPM 总和之中减去，然后再和 MPM 比较，进行超里程附加的检查与计算。这种方法可以降低超里程附加额。

当旅行经过了某些中间客票点时，允许有客票点里程附减或额外里程优惠（EMA）。该附减取决于航程的种类和所涉及的票价区间的始点和终点。一个运价区间内，只能享受一次里程优惠。

额外里程优惠 EMA 在运价计算过程中，要将实际里程的总数和最大允许里程相比较，假如实际里程大于最大允许里程，则可查一下里程优惠表，因为有时候，如果航程满足表中的条件，便可得到里程优惠，减少原来已超出的里程数，甚至不超过 MPM，使运价降低。

EMA 的出票代号是"E"，"E"后面紧接指定经过点的城市代号。如航路中并无指定的经停点，就用×××表示所经过的任何点。

1. 额外里程优惠表

在 PAT《一般规则》手册中列有"超里程优惠"表。该表按 IATA 区域分类，即按运价区间的起讫点所在区域查找。表 5-7 为额外里程优惠表。

表 5-7 EMA 额外里程优惠表

2.4.3.5. Area 23 EMA

Between	And	Via	TPM Deduction
Europe	Australia	Harare-Johannesburg	518
Europe	South Asian Subcontinent	via both Mumbai and Delhi	700
Europe	Mumbai	Delhi	700

2.4.3.5. Area 23 EMA

Between	And	Via	TPM Deduction
Europe	Delhi	Mumbai	700
Middle East	Australia	Harare-Johannesburg	588
Middle East	TC3（except South West Pacific）	via both Mumbai and Delhi, or via both Islamabad and Karachi	700
Middle East	Mumbai	Delhi	700
Middle East	Delhi	Mumbai	700
Middle East	Karachi	Islamabad	700
Middle East	Islamabad	Karachi	700

表5-7包括以下各栏：

- 起讫点（或区域）（Between/And）：即运价区间的起点和终点（运价构成点），或其所在区域；该表仅公布一个方向的情况，但对相反方向也适用。
- 经由点（Via）：即运价区间必须经过的地点/区域/路线，有时还包括指定的承运人两字代码；当公布有多个指定经由点时，对其顺序一般没有限制。
- 里程附减（Mileage Deduction）：即可以在该区间的TPM总和中减去的英里数。

2. 有关超里程优惠表的几点说明

（1）当航程的运价构成点满足里程优惠表中对起讫点的要求，并且满足指定经由点的要求时，可以从该航程的TPM总和中减去表5-7第四栏中给定的英里数。

（2）超里程优惠表中给定的区域均以IATA运价区域的定义为准（参见本书第三章）。

（3）当两个或两个以上的城市（或区域）被一条斜线"/"分开时，可以经由其中的一个城市（或区域），即斜线表示"or"。

（4）当两个城市被一条短横线"-"分开时，表明该航程必须经由上述两个城市或其中一个城市，即横线表示"and/or"。

（5）当两个城市用"both/and"连接时，表明航程必须同时经由上述两个城市。

（6）与"指定航程"不同，在里程优惠的情况下，航程可以增加其他的点，但不能省略任何指定经由点。

（7）如没有特别说明，在表5-7第三栏中指定的经由点也可以是航程的起点或终点。

（8）在同一航程（或运价区间）中，仅有一次里程附减被允许。

（9）对于跨大洋或西半球内（一、二区间/一、三区间/一区内）的航程，有大量承运人的特殊情况，因此，在使用EMA时，不仅要考虑航程的起讫地点和经由路线，还要考虑对指定承运人的要求。

(10) 有时超里程优惠表中规定，在指定经由点不允许中途分程（no stopover），如果航程不能满足上述条件，则不能给予里程优惠。

(11) 查表时，还应注意脚注中对使用里程优惠的限制。

3. EMA 应用举例

例1. 判断下列航程是否有里程优惠（参见表5-7）：

- 旅客航程为 JNB—KHI—ISB—SHA，运价构成点为 JNBSHA；因为 JNB 属于非洲次区，不符合里程优惠的条件，所以该航程没有里程优惠。
- 旅客航程为 JED—BOM—DEL—BKK—MEL，运价构成点为 JEDMEL；因为 MEL 属于西南太平洋次区，不符合里程优惠的条件，所以该航程没有里程优惠。
- 旅客航程为 CAN—ISB—KHI—CAI，运价构成点为 CANCAI；因为 CAI 属于非洲次区，符合二、三区间里程优惠的条件，所以该航程有 700 英里里程优惠。注意：超里程优惠表可以反向使用，并且，一般无须考虑经由点的顺序。
- 旅客航程为 BJS—BOM—CAI，运价构成点为 BJSCAI；虽然运价构成点符合里程优惠的条件，但 "both/and" 表明航程必须同时经由给定的两个点，本例没有 KHI，所以该航程没有里程优惠。
- 旅客航程为 SYD—JNB—NBO—CAI，运价构成点为 SYDCAI；说明："and/or" 或 "–" 表明航程可以经由给定的两个点或其中的一个点，本例符合里程优惠的条件，所以该航程有 588 英里里程优惠。

例2. 旅客航程为：CAI（开罗）—YY—AMM（阿曼）—YY—BOM（孟买）—YY—DEL（德里）；全程使用 Y 舱运价；在 CAI 付款、出票。计算全程运价。

说明：

- 本例运价构成点为 CAIDEL；既经孟买，又经德里，有 700 英里里程优惠。
- 在 TPM 总和中减去 700 后不超里程（M）。
- 本例没有较高点，可使用 CAI—DEL 的直达运价。
- 在客票中，里程优惠用字母 "E" 表示；当给定的两个经由点中有一个是航程（或运价区间）的起点或终点时，仅需标明中间经由点。

运价计算过程列表如下：

(1) TPM 计算如下：

TPM	CAI	
295	AMM	MS
2447	BOM	MS
708	DEL	PK
3450		

(2) 运价构成如下：

FCP	CAIDEL
NUC	Y OW（EH）861.71
RULE	Y205
MPM	EH 3297
TPM	3450
EMA	－700 = new TPM 2750
EMS	M
HIP	NIL
RULE	NIL
AF	NUC 861.71
CHECK	NIL
TOTAL	NUC 861.71
IROE	×5.462810
LCF	EGP4708.00 H1（2）

客票计算栏填开如下：

```
CAI YY AMM YY E/BOM YY DEL M 861.71Y NUC861.71END/ROE5.462810
```

五、超里程附加费（EMS）

当非直达航程的各客票点之间的里程（TPM）之和超过该运价区间的最大允许里程（MPM）时，该航程称为超里程航程。按 IATA 里程制运价计算规则，可在 FCP 对应的直达运价基础上，根据里程超额的比例假手超里程附加费（Excess Mileage Surcharges—EMS），允许超出的最大限度为 25%，如超过 25% 则采用分段相加最低组合的方法计算票价。

1. 计算超里程比例

用 TPM 总和（以 ΣTPM 表示）除以 MPM 数值，会得到大于 1 的得数，参考到小数点后四位，其后部分舍去。

$$\Sigma TPM / MPM > 1.00000$$

2. 确定 EMS 的百分比

将得数与下面的数据相比较：

- 超过 1.00000，但不超过 1.05000 = 5M（附加 5% 收费）
- 超过 1.05000，但不超过 1.10000 = 10M（附加 10% 收费）
- 超过 1.10000，但不超过 1.15000 = 15M（附加 15% 收费）

- 超过 1.15000，但不超过 1.20000 = 20M（附加 20% 收费）
- 超过 1.20000，但不超过 1.25000 = 25M（附加 25% 收费）
- 超过 1.25000，使用最低组合运价

以上 5M、10M……表示在 FCP 对应的 NUC 运价基础上，超里程附加收费的百分比为 5%、10%……；最高的附加百分比为 25%，当超里程大于 25% 时，不能按附加收费的方法计算运价，需使用分段最低组合运价。

例 1. 航程为北京—卡拉奇—巴黎—维也纳—法兰克福

TPM	BJS		FCP	BJS FRA
3024	KHI		NUC	YOW 2279.88
3807	PAR		RULE	NIL
647	VIE		MPM	EH7030
385	FRA		TPM	7863
7863			EMA	NIL
			EMS	(7863/7030) = 15M
			AF	(2279.88×1.15) 2621.86
			TOTAL	NUC2621.86

从上例可以看出，经过各客票点相加的 TPM 是 7863，而最大允许里程是 7030，用 TPM 除以 MPM，得出 15M，即为此题的超里程附加费比例。

例 2. 旅客航程为：BJS（北京）—CA—BKK（曼谷）—TG—KHI（卡拉奇）—PK—ISB（伊斯兰堡）—PK—JED（吉达）；全程使用 Y 舱运价；在 BJS 付款、出票。计算全程运价。

说明：
- 本例运价构成点为 BJSJED，运输始发国为中国。
- 航程既经 KHI，又经 ISB，有 700 英里里程优惠（参见表 5-7）。
- 在 TPM 总和中减去 700 后仍超里程，超里程附加收费 10%（10M）。
- 本例没有较高点，可使用 BJS—JED 的直达运价。
- 在直达运价的基础上附加 20%（×1.20）；NUC 计算到小数点后两位，两位后舍去。
- 在客票中，里程优惠用字母"E"表示，在一个斜线后接指定经由点的城市代码。

运价计算过程列表如下：
Ⅰ. TPM 计算如下：

	BJS	
2057	BKK	CA
2309	KHI	TG
701	ISB	PK
2227	JED	PK
7294		

Ⅱ. 运价构成如下：

```
FCP     BJSJED
NUC     Y OW (EH) 2090.58
RULE    Y205
MPM     EH              5580
TPM     7294
EMA     - 700 = 6594        E/KHIISB
EMS     6594/5580 = 1.18172    20 M
HIP     NIL
RULE    NIL
AF      2090.58 ×1.20 = NUC 2508.69
CHECK   NIL
TOTAL   NUC 2508.69
IROE    × 7.108060
LCF     CNY 17840 (H10)
```

客票计算栏填开如下：

> BJS CA BKK TG E/KHI PK E/ISB PK JED 20M 2508.69Y NUC2508.69END/ROE7.108060

六、其他里程规定

1. TS 路线规定

需要注意的是，在计算票价时，当一个航程符合 TS 路线规定，则必须采用 TS 路线的 NUC 及 MPM。同时，当某两点间有多种 TPM，如 TS、EH 等，在填开客票时应在票价计算栏内注明，如"M（TS）"，即表示所选的种类是"TS"。

2. RIO/SAO 里程相等原则

TC1 内各点与 RIO/SAO 之间的旅行，将适用如下原则：

（1）如果自/至 RIO 的路线不超里程，而同样的航程自/至 SAO 超里程，则自/至 SAO 的票价不必附加。在客票上以 B/RIO 来表示。

（2）如果自/至 RIO 的路线不超里程，而同样航程自/至 RIO 超里程，则自/至 RIO 的票价不必附加。在客票上以 B/SAO 来表示。

（3）如果自/至 RIO 和 SAO 的路线均超里程，并且超里程附加额不同时，则可选用较小的超里程附加额。

例 1. 航程为 BOG—LIM—RIO
里程比较：

	TPM			TPM
BOG			BOG	
LIM	1177		LIM	1177
RIO	2347		SAO	2137

TTL TPM 3524 > MPM 3462　　TTL TPM 3314 < MPM 3326

说明：根据实际航程 TPM 总和大于 MPM，应在直达票价基础上附加 5M。但是，运用 RIO/SAO 里程相等原则，用 SAO 代替航程的终点 RIO 重新检查里程，其结果是 TPM 总和小于 MPM，因此，该票价不必做超里程附加。注意，在填开客票时，应在票价计算栏内标"B/SAO"，用以表示使用了 SAO 的里程。

3. 南大西洋 TMP 捷径原则

该原则包含以下几个方面：
（1）原则适用于南大西洋地区与欧洲、中东、三区间的航程。
（2）航程中阿根廷、巴西、智利、巴拉圭、乌拉圭国内任意一点与 MIA、YMQ、NYC、YTO 任意一点之间乘直达航班。
（3）同时 MIA、YMQ、NYC、YTO 任意一点与欧洲、中东、三区之间一点乘直达航班。

符合上述条件，可以采用南大西洋地区门户点与欧洲、中东、三区门户点的 TPM 数值代替上述两个直达航段的 TPM 之和。这里的门户是指上述地区内跨洋航段上的点。注意，如果两个门户点间没有公布的 TPM，可以采用公布的 MPM 数值除以 1.20，将所得结果舍掉小数点后的数值作为该两点的 TPM。

例 2. 航程为 VIE—FRA—NYC—RIO—BUE　　MPM 8833（AT 方向）

	TPM			TPM
VIE			VIE	
FRA	385		FRA	385
NYC	3851			
RIO	4816		RIO	5948
BUE	1232		BUE	1232

TL TPM 10284 > MPM 8833　　TTL TPM 7565 < MPM 8833

说明：该航程符合有关条件，因此可以采用 FRA—RIO 的 TMP 代替 FRA—NYC—RIO 两段 TPM 之和，从而降低全程的 TPM 总和。

例3. 航程为 RIO—BEL—MIA—LON MPM6920（AT）

	TPM		
RIO			
BEL	1526		
MIA	5137		
LON	（BEL—LON MPM 6165/1.20 = 5137）		
TTL	TMP	6663	＜MPM 6920

说明：在运用南大西洋捷径原则时，由于 BEL—LON 间没有公布的 TPM，因此，采用该两点间公布的 MPM 除以 1.20 的方式获得 TPM 数值。

第四节　普通运价的中间较高点检查（HIP）

在前面所举的例子中，均使用运价构成点间的直达运价作为非直达航程运价计算的基础。但在实际情况中，有时从始发点到某一中间点，或某一中间点到终点，或两个中间点间的运价高于从始发点到终点（运价构成点）间的运价，这个较高的运价称为中间较高点运价（Higher Intermediate Point—HIP）。

一、HIP 检查的一般规则

1. 中间较高点的定义

中间较高点（Higher Intermediate Point—HIP）规则是里程制规则的一部分，它是一个对运价区间的检查。这种检查保证了从票价区间的始点到终点的 NUC 数额不低于同一票价区间内任一始点和中途分程点之间、中途分程点和终点之间或中途分程点之间的 NUC 数额。所要进行比较的 NUC 数额一定是属于同一票价等级或服务等级的。

2. 检查步骤

无论何种情况，即无论运输凭证是在运输始发国内填开，还是在运输始发国外填开，中间较高点检查都仅检查航程中的"中途分程点"，而不检查"中转衔接点"。按照运价区间的计算方向检查中间较高点票价（HIP）。

(1) 从票价区间的始点到任一中途分程点的直达运价（O→S）；
(2) 从任一个中途分程点到另一个中途分程点的直达运价（S→S）；
(3) 从任一个中途分程点到运价区间的终点的直达运价（S→D）。

例如，下列航程左侧的箭头对应的是运价区间的端点，右侧的 5 个箭头对应的是需要检查 HIP 运价的航段。

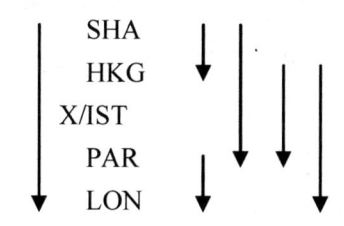

```
↓   SHA
    HKG   ↓
    X/IST     ↓   ↓   ↓
    PAR
↓   LON   ↓
```

例 1. 航程为 MAD—X/LIS—LON—TYO—HKG，运价等级为 Y 舱，按照基本步骤求算全航程价格。航程 TPM 如下，箭头对应航段需要 HIP 检查。

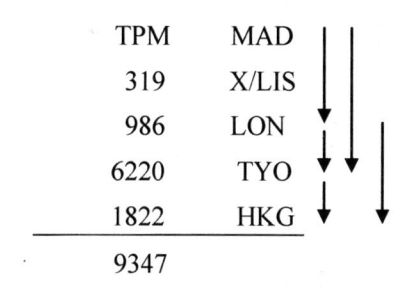

```
TPM    MAD
319    X/LIS  ↓
986    LON    ↓  ↓
6220   TYO    ↓     ↓
1822   HKG
─────
9347
```

对航程中的中途分程点进行较高点检查，价格如下：

航段	运价	GI	航段	运价	GI
MADHKG	NUC5514.00	TS	LONTYO	NUC4984.65	TS
MADLON	NUC879.64	EH	LONHKG	NUC5570.06	TS
MADTYO	NUC5317.64	TS	TYOHKG	NUC1060.75	EH

FARE CONSTRUCTION（运价构成）的基本步骤如下：

  FCP MADHKG
  NUC YOW5514.00（TS）
  RULE NIL
  MPM TS9302
  TPM 9347
  EMA NIL
  EMS 5M
  HIP LONHKG Y OW 5570.06（TS）
  AF 5570.06×1.05＝5848.56
  CHECK BHC NIL
  TOTAL 5848.56
  ROE 0.814723
  LCF EUR4765

客票计算栏（FC）填开如下：

MAD IB X/LIS BA LON JL TYO CX HKG 5M LONHKG 5848.56 NUC5848.56END ROE0.814723

说明：此题中，由于 LIS 是中转衔接点，LIS 与各开票点间的票价不予考虑较高点检查，在其余的票价中，LON—HKG 的票价是最高的一组票价，因此，确定为该航程的票价。注意在填开客票时，"LONHKG"表示该航程使用的是 LON—HKG 的票价。

二、HIP 检查的特殊规则

1. 注意事项

（1）假如在一个运价区间内出现了一个以上的较高点，那么就应该使用最高点的运价。

（2）假如在一个运价区间内既有较高点又有超里程的情况，那么必须在较高点的基础上再超里程附加。

2. 特殊规则

当为 HIP 做正常票价比较时，应在同一服务等级票价中进行比较。例如：
（1）P 舱票价与 P 等级票价比较，如果没有 P 等级票价，则与 F 等级票价比较。
（2）F 舱票价与 F 舱票价比较，如果没有 F 舱票价，与中间等级票价（C/J）比较，没有中间等级票价（C/J），使用下一个低舱位票价。
（3）C/J 舱位票价与 C/J 舱位票价比较，如果没有 C/J 等级票价，与 Y 舱票价相比较，但如有一个以上 Y 舱票价公布，应与较高的 Y 票价相比较；Y 舱票价与 Y 舱票价比较。

3. 中间较高点检查的特例

中间较高点检查有一些例外，如航程在西非、马拉维或也门共和国始发，或航程在乞力马扎罗和内罗毕之间，应检查所有的开票点。

如当客票是在西非地区填开时，均需对属于西非的各开票点进行较高点检查。

例 2. FARE TYPE：Y

JOURNEY：

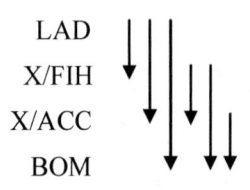

```
LAD
X/FIH
X/ACC
BOM
```

说明：LAD 是安哥拉的城市，除西非地区，客票在安哥拉填开，因此，需对包括 FIH 和 ACC 的所有的开票点做较高点检查。

第五节　全球范围内的使用限制

按照里程系统规则计算非直达航程均以两点间的直达运价为基础，但并非所有的非直达航程都可以使用直达运价，有以下一些限制：

一、在全球范围内的一般限制

在非直达航程的每一个运价区间内：
- 其始发点不能有多于一次的出发；
- 其终点不能有多于一次的到达；
- 其中间点不能有多于一次的中途分程。

当某一运价区间内出现上述情况时，必须使用组合运价，将上述各点分开。

例1. 下列航程不能使用全程运价：

(1)　　LIS　　　　　　　说明：该航程不允许使用 LIS—BJS 全程运价
　　　　MAD　　　　　　　　　（在始发点有多于一次出发）
　　　　X/LIS　　M
　　　　BJS　　2282.27（不允许）

(2)　　SHA　　　　　　　说明：该航程不允许使用 SHA—LON 的全程运价
　　　　X/LON　　　　　　　　（在终点有多于一次到达）
　　　　DUB　　M
　　　　LON　　2300.37（不允许）

(3)　　BJS　　　　　　　说明：该航程不允许使用 BJS—AKL 的全程运价
　　　　TYO　　　　　　　　　（在中间点有多于一次中途分程）
　　　　SEL
　　　　TYO　　10M
　　　　AKL　　1836.67（不允许）

但下列航程可以使用全程运价：

(4)　　BJS　　　　　　　说明：该航程可以使用 BJS—AKL 的全程运价
　　　　TYO　　　　　　　　　（在中间点仅有一次中途分程和一次中转）
　　　　SEL

```
X/TYO    10M
AKL    1836.67（允许）
```

以上例题均以单程为例，但对于来回程、环程和缺口程的每一个使用 1/2RT 的运价区间，上述限制仍适用。

二、对于同一国内出发和到达次数的限制

对于使用一本客票或连续客票的任何航程，在同一国内不能有多于四次的国际出发和多于四次的国际到达。

例外，对于使用一本客票或连续客票的在欧洲内的航程，在同一个欧洲国家内不能有多于三次的国际出发和多于三次的国际到达。

三、对于始发点和到达点的区域性限制

（1）对于一区始发的航程，在一区的运价区间内的始发国的客票点（不一定是同一点）不能有多于一次的国际出发和多于一次的国际到达。

当在另一个与始发国不同的一区国家付款时，上述限制对付款国也适用。

例 1. 下列运价区间不能使用直达运价：

- POA
  BUE
  X/RIO   M
  NYC   2188.00（不允许）

说明：该航程不能使用 POA（阿雷格里港，巴西）—NYC 的全程运价（在始发国巴西的客票点有多于一次国际出发）

- NYC   在巴西付款、出票（SOTO）
  SAO
  BUE   M
  POA   1432.00（不允许）

说明：该航程不能使用 NYC—POA 的直达运价（在付款国巴西有多于一次国际到达）

（2）对于一区内或一区与三区间（经太平洋）的运价区间，在任意客票点不能有多于一次的出发和多于一次的到达。

例 2. 下列运价区间不能使用直达运价
-    SFO   说明：该航程不能使用 SFO—HKG 的全程运价

  X/TYO   （在 TYO 有多于一次的出发）

  OSA

  TYO   M

  HKG   1507.00 （不允许）

（3）对于欧洲始发的航程（整个在欧洲的航程除外）：
- 在每一个运价区间内，在航程始发国的客票点不能有多于一次的国际出发和国际到达；
- 在运价区间内，当从另一个欧洲国家的点又经过始发国的点（或从始发国的点又经过另一个欧洲国家的点）时，在该始发国的点不允许中途分程；
- 当在另一个与始发国不同的欧洲国家付款时，上述限制对付款国也适用。
- 注意：上述对中途分程的限制不适用于从意大利始发的航程；并且，当在意大利付款时，允许在意大利有一次中途分程。

例 3. 下列运价区间不能使用直达运价

①   RTM   在 RTM 付款、出票（SITI）

       BRU   说明：该航程不能使用 RTM—BJS 的全程运价

       X/AMS   M   ［在始发国（荷兰）有多于一次的国际出发］

       BJS   2304.11 （不允许）

②   PAR   在 PAR 付款、出票（SITI）

       TYO   3172.97

       NCE   M

       LON   3034.74 （不允许）

说明：该航程第二个区间不能使用 TYO—LON 的直达运价（在始发国的客票点不允许中途分程）

③   RTM   在 MUC 付款、出票（SOTO）

       LON   226.39   FRA   M

       BJS   2638.69 （不允许）

说明：该航程第二个区间不能使用 LON—BJS 的直达运价（在付款国的客票点不允许中途分程）

但下列航程可以使用直达运价

④   RTM   在 MUC 付款、出票（SOTO）

       LON   226.39

    X/FRA   M

BJS　　2638.69（允许）

　　说明：该航程第二个区间可以使用LON—BJS的直达运价（在付款国的客票点中转不受限制）

　　注意：在以上规定中，同一国原则不适用。

　　除上述全球性和区域性的限制外，还有其他一些国家和承运人的附加限制。这些限制的内容可参阅PAT《一般规则》手册中的有关内容。

第六章　普通运价计算和表达

本章介绍各种航程的普通运价计算规则，包括单程、来回程、环程和混合等级非直达航程的运价计算。

第一节　单程普通运价

一、单程航程的判断

从运价的角度出发，单程（One Way Journey—OW）是指非来回程亦非环程的航程，且全程不一定全部为航空运输。

单程的特点具体如下：
（1）航程的始发地与目的地不在同一个国家。
（2）航程允许存在一个或一个以上国际缺口段。缺口段可在始发地和（或）折返点。
（3）对于含两个以上运价区间的航程，缺口段允许是国内缺口。

例1. 始发地、目的地不同，只有一个运价区间。

```
CAS  │
     │
NYC  │  M
     │
     ▼  2209.20
SJU
```

```
       NYC ◄─────┐
        │        │
        │       CAS
        ▼
       SJU
```

此例只有一个运价区间，从 CAS 到 SJU，始发地与目的地不在同一个国家，按旅行方向选用单程直达票价。

例2. 始发地、目的地不在同一个国家，全程包括两个运价区间。

```
TPE
 ↓
SGN ── 418.16
 ↓
KUL     M
 ↓
BWN     312.00
```

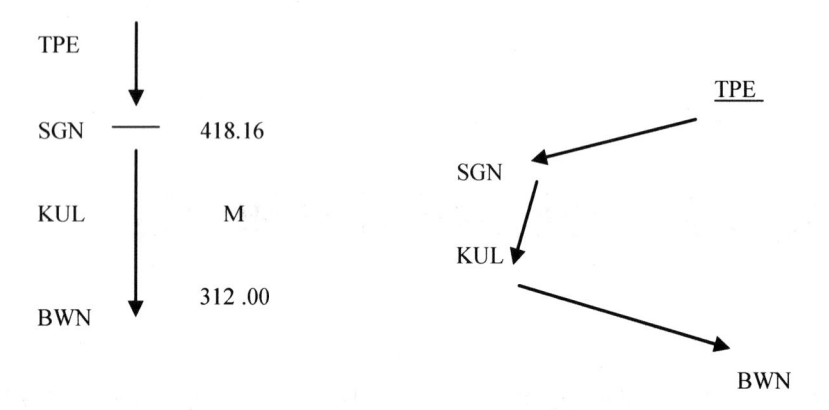

```
        TPE
       ↙
    SGN
       ↘
        KUL
           ↘
            BWN
```

始发地与目的地不在同一个国家，全程含有两个运价区间，因此，每一票价计算均采用按旅行方向公布的单程直达票价。第一个运价区间采用 TPE 到 SGN 方向的单程票价，第二个运价区间采用 SGN 到 BWN 方向的单程票价。

例 3. 两个运价区间，同时含一个始发点国际缺口段。

```
AKL
 ↓
TYO   2994.02
 ↓
SYD   3019.57
```

```
        TYO
       ↗   ↘
          SYD
             ↖
              AKL
```

该票价由两个国际票价运价区间构成（第一个：AKL 到 TOY 的票价；第二个：TYO 到 SYD 的票价），其可视为有一个国际段地面运输的不完整的环程。

例 4. 两个运价区间，始发地、目的地相同，但有一个折返点国际缺口段。

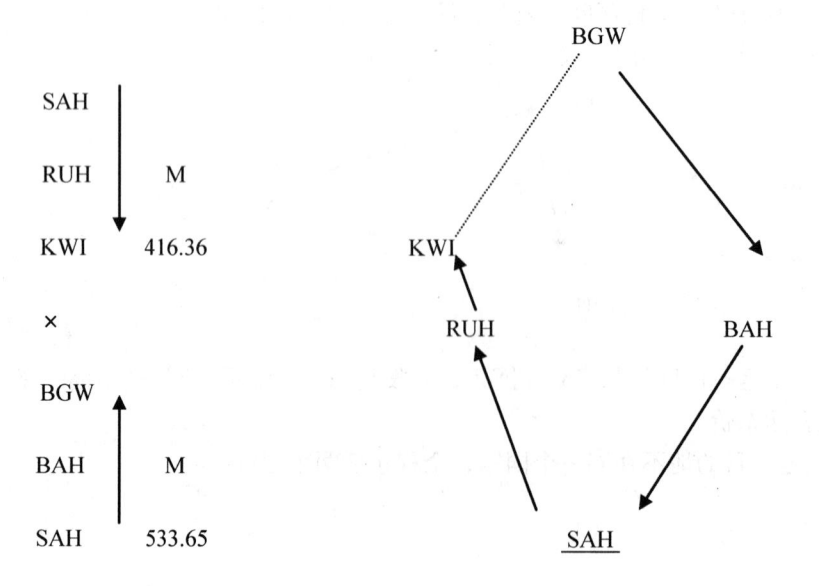

```
SAH
 ↓
RUH     M
 ↓
KWI     416.36

 ×

BGW
 ↑
BAH     M
 ↑
SAH     533.65
```

```
           BGW
          ╱    ╲
        ╱        ↘
      KWI         BAH
       ↑          ↓
      RUH ←─── SAH
```

本航程由折返点是国际缺口的两个国际运价区间构成，尽管始发点和终点是在一个国家，但折返点缺口段（KWI 和 BGW）跨两国，亦应采用单程票价计算。根据规则，最后一个返回运输始发国的运价区间要采用自运输始发国出发方向的票价。

在本例中，第一个运价区间采用 SAH 到 KWI 的单程票价，第二个运价区间采用 SAH 到 BGW 方向的单程票价。

例 5. 中间缺口段为国内段，但全程含三个运价区间。

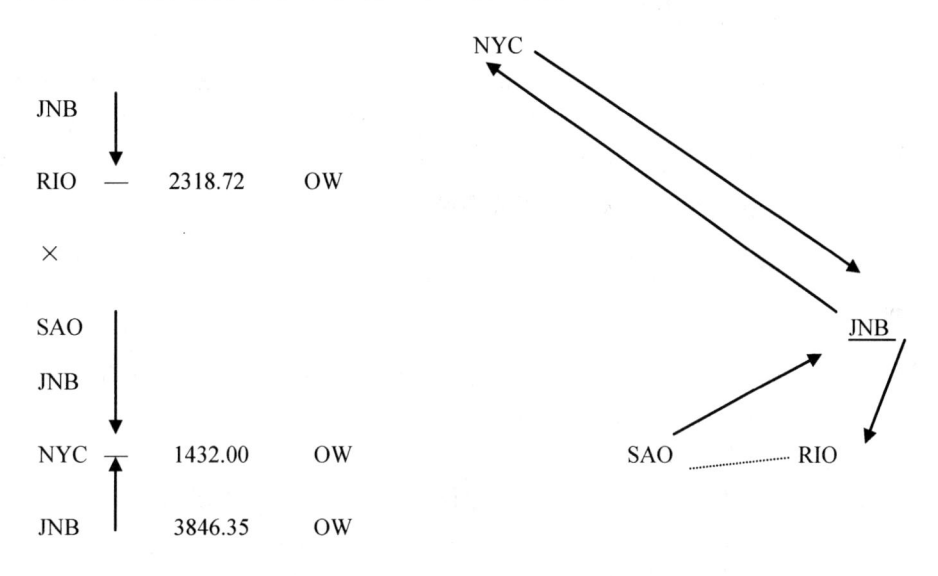

```
JNB  ↓
RIO  —  2318.72   OW
     ×
SAO  ↓
JNB
NYC  ↑  1432.00   OW
JNB     3846.35   OW
```

RIO 和 SAO 都是巴西的城市，尽管地面运输是国内缺口，但因全程超过两个国际运价区间，因而，该航程以单程票价来计算。第一个运价区间使用 JNB 到 RIO 方向的单程票价，第二个运价区间使用 SAO 到 NYC 方向的单程票价，由于第三个运价区间的航程又回到了运输始发国，则使用 JNB 到 NYC 方向的单程票价。

例 6. 全程含两个国内缺口段，三个运价区间。

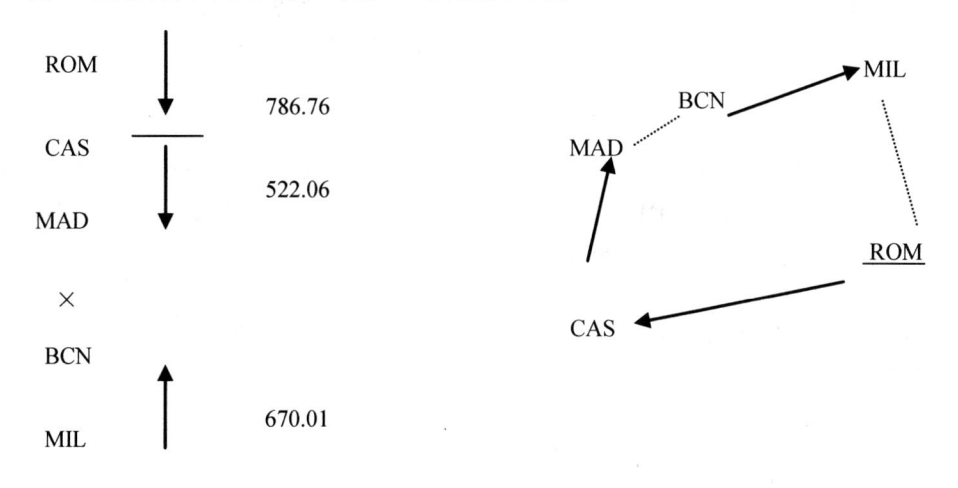

```
ROM  ↓
CAS  —  786.76
MAD  ↓  522.06
     ×
BCN  ↑
MIL     670.01
```

99

始发地 ROM 和终点 MIL 是一个国家内的两个城市，因此对始发地来说是一个国家缺口。第二个国内缺口是在 MAD 和 BCN 之间。对于有两个以上国际运价区间的航程，依然采用单程票价。

第一个运价区间：采用 ROM 到 CAS 方向的票价；第二个运价区间：采用 CAS 到 MAD 方向的单程票价；第三个运价区间：采用 MIL 到 BCN 方向的单程票价。

二、单程回拽检查（BHC）

单程回拽检查（One Way Backhaul Check——BHC）是指在非直达航程中，对运价区间内具有从始点至任一中途分程点的运价，是否有高于该区间 FCP 所对应的始点到终点的直达运价的检查。单程回拽检查仅在使用单程运价时适用；如果一个航程中有多个运价区间，则每个运价区间都要分别做单程回拽检查。

1. 单程回拽检查的步骤

在每一个运价区间中找出自起点到中途分程点的 NUC 中最高的运价，并用这一 NUC 与该运价区间 FCP 对应的 NUC 进行比较。如这一 NUC 高于 FCP 对应的 NUC，则按下列方式进行回拽检查，计算出单程最低限额，再看有无附加值。

（1）查单程最低限额的方式

  HI NUC（自起点到中途分程点的 NUC 中最高的运价）
– LO NUC（自起点到终点的 FCP 对应的 NUC）
= BHD （回拽差额）
+ HI NUC（自起点到中途分程点的 NUC 中最高的运价）
= OWM （单程最低限额 NUC，又称回拽最低限额运价 BHM，即所选用的单程票价不得低于此限额）

（2）将 OWM、NUC 和 AF（该运价区间适用的 NUC）相比较：

- 如果 OWM > AF，得到单程回拽附加值（Plus-P），客票填开代号为"P"。
- 如果 OWM < AF，则略去 OWM 不计，仍然使用 AF。

2. 应用举例

例1. 运输凭证填开在运输始发国内，航程为 SHA—X/TYO—BOM—PAR—ROM，票价级别 Y 。其中 SHA—ROM 的 NUC 为 1473.12 、MPM 为 EH7508；SHA—PAR 的 NUC 为 1562.57。运价计算基本步骤为：

  FCP SHAROM
  NUC Y OW 1473.12
  RULE NIL
  MPM EH7508
  TPM 7673
  EMA NIL

```
EMS     5M
HIP     Y OW 1562.57 SHAPAR
AF      NUC 1640.69 （=1562.57×1.05）
CHECK   BHC
          HI    1562.57   SHAPAR
         -LO    1473.12   SHAROM
         =BHD     89.45
         +HI    1562.57   SHAPAR
         =OWM   1652.02
          P=11.33 （=OWM-AF）
TATAL   NUC1652.02 （=AF1640.69+P11.33）
ROE     6.829940
LCF     CNY11290
```

客票票价计算栏为：

SHA YY X/TYO YY BOM YY PAR YY ROM 5M SHAPAR 1640.69 P SHAPAR SHAROM 11.33 NUC1652.02END/ROE6.829940

例2. 航程为 BJS（北京）—SHI（沙迦）—THR（德黑兰），运价等级为 Y 舱，各段运价如下方框中所示。试计算全程运价。

```
TPM    BJS
3628   SHJ    CA
 755   THR    IR
----
4383
```

	NUC	MPM
BJSTHR	945.13	EH4191
BJSSHJ	1053.63	
SHJTHR	288.75	

运价计算过程如下：

```
FCP     BJSTHR
NUC     Y OW 945.13
RULE    NIL
MPM     EH4191
TPM     4383
EMA     NIL
EMS     5M
HIP     BJSSHJ Y OW 1053.63
AF      NUC 1106.31
CHECK   BHC
```

```
        HI      BJSSHJ    1053.63
      - LO      BJSTHR     945.13
      = BHD              108.50
      + HI      BJSSHJ    1053.63
      = OWM    NUC       1162.13
      - AF                1106.31
      = P                   55.82
TOTAL    NUC 1162.13 ( = AF + P )
ROE      6.829940
LCF      CNY7940
```

客票票价计算栏为：

```
   BJS CA SHJ IR THR 5M BJSSHJ 1106.31 P BJSSHJ BJSTHR 55.82
NUC1162.13END ROE6.829940
```

例3. 航程为 BCN（巴塞罗那）—X/CAI（开罗）—ADD（亚的斯亚贝巴）—JIB（吉布提），运价等级为 Y 舱，各段运价如下箭头所示，求全程运价。

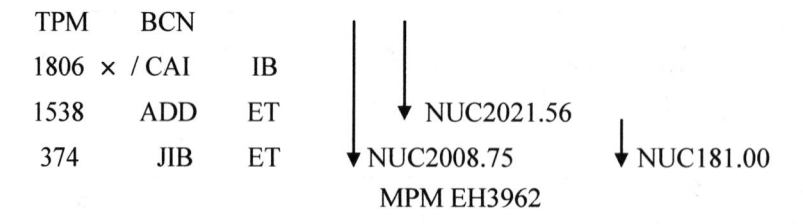

```
TPM    BCN
1806 × /CAI    IB
1538   ADD    ET       ↓ NUC2021.56
 374   JIB    ET   ↓ NUC2008.75    ↓ NUC181.00
                    MPM EH3962
```

运价计算过程如下：

```
FCP     BCNJIB
NUC     Y OW 2008.75
RULE    NIL
MPM     EH3962
TPM      3718
EMA     NIL
EMS     M
HIP     BCNADD   Y OW 2021.56
AF      2021.56
CHECK   BHC   P12.81
BHC     HI           2021.56
        - LO         2008.75
        = BHD          12.81
```

```
            +  HI    BCNADD    2021.56
            =  OWM             2034.37
            -  AF              2021.56
            =  P                 12.81
    TOTAL   2034.37
    IROE    0.653715
    LCF     EUR1330.00         （H1）
```
客票票价计算栏为：

```
BCN IB／CAI ET ADD ET JIB M BCNADD2021.56
P BCNADD BCNJIB 12.81 NUC2034.37END/ROE0.653715
```

例 4. 旅客航程为：BJS（北京）—CA—KHI（卡拉奇）—TK—IST（伊斯坦布尔）—TK—CAI（开罗）；全程使用 C 舱运价；在 BJS 付款、出票。根据附表所列运价，计算该航程的全程运价。

运价计算过程列表如下（参见右侧运价表）：

Ⅰ. TPM 计算如下：

```
              BJS
    3024      KHI      CA
    2459      IST      TK
     767      CAI      TK
    ────
    6250
```

运价表：

	C OW NUC	MPM
BJS — CAI	1850.93	EH 5619
BJS — IST	2159.02 EH	

Ⅱ. 运价构成如下：

```
FCP     BJSCAI
NUC     C OW（EH） 1850.93
RULE    Y 205
MPM     EH   5619
TPM          6250
EMA     NIL
EMS     6250/5619 = 1.1122     即  15M
HIP     C OW（EH） NUC 2159.02 BJSIST
RULE    Y 146
AF      2159.02 × 1.15 = NUC 2482.98
CHECK BHC   BJS—IST HI   2159.02
```

```
     − BJS—CAI LO   1850.93
     ─────────────────────
     =         BHD   308.09
     + BJS—IST HI  2159.02
     ─────────────────────
     =         BHM  2467.11  < AF (NO BHC PLUS)
```

TOTAL   NUC 2482.98 (AF)
IROE   ×6.829940
LCF   CNY 16960 (H10)

客票票价计算栏为：

BJS CA KHI PK IST TK CAI 15M BJSIST 2482.98 NUC2482.98 11END/ ROE6.829940

说明：
- 本例运输始发国为中国；运价构成点为 BJSCAI。
- 本例 BJS—IST 是较高点，同时也是回拽。
- 本例超里程，应在 BJS—IST 的较高点运价上加收 15%（×1.15）的超里程附加费。
- 计算回拽运价；回拽运价低于里程运价，应使用里程运价，没有回拽附加。
- 比较以上例题可知：回拽运价与里程无关。

3. 回拽检查的适用范围

回拽的检查仅适用于单程，当存在 HIP 时，要特别注意单程回拽检查中所有出现的较高点一定是从始点到中途分程点之间出现的较高点。单程回拽检查要将 AF 与 OWM 进行比较，取高者。只有在 OWM 大于 AF 的情况下，才需要进行调整并在计算栏中表示。

单程回拽不适用于以下情况：
（1）航程全部在南大西洋地区与 IATA 二区。
（2）全部在 IATA 一区内的航程。
（3）全部在欧洲内的计价单元。

第二节　来回程普通运价

一、来回程定义

来回程（Round Trip—RT）是指旅行由一点出发，经某一折返点（Turnaround Point），然后再回到原出发点，并且全程使用航空运输的航程。不论其去程和回程的旅行路线是否相同，它仅含两个运价区间并且使用相同的 $\frac{1}{2}$ 来回程的票价。

1. 来回程的两个主要特征

（1）全程仅由两个运价区间（去程 Outbound 和回程 Inbound）组成；并且

（2）去程和回程均具有相同的从始发点到折返点方向的同等级 $\frac{1}{2}$RT 运价。

注意：上述定义不适用于环球程旅行。

2. 来回程运价计算的一般规则

（1）来回程的去程和回程区间均应使用从始发点到折返点方向计算的 $\frac{1}{2}$RT 运价；

（2）在每个非直达的运价区间内，里程运价的计算规则适用；

（3）除非另有规定，在一般情况下，当没有公布 RT 运价时，可以用 OW 运价乘以 2 代替 RT 运价；

（4）对来回程运价通常无需进行最低限额运价检查。

二、来回程 RT 票价计算的应用

例 1. 旅客航程为：BJS（北京）—CA—IST（伊斯坦布尔）—TK—CAI（开罗）—TK—IST（伊斯坦布尔）—CA—BJS（北京）；全程使用 Y 舱运价；在 BJS 付款、出票。

说明：

- 本例运输始发国为中国。来回程的折返点为 CAI，去程和回程的运价构成点均为 BJSCAI。由于去程和回程经由相同路线，因此运价计算过程也相同。
- 本例超里程附加 10%（10M）；BJS—IST 是较高点（注意：来回程没有 BHC 检查）。
- 在 BJS—IST 的较高点运价上加收 10% 的超里程附加费。
- 本例去程和回程有相同的从始发点到折返点方向的 $\frac{1}{2}$RT 运价（包括 HIP 运价），因此，该航程是来回程。

运价计算过程列表如下：

Ⅰ. TPM 计算如下：

```
       BJS
   ┌ 4395  IST │ CA
5882│                ↓
   └ 1487  CAI │ TK
       IST │ TK
       BJS │ CA
```

运价表：	Y RT EH NUC	MPM
BJS — CAI	3062.74	5590
BJS — IST	3368.41	

Ⅱ. 运价构成如下：

	OUTBOUND（去程）	INBOUND（回程）
FCP	BJSCAI	BJSCAI
NUC	Y$\frac{1}{2}$RT（EH）1531.37	Y$\frac{1}{2}$RT（EH）1531.37
RULE	Y 205	Y 205
MPM	EH 5590	EH 5590
TPM	5882	5882
EMA	NIL	NIL
EMS	5882/5590 = 1.05233 10M	5882/5590 = 1.05233 10M
HIP	Y$\frac{1}{2}$RT（EH）NUC 1684.20 BJSIST	Y$\frac{1}{2}$RT（EH）NUC 1684.20 BJSIST
RULE	Y 146	Y 146
AF	1684.20 × 1.10 = NUC 1852.62	1684.20 × 1.10 = NUC 1852.62
SUBTTL	1852.62 + 1852.62 = NUC 3705.24	
CHECK	NIL	
TOTAL	NUC 3705.24	
IROE	×6.277000	
LCF	CNY 23260 （H10）	

客票票价计算栏为：

```
BJS CA IST TK CAI 10M BJSIST 1852.62
    TK IST CA BJS 10M BJSIST 1852.62 NUC3705.24END/ROE6.277000
```

例2. 票价级别为 Y，航程为 SEA（西雅图）—X/HNL（檀香山）—BJS（北京）—LAX（洛杉矶）—SEA（西雅图），已知去程的 TPM 为 6509 英里，回程的 TPM 为 5690 英里，计算全航程票价。

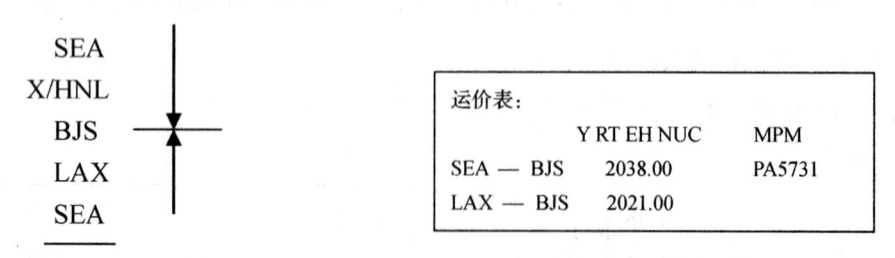

```
SEA
X/HNL
BJS
LAX
SEA
```

运价表：

	Y RT EH NUC	MPM
SEA — BJS	2038.00	PA5731
LAX — BJS	2021.00	

票价计算过程如下：

去程运价区间	回程运价区间
FCP SEABJS	FCP SEABJS

NUC	Y$\frac{1}{2}$RT 1019.00		NUC	Y$\frac{1}{2}$RT 1019.00
RULE	NIL		RULE	NIL
MPM	PA5731		MPM	PA5731
TPM	6509		TPM	5690
EMA	−800 E/HNL new TPM5709		EMA	NA
EMS	M		EMS	M
HIP	NIL		HIP	NA
AF	NUC 1019.00		AF	NUC 1019.00

Sub-TOTAL　　NUC 2038.00
CHECKNA
TTL　NUC 2038.00
ROE　1.00
LCF　USD2038.0　　N1（2）

客票票价计算栏为：

SEA YY X/E/HNL YY BJS M 1019.00 YY LAX YY SEA M 1019.00 NUC2038.00END/ROE1.00

由此可见，对于从一点出发，最后又回到原出发点的航程，不论去程和回程是否经由相同的路线，只要按照从始发点到折返点方向计价的去程区间和回程区间有相同的1/2RT 运价（包括有相同的 HIP 运价），则该航程是来回程。

第三节　环程普通运价

一、环程的定义

环程（Circle Trip—CT）是指旅行从一点出发，经一条环形、连续的航空路线，最后又返回原出发点的航程。环程也包括由两个运价区间组成，但不满足来回程的条件的封闭航程。

1. 使用普通运价的环程的特征

（1）环程可以由两个以上的运价区间组成；
（2）当环程由两个运价区间组成时，去程区间和回程区间有不同的从始发点到折返点方向的$\frac{1}{2}$RT 运价。

2. 来回程和环程的不同

（1）来回程的去程和回程运价区间的数额相同，而环程的数额不同。
（2）来回程只有两个运价区间，环程可以有两个以上的运价区间。
（3）在完成环程票价计算的所有程序后，最终进行环程最低限额检查（CTM）。
（4）对于航程经过付款国的环程，要做"付款国检查（COP）"。有关 COP 检查的规则可参阅其他专业书籍。

二、环程最低限额检查

环程最低限额检查（CT Minimum—CTM）是指环程组合运价不得低于自全航程始发点到该航程任意一个中途分程点（包括折返点）的最高同等级直达来回程票价（RT运价）。本检查适用于所有环程，不论运输凭证的填开方式。

1. 环程最低限额检查的步骤

找出比经过计算出的环程票价还高的、从全航程始发点到中途分程点（包括属于中途分程点的折返点）的来回程票价。这个最高的来回程票价被称做环程最低限额票价（CTM NUC）。其基本步骤如下：

（1）如上所述，选择使环程组合运价最低的运价构成点，并按里程运价的规则，计算各运价区间适用的运价 AF。
（2）将上述各区间运价相加，构成环程组合运价（SUB-TOTAL 或 SUBTTL）。
（3）查出该环程始发点到各中途分程点（包括折返点或中间的运价构成点）的同等级直达 RT 运价；其中最高的直达 RT 运价即为该全航程或计价单元的最低限额运价（以下简称为 CTM 运价）。
（4）将上述 CTM 运价与环程组合运价 SUB-TOTAL（即各运价区间的 AF 之和）比较，如果：

若 CTM NUC 大于 SUBTTL，两者的差额：CTM NUC − SUBTTL = CTM 差额（P），再与 SUBTTL 相加来把票价提高到与 CTM NUC 相同的数值上；

如果 CTM NUC 小于 SUBTTL，则略去 CTM NUC 而采用原来的 SUBTTL。

（5）注意：

- CTM 检查应对整个计价单元内的所有中途分程点进行（不包括单独计价的旁岔程），它不受运价区间的限制；
- 当进行 CTM 检查时，应选择适用的航行方向（GI）的 RT 运价；如果去程和回程适用不同航行方向代码的从始发点到中途分程点的运价，则在进行 CTM 检查时仅需选择上述不同运价中较低的 RT 运价。

例如，旅客航程为 BJS—HKG—MOW—SHJ—BJS；MOW 为折返点。该航程去程区间应使用 BJS—MOW 的 FE 运价，回程应使用 BJS—MOW 的 EH 运价。当进行 CTM 检查时，仅需选择上述 FE 和 EH 航线的 RT 运价中较低者与组合运价进行比较。

2. 环程 CT 票价计算的应用

例1. 旅客航程为 SHA（上海）——CPH（哥本哈根）——AMS（阿姆斯特丹）——X/HKGX（香港）——SHA（上海），票价级别为 Y。计算全程运价。

已知部分航段间运价如下所示，

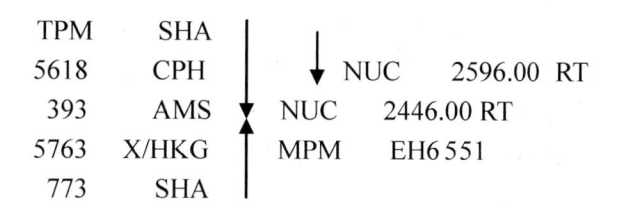

TPM				
	SHA	↓		
5618	CPH		NUC	2596.00 RT
393	AMS		NUC	2446.00 RT
5763	X/HKG		MPM	EH6551
773	SHA			

票价计算如下：

去程运价区间：
FCP　SHAAMS
NUC　Y$\frac{1}{2}$RT 1223.00
RULE　Y146
MPM　EH6551
TPM　6011
EMA　NA
EMS　M
HIP　Y$\frac{1}{2}$RT 1298.00 SHACPH
AF　NUC 1298.00

回程运价区间：
FCP　SHAAMS
NUC　Y$\frac{1}{2}$RT 1223.00
RULE　Y146
MPM　EH6551
TPM　6536
EMA　NA
EMS　M
HIP　NA
AF　NUC 1223.00

SUB-TOTAL　　NUC 2521.00
CHECK
　　CTM SHACPH RT 2596.00 > SUB-TOTAL 2521.00
　　　　P = 75.00
TTL　2596.00 + 4.33（Q）= 2600.33
ROE　6.277000
LCF　CNY16330　　H10（0）

客票票价计算栏为：

SHA YY CPH YY AMS M SHACPH 1298.00Y YY X/HKG YY AMS M Q4.33 1223.00Y P SHACPH 75.00 NUC2600.33END/ROE6.277

第四节 同一区间内有不同等级的航程运价计算

一、运价计算的一般规则

通常情况下，当同一运价区间内存在不同的舱位等级时，该混合等级航程的运价可使用下列三种方法计算，并可取其中较低者作为全程运价：

(1) 计算全航程的最低等级运价，并且附加等级差（Class Differential）；其基本步骤如下：
- 按照运价规则计算全程最低等级运价（包括进行所有必需的最低限额运价检查）。
- 在每一个运价区间内，对有较高舱位等级的航段，计算该航段的较高等级运价和最低等级运价的差额（等级差）；计算等级差时无需进行任何最低限额运价检查（例如 BHC、DMC 等）。
- 将上述等级差与全程最低等级运价相加，构成混合等级航程的全程运价。

上述计算过程可图示如下：

$$\begin{matrix}A\\B\\C\end{matrix}\Bigg\downarrow\begin{matrix}Y\\F\end{matrix} \Rightarrow \begin{matrix}A\\B\\C\end{matrix}\Bigg\downarrow\begin{matrix}Y\\Y\end{matrix} + \left\{\begin{matrix}B\\C\end{matrix}\Bigg\downarrow F - \begin{matrix}B\\C\end{matrix}\Bigg\downarrow Y\right\}$$

(2) 整个运价区间使用最高等级运价；此方法也被称为最高等级运价优先原则，即混合等级航程的运价不应高于全程最高等级运价。上述方法也可图示如下：

$$\begin{matrix}A\\B\\C\end{matrix}\Bigg\downarrow\begin{matrix}Y\\F\end{matrix} \Rightarrow \begin{matrix}A\\B\\C\end{matrix}\Bigg\downarrow\begin{matrix}F\\F\end{matrix}$$

(3) 使用各航段实际等级运价之和。上述方法可图示如下：

$$\begin{matrix}A\\B\\C\end{matrix}\Bigg\downarrow\begin{matrix}Y\\F\end{matrix} \Rightarrow \begin{matrix}A\\B\end{matrix}\Bigg\downarrow Y + \begin{matrix}B\\C\end{matrix}\Bigg\downarrow F$$

注意：为防止故意逃避最低限额运价检查，当计算全程最低等级运价或最高等级运价需要进行最低限额运价附加时，一般不应使用方法（3）计算全程运价。

例 1. 旅客航程为 BJS—CA（Y）—SIN—SQ（F）—SYD，其中括号内是舱位等级代码。在 BJS 付款、出票。计算该航程的全程运价。

运价表:	F OW NUC	YOW NUC	MPM	TPM
BJS—SIN	1648.83	1028.41	3349	2791
BJS—SYD	3255.45	2087.77	6685	5571
SIN—SYD	3609.82	2140.38	4694	3912

方法 1. 全程最低等级运价加等级差
- 计算全程最低等级运价时应考虑所有必需的运价检查（例如，EMS、HIP、BHC、DMC 等）。
- 本例最低等级运价为 Y 舱运价；全程不超里程，没有较高点。
- 有较高等级的航段为 HKG—AKL，分别计算该航段的 F 舱运价和 Y 舱运价，并求出其差额（用 D 表示）。

运价构成如下：

全程 Y 舱运价 等级差（D）

FCP	BJSSYD	SINSYD	SINSYD
NUC	Y OW 2087.77	F OW 3609.82	Y OW 2140.38
RULE			
MPM	EH 6685	PT.	
TPM	6711		
EMA	NIL	TO	
EMS	5M		
HIP	SINSYD 2140.38	PT.	
RULE			
AF	NUC 2247.39 = 2140.38 × 1.05	3609.82 − 2140.38 = D NUC1469.44	
CHECK	BHC NIL		
SUBTTL	2247.39		
TOTAL	SUBTTL + D = 2247.39 + 1469.44 = NUC 3716.83		
IROE	×6.829940		
LCF	CNY 25390（H 10）		

客票票价计算栏为：

```
    BJS CA SIN SQ SYD 5M SINSYD 2140.38 D SINSYD 1469.44
NUC3716.83END/ROE6.829940
```

方法 2. 全程使用最高等级运价
- 使用 F 舱运价，按单程运价规则计算全程运价。

运价构成如下：

FCP　　　BJSSYD
NUC　　　F OW 3255.45

```
RULE
MPM     EH   6685
TPM          6711
EMA     NIL
EMS     5M
HIP     SINSYD F OW NUC 3609.82
RULE
AF      NUC 3790.31 = 3609.82 × 1.05
CHECK   BHC NIL
TOTAL   NUC 3709.81
IROE    ×6.829940
LCF     CNY 25340      (H10)
```

客票票价计算栏为：

> BJS CA SIN SQ SYD 5M SINSYD 3790.31 NUC3790.31END ROE6.829940

方法 3. 全程运价为各段实际等级运价之和

- 本例为 BJS—SIN 的 Y 舱运价与 SIN—SYD 的 F 舱运价之和（1028.41 + 3609.82 = NUC 4638.23）。
- 运价计算过程（略）。

本例方法 2 计算的运价最低，可选择作为全程运价。

二、连续几个航段有较高舱位等级的情况

当运价区间内连续几个航段具有相同的较高舱位等级时，其等级差可按下列两种方法计算，并取其中较低者：

（1）将上述几个有较高等级的航段视为一个子区间，按里程运价规则（考虑 EMS、HIP，但不考虑最低限额运价检查，如 BHC、COM、DMC 等）分别计算其较高等级运价和最低等级运价，并求出等级差额（D）；上述计算过程可列式如下：

(2) 将上述几个有较高等级的航段分段组合，分别计算其较高等级运价和最低等级运价，并求出等级差额；上述计算过程可列式如下：

$$\begin{array}{c}A\\ \downarrow F\\ B\\ \downarrow F\\ C\\ \downarrow Y\\ D\end{array} \Rightarrow \begin{array}{c}A\\ \downarrow Y\\ B\\ \downarrow Y\\ C\\ \downarrow Y\\ D\end{array} + \left\{\begin{array}{c}A\\ \downarrow F\\ B\end{array} - \begin{array}{c}A\\ \downarrow Y\\ B\end{array}\right\} + \left\{\begin{array}{c}B\\ \downarrow F\\ C\end{array} - \begin{array}{c}B\\ \downarrow Y\\ C\end{array}\right\}$$

例 1. 旅客航程为 SHA—CX（C）—HKG—CX（F）—BKK—TG（F）—ZRH，其中括号内是舱位等级代码。在 SHA 付款、出票。用全程最低等级运价加等级差的方法计算该航程的全程运价。

运价表：	F OW NUC	C OW NUC	MPM
SHA-ZRH	3781.60	2491.27	7641
HKG-BKK	938.38	832.09	
HKG-ZRH	4019.45	2857.85	7600
BKK-ZRH	3448.00	2209.77	

方法 1. 将有较高等级的连续航段视为一个子区间，计算等级差。
说明：
- 本例最低等级运价为 C 舱运价；全程不超里程，有较高点，应使用 HKG—ZRH 的 HIP 运价。
- 有较高等级的航段为 HKG—BKK—ZRH，将上述连续的两个航段视为一个子区间，按里程运价规则分别计算该航段的 F 舱和 C 舱运价，并求出其差额。
- 该子区间不超里程，F 舱和 C 舱均没有较高点，应使用 HKG—ZRH 的 F 舱运价和 C 舱运价计算等级差。
- 在 HKG 中途分程，应收取国际安检费 NUC4.33（Q）。

运价计算过程列表如下：
Ⅰ. TPM 计算如下：

$$\begin{array}{c}\text{SHA}\\ _C\\ \text{HKG}\\ _F\\ \text{BKK}\\ _F\\ \text{ZRH}\end{array} \Rightarrow \begin{array}{r}\\ 773\\ \\ 1049\\ \\ \underline{5609}\\ 7431\end{array} \begin{array}{c}\text{SHA}\\ _C\\ \text{HKG}\\ _C\\ \text{BKK}\\ _C\\ \text{ZRH}\end{array} + \left\{\begin{array}{r}1049\\ \underline{5609}\\ 6658\end{array}\begin{array}{c}\text{HKG}\\ \downarrow F\\ \text{BKK}\\ \downarrow F\\ \text{ZRH}\end{array} - \begin{array}{c}\text{HKG}\\ \downarrow C\\ \text{BKK}\\ \downarrow C\\ \text{ZRH}\end{array}\right\}$$

Ⅱ. 运价构成如下：

	全程 C 舱运价		等级差（D）
FCP	SHAZRH	HKGZRH	HKGZRH
NUC	C OW 2491.27	F OW 4019.45	C OW 2857.85
RULE	Y 146	Y 146	Y 146
MPM	EH 7641	EH 7600	EH 7600
TPM	7431	6658	6658
EMA	NIL	NIL	
EMS	M	M	
HIP	HKGZRH C OW 2857.85	NIL	NIL
RULE	Y 146	NIL	NIL
AF	NUC 2857.85	4019.45 − 2857.85 = D：NUC 1161.60	
CHECK	BHC NIL		
TOTAL	2857.85 + 1161.60 + 4.33（Q）= NUC 4023.78		
IROE	×6.829940		
LCF	CNY 27490 （H10）		

客票票价计算栏为：

```
SHA CX HKG CX BKK Q4.33 TG ZRH M HKGZRH2857.85
D HKGZRH M1161.60 NUC4023.78END ROE6.829940
```

方法 2. 分段计算等级差

说明：

- 全程最低等级运价计算过程与方法 1 相同。
- 有较高等级的航段为 HKG—BKK—ZRH，将其分为两个航段分别计算等级差额 D_1 和 D_2。
- 两个航段均为点到点的运价区间。
- 在 HKG 中途分程，应收取国际安检费 NUC 4.33（Q）。

运价构成如下所示。

	全程 C 舱运价	等级差（D_1）		等级差（D_2）	
FCP	SHAZRH	HKGBKK		BKKZRH	
NUC	C OW 2491.27	F OW 570.54	C OW 491.05	F OW 2140.68	C OW 1426.97
MPM	EH 7641	PT.	PT.	PT.	PT.
TPM	7431				
EMA	NIL	TO	TO	TO	TO
EMS	M				

```
HIP  HKGZRH C OW 2857.85    PT.         PT.           PT.          PT.
RULE     Y 146
AF  NUC 2857.85   D₁ = 570.54 - 491.05 = 79.49   D₂ = 2140.68 - 1426.97 = 713.71
CHECK    BHC NIL
TOTAL    2857.85 + 79.49 + 713.71 + 4.33（Q）= NUC 3655.38
IROE     ×6.829940
LCF      CNY 24970（H10）
```

客票票价计算栏为：

> SHA CA HKG CX BKK Q4.33 TG ZRH M HKGZRH2857.85
> D HKGBKK79.49 D BKKZRH 713.71 NUC3655.38END ROE8.2769

注：按方法2计算的运价较低，可选择该运价作为全程运价。

三、有关混合等级运价计算的几点说明

（1）计算混合等级航程运价时，不得使用特殊运价。

（2）计算最低等级运价和等级差时，必须遵守有关运价对中途分程和转机的限制。

（3）当计算几个连续的有相同的较高等级航段的等级差 D 时应考虑里程和较高点，但无需进行任何最低限额运价检查。

（4）计算等级差 D 时，如果较高等级运价和最低等级运价有不同的较高点，应使用各自的较高点运价，然后计算其差额。

（5）等级差的计算方向应与最低等级运价的计算方向一致，并且在同一运价区间内进行。

例如，旅客航程为 A—（Y）—B—（F）—C—（F）—D—（Y）—A（括号内是舱位等级）；如果计算全程最低等级运价时以 C 点作为运价分界点，则计算等级差时也应以 C 点为界，分别计算 B—C 和 D—C 的等级差，其中，回程应按从始发点出发方向计算等级差。

（6）当计算最低等级运价使用 $\frac{1}{2}$RT 运价时，计算等级差也应使用 $\frac{1}{2}$RT 运价；当计算最低等级运价使用 OW 运价时，计算等级差也应使用 OW 运价。

例如，上例应使用 $\frac{1}{2}$RT 运价计算等级差。

第五节　比例运价

一、比例运价的基本概念

虽然在国际运输中，非直达航程可以使用直达运价，但世界上的通航城市数以万

计，不可能在一本运价手册中公布所有的两点间的直达运价。对于两点间没有直达公布运价的情况，可以在另一直达公布运价的基础上附加一部分运费构成全程运价，由此构成的直达运价称为比例运价（Proportional Fare），也称比例附加（Add-ons）。

1. 构成比例运价的基本步骤

- 如果两点间没有直达公布运价，则在比例运价表中查找两点中相对较小的一个城市，若比例运价表中列出上述城市，在其下方会给出另一个点，通常是该国的一个较大的门户城市，此点称为附加点（Add to City），同时还会给出一个附加值（Add-on Amount）；
- 然后，查出上述两点中另一个端点到该附加点，或该附加点到另一个端点的直达公布运价；
- 最后，将上述直达公布运价与给定附加值相加，构成两点间直达运价。

例如，旅客航程为 PAR（巴黎）—MNL（马尼拉）—XMN（厦门）；当运价手册中未给出 PAR—XMN 的直达公布运价时，可在比例运价表中查找 XMN（两点中相对较小的城市），表中给出的附加点是 CAN（广州），附加值是 NUC 53.16，在运价手册中可查出 PAR—CAN 的直达公布运价为 NUC 2369.59，因此，按照比例运价的计算规则，PAR—XMN 的直达运价为 NUC 2422.75。本例可图示如下：

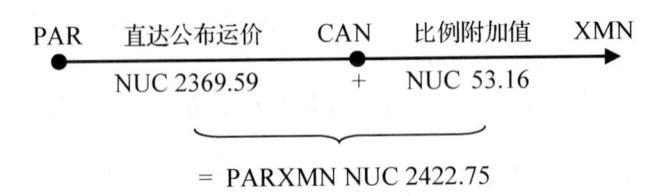

```
PAR    直达公布运价    CAN    比例附加值    XMN
●──────────────────────●────────────────▶
       NUC 2369.59     +     NUC 53.16

       = PARXMN NUC 2422.75
```

2. 比例运价的使用说明

- 仅当两点间没有直达公布运价时，才能使用比例运价。
- 按上述步骤构成比例运价时，比例附加值可以用在该航段的起点、终点或两端。例如，

（1）起点使用比例附加值：

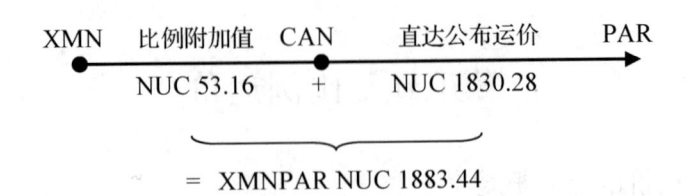

```
XMN    比例附加值    CAN    直达公布运价    PAR
●──────────────────●──────────────────▶
       NUC 53.16   +     NUC 1830.28

       = XMNPAR NUC 1883.44
```

（2）终点使用比例附加值：

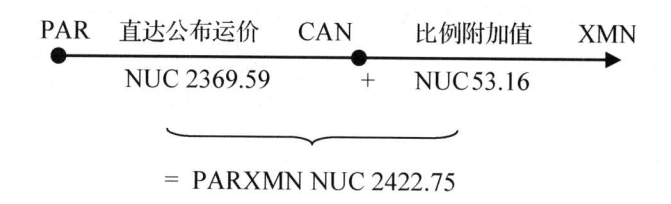

```
PAR    直达公布运价    CAN    比例附加值    XMN
●─────────────────────●────────────────→
       NUC 2369.59      +      NUC 53.16
```

= PARXMN NUC 2422.75

（3）两端使用比例附加值：

```
NCE  比例附加值  PAR   直达公布运价   CAN  比例附加值  XMN
●──────────────●────────────────●─────────────→
    NUC 0.00    +    NUC 2369.59    +    NUC 53.16
```

= NCEXMN NUC 2422.75

注：
- 当构成比例运价时，不能在一端连续两次以上使用比例附加值。
- 使用比例附加值构成的比例运价被认为是两点间的直达运价，在客票中不能被分开表示。
- 上述比例运价的附加点（Add-on City）是一个假想点，它仅被用于构成比例运价，可能不在实际航程中。
- 比例附加值通常没有方向性，但直达公布运价具有方向性。例如，XMN—CAN 的比例附加值等于 CAN—XMN 的比例附加值，但 CAN—PAR 的直达公布运价不等于 PAR—CAN 的直达公布运价。
- 当比例附加值为 NUC0.00 时，表明该航段可使用直达公布运价。例如，上例中 NCE—CAN 的运价等同于 PAR—CAN 的直达公布运价。
- 比例附加值仅被用于构成比例运价，不可被视为当地运价。例如，上例中 NUC53.16 不可被视为 XMN—CAN 或 CAN—XMN 的当地运价。
- 除了比例运价表中的适用规则外，构成比例运价时还需遵守相应的直达公布运价本身的适用规则。

二、一般行业性比例运价表的结构

一般行业性比例运价表按城市名称的英文字母顺序排列，包括以下各栏（参见表 6-1）：

表6-1 一般行业性比例运价表（INDUSTRY ADD-ON AMOUNTS）

ADD-ON CITY AREA	GI	ADD TO	FARE TYPE	RULE	NUC NORMAL/ SPECIAL OW	NUC SPECIAL RT	LOCAL CURRENCY NORMAL/ SPECIAL OW	LOCAL CURRENCY SPECIAL RT	MILEAGE ADD	MILEAGE TO
MEDICINE H AB (YXH)	CA						USD			
FROM CARIBBEAN(EXC	WH	YTO	Y		250.00	260.00	250	260	196	YYC
BAHAMAS,BERMUDA,	WH	YTO	C		300.00		300		196	YYC
CAYMAN IS,CUBA,	WH	YTO	F		350.00		350		196	YYC
DOMINAN REP.),HAITI,	WH									
JAMAICA,TURKS AND	WH									
CAICOS IS	WH									
MEDICINE H AB (YXH)	CA						CAD			
TO BAHAMAS, CAYMAN IS	WH	YTO	Y		499.00	383.38	492	378	196	YYC
CUBBA,DOMINICAN REP.,	WH	YTO	C		598.40		590		196	YYC
HAITI, JAMAICA,TURKS	WH	YTO	F		698.81		689		196	YYC
AND CAICOS IS	WH								196	YYC
EUROPE	AT	YYC			77.08		76		196	YYC
MIDDLE EAST, AFRICA	AT	YMQ	Y/C		449.30	492.92	443	486	196	YYC
	AT	YMQ	F		820.52		809		196	YYC
SASC	AT	YMQ	Y/C		369.18	447.27	364	441	196	YYC
	AT	YMQ	F		682.58		673		196	YYC
	AT	YMQ	AP		224.14		221		196	YYC
	PA	YVR	Y		223.13	273.83	220	270	196	YYC
	PA	YVR	C/F		253.55		250		196	YYC
SEA	AT	YMQ	Y/C		369.18	447.27	364	441	196	YYC
	AT	YMQ	F		682.58		673		196	YYC
SEA, KOREA	PA	YVR	Y		223.13		220		196	YYC
	PA	YVR	C/F		253.55		250		196	YYC
	PA	YVR	SPC		212.99	273.83	210	270	196	YYC
SWP	PA	YVR	Y		234.28		231		196	YYC
	PA	YVR	C/F		253.55		250		196	YYC
	PA	YVR	SPC		212.99	273.83	210	270	196	YYC
JAPAN, KOREA	AT	YMQ	Y/C		369.18		364		196	YYC
	AT	YMQ	F		682.58		673		196	YYC
NANTONG (NTG)	CN						CNY			
AREA3(EXC CHINESE	EH	SHA	Y		28.13	53.46	280	380	726	BJS
TAIPEI, JAPAN, HONG	EH	SHA	C		36.57		260		726	BJS
KONG SAR, MACAO SAR)	EH	SHA	F		42.20		300		726	BJS
N AMERICA, CARIBBEAN	PA	SHA			0.00	0.00	0		726	BJS
	PA	SHA	SPC		0.00	0.00	0	0	726	BJS
C AMERICA, S AMERICA	PA	SHA			0.00	216.65	0	0	726	BJS
NORTH, MID ATLANTIC	AT	BJS	Y		120.98		860	1540	726	BJS
	AT	BJS	C		157.56		1120		726	BJS
	AT	BJS	F		181.48		1290		726	BJS
SOUTH ATLANTIC	AT/SA	BJS	Y		120.98	216.65	860	1540	726	BJS
	AT/SA	BJS	C		157.56		1120		726	BJS
	AT/SA	BJS	F		181.48		1290		726	BJS
EUROPE	EH/FE	BJS	Y		120.98	216.65	860	1540	726	BJS
	EH/FE	BJS	C		157.56		1120		726	BJS
	EH/FE	BJS	F		181.98		1290		726	BJS
MIDDLE EAST, AFRICA	EH	BJS	Y		120.98	216.65	860	1540	726	BJS
	EH	BJS	C		157.56		1120		726	BJS
	EH	BJS	F		181.48		1290		726	BJS

（1）使用比例附加的端点城市（ADD-ON CITY）：该城市可以是运价区间的起点或终点，其后标有该城市的三字代码及所在国家的两字代码。

（2）区域（AREA）：是指与上述使用比例附加的端点城市相对应的另一端点所在

的区域或国家。对于来自或前往不同区域或国家的情况，可能会有不同的指定附加点和附加值。

通常比例附加值没有方向性，但如有方向性，则在指定的区域/国家前用"From"或"To"加以限定。

（3）航行方向代码（GI）：与使用直达公布运价时类似，应根据实际航行方向选择适用的附加值。

（4）附加点（ADD TO）：给出用于构成全程运价的假想点。

根据使用比例运价的航段的起点/终点所属的区域/国家以及航行方向，可能会有不同的附加点。

（5）运价类别（FARE TYPE）：通常应使用和直达公布运价类别相同的比例附加值相加构成全程运价，但如果本栏中没有公布运价类别代码，则对应的附加值可适用于任何类别的运价。

（6）适用规则（RULE）：当表中对应于本栏的位置标有一个两位数码时，可查阅比例运价表前页适用规则部分的说明。

除了比例运价表中的适用规则外，构成比例运价时还需遵守相应的直达公布运价本身的适用规则。

（7）运价附加值（ADD-ON AMOUNTS）：分为 NUC 附加值和当地货币附加值两栏，每栏又分为 OW 和 RT 两部分。当没有给出 RT 附加值时，可用 OW 附加值乘以 2 代替。

（8）里程附加值和附加点（MILEAGE ADD TO）：因为比例运价也是直达运价，当非直达航程使用比例运价时，通常应考虑两点间的最大允许里程。如果运价表中没有两点间的直达公布运价，将无法直接查到上述两点间的最大允许里程，此时可按下列两种方式得到使用比例运价的两点间的最大允许里程：

- 当本栏中列有里程的附加值和附加点时，可按照与比例运价类似的构成方式计算两点间的最大允许里程。注意：里程的附加点与比例运价的附加点有时不是同一点（参见表6-1）。
- 当本栏没有列出里程的附加值和附加点时，可以使用 PAT 最大允许里程手册查找使用比例运价的两点间的最大允许里程。

例如，旅客航程为 BJS（北京）—YVR（温哥华）—YXH（麦迪森哈特），全程使用 Y 舱普通运价；本例比例运价和里程的构成可图示如下，并参考表6-1：

```
BJS      直达公布运价      YVR      比例附加值      YXH
●—————————————————————●—————————————————●
          NUC 1125.76      +         NUC 223.13

         = BJSYXH NUC 1348.89

BJS      最大允许里程      YYC      里程附加值      YXH
●—————————————————————●—————————————————●
          PA 6846          +            196

         = BJSYXH PA MPM 7042
```

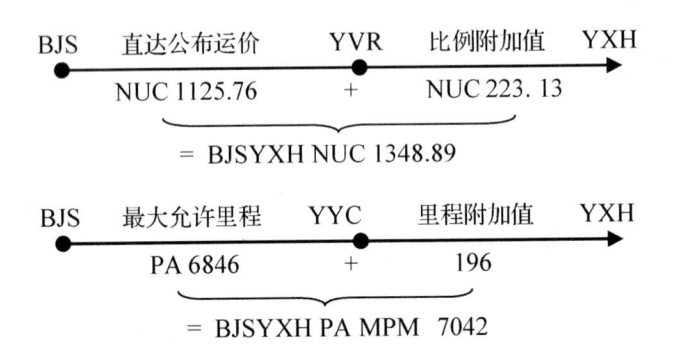

说明：

- 本例运价的附加点为 YVR，附加值是 NUC 223.13；里程的附加点为 YYC，附加值是 196。
- 在普通和特殊运价表中分别查出 BJS—YVR 的单程、Y 舱、PA 航线的直达公布运价和 BJS—YYC 的 MPM，然后相加构成 BJS—YXH 的直达运价和最大允许里程。

以下举例说明一般行业性比例运价的构成过程。

三、一般行业性比例运价应用举例

例 1. 旅客航程为 HKG（香港）—X/MAN（曼彻斯特）—GWY（戈尔韦，属爱尔兰）的来回程，全程使用 Y 舱运价；在 PAT 运价手册（参照表 6-2 和表 6-3）中查出 HKG—GWY 的 Y 舱 RT 运价和最大允许里程。

表 6-2　GALWAY 的比例附加运价表（INDUSTRY ADD-ON AMOUNTS）

ADD-ON CITY AREA	GI	ADD TO	FARE TYPE	RULE	NUC NORMAL/SPECIAL OW	SPECIAL RT	LOCAL CURRENCY NORMAL/SPECIAL OW	SPECIAL RT	MILEAGE ADD	TO
GALWAY (GWY)	IE						EUR			
EUROPE(EXC UK)	EH	DUB	NRM IF		88.72		58		139	DUB
TO UK,	EH	DUB	Y/C IF		88.72		58		139	DUB
MIDDLE EAST, AFRICA	EH	DUB			88.72	137.66	58	90	139	DUB
MIDDLE EAST	EH	DUB	SPC		68.83		45		139	DUB
SASC	EH	DUB	NRM IF		88.72		58		139	DUB
SEA	EH/TS	DUB			88.72	137.66	58	90	139	DUB
SWP	AP/EH/TS	DUB	NRM IF		88.72		58		139	DUB
JAPAN, KOREA	AP/EH/TS	DUB			88.72	137.66	58	90	139	DUB
AREA1(EXC CANADA, USA)	AT				88.72	137.66	58	90	139	DUB
	AT									
CANADA, USA	AT	DUB			88.72		58		139	DUB

表 6-3　HKG—DUB 运价表

FARE TYPE	LOCAL CURRENCY	NUC	CARR CODE	RULE	GI MPM & ROUTING
HONG KONG (HKG)					
HONG KONG SAR				HONG KONG DOLLAR(HKD)	
To DUBLIN (DUB)					EH　8515
					TS　9871
Y	18950	2433.61		Y146	EH
Y	**29140**	**3742.24**		Y146	EH
Y	28820	3701.15		Y146	TS
Y	**44320**	**5691.71**		Y146	TS
C	36860	4733.67		Y146	EH
C	**56700**	**7281.59**		Y146	EH
C	50940	6541.87		Y146	TS
C	**78350**	**10061.95**		Y146	TS
F	51860	6660.02		Y146	EH
F	**79780**	**10245.59**		Y146	EH
F	77430	9943.80		Y146	TS
F	**119100**	**15295.19**		Y146	TS
YEE6M	25740	3305.61		Y153	EH

说明：本例航行方向为 EH。由于在 PAT 运价手册的运价表中没有 HKG—GWY 的直达公布运价，因此，应按比例运价规则构成两点间直达运价和最大允许里程，其基本步骤如下：

（1）查阅 PAT 运价手册中的行业性比例运价表，端点城市可选择 GWY（GALWAY），另一端点 HKG 所在区域为东南亚（SEA）。

（2）按下列步骤构成全程（HKG—GWY）运价：

由表 6-2 可知，以 GWY 为比例附加的端点城市时，比例运价表给出运价附加点为 DUB，RT 运价的附加值为 NUC 137.66，该附加值适用于各种运价等级。

由表 6-3 可知，HKG—DUB 的 EH 航线的 Y 舱 RT 运价为 NUC 3742.24。

按照使用比例运价的两点间直达运价的构成规则，全程（HKG—GWY）RT 运价为 NUC 3879.90。

比例运价构成可列式如下：

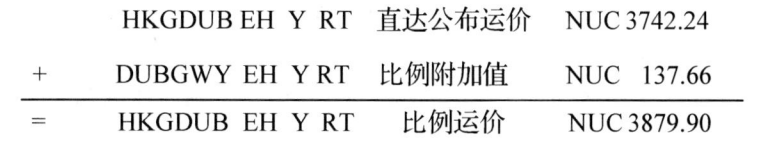

	HKGDUB EH Y RT	直达公布运价	NUC 3742.24
+	DUBGWY EH Y RT	比例附加值	NUC　137.66
=	HKGDUB EH Y RT	比例运价	NUC 3879.90

本例也可图示如下：

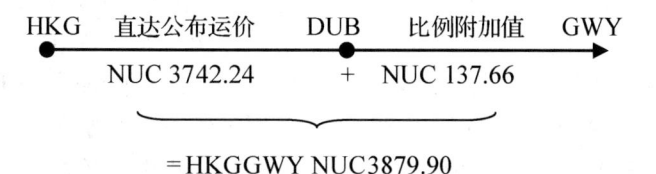

```
HKG    直达公布运价    DUB    比例附加值    GWY
●─────────────────────●──────────────────▶
       NUC 3742.24      +     NUC 137.66

       = HKGGWY NUC3879.90
```

（3）按下列步骤构成全程（HKG—GWY）最大允许里程：
- 由表 6-2 可知，以 GWY 为比例附加的端点城市时，比例运价表给出里程附加点为 DUB，附加值为 139；
- 由表 6-3 可知，HKG—DUB 的 EH 航线的 MPM 为 8515；
- 按照使用比例运价的两点间的最大允许里程的构成规则，全程（HKG—GWY）的 EH 航线的 MPM 为 8662。

里程构成可列式如下：

	HKGDUB EH	最大允许里程	8515
+	DUBGWY	里程附加值	139
=	HKGGWY EH	最大允许里程	8654

本例也可图示如下：

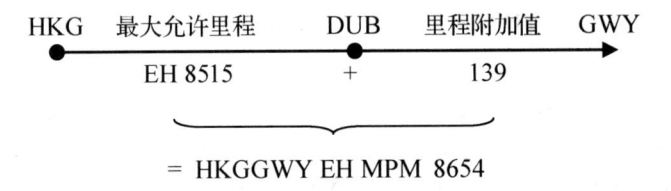

```
HKG     最大允许里程     DUB     里程附加值     GWY
 ●─────────────────────── + ───────────────────●
          EH 8515                    139

              = HKGGWY EH MPM 8654
```

例 2. 旅客航程为 NKG（南京）—X/HKG（香港）—X/MAN（曼彻斯特）—GWY（戈尔韦，属爱尔兰），全程使用 Y 舱运价；在 PAT 运价手册中查出 NKG—GWY 的 Y 舱 OW 直达运价和最大允许里程。

说明：本例航行方向为 EH。由于在运价手册的运价表中没有 NKG—GWY 的直达公布运价，因此，应按比例运价规则构成两点间直达运价和最大允许里程。

（1）按下列步骤构成全程（NKG—GWY）比例运价：
- 查阅行业性比例运价表，端点城市可选择 NKG 或 GWY。
- 如果选择 NKG 为端点城市（ADD-ON CITY），另一端点 GWY 所在的区域为欧洲次区（EUROPE）。

由表 6-4 可查出比例运价附加点为 SHA（上海），Y 舱 EH 航线的 OW 附加值为 NUC 57.68。
- 在运价手册的运价表中查找 SHA—GWY 的直达公布运价；
- 在上述运价表中没有 SHA—GWY 的直达公布运价时，应再次查阅运价手册中的行业性比例运价表。选择 GWY 为端点城市，另一端点 NKG（或 SHA）所在区域为东南亚（SEA）。由上例表 6-2 可查出比例运价附加点为 DUB（都柏林），EH 航线的 OW 附加值为 NUC 88.72（适用于各种运价等级）。
- 注意：本例还应在 PAT 的运价表中查找 NKG—DUB 的直达公布运价。

表6-4　NKG（南京）比例附加运价表

ADD-ON CITY AREA	GI	ADD TO	FARE TYPE	RULE	NUC NORMAL/SPECIAL OW	NUC SPECIAL RT	LOCAL CURRENCY NORMAL/SPECIAL OW	LOCAL CURRENCY SPECIAL RT	MILEAGE ADD	MILEAGE TO
NANJING (NKG)	CN						CNY			
AREA3(EXC CHINESE TAIPEI, JAPAN, HONG KONG SAR, MACAO SAR)	EH	SHA	Y		63.30	120.98	450	860		
	EH	SHA	C		83.00		590			
	EH	SHA	F		95.66		680			
N AMERICA, CARIBBEAN	PA	SHA	Y		45.01		320			
	PA	SHA	C		59.08		420			
	PA	SHA	F		68.93		490			
	PA	SHA	SPC		45.01	90.03	320	640		
C AMERICA, S AMERICA	PA	SHA	Y		45.01	90.03	320	640		
	PA	SHA	C		59.08		420			
	PA	SHA	F		68.93		490			
NORTH, MID ATLANTIC	AT	SHA	Y		57.68	104.10	410	740		
	AT	SHA	C		75.97		540			
	AT	SHA	F		87.22		620			
SOUTH ATLANTIC	AT/SA	SHA	Y		57.68	104.10	410	740		
	AT/SA	SHA	C		75.97		540			
	AT/SA	SHA	F		87.22		620			
EUROPE	EH/FE	SHA	Y		57.68	104.10	410	740		
	EH/FE	SHA	C		75.97		540			
	EH/FE	SHA	F		87.22		620			
MIDDLE EAST, AFRICA	EH	SHA	Y		57.68	104.10	410	740		
	EH	SHA	C		75.97		540			
	EH	SHA	F		87.22		620			

- 如果没有 NKG—DUB 的直达公布运价，则在 PAT 运价表中查找 SHA—DUB 的直达公布运价。由表6-5 可查出 SHA—DUB 的 Y 舱、EH 航线的 OW 运价为 NUC4279.64。

表6-5　SHA—DUB 运价表

FARE TYPE	LOCAL CURRENCY	NUC	CARR CODE	RULE	GI	MPM & ROUTING
SHANGHAI (SHA)						
CHINA					YUAN RENMINBI(CNY)	
To DUBLIN (DUB)					EH	8558
Y	30420	4279.64		Y146	EH	
Y	46800	6584.07		Y146	EH	
C	38250	5381.21		Y146	EH	
C	58840	8277.92		Y146	EH	
F	57520	8092.22		Y146	EH	
F	88480	12447.84		Y146	EH	
YLPX3M	22120	3111.96		Y149	EH	
YKPX3M	22740	3199.18		Y149	EH	
YHPX3M	23420	3294.85		Y14	EH	
YLEE6M	25010	3518.54		Y153	EH	
YKEE6M	25630	3605.76		Y153	EH	
YHEE6M	26360	3708.46		Y153	EH	

- 按照比例运价的计算规则，NKG—GWY 的 Y 舱、EH 航线的直达运价为 NUC 4426.04。

比例运价构成可列式如下：

```
            NKGSHA  EH  Y    比例附加值      NUC   57.68
            SHADUB  EH  Y    直达公布运价    NUC 4279.64
    +       DUBGWY  EH  Y    比例附加值      NUC   88.72
    =       NKGGWY  EH  Y    比例运价        NUC 4426.04
```

本例也可图示如下：

```
    NKG   比例附加值   SHA   直达公布运价   DUB   比例附加值   GWY
          NUC 57.68   +     NUC 4279.64   +     NUC 88.72

                    = NKGGWY NUC 4426.04
```

（2）按下列步骤构成全程（NKG—GWY）最大允许里程：
- 由表6-2可知，以GWY为比例附加的端点城市时，比例运价表给出里程附加点为DUB，附加值为139。
- 由于以NKG为比例附加的端点城市时，比例运价表中没有给出里程的附加点和附加值，因此，必须查阅PAT最大允许里程手册。

注意：最大允许里程手册中公布的MPM仅适用于使用比例运价的情况。该手册按城市英文名称的字母顺序排列。由于里程没有方向性，该手册仅公布一个方向的最大允许里程，即仅公布从字母顺序在前的城市到字母顺序在后的城市的最大允许里程。

本例应在该手册中查找DUB—NKG的最大允许里程。由表6-6可查出NKG—DUB（或DUB—NKG）EH航线的MPM为8361。

表6-6 DUB—NKG的MPM表

BETWEEN / AND		MPM	GI
DUBLIN			IE
Nanjing	CN	12681	AP
Nanjing	CN	8361	EH
Wuhan	CN	13101	AP
Wuhan	CN	8986	EH
Xiamen	CN	13348	AP
Xiamen	CN	9385	EH
Xi An	CN	12993	AP
Xi An	CN	8624	EH

- 按照使用比例运价的两点间的最大允许里程的构成规则，全程（NKG—GWY）的EH航线的MPM为8500。

列式如下：

```
            NKGDUB   EH     最大允许里程    8361
    +       DUBGWY          里程附加值       139
    =       NKGGWY   EH     最大允许里程    8500
```

本例也可图示如下：

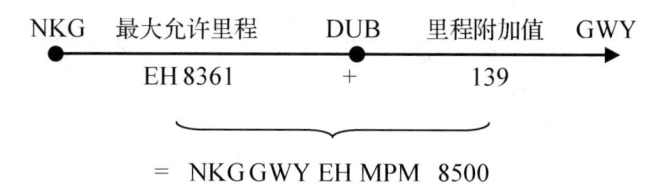

```
NKG      最大允许里程      DUB      里程附加值      GWY
●————————————————————●————————————————▶
         EH 8361              +            139

         = NKG GWY EH MPM 8500
```

例 3. 旅客航程为：INVERCARGILL（IVC）—NZ—WELLINGTON（WLG）—QF—SYDNEY（SYD）—CA—BEIJING（BJS）；全程使用 C 舱票价；在 IVC 付款、出票。参照下列运价资料，计算全程运价。

ROE 为：NUC 1 = NZD 2.041672（H1）。

说明：

- 本例运价构成点为 IVCBJS；运输始发国为新西兰；
- 运价表中没有公布 IVC—BJS 的直达公布运价和 MPM，按照比例附加的规则构成 IVC—BJS 的直达运价和 MPM。选择 IVC 为比例附加的端点城市，另一端点 BJS 属于东南亚次区（SEA）；参照比例运价表，运价构成点为 CHC（CHRISTCHURCH，新西兰），附加值为 NUC 130.77（C 舱 OW）；里程附加点为 CHC，附加值为 346，运价和 MPM 的构成过程如下：

a) IVC—BJS 的比例运价：

```
  IVC—CHC 比例附加值     C.OW  130.77
+ CHC—BJS 直达公布运价   C.OW 1974.92
─────────────────────────────────────
= IVC—BJS 比例运价       C.OW 2105.69
```

b) IVC—BJS 的最大允许里程：

```
  IVC—CHC 里程附加值     346
+ CHC—BJS 最大允许里程  8277
─────────────────────────────
= IVC—BJS 最大允许里程  8623
```

- 本例不超里程，没有较高点，可使用 IVC—BJS 的直达运价。
- 按上述方法构成的运价被视为 IVC—BJS 的直达运价，附加点 CHC 不在航程中，因此，不必填列在客票中。

运价计算过程列表如下：

Ⅰ. TPM 计算如下：

```
         IVC
   479   WLG   NZ
  1398   SYD   QF
  5564   BJS   CA
  ─────
  7441
```

比例运价表如下：

ADD-ON CITY AREA	GI	ADD TO	FARE TYPE	RULE	NUC NORMAL/SPECIAL OW	NUC SPECIAL RT	LOCAL CURRENCY NORMAL/SPECIAL OW	LOCAL CURRENCY SPECIAL RT	MILEAGE ADD	MILEAGE TO
INVERCARGILL (IVC)	NZ						NZD			
SASC, JAPAN/KOREA	EH	CHC	Y		108.73	131.26	222	268	346	CHC
	EH	CHC	C/F		130.77		267		346	CHC
SEA	EH	CHC	Y		108.73		222		346	CHC
	EH	CHC	C/F		130.77		267		346	CHC
EUROPE	AP/EH/FE	CHC	Y		100.89	121.46	206	248	346	CHC
	AP/EH/FE	AKL	C/F		122.44		250		346	CHC
	AP/EH/FE	AKL	OX		60.73		124		346	CHC
	RU/TS	AKL	Y		100.89	121.46	206		346	CHC
	RU/TS	AKL	C/F		122.44		250		346	CHC
MIDDLE EAST	AP/EH	AKL	Y		100.89		206	248	346	CHC
	AP/EH	CHC	C/F		122.44		250		346	CHC
	AP/EH	CHC	SPC		60.73	121.46	124		346	CHC
AFRICA	EH	CHC	Y		100.89	121.46	206		346	CHC
	EH	CHC	C/F		122.44		250		346	CHC

Ⅱ．运价构成如下：

  FCP IVCBJS

  NUC C OW 130.77 + 1974.92 = 2105.69

  RULE Y 277

  MPM 8277 + 346 = 8623

  TPM 7441

  EMA NIL

  EMS M

  HIP NIL

  RULE NIL

  AF NUC 2105.69

  CHECK NIL

  TOTAL NUC 2105.69

  IROE ×2.041672

  LCF NZD 4300.00（H1）

各段运价如下：

航段	C OW NUC	MPM
CHC—BJS	1974.92	8277
WLG—BJS	1974.92	
SYD—BJS	1541.30	

客票票价计算栏为：

IVC NZ WLG QF SYD CA BJS M 2105.69 NUC2105.69END ROE2.041672

第六节　缺口程普通运价

缺口程是使用 $\frac{1}{2}$RT 运价的航程，它具有来回程的特征，但又不构成完整的来回程。

使用普通运价的缺口程和使用特殊运价的缺口程有一定的差异，本章主要介绍使用普通运价的缺口程的运价计算规则。

一、普通运价缺口程的基本概念

（1）使用普通运价的缺口程（Open Jaw Trip）：是指旅行从一国出发又返回原出发国，由不多于两个国际运价区间组成的航程（或计价单元），在该航程（或计价单元）的始发地和/或折返地可以包括一个国内地面运输缺口。缺口程应使用 $\frac{1}{2}$RT 运价构成其全程运价。

（2）缺口程具有以下特征：
- 缺口程具有来回程的特征，仅分为去程和回程两个运价区间；
- 使用普通运价的缺口程可以有一个或两个国内缺口，缺口可以在始发地和/或折返地，缺口两端必须在同一国内。

（3）注意：下列情况不是普通运价缺口程：
- 缺口两端不在同一国内；
- 航程由多于两个运价区间组成。

此类情况应视为单程航程，全程应使用 OW 运价。

（4）例外：
- 美国和加拿大被视为同一国；
- 丹麦、挪威、瑞典被视为同一国；
- 对于从美国/加拿大出发的航程，缺口两端可以在不同的欧洲国家内；其条件是：去程和回程均应经由大西洋航线。

二、缺口程的类型

普通运价缺口程分为以下几种类型：

（1）折返地缺口程（Turnaround Normal Fare Open Jaw，缩写为 TNOJ），是指去程的到达点和回程的出发点不同的情况，即在折返地所在国内有一个地面运输缺口。

（2）始发地缺口程（Origin Normal Fare Open Jaw，缩写为 ONOJ），是指去程的出发点和回程的到达点不同的情况，即在始发地所在国内有一个地面运输缺口。

（3）双缺口程（Double Normal Fare Open Jaw，缩写为 DNOJ），是指去程的到达点和回程的出发点不同，并且去程的出发点和回程的到达点也不同的情况，即在折返地所在国内和始发地所在国内各有一个地面运输缺口。

三、缺口程运价计算的一般规则

（1）缺口程仅分为去程和回程两个运价区间，每个运价区间均应使用从始发地到折返地方向计算的 $\frac{1}{2}$RT 运价。

（2）在每个非直达的运价区间内，里程运价的计算规则适用。

（3）除非另有规定，在一般情况下，当没有公布 RT 运价时，可以用 OW 运价代替 $\frac{1}{2}$RT 运价。

（4）对于折返地缺口程还可按来回程或环程计算运价（封闭缺口）。

例 1. 旅客航程为 BJS（北京）—CA—KHI（卡拉奇）—PK—CAI（开罗）—TK—IST（伊斯坦布尔）—TK—SHA（上海）；全程使用 Y 舱运价；在 BJS 付款、出票。

说明：

- 本例运输始发国为中国。
- 本例可分为两个运价区间，因此，该航程为始发地缺口程（ONOJ）。缺口程的去程和回程均应使用从始发国出发方向的 $\frac{1}{2}$RT 运价。
- 本例可选择 CAI 或 IST 作为该缺口程的折返点；其中，以 CAI 为折返点运价较低。
- 如以 CAI 为折返点（运价分界点），去程不超里程，没有较高点，可使用 BJS—CAI 的 $\frac{1}{2}$RT 运价；回程不超里程，SHA—IST 是较高点，应使用 SHA—IST 的 $\frac{1}{2}$RT 运价（注意：缺口程没有 BHC 检查）。
- 在始发国内付款出票时，对缺口程无需进行最低限额运价检查。

运价表：	Y RT EH NUC	MPM
BJS-CAI	3062.74	5619
BJS-IST	3368.41	6102
SHA-CAI	3062.74	6265
SHA-IST	3559.30	6841

运价计算过程列表如下：

（1）TPM 计算如下：

```
          BJS
     ┌ 3024  KHI │ CA
5237 ┤                
     └ 2213  CAI ↓ PK
     ┌  764  IST │ TK
5775 ┤                
     └ 5011  SHA │ TK
```

（2）运价构成如下：

	OUTBOUND（去程）	INBOUND（回程）
FCP	BJSCAI	SHACAI
NUC	Y$\frac{1}{2}$RT（EH）1531.37	Y$\frac{1}{2}$RT（EH）1531.37
RULE	Y 205	Y 205
MPM	EH 5619	EH 6265
TPM	5237	5775
EMA	NIL	NIL
EMS	M	M
HIP	NIL	SHAIST Y$\frac{1}{2}$RT（EH）NUC 1779.65
RULE	NIL	Y 146
AF	NUC 1531.37	NUC 1779.65
SUBTTL	1531.37 + 1779.65 = NUC 3311.02	
CHECK	NIL	
TOTAL	NUC 3311.02	
IROE	×6.829940	
LCF	CNY 22610 （H10）	

客票票价计算栏为：

```
BJS CA KHI PK CAI M1531.37TK IST TK SHA
  M SHAIST1779.65NUC3311.02END ROE6.829940
```

第七节　使用普通运价的环球程

一、环球程的定义

环球程（Round the Would Trip）是指旅行从一点出发，最后又返回原出发点，经过且仅一次经过太平洋和大西洋的航程。环球程具有以下特征：
（1）环球程是一种环程；
（2）它经过且仅一次经过太平洋和大西洋，因此，环球程通常经过一区、二区和三区的点，并且是连续向西或向东的航程。

二、环球程运价计算的一般规则

（1）环球程可以由两个或两个以上的运价区间组成，每个运价区间均应使用1/2RT运价，环球程运价是上述$\frac{1}{2}$RT运价的最低组合。

注意：当两点间公布有不同承运人的运价时，应按跨大洋或来自/前往美国/加拿大的国际航段的承运人选择适用的运价。

（2）在每个非直达的运价区间内，里程制运价规则适用。
（3）所有运价区间应按实际旅行方向计算运价，但对于终点在始发国的运价区间，应使用从始发国出发方向计算的运价。
（4）对于环球程计价单元，还需对其进行RWM检查。

三、环球程最低限额运价检查（RWM）

环球程最低限额运价检查（RTW Minimum Check，缩写为RWM），是指环球程的组合运价（不包括单独计价的旁岔程计价单元）不得低于从环球程计价单元的始发点到该计价单元内任一中途分程点的同等级直达RT运价。

其基本步骤与环程类似，但应注意：

（1）环球程计价单元的去程和回程区间通常适用不同航行方向的运价，当进行RWM检查时，仅需选择上述不同航行方向的运价中较低的RT运价进行比较。如果从始发点到中途分程点仅公布一个航行方向的运价，可以按C原则构成另一个航行方向的运价。

（2）如果去程和回程适用不同的承运人运价，当进行RWM检查时，仅需选择上述运价中较低者进行比较。

（3）如果两点间同时公布有多个不同水平的同等级RT运价，在进行RWM检查时，可以使用最低水平的运价，而无需考虑该运价对中途分程和转机的限制（即对于 RWM 检查，第二水平运价规则适用）。

四、RWM 检查的适用范围

（1）RWM 检查适用于所有环球程计价单元。
（2）对于可以免除 HIP 检查的点，RWM 检查也可以免除。
（3）对于从澳大利亚和新西兰始发的环球程，不需要进行 RWM 检查。

五、应用举例

例 1. 旅客航程为 PAR（巴黎）—AF—DEL（德里）—AI—BKK（曼谷）—TG—TPE（台北）—UA—SFO（旧金山）—UA—PAR（巴黎）；全程使用 C 舱运价；在 PAR 付款、出票。

说明：
- 本例是经过且仅一次经过太平洋和大西洋的环球程。该航程可分为两个运价区间。注意：环球程的去程和回程通常使用不同航行方向的运价。
- 经试算，本例以 BKK 为分界点运价最低；去程应使用 EH 航线的 $\frac{1}{2}$RT 运价，回程应使用 AP 航线的 $\frac{1}{2}$RT 运价。
- 本例去程和回程均不超里程，没有较高点。
- 由于没有公布 PAR—DEL 的 AP 航线运价，当进行 RWM 检查时，可按运价计算方向在航程中的点（SFO、TPE 和 BKK）构成该运价，即 PAR—DEL 的 AP 航线的 RT 运价是下列各段运价的最低组合：
  a) PAR—SFO C RT AT NUC　　 + SFO—DEL C RT PA NUC
  b) PAR—TPE C RT AP NUC　　 + TPE—DEL C RT EH NUC
  c) PAR—BKK C RT AP NUC　　 + BKK—DEL C RT EH NUC
- 由于没有公布 PAR—SFO 的 PA 航线运价，当进行 RWM 检查时，可按运价计算方向在航程中的点（DEL、BKK 和 TPE）构成该运价，即 PAR—SFO 的 PA 航线的 RT 运价是下列各段运价的最低组合：
  a) PAR—DEL C RT EH NUC　　 + DEL—SFO C RT PA NUC
  b) PAR—BKK C RT EH NUC　　 + BKK—SFO C RT PA NUC
  c) PAR—TPE C RT EH NUC　　 + TPE—SFO C RT PA NUC
- RWM 检查仅与始发点到中途分程点的两个方向的直达 RT 运价中较低者比较；在上述所有的较低的运价中选出最高的运价，该运价即为 RWM 运价。本例 RWM 运价是 PAR—SFO 的 AT 航线的 RT 运价，该运价高于组合运价（RWM > SUBTTL），所以，应提高到 RWM 运价，RWM 附加为 NUC91.73。

以 BKK 为分界点计算全程运价：

Ⅰ. TPM 计算如下：

```
           PAR
        4086 EH │ DEL   AF
EH 5901 {
        1815 EH │ BKK   AI
        ↓
        1555 EH │ TPE   TG
AP 13579{6450 PA │ SFO   UA
        5574 AT │ PAR   UA
```

运价表：

	C RT NUC		MPM	
PAR—DEL	EH 2985.04 AP	无	EH 5329 AP	无
PAR—BKK	EH 4141.12 AP 5898.21		EH 7470 AP 14715	
PAR—TPE	EH 5093.37 AP 5777.79		EH 8560 AP 13068	
PAR—SFO	PA 无 AT 5111.72		PA 无 AT	
SFO—DEL	PA 7852.00			
TPE—DEL	EH 1446.04			
BKK—DEL	EH 711.30			
DEL—SFO	PA 3660.56			
BKK—SFO	PA 2423.19			
TEP—SFO	PA 2788.33			
DEL—TPE	EH 1311.52			

Ⅱ. 运价构成如下：

	OUTBOUND（去程）	INBOUND（回程）
ISI	SITI	
FCP	PARBKK	PARBKK
NUC	$C\frac{1}{2}RT$（EH）2070.56	$C\frac{1}{2}RT$（AP）2949.10
RULE	Y 146	Y 146
MPM	EH 7470	EH 14715
TPM	6838	8379
EMA	NIL	NIL
EMS	M	M
HIP	NIL	NIL
RULE	NIL	NIL
AF	NUC 2070.56	NUC 2949.10
SUBTTL	2070.56 + 2949.10 = NUC 5019.66	
CHECK	（RWM 检查分两步进行）	

按 C/原则构成未公布的运价：

- 构成 PAR—DEL 的 AP 航线的 RT 运价（最低组合运价是 C/TPE）：

$$\begin{aligned}
&\text{PAR—TPE \; C RT AP } 5777.79 \\
+\;&\text{TPE—DEL \; C RT EH } 1446.04 \\
\hline
=\;&\text{PAR—DEL \; C RT AP } 7223.83
\end{aligned}$$

- 构成 PAR—SFO 的 PA 航线的 RT 运价（最低组合运价是 C/BKK）：

$$\begin{array}{r}\text{PAR—BKK C RT EH 4141.12}\\ +\quad\text{BKK—SFO C RT PA 2423.19}\\ \hline =\quad\text{PAR—SFO C RT PA 6564.31}\end{array}$$

上述用 C 原则构成的运价均高于相同两点间的另一个航行方向的运价，在进行 RWM 检查时可删除。事实上，按 C 原则构成的未公布的航行方向的运价通常较高，在运价计算中，经常可以省略上述步骤。

运价表（始发点到中途分程点）：
C RT NUC
PAR—DEL EH 298504   ~~AP 7223.83~~（C/TPE）
PAR—BKK EH 4141.12   ~~AP 5898.21~~
PAR—TPE EH 5093.37   ~~AP 5777.79~~
PAR—SFO PA 6564.31（C/BKK）AT 5111.72 √（RWM）

$$\begin{array}{r}\text{RWM PARSFO Y RTPA NUC 5111.72}\\ -\quad\text{SUBTTL}\quad 5019.99\\ \hline =\quad\text{P}\quad 91.73\end{array}$$

TOTAL   NUC 5111.72（RWM）
IROE   ×1.144036
LCF   EUR 5848.00（H 0.01）
TAT ENTRY：PAR AF DEL AI BKK M2070.56TG TPE UA SFO UA PAR
          M2949.10 P PARSFO 91.73 NUC5111.72END ROE1.144036

注意：C 原则仅用于运价检查（例如，HIP、BHC、CTM 等），但按照现行运价规则，不能用于构成运价区间的运价；如果需要构成运价区间的运价，必须使用组合运价，并且在客票中将各段运价分别填列（不能用"C/"表示）。例如，本例若以 DEL 作为运价分界点，回程不能使用在 TPE 构成的"C/TPE"运价，而应分为三个运价区间（即 PAR—DEL、DEL—BKK—TPE 和 PAR—SFO—TPE）构成全程运价。

第七章 税 费

国际航空旅行客票中的总费用，除运费（Fares）外还有各种税费（Taxes、Fees、Charges，缩写为TFCs），本章将介绍在销售客票时应收取的有关税费。

第一节 税费的基本概念

一、一般说明

在为旅客填开客票前，除了计算票价，还要算出该航程所需支付的税款。所收取的税应该在机票上表示出来，写明收取的是哪一种税，金额是多少。

包含在客票费用中的各种税费由各国政府征收，用于补偿政府机构在旅程中为旅客提供各种服务的费用，例如海关检查、移民检查、安全检查、健康检查、动植物检疫、机场设施的使用等。

当发售旅行票证时，各国政府无法直接向旅客征收有关税费，因此必须由出票航空公司代表政府当局征收。为避免受到惩罚，航空公司及其销售代理应对旅客经由的所有国家（包括始发国和到达国）的应税项目进行检查。

本章介绍的税费是由政府立法规定在发售客票时应征收的各种与航空运输相关的税费，其他与发售客票无关的航空运输税费不包括在本章范围内。

按百分比征收的税费应在客票运价的基础上计收。

在计算税款时应根据当天的银行卖出价转换成付款国的货币。

税款的进位与机票票价的进位单位略有不同，可查阅PAT上货币兑换率表中的其他收费（Other Charges）栏的规定。

如果旅客属免税对象，须在税款栏内填写"EXEMPT"表示该旅客属免税，而不能让税款栏空着不填。

注意：叙述税费适用条件时使用的语言可能有不同的含义。例如，Transfer在税表中通常是指间隔时间不超过24小时的转机，它不同于运价适用规则中给出的定义。如有疑问，应向有关国际政府机构或承运人咨询。

二、税费的种类

为国际航空客运征收的税费的类型通常可以划分为以下几类：

1. 出发税（Departure TFCs）

出发税是指旅客从某一国家或机场出发时需收取的税费。出发点包括始发点、中途分程点和中转点。但必须注意，出发（Departure）和始发（Origin 或 Commencement）是有区别的。对于那些仅当旅客从某一国家始发才需征收的税种，若旅客仅仅是经由该国，则无需征收。出发税具有多种形式，例如机场税、登机税、旅客服务费等。

2. 到达税（Arrival TFCs）

到达税是指旅客到达某一国家或机场时需要收取的税费。达到点包括终点、中途分程点和中转点。到达税也具有多种形式，例如移民检查费、海关检查费等。

3. 销售税（Sales Tax）

销售税是指付款国为客票销售征收的税费。例如增值税、营业税、消费税、商品和服务销售税等。销售税通常按客票价值的百分比征收，并且仅当客票在该国销售时才需征收。

4. 客票税（Ticket Tax）

客票税是出票时征收的一种税费。通常仅当在该国出票时才需征收。

5. 国内运输税（Domestic Departures Tax）

国内运输税是对国内运输征收的税费。

注意：仅当国内运输段单独计价时才需收取上述税费；如果国内运输是联程计价的国际客票的一部分，则通常无需单独对该国内航段征税。

6. 国际运输税（International Departures Tax）

国际运输税是对国际运输征收的税费。

三、税费的信息来源

不同的国家对客票销售征收的税费种类和数额不同。例如，美国征收大量的税费（不论种类还是数额都是较多的），而中国与客票相关的税制有机场建设费 CN 和燃油费加费 YQ。上述种类、数额和适用条件公布在 PAT《一般规则》手册第 12 章的税表中。

最常用的税费资料可以从订座系统 CRS 中获得，具体操作可以参见有关计算机订座指令的书籍，即通过计算航程运价，系统自动分析航程，然后根据有关税费要求得到税费资料，并加入到有关运价结果之中。

四、税费代号与金额

在国际客运中，会牵扯到各国税费的有关计算。这些税费均以一定的税费两字代号加上相应金额来表达，税费一般以始发国货币金额表示在客票"税费（TAX/FEE/CHARGE）"栏中，具体列出三种税费明细。当税费种类多于三种时，从第三种税开始，合并计算其后的所有税费金额，以代号 XT 来表示，填在"税费（TAX/FEE/CHARGE）"栏的第三格中，关于合并税费的具体内容填在票价计算栏 ROE 数值的后面，并以实付货币种类表示。

在国际客票中，上述税费的代号通常有专指的内容，并属于航程中某国的特定税种，其他国家不会再用；但当税种代号是 YQ、YR 时，通常指和航空公司有关的税费，如燃油附加费等，不限于某国专用。

例 1. XF USD2.00，表示美国政府对于从美国境内某些机场出发的旅客征收的"旅客设施费"（Passenger Facility Charges），税费代号为 XF，金额为 2 美元。如果旅客支付的不是所要求的货币，那么需要根据有关汇率进行转换。

例 2. CN CNY90.00，表示中国政府对于从中国出发的旅客征收的机场建设费（Airport Fee），税种代号为 CN，金额为人民币 90 元。

例 3. 下列票价计算栏中的 XT 后的 8 项税费就是全航程第三种税费开始的明细内容，全航程应有 10 种税费。

```
20OCT10BJS DL X/SEA DL NYC M536.60 /- LAX DL SFO DL HNL S117.13DL X/TYO
DL BJS E/XXX M495.61NUC1149.34END/ROE6.829940 XT 81SW 68AY 220US 34XA
48XY 38YC 1400YQ 31XF
```

第二节　列入运价的税费

国际航空客票销售中，运费之外的费用中除以上税费外，还有一类附加费（Surcharges）需要加入到总运费并填入运价计算栏，此类费用主要包括国际安检费、航空附加费和中途分程费等。

一、安检附加费

为补偿因额外的安检措施和其他服务所增加的开支,某些地区或航空公司向旅客征收一定数额的附加费用,例如安检附加费(Security Surcharge)和航空附加费(Navigation Surcharge)。其中最典型的为香港(HKG),在 PAT 中的《一般规则》手册中可以查阅(参见表 7-1)。

表 7-1　安检附加费

```
5.2. Security Surcharges
Security surcharges as shown below will apply for travel
performed on the services of the following carriers and
denoted as Q charge on tickets:
NOTE:
Due to frequent changes on the respective carriers procedure
this table may not reflect all surcharges: Consequently, it is
advisable to always contact the carrier concerned for the
correct application of any possible surcharge.
Via all carriers:
From Hong Kong SAR worldwide: HKD33 for each departure

The charge is not interlineable
The charge is refundable on totally unused coupons
The charge is commissionable
```

对所有从香港出发的旅客征收安检附加费 HKD33。

与前面介绍的各种税费不同,此类税费不被填入客票税费栏,而应被填入运价计算栏,并加在总运价中(参见客票填开示例),用字母"Q"表示。当需要使用 NUC 计算运价时,应使用 IATA 兑换率(ROE,设为 7.786760)将当地货币税费金额 HKD33 转换为 NUC4.23 计价。

例 1. 运输凭证填开,在运输始发国内,票价级别:Y,承运人以"YY"替代表示。

航程:

HKG
SGN
DXB

客票票价计算栏为：

> HKG YY SGN Q4.23 YY DXB M922.71NUC926.94END/ROE7.786760

二、中途分程费

严格说，中途分程费并非一种运价之外的税费（TFCs），它实际上成为航空运价的组成部分。当对某两点间的运价需要收取中途分程费时，将公布在该运价适用规则（Rules）的对应条目中。

中途分程费通常以始发国当地货币的形式公布，并按分程次数收费；当计算运价时，应使用IATA兑换率（IROE）将该费用的始发国当地货币转换为NUC计入总运价。

中途分程费有两种形式：

（1）指定点中途分程费，是指所有被允许的中途分程点均需收费的情况；

（2）非指定点中途分程费，是指除免费的中途分程外，还允许有附加收费的中途分程的情况。

例2. 航程为 BJS—CA—BKK—TG—LAX，全程使用 Y 舱运价，在 BJS 付款出票。见下面方框所示 RULES X1143。

```
X1143 RESTRICTED ECONOMY CLASS FARES        ⇒ SC101
      BETWEEN AREA 3 AND NORTH AMERICA, CARIBBEAN
0) APPLICATION
   A) 1)Application
      Restricted economy class normal fares
      Between Aera3 and North America, Caribbean
4) FLIGHT APPLICATION
   A) between Anchorage and Khabarovsk, Magadan: travel not permitted via
      Canada, Continental USA, Hawaii
8) STOPOVERS
   A) one permitted at a charge of ANG135, BND150, CAD120, CNY680,
      HKD600, KRW89000, LKR6800, MMK480, MOP600, MYR320, SGD150,
      THB3200, TWD2600, USD75
      Exception: from India, Pakistan, one permitted
9) TRANSFERS
   A) Exception: between the US/Canadian gateway and the point of unit
      origin or turnaround in Area3: for one way or half round trip fare: 2
      permitted
      application of any possible surcharge.
```

全航程作为一个运价区间，使用上述规则允许有一次中途分程，并收取中途分程费 CNY680（始发国货币）；用 IROE（设为6.877300）将其转换成 NUC98.87，并记入总运价。

客票票价计算栏填开如下：

> BJS CA BKK S98.87 TG LAX M192.76 NUC291.63END/ROE6.8773

例3. 航程为 LON—BA—MAD—IB—MIA—UA—CCS—AV—LIM—AF—PAR—BA—LON，全程使用 YEE6M 运价，在 LON 付款、出票。

```
X0911 EXCUSION FARES                              ⇒ SC100
       FROM EUROPE TO MID ATLANTIC
0)   APPLICATION
 A)   1)Application
       a)   economy class round, circle, single open jaw trip excursion
            fares
            from Europe to Mid Atlantic
       b)   from Germany: may be used for youth fares
6) MINIMUM STAY
 A)   7 days
      Exception: to Cuba: 6 days
7) MAXIMUM STAY
 A)   6 months
      Exception: when used for youth fares: one year
8) STOPOVERS
 A) 1) 2 permitted
    2) 2 additional permitted per pricing unit. Each at a charge of CHF100,
    CYP43, DKK350, EEK910, EUR75, GBP50, GIP50, HUF8750, NOK350,
    SKK1620, USD50
      Exception to A): to Cuba: not permitted in Area1 except Cuba
```

全程以 CCS 作为折返点，根据运价适用规则 X0911，允许有两次免费的中途分程，另外还允许有两次附加的中途分程，每附加一次需收取中途分程费 GBP50（始发国货币）；用 IROE（设为 0.499917）将其转换成 NUC100.01，并记入总运价。

由于无法确定需要收费的中途分程点，故在客票中不用标出收费点的城市代码，而使用需要收费的中途分程次数后接 S 表示。

客票票价计算栏填开如下：

```
LON BA MAD IB MIA UA CCS M 1352.89 AV LIM AF PAR BA LON M 1352.89
2S200.02 NUC2905.80END/ROE 0.499917
```

第八章　国际客票

第一节　客票使用的一般规定

一、客票的定义

客票是指由承运人或代表承运人所填开的被称为"客票及行李票"的凭证，包括运输合同条件、声明、通知以及乘机联和旅客联等内容。电子客票是将原纸票的相关内容以电子影像的形式体现出来，其客票的性质没有变化。

客票号码由 13 位数字组成，例如：

```
  999      2036092965      1
   │           │           │
航空公司客票代码  客票顺序号    检查号
```

二、国际客票的类别

1. 按航程类型分

为单程客票、来回程客票、联程客票。

2. 按使用期限分

为定期客票和不定期客票。定期客票是指列明航班、乘机日期和订妥座位的客票。不定期客票（OPEN 票）是指未列明航班、乘机日期和未订妥座位的客票。

代理人能否出 OPEN 票，应得到航空公司的授权。

3. 按销售类型分

为航空公司客票和 BSP 中性客票。

（1）航空公司客票是指航空公司专用客票，是在客票上预先印有航空公司名称和数字代码的客票，可由航空公司售票部门及其指定代理出票。

（2）BSP 中性客票（Billing & Settlement Plan）即开账与结算计划，一般由代理人出票。BSP 中性客票是根据航空运输销售代理业发展的需要，由国际航空运输协会（IATA）建立的一套高效、可靠、统一、规范的专业化销售结算系统。其基本含义是使用统一规格的运输凭证和承运人识别标牌进行销售。按照统一标准的计算机程序填制销售报告。通过清算银行，以"直接借记"的方式集中转账付款，这是一套完全不同于传统的航空公司与销售代理人之间一对一进行管理、结算的系统。1971 年 IATA 会员航空公司在日本建立第一个 BSP 系统，到 1998 年已有 60 多个 BSP 系统，结算的销售额已达 1170 亿美元，占全世界航空客运销售收入的 80%，中国 BSP 于 1995 年 6 月建立，1995 年 7 月正式运行。

BSP 中性客票既无地域差别的划分，又无公司个性的彰显；统一格式，统一填开方法，只有从票面的内容上才能将承运人体现出来，且票据一旦开出，即被 BSP 的会员们接受，又是会员与会员之间进行结算的统一凭证。BSP 中性客票一般由航空公司销售代理出票。例如，在开账与结算计划（BSP）中使用的标准运输凭证（Standard Traffic Documents—STD）。在此类客票上，没有预先印刷的航空公司名称和数字代码，当手工填开客票时，而是由销售代理在出票时使用刷卡机将指定承运人标识牌上的航空公司名称和数字代码压印在客票上，该航空公司即为出票承运人（Issuing Carrier）。机打票则由计算机自动打印上其内容。

三、客票使用的一般规定

1. 每一位旅客单独填开客票

每位旅客不论是单独旅行还是团队出行，都是单独填开一本客票。旅客所支付的票价，是以运价规则和客票上所列明的运输为依据的。票价是航空公司与旅客之间运输合同的基本内容。纸票当乘机联附有旅客联时，才能进行运输、换开或退款等操作。

2. 客票不得转让

航空运输只为客票上所列姓名的旅客提供运输，需要旅客出示有效的护照证件。

3. 特殊情况下的退票

某些以折扣价销售的客票，可以退还部分票款或不得退票。旅客应选择适合的票价。

如果旅客持有未曾使用的上述规定情形的客票，因不可抗力造成旅客无法旅行，旅客应尽早通知航空公司并提供发生不可抗力的证据,航空公司在扣除合理的费用后,对于不得退款的金额,将给旅客提供一个凭证,用于旅客以后旅行时搭乘航空公司的航班。

4. 客票有效期

除客票上、本条件或者适用的运价(运价可以限定客票的有效期,此种限定将在客票上载明)另有规定外,客票的有效期为:
- 自首次旅行开始之日起,一年内运输有效;或
- 客票全部未使用的,则从填开客票之日起,一年内有效。

如果由于航空公司的原因,使旅客不能在客票有效期内旅行,将延长客票的有效期限。

客票的最后一张乘机联必须在有效期截止前使用,即必须在截止之日当地时间午夜12点以前从指定机场出发。①

一旦旅行开始,客票的有效期即可确定。上述有效期在换开客票或改变航程的情况下仍与原始客票的有效期相同。例如,一本一年有效的客票自2010年3月4日开始使用,如果旅客在2010年10月1日因改变航程换开新票,则新票的有效期仍到2011年3月4日。

(1) 日期的计算

每一张乘机联必须在有效期截止前使用,即不迟于截止日当地时间午夜12点从出发机场开始旅行。

除非另有说明,填开客票之日和旅行开始之日,不计入有效期内。因此当计算有效期截止日期时,只需将有效期天数直接加在填开客票的日期或旅行开始的日期之上。

例如:如果旅客购买一张45天有效的短期旅游客票,旅行自6月7日开始,则最长有效期为:

$$
\begin{aligned}
&\quad\ 07\text{JUN} \\
&\underline{+\ 45\text{DAY}} \\
&=\ 52\ \text{JUN} \\
&\underline{-\ 30} \qquad (减6月的30天) \\
&=\ 22\ \text{JUL}
\end{aligned}
$$

即客票的最后一张乘机联必须在当地时间7月22日午夜12:00以前使用。

(2) 月的计算

当有效期用"月"表示时,该期间是从某一月的给定日期到另一月的对应日期。

例如:一个月的有效期 01JAN—01FEB;

---

① 上述规定不适用于某些特殊运价。

两个月的有效期 15JAN—15MAR；

三个月的有效期 30JAN—30APR。

注意下列例外情况：

- 当后面对应的月天数较短时，则从月底到月底。

  例如：一个月的有效期 31JAN—28/29FEB。

- 当某一月的给定日期是这一月的最后一天时，则另一月的对应日期也是这一月的最后一天。

  例如：两个月的有效期 28/29FEB—30APR；

  三个月的有效期 30APR—31JUL。

（3）年的计算

当有效期用"年"表示时，该期间是从某一年的给定日期到另一年的对应日期。

例如：一年的有效期 01JAN01—01JAN02；

例外：一年的有效期 29FEB00—28FEB01。

5. 乘机联需顺序使用

客票上所有的票联必须按照客票填开时规定的顺序使用。所购买的客票，仅适用于客票上所列明的自出发地点、约定的经停地点至目的地点的运输。

四、客票格式

1. 航空公司客票及行李票样式

航空公司客票及行李票样式如图 8.1 至图 8.3 所示。

图 8.1 航空公司纸质客票及行李票（成人票）

图 8.2　航空公司纸质客票及行李票（儿童票）

图 8.3　航空公司纸质客票及行李票（婴儿票）

2. 纸质 BSP 客票样式

BSP 国际客票及行李票，封面底色为蓝色，印有红色世界地图（2002 年后封面为蔚蓝色，分成三块的世界地图），由会计联、出票人联、乘机联和旅客联组成（2002 年以后无会计联）。票面如图 8.4 所示。

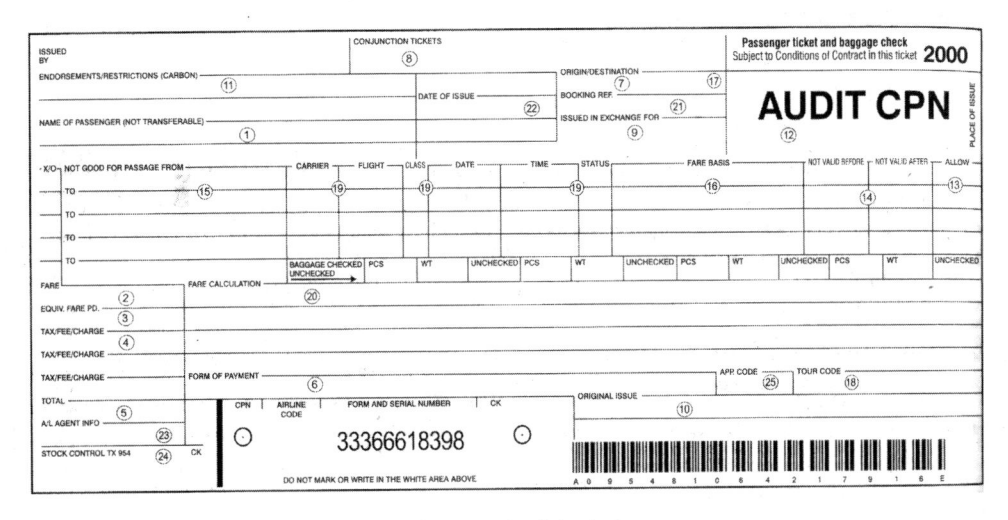

图 8.4　BSP 纸质客票票面

第二节　电子客票

一、电子客票（Electronic Ticket—ET）

电子客票是普通纸质客票的一种电子映象，存贮在航空公司的电子客票数据库中，是一种通过电子数据形式来实现客票销售、旅客乘机以及相关服务的客票方式。

使用电子客票不仅能够为航空公司节省印刷、管理、分发纸票的成本，还能够加快结算速度、杜绝假票、提高效率和服务质量。同时电子客票也为旅客出行带来了很大的方便。可以说电子客票已经成为未来航空出票的主要方式。

1. 航空公司网站销售的电子客票

通过各航空公司的网站销售或购买的电子客票，相当于纸票中的航空公司客票。一般分为直接面对旅客的 B2C 网站电子客票及供代理人使用的 B2B 网站电子客票。

2. 计算机订座系统销售的电子客票

（1）通过中航信 ETERM 销售的中性电子客票（BSP 电子客票），相当于纸票中的标准运输凭证，是 STD 的纸票电子化。

(2) 通过航空公司订座系统（ICS）销售的电子客票，是航空公司客票的纸票电子化。

二、电子客票票面项目

1. 电子客票的票面

国际机票的电子票面以英文和数字表达，不出现中文。下列框内是一位名为陈丰的旅客，香港—重庆—香港来回程电子机票的票面，票号为 9991694849922，通过"DETR：TN/9991694849922"指令可以在计算机订座系统或离港系统中查看电子票面，如图 8.5 所示。

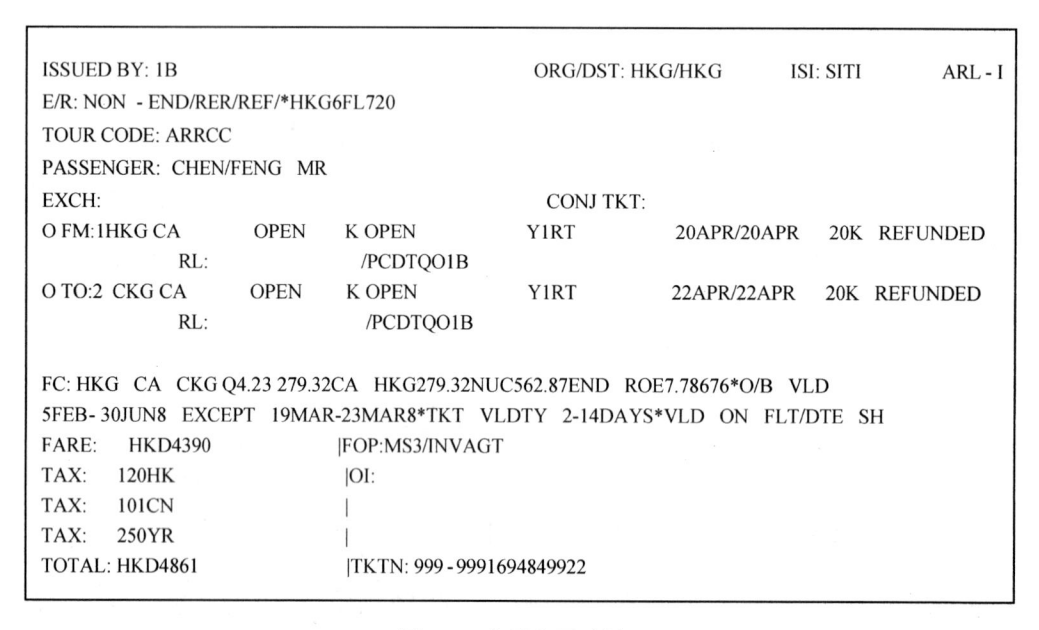

```
ISSUED BY: 1B                          ORG/DST: HKG/HKG      ISI: SITI        ARL - I
E/R: NON - END/RER/REF/*HKG6FL720
TOUR CODE: ARRCC
PASSENGER: CHEN/FENG  MR
EXCH:                                  CONJ TKT:
O FM:1HKG CA         OPEN      K OPEN       Y1RT         20APR/20APR    20K  REFUNDED
         RL:                  /PCDTQO1B
O TO:2 CKG CA        OPEN      K OPEN       Y1RT         22APR/22APR    20K  REFUNDED
         RL:                  /PCDTQO1B

FC: HKG  CA  CKG Q4.23 279.32CA  HKG279.32NUC562.87END  ROE7.78676*O/B  VLD
5FEB- 30JUN8 EXCEPT 19MAR-23MAR8*TKT VLDTY 2-14DAYS*VLD ON FLT/DTE SH
FARE:    HKD4390         |FOP:MS3/INVAGT
TAX:     120HK           |OI:
TAX:     101CN           |
TAX:     250YR           |
TOTAL: HKD4861           |TKTN: 999 - 9991694849922
```

图 8.5　电子客票示例一

2. 电子客票票面项目名称

旅客 SUN/PEI 2008 年 10 月 15 日购买大连至旧金山的客票一张，乘机日期为 12 月 21 日，票样如图 8.6 所示，括号中的数字为对应各项的序号。

```
DETR:TN/9995969529492
 ISSUED BY: 1E              ORG/DST: DLC/SFO       ISI: SITI         BSP-I
                                 (19)                                (25)
 E/R: NONEND/RER/REF2000CNY/REB1500CNY/IDI1T08-241
     (21)
 TOUR CODE:   1A201
         (12)
 PASSENGER: SUN/PEI MR
              (1)
 EXCH:                    CONJ TKT:
   (23)                     (24)
 O FM:1DLC   CA     1606   S 21DEC 0820  OK  LLXABO    /  2PC   USED/FLOWN
    (2)       (3)    (4)    (5)   (6)   (7)   (8)    (9)(10) (11)
          RL:DN0Z6   /QH 2M9 1E
            (20)
 O TO:2PEK  CA       985   Q 21DEC 1530  OK  LLXABO    /  2PC   USED/FLOWN
          RL:DN0Z6   /QH2M9 1E
     TO: SFO
 FC: 21DEC10 DLC CA X/BJS CA SFO 553.77 NUC553.77END/ROE7.945500 XT CNY40.00YC
 CNY115.00US CNY40.00XA CNY533.00YR CNY32.00YQ
   (13)
 FARE:        CNY 4400.00| FOP:CK3
  (14)               (18)          (15)
 TAX:         CNY140.00CN| OI:
  (16)                   (22)
 TAX:         CNY 56.00XY|

 TAX:         CNY760.00XT|

 TOTAL:       CNY 5356.00| TKTN: 999
  (17)                (26)    -5969529492
```

图 8.6 电子客票示例二

以上电子客票票面包括以下各项：
（1）旅客姓名栏（Name of Passenger）
（2）航程（From/To）
（3）承运人（Carrier）
（4）航班号/等级（Flight/Class）
（5）出发日期（Date）
（6）出发时间（Time）
（7）订座情况（Status）
（8）票价级别/客票类别（Fare Basis）
（9）在……之前无效（Not Valid Before）
（10）在……之后无效（Not Valid After）
（11）免费行李额（Allow）
（12）旅游代号（Tour Code）
（13）运价计算区（Fare Calculation Area）
（14）票价（Fare）

（15）实付等值货币（Equivalent Fare Paid）
（16）税费（Tax/Fee/Charge）
（17）总金额（Total）
（18）付款方式（Form of Payment）
（19）始发地/目的地（Origin/Destination）
（20）航空公司记录/订座记录编号（Airline Data/Boarding Reference）
（21）签注/限制（Endorsements/Restriction）
（22）原出票栏（Original Issue）
（23）换开凭证（Issued Exchange for）
（24）连续客票（Conjuction Tickets）
（25）客票销售类型（Sales Type）
（26）票号（Ticket No.）

三、电子客票票面的具体内容

1. 旅客姓名（Name of Passenger）

必须为英文，旅客姓氏后画一斜线，再填写名字和称呼，如客票上无足够的地方填写名字时，可以用名字的首位字母取代。客票上的名字必须与订座记录上的姓名相一致。此外需要按正确的方法填写表明特殊用途的代号：

1）特殊旅客的身份识别代码
CBBG（客舱行李）
DEPU（无人押送的被遣返旅客）
DIPL（外交信使）
EXST（占用额外座位）
UM（无成人陪伴儿童）
INF（婴儿）
SP（特种服务）
CHD（儿童）
STCR（担架旅客）
2）特殊旅客姓名表达举例
重要旅客姓名 + 称谓 + VIP
病残旅客姓名 + 称谓 + SP
外交信使姓名 + 称谓 + DIPL
例1. 10岁的李红是无成人陪伴儿童，表示为：

NAME OF PASSENGER
LI/HONG MISS UM10

例 2. 名为 FANG/XIANGDONG 的重要旅客、男士，表示为：

NAME OF PASSENGER
FANG/XIANGDONG MR VIP

例 3. 名为 CHEN/TONG 的儿童表示为：

NAME OF PASSENGER
CHEN/TONG CHD

2. 航程（From/To）

（1）在"自……"栏中填写始发城市；
（2）在"至……"栏中按顺序填写每一个中途分程、衔接地或目的地城市，用于填写旅客全部航程；
（3）如客票含有多余的票联，在没有用途的航程栏内为"VOID"字样；当同一城市有一个以上机场时：
①填写城市名称后再填写该机场名称或代号；
②如无中途分程，在城市名称前"×/O"栏为"×"，表示该城市为中转，不能停留超过 24 小时。

例 4. 行程为 BJS—X/PAR—FRA，在 PAR 停留时间不超过 24 小时：

×/O		
	BEIJING	PEK
×	PARIS	CDG
	FRANKFURT	FRA
	VOID	

3. 承运人（Carrier）

填写各航段已订妥或已申请座位的承运人两字代码。
根据所用运价经营客票中锁定的人和承运人须与填开客票的承运人之间具有联运协议。

例：CA、MU、CZ。

4. 航班号/等级（Flight/Class）

填写按旅客要求已订妥或已申请座位的舱位代码。

如：头等舱 F，公务舱 C，普通舱 Y，特种票价舱位如 T、K、H、M、G、S、L、Q 等等。

5. 日期（Data）

填写两个数字表示的指定乘机日期，后为表示月份的前三个英文字母。
如：9月10日，表示为：10SEP

6. 时间（Time）

根据承运人的航班时刻，以 24 小时制公布的时间，或用 A、P、N、M 分别表示上午、下午、正午、午夜，为当地起飞时间。
例：0715 或 715A　　1200 或 12N　　2020 或 820P　　2400 或 12M

7. 订座情况（Status）

1）填开客票时的旅客订座情况代号
OK：座位已订妥
RQ：已经订座但未获得证实或列入候补
NS（NO SEAT）：不单独占用座位的婴儿
SA：利用空余座位
2）不定期航段
不定期航段应在订座记录各栏（包括"航班号"、"日期"、"时间"、"订座情况"）内填写"OPEN"字样，"座位等级"栏填写适用的舱位代码。如有多余乘机联，应在订座记录各栏填写"VOID"字样。

8. 票价级别/客票类别（Fare Basis）

填写相应航段的票价类别、旅客类别、等级限定、最短和最长有效期限、订座限制、旅行季节等信息。
1）票价等级代号的构成应以递降顺序组合排列
（1）首位代号（必写项），表示旅客所付票价的类别；
（2）季节性代号（可选项），H 为旺季，L 为淡季，K 为平季；
（3）周内日期代号（可选项），W 为周末，X 为平日；
（4）日内时刻代号（可选项），N 为夜航；
（5）票价与旅客类别代号。
2）票价与旅客类别代号（有购票限制条件的）
AB　　预购票价
AD　　代理人
AP　　预购票价
BB　　保本票价

CG	导游
CH	儿童
DG	政府官员
DL	劳务
DP	外交官及其家属
DT	教师
EE	短期游览
EM	移民
GS	海员团体
SC	单个海员
ID	航空运输业人员（雇员）
IG	首航宾客
IN	婴儿
IP	现购票价
IT	综合旅游
MM	军人
PX	现购短期旅游
RG	总销售代理人
RW	环球程
SD	学生
UU	候补票价
VU	游览美国票价
ZS	青年票价（需学生证明）
ZZ	青年票价

3）票价水平识别代号

当在一航程中，在同一票价等级代号内存在一种以上的票价时，用票价水平代号区分不同的票价水平。

1——最高票价水平

2——第二高票价水平

3——第三高票价水平，等等。

例：YEE45D1，有中途分程；

　　YEE45D2，无中途分程；

　　YAB1M1，周五/周日最高票价水平。

9. 生效日期（Not Valid Before）

如果票价不允许旅行在某一日期前开始或完成时，应当在乘机联的"在……之前无效"栏即生效日期栏中填写相应的日期。

10. 截止日期（Not Valid After）

根据使用的票价，在所使用的每一票联"在……之后无效"栏即截止日期栏中填写失效日期。

例：

NOT VALID BEFORE	NOT VALID AFTER
	07MAY
13FEB	07MAY

11. 免费行李额（Allow）

根据旅客所持客票的票价类别和座位等级分别填写规定的免费行李额，免费行李分计重和计件两种类型。不同的航空公司、不同的航线对免费行李的要求也不一样。

1）计重行李

通常头等舱为40公斤、公务舱为30公斤、经济舱为20公斤；按相应舱位付儿童票价的未成年旅客，同成人享有相同的免费行李额。

2）计件行李

中美和中加航线计件行李，通常头等舱、商务舱每件限额为32公斤，经济舱每件23公斤，头等舱、公务舱、经济舱均为2件。

12. 旅游代号（Tour Code）

在使用综合旅游运价的客票中，填写航空公司认可的旅游代号，如IT6PR3SWA001。

13. 票价计算（Fare Calculation）

客票此栏必须正确填写，内容至关重要，据此进行承运人和代理人、承运人之间的开账与结算；当旅客更改航程时，能让工作人员看懂原票价的构成。

例：旅客购买了NYC—X/DTT—BJS的联程机客票，在"票价计算"栏内应填写：NYC F-PC NW X/DTT NW BJS 1966.00C NUC1966.00END/ROE1.00。

14. 票价（Fare）

填写除税款以外的全航程实付总票价，填写的货币代号必须是国际运输始发国的货币。

例：销售一张PEK—SFO的经济舱，其票价（Fare）是CNY5000.00。

15. 实付等值货币（Equivalent Fare Paid）

以销售国货币的货币支付，本栏可以不填；以旅费证（MCO）支付或根据预付票款（PTA）换开客票，填支付 MCO 或 PTA 的外币代码，和按银行卖出价（BSR）将人民币票价折算成所付货币的金额。

例：始发国货币运价为人民币 CNY5000.00，实付等值货币为美元 USD7274.00。

16. 税款（Tax/Fee/Charge）

填写税款和费用数额：同一代号的税款和费用可合并为一个数额。如果客票上"税款"栏不足时，可将其合并为一个数额。其前或后填写代号"XT"，在票价计算栏内逐项列明。

如免交税款和费用，应填写"EXEMPT"。

例：TAX CNY 90CN
　　TAX CNY 34YQ
　　TAX CNY 1200XT

17. 总金额（Total）

填写实收票款、税款的货币代码和总金额；如换开客票需补收差额，本栏填写补收的货币代码和差额，后跟"A"字样，A 表示补收。

例：原客票 TOTAL　CNY15210.00；
　　换开客票需要补收差额时：TOTAL　CNY600.00A。

18. 付款方式（Form of Payment）

根据旅客的付款方式填写在本栏，以现金或旅行支票支付填 CASH、信用卡支付填 CC 及卡号、支票支付填 CHEQUE 或 CHECK、客票换开填 TKT、旅费证支付填 MCO、预付票款通知支付填 PTA。换开客票需补收差额时，填写原客票的付款方式和新的付款方式。

19. 始发地/目的地（Origin/Destination）

当航空运输需要填开两本以上的连续客票或换开客票时，在"始发地/目的地"栏内必须填写旅行始发地和目的地城市代号。

例：航程为 BJS—CA—LON—BA—FRA—LH—PAR—CA—BJS，
　　客票本栏显示：BJS/BJS。

20. 航空公司记录/订座位记录编号（Airline Data/Boarding Reference）

按承运人要求填写此栏，填写旅客订座记录（PNR），其后填写 GDS 系统的代码。

21. 签注、限制（Endorsements/Restriction）

填写关于特殊客票或任何需特别注明事项，如签转、改期、销售文件、退票收取的费用等。如不得退票（Non-Refundable）、不得签转（Non-Endorsable）、不得改期（Non-Rebooking）、不得改变航程（Non-Rerouting）。

团体旅客的免费行李额合并计算时，应在本栏注明"GV"代号，并在代号后面注明团体旅客的人数，如"GV16"，16为团体旅客的人数。

22. 原出票（Original Issue）

在换开客票时，填写原填开的票证号码、地点、日期、代理人的数字代号。

例：第一次被换开，填写被换开票证的号码；

第二次或两次以上被换开，填写被换开票证的"换开凭证"栏中列明的号码。

23. 换开凭证（Issued Exchange for）

填写已换开客票的原客票、旅费证或预付票款通知的票证号码（包括承运人的票证代号、票证序号，但不包括检查号）。

24. 连续客票（Conjunction Tickets）

当旅客航程需要填写一本以上客票时，必须填写"连续客票"栏；连续客票必须用同一类的客票联数相同，并且顺序号衔接的客票填开。

例：填开国航三本连续客票号为9991961235869、9991961235870、9991961235871，在本栏填写"9991961235869/70/71"。

25. ET 标识：右上角

- BSP-D　IATA 电子客票—国内
- BSP-I　IATA 电子客票—国际
- ARL-D　航空公司电子客票—国内
- ARL-I　航空公司电子客票—国际

26. 票号（Ticket No.）

票号是13位，如：999-5969529492。

四、电子客票票面实例

下面是旅客张民的北京—美国往返旅行的两张连续票号的电子客票票面，对应的航程是 BJS—DL—X/TYO—DL—HNL—//—NYC—DL—X/TYO—DL—BJS，其中 HNL 至 NYC 段是地面运输。如图8.7和图8.8所示。

1. 连续票号（006-1685757848）的第一张票面

```
ISSUED BY: DELTA AIR LINES           ORG/DST: BJS/BJS           BSP-I
E/R: REF/CHANGE PENALTIES APPLY
TOUR CODE:
PASSENGER: ZHANG/MIN
EXCH:                       CONJ TKT: 006-1685757848/49
O FM:1PEK DL    58   U 30NOV 0855 OK UKXCN5    30NOV0/30NOV0    2PC    OPEN FOR USE
        RL: V4GN8   /G5GMC4DL
X TO:2NRT DL   638   U 30NOV 1920 OK UKXCN5    30NOV0/30NOV0    2PC    OPEN FOR USE
        RL: V4GN8   /G5GMC4DL
O TO:3HNL      VOID     VOID                        VOID
        RL:
O TO:4JFK DL   173   U 06JAN 1245 OK UKXCN5    06JAN1/06JAN1    2PC    OPEN FOR USE
        RL: V4GN8   /G5GMC4DL
  TO: NRT
FC: 30NOV10 BJS DL X/TYO DL HNL M432.56/- NYC DL X/TYO DL BJS M464.24 NUC896.80END/ ROE6.785170
XT 170SW 17AY 216US 34XA 47XY 37YC 1400YQ 30XF JFK4.5
FARE:           CNY     6090|FOP:CASH
TAX:                    90CN|OI:
TAX:                    84OI|
TAX:                    1951XT|
TOTAL:          CNY     8215|TKTN: 006-1685757848
```

图 8.7　电子客票示例三

2. 连续票号（006-1685757849）的第二张票面

```
ISSUED BY: DELTA AIR LINES           ORG/DST: BJS/BJS           BSP-I
E/R: REF/CHANGE PENALTIES APPLY
TOUR CODE:
PASSENGER: ZHANG/MIN
EXCH:                       CONJ TKT: 006-1685757848/49
X FM:1NRT DL    59   U 07JAN 1940 OK UKXCN5    07JAN1/07JAN1    2PC    OPEN FOR USE
        RL: V4GN8   /G5GMC4DL
  TO: PEK
FC: 30NOV10 BJS DL X/TYO DL HNL M432.56 /- NYC DL X/TYO DL BJS M464.24 NUC896.80END/ ROE6.785170
XT 170SW 17AY 216US 34XA 47XY 37YC 1400YQ 30XF JFK4.5
FARE:           CNY     6090|FOP:CASH
TAX:                    90CN|OI:
TAX:                    84OI|
TAX:                    1951XT|
TOTAL:          CNY     8215|TKTN: 006-1685757849
```

图 8.8　电子客票示例四

五、电子客票行程单实例

国际客票对应的行程单具有提示旅客行程的作用，但不作为机场办理乘机手续和安全检查的必要凭证使用。

例1. 一位叫张明的旅客，国际联程旅行的路线是北京—西雅图—纽约—洛杉矶—旧金山—火奴鲁鲁—东京—北京，共7段，占2个连续票号；其中西雅图—纽约航段没有在此订座记录中购买机票。具体见图8.9和图8.10所示两份行程单。

```
                    IATA
                电子客票行程单

航空公司记录编号：OAKYID          订座记录编号：ET4ENF
旅客姓名：ZHANG/MING             票号：006-1612187384
身份识别代码：PPG36423507         联票：006-1612187384/85
出票航空公司：美国达美航空公司     出票时间：08JAN11
出票代理人：北京顺达航空服务有限公司  航协代码：08300196
                                 传真：
```

始发地/目的地	航班	座位等级	日期	起飞时间	到达时间	有效期	客票状态	行李	航站楼 起飞 到达
首都机场	DL128	L	20OCT	0855		20OCT02OOCT0	OK	2PC	
西雅图	DL182	L	20OCT	1330		20OCT02OOCT0	OK	2PC	
纽约	ARNK								
洛杉矶	DL4709	L	28OCT	1000		28OCT028OCT0	OK	2PC	
旧金山									

票价计算：
  20OCT10BJS DL X/SEA DL NYC M536.60 /- LAX DL SFO DL HNL S117.13 DL X/TYO DL BJS E/XXX
  M495.61 NUC1149.34 END ROE6.829940 XT 81SW68AY220US34XA48XY38YC1400YQ31XFHNL4.5
                                                              CNY90
付款方式：CASH   税款：CNY40
                                                              CNY1920
机票款：CNY7850
总　额：CNY9900
限制条件：REF/CHANGE PENALTIES APPLY

图8.9　电子客票行程单示例一

第八章　国际客票

```
        IATA

                    电子客票行程单


航空公司记录编号：OAKYID              订座记录编号：ET4ENG
旅客姓名：ZHANG/MING                  票号：006-1612187385
身份识别代码：PPG36423507              联票：006-1612187384/85

出票航空公司：美国达美航空公司         出票时间：08JAN11

出票代理人：北京顺达航空服务有限公司   航协代码：08300196
代理人地址：
电话：                                 传真：
```

始发地/目的地	航班	座位等级	日期	起飞时间	到达时间	有效期	客票状态	行李	航站楼起飞 到达
旧金山	DL1151	L	30OCT	1730		30OCT030OCT0	OK	2PC	
火奴鲁鲁	DL647	L	01NOV	1145		01NOV001NOV0	OK	2PC	
东京成田机场	DL59	L	02NOV	1950		02NOV002NOV0	OK	2PC	
首都机场									

票价计算：
　　20OCT10BJS DL X/SEA DL NYC M536.60 /- LAX DL SFO DL HNL S117.13DL X/TYO DL BJS E/XXX
　　M495.61 NUC1149.34 END ROE6.829940 XT 81SW68AY220US34XA48XY38YC1400YQ31XFHNL4.5
　　　　　　　　　　　　　　　　　　　　　　　　　　　　CNY90
付款方式：CASH　　　　　　　　　　　　税款：　CNY40
　　　　　　　　　　　　　　　　　　　　　　CNY1920

机票款：CNY7850
总　额：CNY9900
限制条件：REF/CHANGE PENALTIES APPLY

图 8.10　电子客票行程单示例二

例2. 旅客王连伟购买华盛顿至拉斯维加斯的单程机票一张，由美联航出票，行程单如图8.11所示。

```
                        电子客票行程单

航空公司记录编号：RK3K08                    订座记录编号：YKFLQD
旅客姓名：WANG/LIAN WEI                     票号：016-1612204525
身份识别代码：PPG46295808                    联票：

出票航空公司：UNITED AIRLINE                 出票时间：08SEP 10

出票代理人：北京鹏达航空服务有限公司           航协代码：08300193
代理人地址：
电话：                                      传真：

始发地/        航班  座位等级  日期    起飞时间  到达时间  有效期        客票状态  行李  航站楼
目的地                                                                              起飞 到达

华盛顿         UA796  S      24OCT   0812              24OCT024OCT0  OK       2PC
拉斯维加斯


票价计算：
    24OCT10WAS UA LAS161.86USD161.86END

付款方式：CASH                              税款：   CNY17
                                                   CNY31
机票款：USD161.86
总  额：CNY1148
限制条件：NONREF/CHGFEEPLUSFAREDIF INTL
```

图8.11 电子客票行程单示例三

第三节　电子客票的销售

一、查验旅客的旅行证件

2006 年 4 月 29 日，全国人大通过了《护照法》，于 2007 年 1 月 1 日执行。

1. 护照的定义与作用

护照是主权国家的主管机关发给本国公民用于出境、入境、过境或旅游、居留、工作的证件。护照既是身份证明又是国籍的证明。

2. 护照的种类及替代证件

中华人民共和国出入境通行证、中华人民共和国旅行证、中华人民共和国海员证、中华人民共和国外国人通行证、中华人民共和国外国人出入境证、港澳通行证、台湾同胞证等等。

3. 检查护照

护照有效期是检查的关键环节，其次有无钢印，照片是否更换，是否多页、少页，缝合处的线和针眼是否松动，姓名、年龄、性别是否被改动，公安边防人员还会根据出生地、口音等判断是否异地办照等等。

检查和判断证件真伪由相关权力机关做出最终决策，其他人员无权做出。

航空公司商业运作的核心是服务，遇不合格的证件，可以提醒旅客，旅客坚持旅行，则以航空公司不亏损为原则。

4. 签证种类

签证种类繁多，我国专用签证分为 5 大类，使用同护照类型：
(1) 外交签证；
(2) 公务签证；
(3) 普通签证；
(4) 还包括礼遇签证，仅仅发给卸任的国家元首；
(5) 其他类型的签证。
例如：定居、任职、留学、访问、旅游、过境、乘务、记者等等。

5. 国际客票 PNR 中的护照信息

在出电子客票之前，必须对 PNR 中每一个旅客输入旅客的正确护照号，即 SSR DOCS 项。如输入错误的护照号，旅客将在机场无法办理值机手续。

指令：SSR DOCS 航空公司代码 Action-Code 1 证件类型/发证国家/证件号码/国籍/出生日期/性别/证件有效期限/SURNAME（姓）/FIRST-NAME（名）/ MID-NAME（中间名）/持有人标识 H/P1。

二、电子客票订座记录 PNR 范例

在计算机订座系统的 PNR 中，需输入护照等证件内容。

例1. 一中国旅客孙君（女）1976 年 10 月 1 日出生，护照号为 G24000256，有效期到 2011 年 9 月 12 日，预订了北京至纽约的 CA981 航班座位。其护照信息在以下 PNR 范例的第 5 行体现。

```
**ELECTRONIC TICKET PNR**。
1. SUN/JUNMS HT11F
2. CA981 Y SA12SEP PEKJFK HK1  1305 1420    744 M 0 RE T3 --
3.13311010101
4. SSR TKNECAHK1 PEKNY981 Y12SEP   9993371305860 /1/ HT11F /P1
5.SSR DOCS CA HK1 P/CHN/G24000256/CHN/01OCT76/M/12SEP11/SUN/JUN/P1
6.FC/A/12SEP 10  BJS A- 12SEP11 F - 2PC CA NYC 2313.34Y1 NUC2313.34END
  -/ ROE6.834260  XT 35.00XA  48.00XY  38.00YC  28.00YQ  500.00YR
7.FN/A/FCNY15810.00/SCNY15810.00/C  5.00/XCNY850.00/TCNY90.00CN/
- TCNY111.00US/TCNY649.00XT/ACNY16660.00
8.EI/A/REF  - CNY100
9.TN/999999337  1305860
10. BJS008
```

说明：电子客票出票后系统在 PNR 中加入电子客票标识"＊＊ELECTRONIC TICKET PNR＊＊"、电子客票票号项（SSR TKNE）和票号项（TN）。

第四节　国际自动出票

一、PNR 建立后的运价计算

销售人员在为旅客打印客票之前，需要计算票价。通过 SITA AIRFARE 系统，可以得到相应的票价。当销售人员为旅客建立 PNR 之后，可以按照如下步骤查询运价。

当 PNR 中只需要对部分航段进行计算票价时，我们可以使用 SEL 指令选择航段，然后对这些航段进行计算。

指令格式：

＞SEL：PNR 中航段序号（选定需要计算的航段）。

＞QTE：（显示运价计算结果）。

＞DFSQ：A（快捷 FN/FC）。

1. 销售操作指令一览表

销售操作指令如图 8.12 所示。

图 8.12　销售操作指令图

2. 主要操作步骤

（1）把 PNR 里的航段做 QTE：计算；

（2）从 QTE：计算里得出的票价中，找出自己需要的票价种类做 XS FSQ 指令；

（3）把 XS FSQ 指令得出的票价计算式做 DFSQ：指令，将显示的内容输入 PNR 即可（有时个别内容可能不符合具体航空公司的政策，需要根据实际情况略作改动）。

举例 PNR 如下：

```
1. TEST/A TTD6M
2.   MU525  H    FR04APR  TAOKIX HK1    1215 1545           E
5. TL/1200/02APR/BJS272
6. SSR OTHS 1E TKTL ADV TKT NBR TO MU BY 01APR08/1215/BJS TIM/OR NO
ALL SG/BCS
      MU 525 /H/04APR/TAOKIX
7. RMK CA/DS5BQ

QTE:/MU 后为
FSI/MU
S MU    525H04APR TAO1215 1545KIX0S
*NO FARES/RBD/CARRIER
*ATTN VERIFY BOOKING CLASS SEE FSS
01.F.               9269 CNY     RB       INCL TAX
02 PDD              7699 CNY     RB       INCL TAX
03.C.               7609 CNY     RB       INCL TAX
04 JDD              6499 CNY     RB       INCL TAX
05 Y                6209 CNY     RB       INCL TAX
06 KDD              5299 CNY     RB       INCL TAX
*ATTN PRICED ON 29MAR08*2047
PAGE
1/1
```

做 XS FSQ6 后显示：

```
TAO OSA KDD            NVB       NVA04APR 20K
FARE  CNY    4820
TAX   CNY     90CN CNY    389YQ
TOTAL CNY    5299
04APR08 TAO MU OSA651.27NUC651.27END ROE7.400850
ENDOS NON-ENDORSABLE
```

这时做 DFSQ:,显示：

```
FN:FCN Y4820.00/SCN Y4820.00/C7.00
-       /TCN Y90.00CN/TCN Y389.00YQ/ACNY5299.00
FC:04APR08 TAO MU OSA651.27
-       NUC651.27
-       END
-       /ROE7.400850
```

3. DFSQ：A 指令输入格式

1）免费行李额

▶DFSQ：A/3PC01-02，4PC04　　　　免费行李额为第一和第二航段 3 件，第四航段 4 件，第三航段不变为 2 件

▶DFSQ：A/3PC　　　　　　　　　所有航段免费行李额为 3 件

▶DFSQ：A/30KG01，30KG04　　　免费行李额为第一和第四航段 30 公斤，第二和第三航段为普通标准 20 公斤（以经济舱为例）

▶DFSQ：A/30KG　　　　　　　　所有航段免费行李额为 30 公斤

▶DFSQ：A/3PC01-03，30KG04　　免费行李额为第一到第三航段 3 件，第四航段 30 公斤

2）特殊代理费率

▶DFSQ：A/C6.00　　　　　　　　指定代理费率为 6%

3）信用卡支付

▶DFSQ：A/CC　　　　　　　　　指定支付方式为信用卡

4）旅客序号（加在最后）

▶DFSQ：A/P2　　　　　　　　　指定将运价存储给第二名旅客

5）多种选项混合使用

▶DFSQ：A/C3.00/30KG01，3PC02-03/CC/P2　　指定代理费率为 3%，免费行李额第一航段 30 公斤、第二第三航段 3 件，以信用卡支付，并将票价指定存储给第二名旅客

4. 自动存储票价的 QTE/QTP 指令格式

1）出票航空公司（必须输入）

▶QTE：/CA　　　　　　　　　　使用 CA 票证进行出票，准确计算 CA 的 YQ/YR

2）旅客类型和折扣代码
▶QTE：CH/CA　　　　　　　　　　　计算儿童票价

3）运价基础 Fare Basis
▶QTE：*KKXABO/CA　　　　　　　　计算运价基础为 KKXABO 的票价

4）货币类型指示符
▶QTE：/CA/U　　　　　　　　　　　计算按美元标价的票价
货币类型指示符可以为：C（SOFT）/L（LOCAL）/U（USD）/E（EURO）

5）运价类型
▶QTE：/CA/NEGO　　　　　　　　　只计算 NEGO 协议票价。运价类型可以为：NEGO/P（PRVT）/N（NORM）/S（SPCL）/G（GRPF）/I（TOUR）

6）货币代码
▶QTE：/CA///HKD　　　　　　　　　计算票价以港币支付

7）大客户编码
▶QTE：/CA///#CPEK5IBM　　　　　　计算编码为 PEK5IBM 的大客户票价

8）多种选项混合使用
▶QTE：CH/CA/EP//HKD#CPEK5IBM

计算以 CA 出票、按欧元标价、港币支付的 PRVT 大客户儿童票价，大客户编码为 PEK5IBM

二、电子客票状态说明

1. 电子客票票面状态

电子客票的票面状态以英文表达，表 8-1 中是各种状态的名称及其解释。

表 8-1　电子客票的票面状态

序号	状态名称	状态说明	是否最终状态
1	OPEN FOR USE	客票未使用，有效	否
2	CHECK IN	已经办理值机	否
3	LIFT/BOARDED	登机状态	否
4	SUSPENDED	冻结（挂起）状态，客票禁止使用	否
5	AIRP CNTL	控制权由非 VC 航空公司掌握的航段其 VC 方的航段状态	否
6	CPN NOTE	控制权由 VC 航空公司掌握的航段其非 VC 方的航段状态	否
7	USED/FLOWN	客票已使用	是

续表

序号	状态名称	状态说明	是否最终状态
8	FIM EXCH	已经填开 FIM 单	是
9	VOID	已作废	是
10	REFUNDED	已退票	是
11	PRINT/EXCH	电子客票已打印换开为纸票	是
12	EXCHANGED	电子客票已换开电子客票或者已手工换开为海外纸票	是

2. 电子客票历史记录代码缩写

电子客票历史记录代码缩写如表 8-2 所示。

表 8-2　电子客票历史记录代码缩写

序号	状态名称	状态说明	英文说明
1	TRMK	客票备注信息，包括出票信息和打印旅客联信息	Remarks
2	RVAL	更改航班	Revalidation
3	CKIN	办理登机手续	Checked in
4	DBRD	取消登机手续	Deboarded
5	VOID	客票作废	Void
6	EOTU	营业员对 PNR 进行操作，更改客票的 PNR 记录、航班或姓名	EOT Txn Update
7	NFMT	系统维护程序操作	Nightly file maintenance
8	TKSU	更改客票状态	Ticket status update transaction
9	ETLU	ETL 报更改	ETL Message Update
10	PRNT	换开本票	Print
11	ETSU	系统更改	ET System Update
12	CRSU	换开操作	CRS Update
13	RFND	退票操作	Refund
14	MCCH	MCO 信息更改	MCO info change
15	ELOC	紧急锁定操作	Emergency Lock

第九章 非普通运价

非普通运价是指普通运价之外的任何其他运价，可分为特殊运价和折扣运价。

第一节 特殊运价的使用条件

特殊运价（Special Fares）也称为促销运价、促销票价，是航空公司为扩大需求、刺激销售、提高客座利用率而制定的各种优惠运价，在使用时有严格的限制条件。

特殊运价能够有效地刺激需求，但为避免旅客过多地使用低票价，造成航班正常收入的损失，每一特殊运价都有一定的限制条件，主要包括停留时间、季节、转机次数的限制等。

一、最长/最短停留期限

1. 日期的计算

有效期以日、月或年表示。
（1）日期：指日历日，包括星期天和法定假日。
（2）月份：从某一个月的指定日期到随后月份相应日期的一段时间。
注意：
- 当相应的日期在随后较短的月份中不存在时，月份的划定将是从指定日期到下一个较短月份的最后一天。
- 当指定日期是某一个月的最后一天，相应的日期是随后月份的最后一天。

例：30JAN 1 个月有效→ 28FEB
　　31JAN 1 个月有效→ 28FEB
　　28FEB 2 个月有效→ 30APR
　　30APR 3 个月有效→ 31JUL

（3）年份：从客票填开之日或旅行开始之日到所适用的随后年份的相应日期。

2. 最长停留期的要求

最长停留期（Maximun Stay），即客票的到期日，通常是自起飞之日起一年有效。最长停留日期将标注在每一联客票"Not Valid After（截止日期）"栏内。但如果在特殊票价的限制条件中，最长停留期有特定的日期数或月份数限制的话，将适用以下原则：

（1）根据日期：将最长停留日期数与全航程的起飞日期相加。

（2）根据月份：从始发之日起计算月份数。

3. 最短停留期的要求

一般最短停留期（Minimum Stay）就是旅客所能够最早开始其回程旅行的日期，具体而言是回程中最后一个回国前的中途分程点可以返回的最早日期或回程跨大洋旅行的最后一个中途分程点可以返回的最早日期。最短停留日期将标注在相应的客票联"Not Valid Before（生效日期）"栏内。

确定最短停留日期一般有以下两种角度：

（1）有跨洋段的以跨洋段为基准：

将所提供的最短停留期的天数与计价单元中第一个去程跨洋段的起飞之日相加。

（2）无跨洋段的以第一个国际航段为基准：

将所提供的最短停留期的天数与计价单元中第一个去程国际航段的起飞之日相加。

例1. 假定旅客使用 BJS—LIS 的 YHEE6M 运价，该运价规则为 Y153 规定：最短停留天数为6天（参见表9-1）。由于该规则没有进一步地说明如何计算最短停留日期，则应服从标准条件 SC100 的6）B）1）的有关规定，从去程的第一个国际段出发后一天开始计算，由此计算出从回程始发国外最后一个中途分程点可以返回的最早日期。

表9-1 特殊运价规则 Y153

```
Y153                              ⇒SC 100
BETWEEN EUROPE AND SOUTH EAST ASIA
0) APPLICATION Y RT/CT/SOJ
   NOTE: SOJ: OJ MUST BE IN THE SAME COUNTY
3) SEASONALITY
   16JAN——19MAR    BASIC      L
   20MAR——15APR    PEAK       H
   16APR——14JUN    BASIC      L
   15JUN——15SEP    PEAK       H
   16SEP——19DEC    BASIC      L
   20DEC——15JAN    PEAK       H
6) MINI MUM STAY    6DAYS
7) MAXIMUMSTAY      6 MONTHS
8) STOPOVERS
   1. 2 PERMITTED
   2. ADDITIONAL: ONE PERMITTED IN CHINA.
```

假定上例中航程和出发日期具体如下两种情形：

(1) BJS—(11JUL)—SHA—(12JUL)—LIS—(20JUL)—X/FRA—(20JUL)—BJS

去程第一个国际段是 SHA—LIS，该航段的出发日期为 12JUL；回程始发国外的最后一个中途分程点（或折返点）是 LIS，因此 LIS—FRA 和 FRA—BJS 两段的乘机联在 18JUL 以前不能使用。客票的截止日期是在 12JUL 的基础上加 6 个月，即次年的 12JAN。

NOT VALID BEFORE	NOT VALID AFTER
	12JAN
	12JAN
18JUL	12JAN
18JUL	12JAN

(2) BJS—(11JUL)—LIS—(OPEN)—SHA—(OPEN)—BJS

去程第一个国际段是 BJS—LIS，该航段的出发日期为 11JUL；回程始发国外的最后一个中途分程点（或折返点）是 LIS，因此 LIS—SHA 和 SHA—BJS 两段的乘机联在 17JUL 以前不能使用。客票的截止日期是在 11JUL 的基础上加 6 个月，即次年的 11JAN。

NOT VALID BEFORE	NOT VALID AFTER
	11JAN
17JUL	11JAN
17JUL	11JAN

4. 限制重订座位运价的有效期

如果某特种票价对取消订座或重新订座有惩罚性收费，一般要在有关乘机联的"Not Valid Before"（生效日期）和"Not Valid After"（截止日期）栏内标注旅行的日期。例如，BJS—(11NOV)—LIS—(24NOV)—SHA 的航程，只限当天航班有效，有效期显示如下。

NOT VALID BEFORE	NOT VALID AFTER
21NOV	21NOV
24NOV	24NOV

二、季节性限制

- 整个航程所适用的季节票价往往根据去程中的某一航段的旅行日期来决定。
- 跨洋航段：一般以去程的跨洋航段的旅行日期为依据。
- 非跨洋航段：一般以去程中的第一个国际航段的旅行日期为依据。
- RULE 中有特殊规定的：以 RULE 中有规定为依据。

表示符号：H 代表旺季；K 表示平季；L 表示淡季。

有些 RULE 中还规定，在同一条航线，由于旅客的旅行方向不同，所适用的季节票价按去程与回程分别考虑。

例2. SHA—X/PAR—FRA—X/PAR—SHA，如出发日期在05MAR，则季节结果为：

```
FSI/MU
U*MU        05MAR SHA        CDG0X
U*AF        05MAR CDG        FRA0S
U*AF              FRA        CDG0X
U*MU              CDG        SHA0S
01 FRT                73006 CNY     RB        INCL TAX
02 CRT                49636 CNY     RB        INCL TAX
03 Y2+S+YRT           40556 CNY     RB        INCL TAX
04 Y2                 27176 CNY     RB        INCL TAX
05 YLEE6M             25916 CNY     RB        INCL TAX
```

若：SHA—X/PAR—FRA—X/PAR—SHA，如出发日期在05JUL，则季节结果为：

```
FSI/MU
U*MU        05JUL SHA        CDG0X
U*AF        05JUL CDG        FRA0S
U*AF              FRA        CDG0X
U*MU              CDG        SHA0S
01 FRT                73006 CNY     RB        INCL TAX
02 CRT                49636 CNY     RB        INCL TAX
03 Y2+S+YRT           40556 CNY     RB        INCL TAX
04 Y2                 27176 CNY     RB        INCL TAX
05 YHEE6M             27156 CNY     RB        INCL TAX
```

在例1中，去程国际段的日期是JUL，参考表9-1，取旺季 YHEE6M 的运价。

三、周中与周末票价的确定

去程及回程所适用的周中或周末票价根据整个航程中的去程及回程中的某一航段的旅行日期来分别决定。

- 有跨洋段的以跨洋段为基准；
- 无跨洋段的以第一个国际航段为基准；
- 表示符号：X 代表周中，W 代表周末。

例3. TYO—SHA，如出发日期为19MAR09（THU），则周中和周末的票价等级为：

```
FSI/MU
U*MU    Y19MAR NRT      SHA0S
01 YX           10645 CNY           INCL TAX
02 YX2          10485 CNY           INCL TAX
```

若：TYO—SHA，如出发日期为21FEB（SAT），则周中和周末的票价等级为：

```
FSI/MU
U*MU    Y21FEB NRT      SHA0S
01 YW           11725 CNY           INCL TAX
02 YW2          11555 CNY           INCL TAX
```

四、运价级别代号

运价级别分别为 YLWEE90、YHWEE90、YLXEE90、YHXEE90 的特殊运价，它们都是运价级别 YEE90 系列的运价，实质是一样的，只是在日期、星期和季节等有所不同，即有各自的适用期。它们的首位代码"Y"表示旅客运价的类别，第二位代码"L/H"表示不同的季节，第三位代码"W/X"表示周末或平日，第四、五位代码"EE"表示游览运价，最后的"90"表示客票有效期是 90 天。

季节代码主要有：
H 高峰或旺季
K 当季节性多于两个等级时，K 表示其中第二个级别
L 当季节性多于两个等级时，L 表示其中最低级别

星期代码有：
W 周末
X 平日

例 4. 航程为 BJS—03MAR（FRI）—X/FRA—04MAR（SAT）—AMS—18APR（TUE）—X/FRA—19APR（WED）—BJS，假定从运价表中可以看出来回程运价类型为 YAP3M 系列，规则代号都是 X0712；再根据表 9-2 的适用条件 X0712 具体内容以及 SC100 的条款，判断出应选择 YLWAP3M 级别的特殊运价。

表 9-2　特殊运价规则 X0712

```
X0712   APEX FARES              ⇒ SC100
FROM   SOUTH EAST ASIA TO    EUROPE
  2) DAY/TIME
    A) midweek and weekend period
        midweek X: Mon, Tue, Web, Thu
        weekend W: Fri, Sat, Sun
    B) the day of departure on the transatlantic
        sector in each direction determines the
        applicable midweek and weekend fares
  3) SEASONALITY
    A)   seasonal periods
          Peak       H   22Jun-02Sep
          Shoulder   K   30Mar-22Apr
                     K   01Jun-21Jun
                     K   03Sep-28Oct
                     K   07Dec-24Dec
          Basic      L   23Apr-31May
                     L   29Oct-06Dec
                     L   25Dec-29Mar
    B)   the date of departure on the outbound
          transatlantic sector determines the fare for
          the entire pricing unit
```

五、转机、中途分程、中途分程费

1. 航路条件

航路条件影响了以下的限制条件：旅行种类、中途分程和中转的次数、参与的航空公司和联运航空公司、订座和罚款、取消和退票等。

这些条件之间是有关系的。例如，中途分程的条件一定要与航路限制中的有关航程中允许的中转次数相结合。

许多促销票价仅限购买来回程票。有时候，回程票一定要事先订妥，并且无论是去程还是回程，一旦订妥就不能改变，除非要交付占票价相当大部分的罚金。

这样做的目的在于减少来自旅客方面的变更，这种票价不是为了吸引公务旅客或单独的度假者。同时这些条件由于消除了那些在最后一分钟改变的旅客或误机者，从而保证了较高的载运率。一些附加的航路限制也被用来减少代理低票价运输的收费。

2. 转机收费

转机收费包括：

（1）在始发点与终点之间减少或没有中途分程；
（2）点到点的限制来阻止中途分程或使用里程制原则或者；
（3）使用特定航路及承运人限制来取代按里程制计算的航程。

一些非常低的票价禁止更换承运人，也就是说，旅客不能选择开票航空公司以外的承运人承运。这种限制以注释的形式标注在客票上，"VALID ON YY ONLY"或者"NON—ENDORSABLE"。

3. 中途分程费

在第二等级运价和特殊运价中，往往对于中途分程和中转衔接是否允许或具体允许的次数有一定的限制，有些运价允许旅客在航程中增加额外的中转点，但一般都要求旅客为这些额外增加的点支付一定的费用。

中途分程费通常以当地货币的形式公布，并按分程次数收费；当计算运价时，应使用 IATA 兑换率（ROE）将该项费用的始发国当地货币金额转换为 NUC 计入总运价。这种额外收费应当以 NUC 形式标出的中途分程费（S）标注在机票的票价计算栏内。

1）指定地点的中途分程费

一般来说，如果有特殊的票价收费，就需要标注被收取费用的城市代号，代号 S 表明是对该城市收取中途分程费。

例：TYO YY SHA S50.00 YY X/BOM YY PAR M1602.02 NUC1652.02END/ROE...

说明：SHA S50 是指定的为上海经停收取中途分程费。

2）非指定地点的中途分程费

一般来说，如果有特殊的票价规则规定，有若干个中途分程点无需收费，但增加的经停点需要收费，就用代号 S 加上增加收费的次数来表明。

例：TYO YY SHA YY BOM YY PAR M1602.02 1S50.00 NUC1652.02END/ROE...

说明：1S50.0 是表明增加收费的次数是 1 次 NUC50.00。

第二节 特殊运价标准条件 SC100

一、标准条件 SC100

特殊运价的 SC100 适用于行业性运价（注释号起始字母为 T，Y，ZA，ZE，ZI，ZG，ZP，ZX 和 X）、欧洲内的承运人运价（注释号起始字母为 C）、环球程运价（注释号起始字母为 R）和其他公布在 PAT《一般规则》手册中的特殊运价。

表 9-3 是标准条件 SC100 主要条款的英文版内容。

标准条件 SC100 表中的左右两部分（Part 1 和 Part 2）应结合使用，其中 Part 2 是对 Part 1 的进一步解释，SC100 将 Part 1 的条款标为"A"，将 Part2 的条款标为"B"。

第九章　非普通运价

表 9-3　特殊运价标准条件 SC100

SC100 - Standard Condition for Special Fares (based on IATA Resolution 100)

Part 1 Standard Condition (Definitions are in General Rule 1.2)	Part 2 the following Governing Conditions and General Rules always apply unless specifically overridden in the fare rule
0) **APPLICATION** A) 1) **Application** 　　see the fare rule 　2) **Fares** 　　a) shown in the fares pages 　　b) fares only apply if purchased before departure 　　　Exception: may be used for enroute upgrading from a lower fare provided all conditions of these fares are met 　　c) when fares are expressed as a percentage of a normal fare and more than one level of normal fare exists, the percentage will be applied on the highest normal fare for the class of service used 　3) **Passenger Expenses** 　　not permitted	B) 1) **Types of Trip** 　　General Rule 2.7 　　one way, round trip, circle trip, open jaw 　2) **Passenger Expenses** 　　if permitted, General Rule 8.4
1) **ELIGIBILITY** A) 1) **Eligibility** 　　no requirements 　　Exception: unaccompanied infant: not eligible 　2) **Documentation** 　　not required	
2) **DAY/TIME** A) no restrictions 　Carrier Fares Rules Exception: midweek and weekend periods 　　midweek:　Mon, Tue, Wed, Thu 　　weekend:　Fri, Sat, Sun	B) **Midweek/Weekend Application** the day of departure on the first international sector in each direction determines the applicable fare **Carrier Fares Rules Exception:** transatlantic/transpacific midweek/weekend fares: the date of departure on each transatlantic/transpacific sector determines the applicable fare
3) **SEASONALITY** A) no restrictions	B) **Seasonal Application** the date of departure on the first international sector of the pricing unit determines the fare for the entire pricing unit **Carrier Fares Rules Exception:** transatlantic/transpacific seasonal fares: the date of departure on the outbound transatlantic/transpacific sector determines the applicable fare for the entire pricing unit
4) **FLIGHT APPLICATION** A) no restrictions 　Carrier Fares Rules Exception: travel is restricted to services of carriers listed in Paragraph 0) Application	B) General Rule 2.4
5) **RESERVATIONS AND TICKETING** A) **APEX/Super APEX** 　1) **Reservations** 　　a) deadline: see the fare rule 　　b) must be made for the entire pricing unit in accordance with the deadline 　2) **Ticketing** 　　a) deadline: see the fare rule 　　b) tickets must show reservations for the entire pricing unit 　**PEX/Super PEX** 　1) **Reservations** 　　a) must be made at the same time as ticketing 　　b) must be made for the entire pricing unit 　2) **Ticketing** 　　a) must be completed at the same time as reservations 　　b) tickets must show reservations for the entire pricing unit 　**Other Individual Fares** 　1) **Reservations** 　　no restrictions 　2) **Ticketing** 　　no restrictions 　**Group Fares** 　1) **Reservations** 　　must be made for the entire pricing unit 　2) **Ticketing** 　　no restrictions	B) inclusive tour fares: General Rule 18
6) **MINIMUM STAY** A) 1) no requirement 　2) **Waiver of Minimum Stay** 　　after ticket issuance: permitted only in the event of death of an immediate family member or an accompanying passenger	B) 1) **Minimum Stay** the number of days counting from the day after departure, or the number of months counting from the day of departure, on the first international sector of the pricing unit to the earliest day return travel may commence from the last stopover point (including for this purpose the point of turnaround) outside the country of unit origin **Carrier Fares Rules Exception:** transatlantic/transpacific/within western hemisphere carrier fares: General Rule 2.1.8 2) **Waiver of Minimum Stay** General Rule 15.6
7) **MAXIMUM STAY** A) 12 months	B) **Maximum Stay** the number of days counting from the day after departure, or the number of months counting from the day of departure, to the last day return travel may commence from the last stopover point (including for this purpose the point of turnaround) **Carrier Fares Rules Exception:** transatlantic/transpacific/within western hemisphere carrier fares: General Rule 2.1.8
8) **STOPOVERS** A) not permitted	B) General Rule 2.1.9
9) **TRANSFERS** A) unlimited permitted	B) 1) General Rule 2.1.10 2) if there are limitations on the number of transfers: each stopover uses one of the transfers permitted

续表

SC100 - Standard Condition for Special Fares (based on IATA Resolution 100)

10) **CONSTRUCTIONS AND COMBINATIONS** A) 1) **Constructions** 　　unspecified through fares may be established by construction with applicable add-ons 　2) **Combinations** 　　a) end-on and side trip combinations permitted 　　b) in the case of round trip special fares, one half of a fare established under one fare rule may not be combined with 　　　i) one half of a fare established under another fare rule 　　　ii) normal fares between the country of unit origin and the country of turnaround 　　c) notwithstanding b), half round trip combination permitted with carrier specified fares if the carrier fare authorises such combination, provided 　　　i) combination only permitted within the same conference area 　　　ii) combination only permitted with the same fare type 　　　iii) the most restrictive conditions apply	B) 1) **Constructions** 　　General Rule 2.5.6.1 　2) **Combinations** 　　when combining fares within a pricing unit, the more restrictive conditions apply; this requirement shall apply to all paragraphs except Paragraphs 2) Day/Time, 3) Seasonality, 4) Flight Application, 9) Transfers, 11) Blackout Dates, 12) Surcharges, 17) Higher Intermediate Point and Mileage Exceptions, 19) Children and Infant Discounts 　3) except as otherwise specified in a fare rule 　　a) where end-on combination is permitted the conditions of the special fare (including Paragraph 0) Application) apply only to the use of the special fare and not to any combined fares 　　b) any end-on combination restriction applies to the entire journey 　　Exception: notwithstanding any other rule, end-on combinations to/from USA
11) **BLACKOUT DATES** A) no restrictions	
12) **SURCHARGES** A) no requirements	
13) **ACCOMPANIED TRAVEL** A) no requirements	
14) **TRAVEL RESTRICTIONS** A) no restrictions	
15) **SALES RESTRICTIONS** A) 1) **Advertising and Sales** 　　no restrictions 　2) **Extension of Validity** 　　as provided in General Rule	B) 1) **Advertising and Sales** 　　a) sales shall include the issuance of tickets, miscellaneous charges orders (MCOs), multiple purpose documents (MPDs) and prepaid ticket advices (PTAs) 　　b) advertising: any limitations on advertising shall not preclude the quoting of such fares in company tariffs, system timetables and air guides 　2) **Extension of Validity** 　　General Rules 15.5.1 and 15.5.2
16) **PENALTIES** A) 1) **Cancellation, No-Show, Upgrading** 　　no restrictions 　2) **Rebooking and Rerouting** 　　**Individual Fares** 　　a) voluntary: permitted 　　b) involuntary: permitted 　　**Group Fares** 　　a) voluntary: not permitted 　　b) involuntary: permitted	B) 1) **Cancellation, No-Show, Upgrading** 　　a) General Rule 9.3 　　b) inclusive tour fares: General Rule 18 　2) **Rebooking and Rerouting** 　　a) voluntary: General Rule 15.11, 15.7, 15.8 and provisions for rebooking and rerouting in case of illness 　　b) involuntary: General Rule 15.11 and 15.9 　3) **Multiple Penalties** 　　a) for half round trip combination if a penalty applies to each half round trip fare, then the highest penalty charge applies for the pricing unit 　　b) when 2 or more pricing units are combined on one ticket and each pricing unit has a penalty charge, then the penalty established for each pricing unit applies
17) **HIGHER INTERMEDIATE POINT AND MILEAGE EXCEPTIONS** A) specific exceptions are shown in the fare rule	B) General Rules 2.9 and 2.4.2
18) **TICKET ENDORSEMENTS** A) **APEX/Super APEX/PEX/Super PEX** 　1) tickets must show by insert or sticker in accordance with the Important Notice in the How to Use the Fares Rules, that travel is at a special fare and subject to special conditions 　2) tickets and any subsequent reissue must be annotated NONREF/APEX or NONREF/SAPEX or NONREF/PEX or NONREF/SPEX 　3) tickets and any subsequent reissue must be annotated VOLUNTARY CHNGS RESTRICTED in the Endorsement Box. *This will not preclude any carrier from producing its own notice if so desired* **Other Individual Fares** 　no restrictions	
19) **CHILDREN AND INFANT DISCOUNTS** A) 1) **Children** 　　a) accompanied children aged 2-11 years: charge 75% of applicable adult fare 　　b) unaccompanied children aged 2-11 years: charge 100% of applicable adult fare 　2) **Infant** 　　a) accompanied infant 　　　i) no seat: charge 10% of applicable adult fare 　　　ii) booked seat: charge 75% of applicable adult fare 　　b) unaccompanied infant: not permitted	B) General Rule 6.2
20) **TOUR CONDUCTOR DISCOUNTS** A) not permitted	B) if permitted, General Rule 6.6
21) **AGENT DISCOUNTS** A) not permitted	
22) **OTHER DISCOUNTS/SECONDARY FARE APPLICATIONS** A) 1) **Fares** 　　specific requirements are shown in the fare rule 　2) **Eligibility** 　　specific requirements are shown in the fare rule 　3) **Documentation** 　　specific requirements are shown in the fare rule 　4) **Accompanied Travel** 　　specific requirements are shown in the fare rule	
23) not used	
24) not used	
25) not used	

续表

SC100 - Standard Condition for Special Fares (based on IATA Resolution 100)

26) GROUPS
A) 1) **Eligibility**
Affinity, Incentive Fares
requirements as shown in General Rule
Exception: unaccompanied infant: not eligible
Other Fares
no requirements
Exception: unaccompanied infant: not eligible
2) **Minimum Group Size**
see the fare rule
contracted seat fares: the minimum number of contracted seats shown in the fare rule
3) **Accompanied Travel**
group required to travel together for the entire pricing unit
4) **Documentation**
Affinity, Incentive Fares
required
Other Fares
no requirements
5) **Name Changes and Additions**
specific requirements are shown in the fare rule

B) 1) **Minimum Group Size**
General Rule 2.1.11.1
2) **Accompanied Travel**
for groups of 20 or more passengers, if lack of space prevents the group from travelling together, some members of the group may travel on the next preceding and/or succeeding flight with available space
3) **Affinity, Incentive Fares**
General Rule 10

27) TOURS
A) 1) **Minimum Tour Price**
specific requirements are shown in the fare rule
2) **Tour Features**
specific requirements are shown in the fare rule
3) **Tour Literature**
specific requirements are shown in the fare rule
4) **Modifications of Itinerary**
specific requirements are shown in the fare rule

B) General Rule 18

28) not used

29) DEPOSITS
A) no requirements

二、中文 SC100 的基本内容

对照 SC100 的英文版，我们将其翻译成中文，内容如下。

第一部分　标准条件（A 部分）
第二部分　除非特定运价条件另有支配性说明，下列限定条件和一般规则适用（B 部分）

0）运价的适用
 A）1）适用
   见运价规则
  2）运价
   a）在运价表中公布
   b）该运价仅当出发前购票适用
    例外：假定所有运价条件均满足，在途中提升较低运价水平运价时可使用该运价
   c）当运价条件被表明为某一普通运价的百分比，并且有多于一种的普通运价存在时，该百分比应在对应舱位等级中最高的普通运价的基础上使用
  3）旅客费用
   不允许
 B）1）旅行种类
   参见一般规则 2.7

单程、来回程、环程运价、普通缺口程运价
  2）旅客费用
    如允许，参见一般规则 8.4

1）资格
  A）1）资格
      没有要求
    2）身份证明
      不需要

2）日期/时间
  A）没有限制
    承运人运价适用规则除外：平日或周末运价适用的旅行期间
      平日：星期一、星期二、星期三、星期四
      周末：星期五、星期六、星期日
  B）平日/周末运价的适用
    每一运价区间的第一个国际段的出发日期决定适用的运价
    承运人运价规则例外：由去程跨大西洋或跨太平洋的出发日期决定整个计价单元适用的运价

3）季节性
  A）没有限制
  B）季节性运价的适用
    每一计价单元的第一个国际段的出发日期决定适用的运价
    承运人运价规则例外：由去程跨大西洋或跨太平洋的出发日期决定整个计价单元适用的运价

4）航班适用条件
  A）没有限制
    承运人运价规则例外：旅行仅限乘坐 0）适用性中列出的承运人的航班
  B）参见一般规则 2.4

5）订座和出票
  A）APEX/超级优惠 APEX 运价
    1）订座
      a）期限：参见运价规则
      b）整个计价单元按期限全程订座
    2）出票
      a）期限：参见运价规则
      b）客票必须标明整个计价单元的订座
  PEX/超级优惠 PEX 运价
    1）订座

a）必须在出票同时进行

b）

2）出票

a）必须在出票同时完成

b）客票必须标明整个计价单元的订座

其他个人运价

1）订座

没有限制

2）出票

没有限制

团体旅客

1）订座

整个计价单元必须全程订座

2）出票

没有限制

B）综合旅游运价：参见一般规则 18

6）最短停留期限

A）1）没有要求

2）最短停留期限的豁免

客票发售之后：仅在直系亲属或陪伴同行旅客死亡的情况下被允许

B）1）最短停留期限

天数从计价单元中第一个国际航段出发次日（月数从计价单元中第一个国际航段出发当日）开始计算，直至回程旅行从单元始发国外最后一个中途分程点（为此目的也包括折返点）可以开始的最早日期

承运人运价规则例外：跨大西洋或跨太平洋或西半球内的承运人运价：参见一般规则 2.1.8

2）最短停留期限的豁免：参见一般规则 13.2.14

7）最长停留期限

A）12 个月

B）最长停留期限

天数从出发次日（月数从出发当日）开始计算，直至回程旅行可以从最后一个中途分程点返回的最后日期

承运人运价规则例外：跨大西洋或跨太平洋或西半球内的承运人运价：参见一般规则 2.1.8

8）中途分程

A）不允许

B）1）参见一般规则 2.1.9

9）转机
　　A）不限制
　　B）1）参见一般规则 2.1.10
　　　　2）如果对中途分程和转机次数有限制，则每一次中途分程应计为一次允许的转机
10）构成和组合
　　A）1）构成
　　　　　　非指定直达运价可以使用该运价与比例附加值构成
　　　2）组合
　　　　a）首尾组合和旁岔程被允许
　　　　b）当使用来回程特殊运价时，建立在某一运价规则下的 $\frac{1}{2}$ 来回程运价不能与下列运价组合
　　　　　　i. 建立在另一运价规则下的 $\frac{1}{2}$ 来回程运价
　　　　　　ii. 单元始发国和折返国之间的普通运价
　　　　c）尽管有上述 b）中的规定，当承运人运价规则认可上述组合，并满足下列条件时，允许 $\frac{1}{2}$ 来回程运价与承运人特殊运价组合
　　　　　　i. 仅允许相同的运输区域内的组合
　　　　　　ii. 仅允许与相同类别运价组合
　　　　　　iii. 限制最多的条件适用
　　B）1）构成
　　　　　　参见一般规则 2.4.6.1
　　　2）组合
　　　　　　对于在一个计价单元内组合的情况，限制最多的条件适用：该要求适用于除 2）日期/时间、3）季节性、4）航班适用性、9）转机、11）锁定日期、12）附加收费、17）中间较高点和里程例外、19）儿童和婴儿折扣外的所有其他条目
　　　3）除非在特定运价规则内另有说明
　　　　a）当首尾组合被允许时，特殊运价的条件［包括条目 0）适用性］仅适用于该特殊运价，而不适用于其他组合运价
　　　　b）如何有关首尾组合的限制适用于整个航程
　　　　　　例外：对于前往/来自美国的首尾组合，可能有其他规则
11）锁定日期
　　A）没有限制
12）附加费
　　A）没有要求
13）相伴旅行

A）没有要求
14）旅行限制
　　A）没有限制
15）销售限制
　　A）1）广告和销售
　　　　　　没有限制
　　　　2）有效期的延长
　　　　　　服从一般规则的条件
　　B）1）广告和销售
　　　　　　a）销售包括发售客票、旅费证、多用途票证和预付票款通知
　　　　　　b）广告：任何有关广告的限制不妨碍在公司运价表、系统时刻表和航空指南中公布该运价
　　　　2）有效期的延长
　　　　　　参见一般规则 13.2.12 和 13.2.13
16）罚金
　　A）1）取消、误机、升舱
　　　　　　没有限制
　　　　2）改变订座和改变航程
　　　　　　个人运价
　　　　　　　a）自愿：允许
　　　　　　　b）非自愿：允许
　　　　　　团体运价
　　　　　　　a）自愿：不允许
　　　　　　　b）非自愿：允许
　　B）1）取消、误机、升舱
　　　　　　a）参见一般规则 9.3
　　　　　　b）综合旅游运价：参见一般规则 18
　　　　2）改变订座和改变航程
　　　　　　a）自愿：一般规则 2.12.1，以及在患病情况下改变订座和改变航程的条款适用
　　　　　　b）非自愿：一般规则 2.12.2
　　　　3）复合罚金
　　　　　　a）对于 $\frac{1}{2}$ 来回程组合的情况，如果罚金对于各 $\frac{1}{2}$ 来回程运价均适用，应按该计价单元中罚金最高的情况收取
　　　　　　b）如果同一客票由两个或以上计价单元组合，并且对各计价单元需收罚金，则对各计价单元规定的罚金适用
17）中间较高点和里程例外

A）特定的例外情况将在该运价规则中说明

B）参见一般规则 2.7.4 和 2.3.3

18）客票签转

A）APEX/超级优惠 APEX 运价/PEX/超级优惠 PEX 运价

1）按照"如何使用运价规则"中列出的"重要通知"的规定，在客票中必须签注表明该航程使用特殊运价，并且服从特殊条件

2）在客票及后续任何换开的客票上必须标明 NONREF/APEX 或 NONREF/SAPEX 或 NONREF/PEX 或 NONREF/SPEX

3）在客票及后续任何换开的客票上必须在签注栏标明 VOLUNTARY CHNGS RESTRICTED（限制自愿变更）。上述规定不妨碍承运人按其意愿填写自选格式的通知

其他个人运价

没有限制

19）儿童和婴儿折扣

A）1）儿童

a）有成人同行的 2~11 岁儿童：收取成人适用运价的 75%

b）无成人陪伴的 2~11 岁儿童：收取成人适用运价的 100%

2）婴儿

a）有成人同行的

ⅰ．无座：收取成人适用运价的 10%

ⅱ．占座：收取成人适用运价的 75%

b）无成人陪伴婴儿：不接受

B）参见一般规则 6.2

20）导游折扣

A）不允许

B）如允许，参见一般规则 6.6

21）代理人折扣

A）不允许

22）其他折扣/第二水平运价的使用

A）1）运价

特定要求将在该运价规则中说明

2）资格

特定要求将在该运价规则中说明

3）文件

特定要求将在该运价规则中说明

4）相伴旅行

特定要求将在该运价规则中说明

23）~25）无

26）团体

  A）1）资格

        关联性、奖励性团体运价

           服从一般规则中公布的要求

           例外：无成人陪伴婴儿：不符合条件

        其他团体运价

           没有要求

           例外：无成人陪伴婴儿：不符合条件

    2）最少团体人数

        参见运价规则

        协议订座运价：协议订座的最少人数在该运价规则中说明

    3）陪伴旅行

        要求团体在整个计价单元共同旅行

    4）文件

        关联、奖励性团体运价

           需要

        其他团体运价

           没有要求

    5）姓名变更和增补

        特定要求在该运价规则中公布

  B）1）最小团队规模

      见一般规则 2.1.11.1

    2）相伴旅行

      20 或 20 人以上的团队，如因航班座位的不足而不能同机旅行，那么团队的部分成员可乘后续有座位的航班。

    3）关联、奖励性团体运价

      见一般规则 10

27）旅游

  A）1）最低旅游价格

      特定要求在该运价规则中公布

    2）旅游特色

      特定要求在该运价规则中公布

    3）旅游出版物

      特定要求在该运价规则中公布

    4）行程变更

      特定要求在该运价规则中公布

B）参见一般规则 18

28）无

29）保证金

A）没有要求

第三节　承运人销售运价简介及查询

一、承运人销售运价简介

承运人销售运价是承运人根据航空市场需求而发布的仅限发布承运人自身及其相关协议联运承运人使用的特殊销售运价。一般来说，航空承运人定期在每年的 4 月及 11 月发布两期销售运价，使用期限分别是从每年的 4 月 1 日至 10 月 31 日，11 月 1 日至 3 月 31 日。

除此之外，航空承运人还可根据实际情况不定期发布适应市场需要的销售运价。目前许多航空公司都使用的是运价管理系统（Contract Composer，简称 CC），是从美国 Sabre 公司引进的先进的航空运价管理系统。CC 系统基于国际运价标准——ATPCo 标准创建。CC 系统具有强大的运价管理功能，包括运价制定、审批、发布和分析。目前 CC 系统自动发布渠道为航信 Easy Fare 系统。

目前普遍使用的还有 AP 系统，AP 系统具有强大的运价管理功能，包括运价制定、修改、发布和分析。目前 AP 系统的自动发布渠道为 ATPCo 公司，并通过此公司发布至全球的 GDS 之中去。

二、承运人销售运价查询

1. 销售价格的查询

- 销售价查询 NFD：城市对/日期/CA
- 规则查询 NFN
- 航线查询 NFR
- ADD-ON 查询 NFAD：城市对/日期/CA
- SPA 手册查询：NFAD：城市对/日期/CA

注：NFN 和 NFR 为 NFD 之后的二级指令；NFAD 为 ADD-ON 和 SPA 的查询指令。

2. 按城市对查询票价信息

```
▶NFD：城市对/旅行日期/航空公司代码@ YEE6M #M #EH  *CH  *Y  *RT  *H
        (1)    (2)      (3)         (4) (5)(6)  (7)(8)  (9)(10)
```

指令中各项对应序号的说明：

（1）指定航段城市对。

（2）指定旅行出发日期（票价若有淡平旺划分，电脑会自动依据旅行日期来显示相应的票价信息）。

（3）指定航空公司显示净价。

（4）指定运价基础。

（5）指定订座舱位（最多可指定两个）。

（6）指定旅行方向代号。

（7）指定旅客类型或折扣代码（旅客类型：CH——儿童，IN——婴儿，折扣代码：GC/GV——团队，SD——学生，EM——新移民）

（8）指定服务等级（Y——经济舱，C/J——商务舱，F/P——头等舱）

（9）指定航程种类（OW——单程，RT——来回程）

（10）选择显示顺序（H——由高到低，L——由低到高）

在销售价查询之后，可以用（NFN）规则查询运价使用条件和（NFR）航线查询，但是必须在NFD/NFQ指令后，▶NFN：运价序号。

例1. 在计算机订座系统中查询9月25日国航（CA）北京至纽约的运价净价。输入指令：▶nfd：peknyc/25sep/ca，系统显示如下。

```
LN CXR      OW            RT          FBC       RBD MIN/MAX TRVDATE LINK
BJSNYC/25SEP09 * CNY/                             TAX（ES）NOT INCLUDED
01 CA    5300      Q*CN              N    00D/**D                NFN：1
                                          TKTDATE：21AUG09-28DEC09
02CA     5800      Q*CN              G    00D/**D                NFN：2
                                          TKTDATE：21AUG09-28DEC09
03CA     6200      K_ XAB3M          L    00D/45D                NFN：3
                                          TKTDATE：19JUN09-31OCT09NFR：3
04CA 3200 =   6400 Q*CNO             N    00D/**D                NFN：4
                                          TKTDATE：21AUG09-28DEC09
05CA     6600      K_ XAB3M          L    00D/45D                NFN：5
                                          TKTDATE：19JUN09-31OCT09 NFR：5
06CA     6600      K_ WAB3M          L    00D/45D                NFN：6
                                          TKTDATE：19JUN09-31OCT09 NFR：6
07CA 3400 =   6800 Q*CNO             G    00D/**D                NFN：7
                                          TKTDATE：21AUG09-28DEC09 NFR：6
08CA     7100      QPR45B            Q    00D/45D                NFN：8
                                          TKTDATE：19JUN09-31OCT09 NFR：8
09CA     7100      QPR45B            Q    00D/45D                NFN：9
                                          TKTDATE：19JUN09-31OCT09 NFR：9
PAGE 1/3
PN  PL  NFPG：
```

（1）用指令▶NFN：5，显示运价05对应的规则：

```
NFN05            003/09PF/CA         BJSNYC/25SEP09/CA
RBD：L           FBC：K_ XAB3M       PTC：ADT
 ＊＊＊ 00. 适用范围 ＊＊＊
 ＊ 重要提示 ＊
1. 销售价目表中票价类别的"_"表示季节，在计算票价时，以系统显示为准
2. 代理费：5%
3. 行李的优惠：参照销售价格手册
4. TOUR CODE 栏标注：1A93F
5. 此产品如与国内价格分区表组合使用，则国内段必须使用，如未使用将对销售单位加收该特价与北京始
 发美洲航线 B 舱销售价格之间的差价
 ＊＊＊ 02. 日期/时间 ＊＊＊
(1) 周中和周末的划分：周中和周末价格依照第一跨太平洋航班的旅行日期划分
(2) 周中：周一至周四
 ＊＊＊ 04. 航班适用条件 ＊＊＊
(1) 不适用于代码共享航班
PAGE 1/5
NFN：05// NFD ＊ NFN：05/GR NFN：SR
PN PL NFPG：
 ＊＊＊ 05. 提前订座/出票 ＊＊＊
(1) 订座：全程必须订妥座位
(2) 出票时限：订座后 7 天，7 天内随订随售
 ＊＊＊ 07. 最长停留期 ＊＊＊
(1) 最长停留期为第一航段旅行开始日期至航程中最后一个中途分程点的最晚出发日期，须在客票的 NOT
 VALID AFTER 栏中标注最长停留期的截止日期
(2) 最长停留期：45 天
 ＊＊＊ 08. 中途分程 ＊＊＊
在北京停留不得超过 48 小时
 ＊＊＊ 10. 运价组合 ＊＊＊
(1) 允许与国航美洲航线其他价格组合使用（V 舱除外）
(2) 允许周中 \ 周末之间 1/2RT 组合
(3) 允许与外航航段 SPA 组合
PAGE 2/5
NFN：05// NFD ＊ NFN：05/GR NFN：SR
PF PB PN PL NFPG：
 ＊＊＊ 14. 旅行限制 ＊＊＊
旅行日期：2009 年 9 月 1 日—2009 年 9 月 27 日
（旅行日期以航程中第一国际航段的旅行日期为准）
或者
旅行日期：2009 年 10 月 4 日—10 月 31 日
（旅行日期以航程中第一国际航段的旅行日期为准）
 ＊＊＊ 15. 销售限制 ＊＊＊
销售范围：中国大陆
 ＊＊＊ 16. 变更费用 ＊＊＊
(1) 自愿变更航班或日期：第一始发国际航段更改后的日期必须在 2009 年 9 月 1 日—9 月 27 日/2009 年 10
 月 4 日—10 月 31 日之间
```

1）在最长停留期内订妥相同舱位收取 CNY1000 改期费，仅收一次
2）仅中国国内航段改期：免费改期
或者
（2）自愿变更舱位：
1）子舱位变更：Q/L/K/H/M/B 每递增一个子舱位收取子舱位变更费 CNY700
2）里程升舱：不允许
（3）自愿延长最长停留期：不允许
或者
（4）自愿退票：
1）客票完全未使用：扣除退票费 CNY2000，余额退还旅客
2）客票部分使用：
（A）仅使用单程：退款金额＝销售价格－退票费－销售手册 K 舱 OW 销售价格
（B）仅使用国内段：退款金额＝销售价格－退票费－国内段 Y 票价
（C）任意方向上仅使用 SPA 航段：不允许退票
（D）仅外航 SPA 航段退票：不允许
＊＊＊18. 客票签注＊＊＊
"ENDORSEMENT BOX"：NON—END/RER/REF2000CNY/REB1000CNY
＊＊＊19. 儿童/婴儿折扣＊＊＊
1）有人携带儿童折扣：不适用
2）无人携带儿童折扣：不适用
（3）无座婴儿折扣：不适用

（2）用指令：▶NFR：运价序号，显示运价 5 对应的航路内容如下。

▶NFR05　　　　　　　　　　BJSNYC/25SEP09/CA　　　　　　　　003/2751/CA
RBD L
01 ＊ BJS—CA—YVR—NYC—CA—BJS/SHA
BJS—YVR 航段：航空公司 CA，订座舱位 国航相应 RBD
NYC—BJS/SHA 航段：航空公司 CA，订座舱位 国航相应 RBD
YVR 到 NYC 航段为缺口程

3. 复合查询的指令

（1）指定旅客类型查询票价。
根据折扣类型计算折扣票价：
NFD：城市对/日期/CA＊STU
为查询更精确（后台校验），而新增查询限制。
（2）预售票票价查询限制。
对于预售票：航班起飞前 45 天内系统中不显示。
（3）除外日期票价查询限制。
旅行在除外日期期间查询不显示。
（4）销售日期（系统操作日期）票价查询限制。

第四节　折扣运价的基本内容

与一般打折的特殊运价不同，本章所涉及的折扣运价是针对不同年龄、身份的旅客制定的优惠票价。

一、折扣运价简介

折扣运价（Discount Fares 或 Reduced Fares）是按照普通运价或特殊运价的百分比形式公布的优惠票价。

本章所涉及的折扣运价仅适用于按不同旅客的年龄、身份和职业区分的特殊群体，不同于航空公司为增加客座率在不同期间提供的无差别的机票打折。此外，它没有公布固定的数额。

折扣运价通常仅适用于购买经济舱客票旅行的旅客，公务舱和头等舱一般仅提供儿童、婴儿折扣和夫妻折扣。

二、折扣运价的种类

常见的折扣运价的种类及代码主要以下列八个方面体现。

1. 首位代码

折扣运价代码首位表示运价等级，必写，可以单独使用。例如，F、C、Y等。

2. 季节限定代码

用于季节性运价，可根据实际情况选用。例如，L（淡季）、K（平季）、H（旺季）等。

3. 星期限定代码

用于限定周末或周中旅行的运价。例如，W（周末）、X（周中/平日）。

4. 夜航航班限定代码

用于仅夜间旅行的运价，可根据实际情况选用。例如，N（夜航）。

5. 运价类型代码

用于描述特殊运价的类别，可根据实际情况选用。例如，
- AB（超级优惠预购短期旅游票价）—Super Advanced Purchase Excursion Fare

- AP（预购短期旅游票价）——Advanced Purchase Excursion Fare
- BB（保本票价）——Budget Fare
- EE（短期旅游票价）——Excursion Fare
- GV（团体旅游票价）——Group—Inclusive Tour Fare
- IS（迟购票价）——Late Booking Fare
- IT（综合旅游票价）——Inclusive Tour Fare
- OX（单程短期旅游票价）——Excursion OW-Fare
- PX（现购短期旅游票价）——Purchase Excursion Fare
- SX（超级优惠现购短期旅游票价）——Super Purchase Excursion Fare

其后可接最长有效期或最少团体人数。例如，YLXEE60（60天有效的短期旅游经济舱淡季非周末票价）、YGV10（团体人数最少为10人的综合旅游团体旺季票价）等。

6. 旅客类型代码

用于描述适用某种折扣运价的旅客类型，可根据实际情况选用。例如，
- CH（儿童折扣）
- IN（婴儿折扣）
- ZZ（青年折扣）
- CD（老人折扣）
- SH（夫妻折扣）
- SD（学生折扣）
- DT（教师折扣）
- ID（行业折扣）
- SC（海员折扣）
- CG（导游折扣）
- AD（代理折扣）
- MM（军人折扣）
- DL（劳工折扣）
- DP（外交官及随员折扣）
- EM（移民折扣）
- PG（朝拜者折扣）
- MY（神职人员折扣）

其后可接适用的折扣率，当折扣率为100%（免票）时，填入"00"。例如，YEE60/ZZ25（有25%折扣的60天有效期的短期旅游经济舱票价）。

7. 航程类型代码

用于表明航程的种类，可根据实际情况选用。例如，OW（单程）、CT（环程）等。

8. 运价水平识别代码

当同一等级有不同水平运价时填写。例如，Y2（低于 Y 的经济舱普通票价）、YLPX45D2（45 天有效期的淡季现购短期旅游 D 舱 2 级票价）、YHGV10L2（最少 10 人的团体旺季综合旅游 L 舱 2 级票价）等。

三、折扣运价的信息来源

折扣运价的信息可以在特定运价的适用条件（规则）的有关条目中查找，如果没有对应条目，应根据标准条件 SC101 或 SC100 和 PAT《一般规则》手册。

如，SC 系列的运价适用规则第 19）条"儿童和婴儿折扣"、第 20）条"导游折扣"、第 21）条"代理折扣"和第 22）条"其他折扣"中查找。

在 PAT《一般规则》手册的第 6 章公布有适用于国际旅客运输的部分折扣运价规则，对于适用于国内旅客运输的折扣运价规则，可查阅该卷的"Carrier Special Regulations"（承运人的特殊规则）。

不同的区域、国家和承运人制定的折扣运价及其规则存在显著的差别，本章主要介绍一些普遍适用的运价规则，如有疑问应和有关承运人联系。

四、折扣运价计算的一般程序

计算折扣运价一般按以下步骤进行：

首先确定航程中各点间的基础运价（普通运价或特殊运价）及其适用的百分比折扣，对于没有折扣运价的航段应使用全票价。

按基础运价的计算步骤（例如 EMA、EMS、HIP 以及所有需要进行的最低限额运价检查等）构成全程运价。在不同的航段可能有不同的折扣率，在比较运价时，需按实际情况选用。

例如，从日本到欧洲的航段上，8～11 岁的无成人陪伴儿童的折扣运价是成人票价的 75%；而从东南亚至欧洲的航段上，8～11 岁的无成人陪伴儿童的折扣运价是成人票价的 100%，即没有折扣；因此，当计算 TYO—HKG—ROM 的无成人陪伴儿童的折扣运价需要进行 HIP 检查时，应使用 TYO—ROM 的成人票价的 75% 与 HKG—ROM 的成人票价的 100% 进行比较。

与儿童和婴儿折扣运价不同，其他特殊群体的折扣运价并不具有全球的普遍性，它通常适用于特定的区域或特定的承运人。

特殊群体折扣运价是按照普通运价或特殊运价的百分比形式公布的优惠票价，通常仅适用于使用经济舱普通运价或特殊运价的情况。

特殊群体折扣运价的计算规则与儿童、婴儿折扣运价基本相同。

五、儿童和婴儿折扣运价

（一）专业术语

成人（Adult），是指旅行开始之日已达到或超过12周岁的旅客。

儿童（Child），是指旅行开始之日已满2周岁但不满12周岁的旅客。

婴儿（Infant），是指旅行开始之日不满2周岁并且不单独占用座位的旅客。

有成人陪伴小孩（Accompanied Minors），是指跟随一个支付成人票价（包括全价票、特价票或免票）、旅行开始之日已满或超过12周岁的旅客一同旅行的儿童或婴儿。

无成人陪伴小孩（Unaccompanied Minors），通常是指没有一个支付成人票价（包括全价票、特价票或免票），旅行开始之日已达到或超过12周岁，并且有办理登机、转机、海关等各种手续的充分能力的旅客随同旅行的儿童或婴儿。

（二）有关儿童和婴儿折扣的一般规定

旅客运价中普遍存在儿童和婴儿折扣。除非另有说明，一般儿童和婴儿折扣运价按下列成人票价的百分比形式公布：

1. 儿童折扣

- 有成人同行的2~11岁儿童票价收取成人适用运价的75%（CH25）；
- 8~11岁无成人陪伴儿童票价收取成人适用运价的75%（CH25）；
- 2~7岁无成人陪伴儿童票价收取成人适用运价的100%。

2. 婴儿折扣

- 有成人同行的、无座婴儿票价收取成人适用运价的10%（IN90）；
- 占座婴儿票价按儿童计价；
- 如果一个成人携带超过一个婴儿，则其余婴儿按儿童计价；
- 无成人陪伴婴儿票价收取成人适用运价的100%，必须全程订妥座位（STATUS：OK），在旅客姓名和称谓后标注"UM（后接年龄）"。

婴儿没有免费行李额，填入"NIL"或"××"。婴儿免税，在税费栏填入"EXEMPT"，后接税费代码。

3. 其他费用

所有中途分程费、取消或变更的罚金等均按和运价相同的百分比折扣计算。

（三）儿童和婴儿票实例

例，成人白叶携带儿童刘月和婴儿佟坤旅行，航程为：成都—CA—北京—CA—法兰克福—LH—慕尼黑—//—科隆—AF—巴黎—AZ—罗马—//—米兰—CA—上海—

CA—成都。下面将对计算机订座系统中对应的 PNR、票面、运价和行程单进行示例。

1. PNR 订座记录内容

因三位是同行旅客，计算机订座系统中 PNR 订座记录为同一个，显示如下。

```
* * ELECTRONIC TICKET PNR * *
1. BAI/YE 2. LIU/YUE CHD HX3Y5S
3. CA4113 S      SU20MAR CTUPEK RR2      0800 1035         E—T3
4. CA931  H      SU20MAR PEKFRA RR2 1405 1720              E
5. LH108  H      WE23MAR FRAMUC RR2 0955 1050              E
6.  ARNK              MUCCGN
7. AF2417 N      SU27MAR  CGNCDG HK2     2030 2155         E
8. AZ319  T      TU29MAR  CDGFCO HK2     1010 1215         SEAME
9.  ARNK              FCOMXP
10. CA968  H     SA02APR  MXPPVG HK2     1230 0550 +1      DACSE
11. CA1947 S     SU03APR  PVGCTU HK2     0755 1130         E
12. BJS/T PEK/T 010-65081681/HUAXIA AIR SERVICE CO. WWW. HUAXIAHANGKONG. COM/YUE
    DIAN WEI ABCDEFG
13. BAIYE 4006986000
14. T
15. SSR OTHS AZ PNR
16. SSR OTHS AF PNR
17. SSR OTHS LH PNR
18. SSR OTHS CA ET PNR
19. SSR OTHS LH ET PNR
20. SSR OTHS AF ET PNR
21. SSR OTHS AZ ET PNR
2. SSR OTHS CA ET PNR
23. SSR OTHS LH ET PNR
24. SSR OTHS AF ET PNR
25. SSR OTHS AZ ET PNR
26. SSR OTHS 1E TKTL WITHIN 27DEC OTHERWISE WILL BE CNLD
27. SSR ADTK 1E BY BJS22DEC10/1038 OR CXL CA 931 H20MAR
28. SSR ADTK 1E TO AF BY 25DEC OTHERWISE WILL BE XLD
29. SSR TKNE CA HK1 CTUPEK 4113 S20MAR 9991756357592/1/P2
30. SSR TKNE CA HK1 CTUPEK 4113 S20MAR INF9991756357589/1/P1
31. SSR TKNE CA HK1 CTUPEK 4113 S20MAR 9991756357586/1/P1
32. SSR TKNE CA HK1 PEKFRA 931 H20MAR 9991756357586/2/P1
33. SSR TKNE LH HK1 FRAMUC 108 H23MAR 9991756357586/3/P1
34. SSR TKNE AF HK1 CGNCDG 2417 N27MAR 9991756357587/1/P1
35. SSR TKNE AZ HK1 CDGFCO 319 T29MAR 9991756357587/2/P1
36. SSR TKNE CA HK1 MXPPVG 968 H02APR 9991756357587/4/P1
37. SSR TKNE CA HK1 PVGCTU 1947 S03APR 9991756357588/1/P1
38. SSR TKNE CA HK1 PEKFRA 931 H20MAR INF9991756357589/2/P1
39. SSR TKNE LH HK1 FRAMUC 108 H23MAR INF9991756357589/3/P1
40. SSR TKNE AF HK1 CGNCDG 2417 N27MAR INF9991756357590/1/P1
```

```
41. SSR TKNE AZ HK1 CDGFCO 319 T29MAR INF9991756357590/2/P1
42. SSR TKNE CA HK1 MXPPVG 968 H02APR INF9991756357590/4/P1
43. SSR TKNE CA HK1 PVGCTU 1947 S03APR INF9991756357591/1/P1
44. SSR TKNE CA HK1 PEKFRA 931 H20MAR 9991756357592/2/P2
45. SSR TKNE LH HK1 FRAMUC 108 H23MAR 9991756357592/3/P2
46. SSR TKNE AF HK1 CGNCDG 2417 N27MAR 9991756357593/1/P2
47. SSR TKNE AZ HK1 CDGFCO 319 T29MAR 9991756357593/2/P2
48. SSR TKNE CA HK1 MXPPVG 968 H02APR 9991756357593/4/P2
49. SSR TKNE CA HK1 PVGCTU 1947 S03APR 9991756357594/1/P2
50. SSR DOCS AZ HK1 P/CN/G12345678/CN/01JAN90/M/01JAN20/BAI/YE/P1
51. SSR DOCS AF HK1 P/CN/G12345678/CN/01JAN90/M/01JAN20/BAI/YE/P1
52. SSR DOCS LH HK1 P/CN/G12345678/CN/01JAN90/M/01JAN20/BAI/YE/P1
53. SSR DOCS CA HK1 P/CN/G12345678/CN/01JAN90/M/01JAN20/BAI/YE/P1
54. SSR DOCS CA HK1 P/CN/G12345678/CN/01JAN90/M/01JAN20/LIU/YUE/P2
55. SSR DOCS LH HK1 P/CN/G12345678/CN/01JAN90/M/01JAN20/LIU/YUE/P2
56. SSR DOCS AF HK1 P/CN/G12345678/CN/01JAN90/M/01JAN20/LIU/YUE/P2
57. SSR DOCS AZ HK1 P/CN/G12345678/CN/01JAN90/M/01JAN20/LIU/YUE/P2
58. SSR INFT CA HK1 CTUPEK 4113 S20MAR TONG/KUN 20DEC09/P1
59. SSR INFT AF HK1 CGNCDG 2417 N27MAR TONG/KUN 20DEC09/P1
60. SSR INFT AZ HK1 CDGFCO 319 T29MAR TONG/KUN 20DEC09/P1
61. SSR INFT CA HK1 PVGCTU 1947 S03APR TONG/KUN 20DEC09/P1
62. SSR INFT CA HK1 MXPPVG 968 H02APR TONG/KUN 20DEC09/P1
63. SSR INFT LH HK1 FRAMUC 108 H23MAR TONG/KUN 20DEC09/P1
64. SSR INFT CA HK1 PEKFRA 931 H20MAR TONG/KUN 20DEC09/P1
65. OSI YY 1INF TONG/KUN INF/P1
66. RMK CA/MD8L33
67. RMK1A/4494VW 68. RMK AZ/J6N2C5
69. FN/A/FCNY12990.00/SCNY12990.00/C3.00/XCNY4034.00/TCNY190.00CN/TCNY101.00DE/
    TCNY3743.00XT/ACNY17024.00
70. FN/FCNY9920.00/SCNY9920.00/C3.00/XCNY3809.00/TEXEMPTCN/TCNY101.00DE/
    TCNY3708.00XT/ACNY13729.00/P2
71. FN/IN/FCNY1940.00/SCNY1940.00/C0.00/XCNY122.00/TEXEMPTCN/TCNY122.00YQ/
    ACNY2062.00
72. TN/999-1756357586-88/P1
73. TN/IN/999-1756357589-91/P1
74. TN/999-1756357592-94/P2
75. FP/IN/CASH，CNY/209S
76. FP/CASH，CNY/209S
77. XN/IN/TONG/KUN INF（DEC09）/P1
78. BJS999
```

2. 成人、儿童和婴儿的电子票面

1）成人票面

成人白叶的电子票面是三张连续票号（999-1756357586-88）的三张票面。

（1）999-1756357586 的票面

```
ISSUED BY: AIR CHINA              ORG/DST: CTU/CTU              BSP-I
E/R: NON—END/PENALTY APPLS
TOUR CODE:
PASSENGER: BAI/YE
EXCH:                              CONJ TKT: 999-1756357586-88
O  FM: 1CTU CA       4113    S 20MAR 0800 OK HLWAPRC    /31DEC1 20K OPEN FOR USE
       RL: MD8L33   /HX3Y5S1E
X  TO: 2PEK CA        931    H 20MAR 1405 OK HLWAPRC    /20MAR2 20K OPEN FOR USE
       RL: MD8L33   /HX3Y5S1E
O  TO: 3FRA LH        108    H 23MAR 0955 OK HLWAPRC    /20MAR2 20K OPEN FOR USE
       RL: MD8L33   /HX3Y5S1E
O  TO: 4MUC          VOID       VOID                       VOID
       RL: MD8L33   /HX3Y5S1E
   TO: CGN
FC: A 20MAR11CTU CA X/BJS CA FRA LH MUC M810. 59/-CGN AF PAR AZ ROM//MIL S1
03. 80CA X/SHA CA CTU15M999. 97NUC1914. 36END ROE6. 785170 XT 475. 00OY12. 00R
A201. 00RD115. 00FR38. 00FR9. 00IZ91. 00QX19. 00EX41. 00HB69. 00IT6. 00MJ17. 00VT610
. 00YQ2040. 00YR
    FARE:            CNY12990. 00 | FOP: CASH
    TAX:             CNY190. 00CN | OI:
    TAX:             CNY101. 00DE |
    TAX:             CNY475. 00OY | FOR ALL TAXES: DETR: TN/999-1756357586, X
```

（2）999-1756357587 的票面

```
ISSUED BY: AIR CHINA              ORG/DST: CTU/CTU              BSP-I
E/R: NON—END/PENALTY APPLS
TOUR CODE:
PASSENGER: BAI/YE
EXCH:                              CONJ TKT: 999-1756357586-88
O  FM: 1CGN AF       2417    N 27MAR 2030 OK HLWAPRC    /20MAR2 1PC AIRPORT CNTL
       RL: MD8L33      /HX3Y5S1E
O  TO: 2CDG AZ        319    T 29MAR 1010 OK HLWAPRC    /20MAR2 1PC AIRPORT CNTL
       RL: MD8L33   /HX3Y5S1E
O  TO: 3FCO          VOID       VOID                       VOID
       RL: MD8L33   /HX3Y5S1E
O  TO: 4MXP CA        968    H 02APR 1230 OK HLWAPRC    /20MAR2 20K OPEN FOR USE
       RL: MD8L33   /HX3Y5S1E
   TO: PVG
FC: A 20MAR11CTU CA X/BJS CA FRA LH MUC M810. 59/-CGN AF PAR AZ ROM//MIL S1
03. 80CA X/SHA CA CTU15M999. 97NUC1914. 36END ROE6. 785170 XT 475. 00OY12. 00R
A201. 00RD115. 00FR38. 00FR9. 00IZ91. 00QX19. 00EX41. 00HB69. 00IT6. 00MJ17. 00VT610
. 00YQ2040. 00YR
    FARE:            CNY12990. 00 | FOP: CASH
    TAX:             CNY190. 00CN | OI:
    TAX:             CNY101. 00DE |
    TAX:             CNY475. 00OY | FOR ALL TAXES: DETR: TN/999-1756357587, X
```

(3) 999-1756357588 的票面

```
ISSUED BY: AIR CHINA            ORG/DST: CTU/CTU              BSP-I
E/R: NON—END/PENALTY APPLS
TOUR CODE:
PASSENGER: BAI/YE
EXCH:                           CONJ TKT: 999-1756357586-88
X FM: 1PVG CA     1947    S 03APR 0755 OK HLWAPRC      /20MAR2 20K OPEN FOR USE
       RL: MD8L33  /HX3Y5S1E
   TO: CTU
 FC: A 20MAR11CTU CA X/BJS CA FRA LH MUC M810.59/-CGN AF PAR AZ ROM//MIL S1
03.80CA X/SHA CA CTU15M999.97NUC1914.36END ROE6.785170 XT 475.00OY12.00R
A201.00RD115.00FR38.00FR9.00IZ91.00QX19.00EX41.00HB69.00IT6.00MJ17.00VT610
.00YQ2040.00YR
   FARE:          CNY12990.00 | FOP: CASH
   TAX:           CNY190.00CN | OI:
   TAX:           CNY101.00DE |
   TAX:           CNY475.00OY | FOR ALL TAXES: DETR: TN/999-1756357588, X
   TOTAL:         CNY17024.00 | TKTN: 999-1756357588
```

2) 儿童票样

儿童刘月的电子票面也是三张连续票号（999-1756357592-94）的三张票面。

(1) 999-1756357592 的票面

```
ISSUED BY: AIR CHINA            ORG/DST: CTU/CTU              BSP-I
E/R: NON—END/PENALTY APPLS
TOUR CODE:
PASSENGER: LIU/YUE CHD
EXCH:                           CONJ TKT: 999-1756357592-94
O FM: 1CTU CA     4113    S 20MAR 0800 OK HLWAPRC/CH   /31DEC1 20K OPEN FOR USE
       RL: MD8L33   /HX3Y5S1E
X TO: 2PEK CA     931     H 20MAR 1405 OK HLWAPRC/CH   /20MAR2 20K OPEN FOR USE
       RL: MD8L33   /HX3Y5S1E
O TO: 3FRA LH     108     H 23MAR 0955 OK HLWAPRC/CH   /20MAR2 20K OPEN FOR USE
       RL: MD8L33   /HX3Y5S1E
O TO: 4MUC        VOID    VOID                                 VOID
       RL: MD8L33 /HX3Y5S1E
    TO: CGN
 FC: M 20MAR11CTU CA X/BJS CA FRA LH MUC M607.94/-CGN AF PAR AZ ROM//MIL S1
03.80CA X/SHA CA CTU15M749.97NUC1461.71END ROE6.785170 XT 475.00OY12.00R
A201.00RD115.00FR38.00FR9.00IZ91.00QX19.00EX41.00HB34.00IT6.00MJ17.00VT610
.00YQ2040.00YR
   FARE:          CNY 9920.00 | FOP: CASH
   TAX:           EXEMPTCN    | OI:
   TAX:           101.00DE    |
   TAX:           475.00OY    | FOR ALL TAXES: DETR: TN/999-1756357592, X
```

(2) 999-1756357593 的票面

```
ISSUED BY: AIR CHINA              ORG/DST: CTU/CTU                BSP-I
E/R: NON—END/PENALTY APPLS
TOUR CODE:
PASSENGER: LIU/YUE CHD
EXCH:                             CONJ TKT: 999-1756357592-94
O FM: 1CGN AF    2417   N 27MAR 2030 OK HLWAPRC/CH    /20MAR2 1PC AIRPORT CNTL
        RL: MD8L33 /HX3Y5S1E
O TO: 2CDG AZ    319    T 29MAR 1010 OK HLWAPRC/CH    /20MAR2 1PC AIRPORT CNTL
        RL: MD8L33    /HX3Y5S1E
O TO: 3FCO       VOID    VOID                          VOID
        RL: MD8L33    /HX3Y5S1E
O TO: 4MXP CA    968    H 02APR 1230 OK HLWAPRC/CH    /20MAR2 20K OPEN FOR USE
        RL: MD8L33    /HX3Y5S1E
   TO: PVG
FC: M 20MAR11CTU CA X/BJS CA FRA LH MUC M607.94/-CGN AF PAR AZ ROM//MIL S1
03.80CA X/SHA CA CTU15M749.97NUC1461.71END ROE6.785170 XT 475.00OY12.00R
A201.00RD115.00FR38.00FR9.00IZ91.00QX19.00EX41.00HB34.00IT6.00MJ17.00VT610
.00YQ2040.00YR
FARE:         CNY 9920.00 | FOP: CASH
TAX:          EXEMPTCN | OI:
TAX:          101.00DE |
TAX:          475.00OY | FOR ALL TAXES: DETR: TN/999-1756357593, X
```

(3) 999-1756357593 的票面

```
ISSUED BY: AIR CHINA              ORG/DST: CTU/CTU                BSP-I
E/R: NON—END/PENALTY APPLS
TOUR CODE:
PASSENGER: LIU/YUE CHD
EXCH:                             CONJ TKT: 999-1756357592-94
X FM: 1PVG CA    1947   S 03APR 0755 OK HLWAPRC/CH    /20MAR2 20K OPEN FOR USE
        RL: MD8L33    /HX3Y5S1E
   TO: CTU
FC: M 20MAR11CTU CA X/BJS CA FRA LH MUC M607.94/-CGN AF PAR AZ ROM//MIL S
03.80CA X/SHA CA CTU15M749.97NUC1461.71END ROE6.785170 XT 475.00OY12.00R
A201.00RD115.00FR38.00FR9.00IZ91.00QX19.00EX41.00HB34.00IT6.00MJ17.00VT610
.00YQ2040.00YR
FARE:         CNY 9920.00 | FOP: CASH
TAX:          EXEMPTCN | OI:
TAX:          101.00DE |
TAX:          475.00OY | FOR ALL TAXES: DETR: TN/999-1756357594, X
TOTAL:        CNY13729.00 | TKTN: 999-1756357594
```

3）婴儿票样

婴儿佟坤的电子票面同样是三张连续票号（999-1756357589-91）的三张票面。

（1）999-1756357589 的票面

```
ISSUED BY：AIR CHINA              ORG/DST：CTU/CTU              BSP-I
E/R：NON——END/PENALTY APPLS
TOUR CODE：
PASSENGER：TONG/KUN INF（DEC09）
EXCH：                            CONJ TKT：999-1756357589-91
O FM：1CTU CA    4113    S 20MAR 0800 NS HLWAPRC/IN    /31DEC1 10K OPEN FOR USE
       RL：MD8L33        /HX3Y5S1E
X TO：2PEK CA    931     H 20MAR 1405 NS HLWAPRC/IN    /20MAR2 10K OPEN FOR USE
       RL：MD8L33        /HX3Y5S1E
O TO：3FRA LH    108     H 23MAR 0955 NS HLWAPRC/IN    /20MAR2 10K OPEN FOR USE
       RL：MD8L33        /HX3Y5S1E
O TO：4MUC       VOID    VOID                          VOID
       RL：MD8L33        /HX3Y5S1E
       TO：CGN
FC：M 20MAR11CTU CA X/BJS CA FRA LH MUC M81.05/-CGN AF PAR AZ ROM//MIL S10
3.80CA X/SHA CA CTU15M99.99NUC284.84END ROE6.785170
FARE：          CNY 1940.00 | FOP：CASH
TAX：           EXEMPTCN | OI：
TAX：           122.00YQ |
TOTAL：         CNY 2062.00 | TKTN：999-1756357589
```

（2）999-1756357590 的票面

```
ISSUED BY：AIR CHINA              ORG/DST：CTU/CTU              BSP-I
E/R：NON——END/PENALTY APPLS
TOUR CODE：
PASSENGER：TONG/KUN INF（DEC09）
EXCH：                            CONJ TKT：999-1756357589-91
O FM：1CGN AF    2417    N 27MAR 2030 NS HLWAPRC/IN    /20MAR2 1PC AIRPORT CNTL
       RL：MD8L33        /HX3Y5S1E
O TO：2CDG AZ    319     T 29MAR 1010 NS HLWAPRC/IN    /20MAR2 1PC AIRPORT CNTL
       RL：MD8L33        /HX3Y5S1E
O TO：3FCO       VOID    VOID                          VOID
       RL：MD8L33        /HX3Y5S1E
O TO：4MXP CA    968     H 02APR 1230 NS HLWAPRC/IN    /20MAR2 10K OPEN FOR USE
       RL：MD8L33        /HX3Y5S1E
       TO：PVG
FC：M 20MAR11CTU CA X/BJS CA FRA LH MUC M81.05/-CGN AF PAR AZ ROM//MIL S10
3.80CA X/SHA CA CTU15M99.99NUC284.84END ROE6.785170
FARE：          CNY 1940.00 | FOP：CASH
TAX：           EXEMPTCN | OI：
TAX：           122.00YQ |
TOTAL：         CNY 2062.00 | TKTN：999-1756357590
```

（3）999-1756357591 的票面

```
ISSUED BY: AIR CHINA            ORG/DST: CTU/CTU               BSP-I
E/R: NON—END/PENALTY APPLS
TOUR CODE:
PASSENGER: TONG/KUN INF (DEC09)
EXCH:                          CONJ TKT: 999-1756357589-91
X FM: 1PVG CA    1947    S 03APR 0755 NS HLWAPRC/IN    /20MAR2 10K OPEN FOR USE
    RL: MD8L33         /HX3Y5S1E
   TO: CTU
FC: M 20MAR11CTU CA X/BJS CA FRA LH MUC M81.05/-CGN AF PAR AZ ROM//MIL S10
3.80CA X/SHA CA CTU15M99.99NUC284.84END ROE6.785170
FARE:           CNY 1940.00 | FOP: CASH
TAX:            EXEMPTCN | OI:
TAX:            122.00YQ |
TOTAL:          CNY 2062.00 | TKTN: 999-1756357591
```

3. 成人、儿童和婴儿的票面价格

1）成人票面价格

在计算机订座系统中，PNR 记录打开后通过"QTE：CA"查看成人白叶的票面价格显示如下。

```
FSI/CA
 S CA    4113S20MAR CTU0800 1035PEK0X
 S CA     931H20MAR PEK1405 1720FRA0S
 S LH     108H23MAR FRA0955 1050MUC0S
 S AF    2417N27MAR CGN2030 2155CDG0S
 S AZ     319T29MAR CDG1010 1215FCO0S
 S CA     968H02APR MXP1230 >0550PVG0X
 S CA    1947S03APR PVG0755 1130CTU0S
01 HLWAPRC                17024 CNY               INCL TAX
 * SYSTEM DEFAULT—CHECK EQUIPMENT/OPERATING CARRIER
 * INTERLINE AGREEMENT PRICING APPLIED
 * ATTN PRICED ON 15DEC10 * 1114
  CTU
  XBJS HLWAPRC       NVB    NVA31DEC 20K
   FRA HLWAPRC       NVB    NVA20MAR 20K
   MUC HLWAPRC       NVB    NVA20MAR 20K
   CGN     S U R F A C E
   PAR HLWAPRC       NVB    NVA20MAR 1PC
   ROM HLWAPRC       NVB    NVA20MAR PC
   MIL     S U R F A C E
  XSHA HLWAPRC       NVB    NVA20MAR 20K
   CTU HLWAPRC       NVB    NVA20MAR 20K
  FARE   CNY  12990
  TAX    CNY   190CN CNY    101DE CNY    3743XT
  TOTAL  CNY  17024
20MAR11CTU CA X/BJS CA FRA LH MUC M810.59/-CGN AF PAR AZ ROM
-//MIL S103.80CA X/SHA CA CTU15M999.97NUC1914.36END ROE6.785170
XT CNY 475OY CNY 12RA CNY 201RD CNY 115FR CNY 38FR
XT CNY 9IZ CNY 91QX CNY 19EX CNY 41HB CNY 69IT
XT CNY 6MJ CNY 17VT CNY 610YQ CNY 2040YR
ENDOS NON—END/PENALTY APPLS
TKT/TL22DEC10
```

2）儿童票面价格

在计算机订座系统中，PNR 记录打开后通过"QTE：CH/CA"查看儿童刘月的票面价格显示如下。

```
FSICH/CA
 S CA    4113S20MAR CTU0800 1035PEK0X
 S CA     931H20MAR PEK1405 1720FRA0S
 S LH     108H23MAR FRA0955 1050MUC0S
 S AF    2417N27MAR CGN2030 2155CDG0S
 S AZ     319T29MAR CDG1010 1215FCO0S
 S CA     968H02APR MXP1230 >0550PVG0X
 S CA    1947S03APR PVG0755 1130CTU0S
01 HLWAPRC      CH         16799 CNY         INCL TAX
02 HLWAPRC      CH         13729 CNY         INCL TAX
*SYSTEM DEFAULT—CHECK EQUIPMENT/OPERATING CARRIER
*INTERLINE AGREEMENT PRICING APPLIED
*VERIFY AGE REQUIREMENTS
*ATTN PRICED ON 15DEC10 *1116
PAGE 1/1
 CTU
 XBJS HLWAPRC   CH    NVB   NVA20MAR 20K
 FRA HLWAPRC    CH    NVB   NVA31DEC 20K
 MUC HLWAPRC    CH    NVB   NVA20MAR 20K
 CGN       S U R F A C E
 PAR HLWAPRC    CH    NVB   NVA20MAR 1PC
 ROM HLWAPRC    CH    NVB   NVA20MAR PC
 MIL       S U R F A C E
 XSHA HLWAPRC   CH    NVB   NVA20MAR 20K
 CTU HLWAPRC    CH    NVB   NVA20MAR 20K
FARE    CNY    9920
TAX     EXEMPT CN    CNY    101DE CNY    3708XT
TOTAL CNY      13729
20MAR11CTU CA X/BJS CA FRA LH MUC M607.94/-CGN AF PAR AZ ROM
-//MIL S103.80CA X/SHA CA CTU15M749.97NUC1461.71END ROE6.785170
XT CNY 475OY CNY 12RA CNY 201RD CNY 115FR CNY 38FR
XT CNY 9IZ CNY 91QX CNY 19EX CNY 41HB CNY 34IT
XT CNY 6MJ CNY 17VT CNY 610YQ CNY 2040YR
ENDOS NON—END/PENALTY APPLS
TKT/TL22DEC10
```

3）婴儿票面价格

在计算机订座系统中，PNR 记录打开后通过"QTE：IN/CA"查看婴儿佟坤的票面价格显示如下。

```
FSIIN/CA
S CA    4113S20MAR CTU0800 1035PEK0X
S CA     931H20MAR PEK1405 1720FRA0S
S LH     108H23MAR FRA0955 1050MUC0S
S AF    2417N27MAR CGN2030 2155CDG0S
S AZ     319T29MAR CDG1010 1215FCO0S
S CA     968H02APR MXP1230 >0550PVG0X
S CA    1947S03APR PVG0755 1130CTU0S
01 HLWAPRC     IN         2062 CNY              INCL TAX
* SYSTEM DEFAULT—CHECK EQUIPMENT/OPERATING CARRIER
* INTERLINE AGREEMENT PRICING APPLIED
* VERIFY AGE REQUIREMENTS
* ATTN PRICED ON 15DEC10 * 1117
CTU
 XBJS HLWAPRC   IN    NVB    NVA20MAR 10K
 FRA HLWAPRC    IN    NVB    NVA31DEC 10K
 MUC HLWAPRC    IN    NVB    NVA20MAR 10K
 CGN       S U R F A C E
 PAR HLWAPRC    IN    NVB    NVA20MAR 1PC
 ROM HLWAPRC    IN    NVB    NVA20MAR PC
 MIL       S U R F A C E
 XSHA HLWAPRC   IN    NVB    NVA20MAR 10K
 CTU HLWAPRC    IN    NVB    NVA20MAR 10K
FARE   CNY    1940
TAX    EXEMPT CN    CNY    122YQ
TOTAL CNY    2062
20MAR11CTU CA X/BJS CA FRA LH MUC M81.05/-CGN AF PAR AZ ROM/
-/MIL S103.80CA X/SHA CA CTU15M99.99NUC284.84END ROE6.785170
ENDOS NON——END/PENALTY APPLS
TKT/TL22DEC10
```

4. 成人、儿童和婴儿的电子客票行程单

电子客票行程单是供旅客出行参考、备忘的有关行程航班、时间、价格等内容的文档，一般以 A4 纸通过计算机订座系统的插件软件打印，不限打印次数。要注意的是，它不是客票，也不作为报销发票。

1）成人电子客票行程单

因本例中成人电子客票是三张连续票号，故行程单也对应有三份。

（1）成人行程单1

电子客票行程单

航空公司记录编号：MD8L33　　　　　　　　订座记录编号：HX3Y5S
旅客姓名：　BAI/YE　　　　　　　　　　　　票号：999-1756357586
身份识别代码：PPG12345678　　　　　　　　联票：999-1756357586/87/88
出票航空公司：中国国际航空公司　　　　　　出票时间：15DEC10
出票代理人：北京望京航空服务有限公司　　　航协代码：08300143
代理人地址：北京市朝阳区花家地东路3号
电话：010-58250580　13391825650　　　　　传真：010-64728991

始发地/目的地	航班	座位等级	日期	起飞时间	到达时间	有效期	客票状态	行李	航站楼起飞	到达
成都双流	CA4113	S	20MAR	0800		31DEC1	OK	20K	--	T3
首都机场	CA931	H	20MAR	1405		20MAR2	OK	20K	T3	--
法兰克福	LH108	H	23MAR	0955		20MAR2	OK	20K		
慕尼黑雷姆	ARNK									
科隆										

票价计算：
A 20MAR11CTU CA X/BJS CA FRA LH MUC M810.59/-CGN AF PAR AZ ROM//MIL S1 03.80CA X/SHA CA CTU15M999.97NUC1914.36END ROE6.785170 XT 475.00OY12.00RA201.00RD115.00FR38.00FR9.00IZ91.00QX19.00EX41.00HB69.00IT6.00MJ17.00VT610.00YQ 2040.00YR

		税款：	CNY190.00　CNY6.00
			CNY101.00　CNY17.00
			CNY475.00　CNY610.00
			CNY12.00　CNY2040
付款方式：　CA3			CNY201.00　CNY6900
			CNY115.00　CNY41.00
			CNY38.00　CNY19.00
			CNY9.00　CNY91.00

机票款：　CNY12990.00
总　额：　CNY17024.00
限制条件：　NON-END/PENALTY APPLS

（2）成人行程单2

电子客票行程单

航空公司记录编号：MD8L33　　　　　　　　订座记录编号：HX3Y5S
旅客姓名：BAI/YE　　　　　　　　　　　　　票号：999-1756357587
身份识别代码：PPG12345678　　　　　　　联票：999-1756357586/87/88
出票航空公司：中国国际航空公司　　　　　出票时间：15DEC10
出票代理人：北京望京航空服务有限公司　　航协代码：08300143
代理人地址：北京市朝阳区花家地东路3号
电话：010-58250580　13391825650　　　传真：010-64728991

始发地/目的地	航班	座位等级	日期	起飞时间	到达时间	有效期	客票状态	行李	航站楼 起飞 到达
科隆	AF2417	N	27MAR	2030		20MAR2	OK	1PC	
戴高乐机场	AZ319	T	29MAR	1010		20MAR2	OK	1PC	
罗马	ARNK								
米兰	CA968	H	02APR	1230	0550	20MAR2	OK	20K	
上海浦东									

票价计算：
A 20MAR11CTU CA X/BJS CA FRA LH MUC M810.59/-CGN AF PAR AZ ROM//MIL S1 03.80CA X/SHA CA CTU15M999.97NUC1914.36END ROE6.785170 XT 475.00OY12.00RA201.00RD115.00FR38.00FR9.00IZ91.00QX19.00EX41.00HB69.00IT6.00MJ17.00VT610.00YQ2040.00YR

　　　　　　　　　　　　　　　　　　　　　CNY190.00　CNY2040
　　　　　　　　　　　　　　　　　　　　　CNY101.00　CNY610.00
　　　　　　　　　　　　　　　　　　　　　CNY475.00　CNY17.00
　　　　　　　　　　　　　　　　　　　　　CNY12.00　CNY6.00
　　　　　　　　　　　　　　　　　　　　　CNY201.00　CNY69.00
付款方式：CA3　　　　　　　税款：　　　CNY115.00　CNY41.00
　　　　　　　　　　　　　　　　　　　　　CNY38.00　CNY19.00
　　　　　　　　　　　　　　　　　　　　　CNY9.00　　CNY91.00

机票款：CNY12990.00
总　额：CNY17024.00
限制条件：NON-END/PENALTY APPLS

（3）成人行程单 3

电子客票行程单

航空公司记录编号：MD8L33　　　　　　　　订座记录编号：HX3Y5S
旅客姓名：BAI/YE　　　　　　　　　　　　　票号：999-1756357588
身份识别代码：PPG12345678　　　　　　　　联票：999-1756357586/87/88
出票航空公司：中国国际航空公司　　　　　　出票时间：15DEC10
出票代理人：北京望京航空服务有限公司　　　航协代码：08300143
代理人地址：北京市朝阳区花家地东路3号
电话：010-58250580　13391825650　　　　　传真：010-64728991

始发地/目的地	航班	座位等级	日期	起飞时间	到达时间	有效期	客票状态	行李	航站楼 起飞 到达
上海浦东 成都双流	CA1947	S	03APR	0755	1130	20MAR2	OK	20K	

票价计算：
A 20MAR11CTU CA X/BJS CA FRA LH MUC M810.59/-CGN AF PAR AZ ROM//MIL S1 03.80CA X/SHA CA CTU15M999.97NUC1914.36END ROE6.785170 XT 475.00OY12.00RA201.00RD115.00FR38.00FR9.00IZ91.00QX19.00EX41.00HB69.00IT6.00MJ17.00VT610.00YQ2040.00YR

付款方式：CA3　　　　　　　　税款：　　CNY190.00　CNY2040
　　　　　　　　　　　　　　　　　　　　CNY101.00　CNY610.00
　　　　　　　　　　　　　　　　　　　　CNY475.00　CNY17.00
　　　　　　　　　　　　　　　　　　　　CNY12.00　 CNY6.00
　　　　　　　　　　　　　　　　　　　　CNY201.00　CNY69.00
　　　　　　　　　　　　　　　　　　　　CNY115.00　CNY41.00
　　　　　　　　　　　　　　　　　　　　CNY38.00　 CNY19.00
　　　　　　　　　　　　　　　　　　　　CNY9.00　　CNY91.00

机票款：CNY12990.00
总　额：CNY17024.00
限制条件：NON-END/PENALTY APPLS

2）儿童电子客票行程单

本例中儿童电子客票是三张连续票号，故行程单也对应有三份。

（1）儿童行程单1

电子客票行程单

航空公司记录编号：MD8L33　　　　　　　订座记录编号：HX3Y5S
旅客姓名：LIU/YUE CHD　　　　　　　　　票号：999-1756357587
身份识别代码：PPG12345678　　　　　　　联票：999-1756357586/87/88
出票航空公司：中国国际航空公司　　　　　出票时间：15DEC10
出票代理人：北京望京航空服务有限公司　　航协代码：08300143
代理人地址：北京市朝阳区花家地东路3号
电话：010-58250580　13391825650　　　　传真：010-64728991

始发地/目的地	航班	座位等级	日期	起飞时间	到达时间	有效期	客票状态	行李	航站楼 起飞 到达
成都双流	CA4113	S	20MAR	0800	1035	31DEC1	OK	20K	-- T3
首都机场	CA931	H	20MAR	1405	1720	20MAR2	OK	20K	T3 --
法兰克福	LH108	H	23MAR	0955		20MAR2	OK	20K	
慕尼黑雷姆	ARNK								
科隆									

票价计算：
M 20MAR11CTU CA X/BJS CA FRA LH MUC M607.94/-CGN AF PAR AZ ROM//MIL S1 03.80CA X/SHA CA CTU15M749.97NUC1461.71END ROE6.785170 XT
475.00OY12.00RA201.00RD115.00FR38.00FR9.00IZ91.00QX19.00EX41.00HB34.00IT6.00MJ17.00VT610.00YQ2040.00YR

　　　　　　　　　　　　　　　　　　EXEMPTCN　CNY2040
　　　　　　　　　　　　　　　　　　CNY101.00　CNY610.00
　　　　　　　　　　　　　　　　　　CNY475.00　CNY17.00
　　　　　　　　　　　　　　　　　　CNY12.00　　CNY6.00
　　　　　　　　　　　　　　　　　　CNY201.00　CNY34.00
　　　　　　　　　　　　　　　　　　CNY115.00　CNY41.00
付款方式：CA3　　　　　　税款：　　CNY38.00　　CNY19.00
　　　　　　　　　　　　　　　　　　CNY9.00　　 CNY91.00
机票款：CNY9920.00
总　额：CNY13729.00
限制条件：NON-END/PENALTY APPLS

（2）儿童行程单2

电子客票行程单

航空公司记录编号：MD8L33　　　　　　　订座记录编号：HX3Y5S
旅客姓名：LIU/YUE CHD　　　　　　　　　票号：999-1756357587
身份识别代码：PPG12345678　　　　　　　联票：999-1756357586/87/88
出票航空公司：中国国际航空公司　　　　　出票时间：15DEC10
出票代理人：北京望京航空服务有限公司　　航协代码：08300143
代理人地址：北京市朝阳区花家地东路3号
电话：010-58250580 13391825650　　　　传真：010-64728991

始发地/目的地	航班	座位等级	日期	起飞时间	到达时间	有效期	客票状态	行李	航站楼 起飞 到达
科隆	AF2417	N	27MAR	2030		20MAR2	OK	1PC	
戴高乐机场	AZ319	T	29MAR	1010		20MAR2	OK	1PC	
罗马	ARNK								
米兰	CA968	H	02APR	1230	0550	20MAR2	OK	20K	
上海浦东									

票价计算：
M 20MAR11CTU CA X/BJS CA FRA LH MUC M607.94/-CGN AF PAR AZ ROM//MIL S1 03.80CA X/SHA CA CTU15M749.97NUC1461.71END ROE6.785170 XT 475.00OY12.00RA201.00RD115.00FR38.00FR9.00IZ91.00QX19.00EX41.00HB34.00IT6.00MJ17.00VT610.00YQ2040.00YR

　　　　　　　　　　　　　　　　　　　　　EXEMPTCN　CNY2040
　　　　　　　　　　　　　　　　　　　　　CNY101.00　CNY610.00
　　　　　　　　　　　　　　　　　　　　　CNY475.00　CNY17.00
　　　　　　　　　　　　　　　　　　　　　CNY12.00　 CNY6.00
付款方式：CA3　　　　　　税款：　　　　 CNY201.00　CNY34.00
　　　　　　　　　　　　　　　　　　　　　CNY115.00　CNY41.00
　　　　　　　　　　　　　　　　　　　　　CNY38.00　 CNY19.00
　　　　　　　　　　　　　　　　　　　　　CNY9.00　 CNY91.00

机票款：CNY9920.00
总　额：CNY13729.00
限制条件：NON-END/PENALTY APPLS

（3）儿童行程单 3

电子客票行程单

航空公司记录编号：MD8L33　　　　　　　　订座记录编号：HX3Y5S
旅客姓名：LIU/YUE CHD　　　　　　　　　　票号：999-1756357594
身份识别代码：PPG12345678　　　　　　　　联票：999-1756357592/93/94
出票航空公司：中国国际航空公司　　　　　　出票时间：15DEC10
出票代理人：北京望京航空服务有限公司　　　航协代码：08300143
代理人地址：北京市朝阳区花家地东路3号
电话：010-58250580 13391825650　　　　　 传真：010-64728991

始发地/目的地	航班	座位等级	日期	起飞时间	到达时间	有效期	客票状态	行李	航站楼 起飞 到达
上海浦东 成都双流	CA1947	S	03APR	0755	1130	20MAR2	OK	20K	

票价计算：
M 20MAR11CTU CA X/BJS CA FRA LH MUC M607.94/-CGN AF PAR AZ ROM//MIL S1 03.80CA X/SHA CA CTU15M749.97NUC1461.71END ROE6.785170 XT 475.00OY12.00RA201.00RD115.00FR38.00FR9.00IZ91.00QX19.00EX41.00HB34.00IT6.00MJ17.00VT610.00YQ2040.00YR

付款方式：CA3　　　　　　　税款：
　　　　　　　　　　　　　　EXEMPTCN　CNY2040
　　　　　　　　　　　　　　CNY101.00　CNY610.00
　　　　　　　　　　　　　　CNY475.00　CNY17.00
　　　　　　　　　　　　　　CNY12.00　 CNY6.00
　　　　　　　　　　　　　　CNY201.00　CNY34.00
　　　　　　　　　　　　　　CNY115.00　CNY41.00
　　　　　　　　　　　　　　CNY38.00　 CNY19.00
　　　　　　　　　　　　　　CNY9.00　 CNY91.00

机票款：CNY9920.00
总　额：CNY13729.00
限制条件：NON-END/PENALTY APPLS

3）婴儿电子客票行程单

本例中婴儿电子客票是三张连续票号，故行程单也对应有三份。

（1）婴儿行程单1

IATA

电子客票行程单

航空公司记录编号：MD8L33	订座记录编号：HX3Y5S
旅客姓名：TONG/KUN INF(DEC09) (INFANT)	票号：999-1756357589
身份识别代码：	联票：999-1756357589/90/91
出票航空公司：中国国际航空公司	出票时间：15DEC10
出票代理人：北京望京航空服务有限公司	航协代码：08300143
代理人地址：北京市朝阳区花家地东路3号	
电话：010-58250580 13391825650	传真：010-64728991

始发地/目的地	航班	座位等级	日期	起飞时间	到达时间	有效期	客票状态	行李	航站楼起飞	到达
成都双流	CA4113	S	20MAR	0800	1035	31DEC1	NS	10K	--	T3
首都机场	CA931	H	20MAR	1405	1720	20MAR2	NS	10K	T3	--
法兰克福	LH108	H	23MAR	0955		20MAR2	NS	10K		
慕尼黑雷姆	ARNK									
科隆										

票价计算：
M 20MAR11CTU CA X/BJS CA FRA LH MUC M81.05/- CGN AF PAR AZ ROM//MIL S103.80CA X/SHA CA CTU15M99.99NUC284.84END ROE6.785170

付款方式： CA3	税款：	EXEMPTCN CNY122.00

机票款：. CNY1940.00
总　额：CNY2062.00
限制条件：NON-END/PENALTY APPLS

(2) 婴儿行程单 2

电子客票行程单

航空公司记录编号：MD8L33　　　　　　　　　订座记录编号：HX3Y5S
旅客姓名：TONG/KUN INF(DEC09) (INFANT)　　票号：999-1756357590
身份识别代码：　　　　　　　　　　　　　　联票：999-1756357589/90/91
出票航空公司：中国国际航空公司　　　　　　出票时间：15DEC10
出票代理人：北京望京航空服务有限公司　　　航协代码：08300143
代理人地址：北京市朝阳区花家地东路3号
电话：010-58250580　13391825650　　　　　传真：010-64728991

始发地/目的地	航班	座位等级	日期	起飞时间	到达时间	有效期	客票状态	行李	航站楼 起飞 到达
科隆	AF2417	N	27MAR	2030		20MAR2	NS	1PC	
戴高乐机场	AZ39	T	29MAR	1010		20MAR2	NS	1PC	
罗马	ARNK								
米兰	CA968	H	02APR	1230	0550	20MAR2	NS	10K	
上海浦东									

票价计算：
M 20MAR11CTU CA X/BJS CA FRA LH MUC M81.05/- CGN AF PAR AZ ROM//MIL S103.80CA X/SHA CA CTU15M99.99NUC284.84END ROE6.785170

付款方式：CA3　　　　　　　　　　　税款：EXEMPTCN
　　　　　　　　　　　　　　　　　　　　　　CNY122.00

机票款：CNY1940.00
总　额：CNY2062.00
限制条件：NON-END/PENALTY APPLS

（3）婴儿行程单3

电子客票行程单

航空公司记录编号：MD8L33　　　　　　　　订座记录编号：HX3Y5S
旅客姓名：TONG/KUN INF(DEC09) (INFANT)　　票号：999-1756357591
身份识别代码：　　　　　　　　　　　　　　联票：999-1756357589/90/91
出票航空公司：中国国际航空公司　　　　　　出票时间：15DEC10
出票代理人：北京望京航空服务有限公司　　　航协代码：08300143
代理人地址：北京市朝阳区花家地东路3号
电话：010-58250580　13391825650　　　　　 传真：010-64728991

始发地/目的地	航班	座位等级	日期	起飞时间	到达时间	有效期	客票状态	行李	航站楼 起飞 到达
上海浦东 成都双流	CA1947	S	03APR	0755	1130	20MAR2	NS	10K	

票价计算：
M 20MAR11CTU CA X/BJS CA FRA LH MUC M81.05/-CGN AF PAR AZ ROM//MIL S10 3.80 CA X/SHA CA CTU15M99.99NUC284.84END ROE6.785170

付款方式：CA3　　　　　　　　　　税款：EXEMPTCN
　　　　　　　　　　　　　　　　　　　　　CNY122.00
机票款：CNY1940.00
总　额：CNY2062.00
限制条件：NON-END/PENALTY APPLS

全书练习题

一、写出下列城市的三字代码

1. OSAKA
2. KUALA LUMPUR
3. ZURICH
4. MONTREAL
5. VANCOUVER
6. BANGKOK
7. STOCKHOLM
8. CARACAS
9. BUENOS AIRES
10. SAN FRANCISCO

二、将下列术语译为中文

1. City/airport codes
2. Airline code numbers
3. Worldwide city-to-city schedule
4. Aircraft codes
5. Minimum connecting times
6. Airport terminal codes
7. Code share
8. International time calculator
9. IATA
10. Domestic flight
11. Flight routings
12. GMT

三、时差计算（参照 OAG 国际时间换算表）

1. 当纽约当地时间（USA，Eastern Time）是 10 月 19 日上午 8 点 25 分时，斯德哥尔摩（Sweden）的当地时间是几点？

2. 旅客 10AUG/1440 从苏里南（Suriname）的帕拉马里博出发，次日 1445 到达瑞士（Switzerland）的苏黎世。计算全程实际旅行时间。

四、查找直达航班

旅客于 8 月 31 日星期三乘机从匈牙利布达佩斯（Budapest）到巴黎（Paris）。请在所给的航班时刻表中找出 10 点至 15 点之间所有符合情况的航班，并填入下表。

```
FROM  BUDAPEST  HUNGARY  BUD                          +0200

Paris France     PAR              ORY-Orly   CDG-C de Gaule

M------    23Aug      only    0635    0940 CDG   OS 6413   1  M80  JCY
MTWTFSS               -       0720    0920 CDG   AF 1681   -  737  YSK
MTWTFSS               -       0735    0940 CDG   OS 413    -  M80  JYM
M--T--S               -       0735    0940 CDG   NG 8413   -  M50  C
M--TF--    until22sep         0755    0945 ORY   LH 6244   -  737  CHB
M--TF--    until22sep         0755    0945 ORY   NG 6244   -  727  CDH
M-WTF--               -       0755    0945 ORY   NG 6244   -  737  CDH
MTWTFSS               -       1010    1210 CDG   AF 1671   -  737  CDY
MTWTFSS    FROM 15Jul -       1220    1625 CDG   AF 1611   1  146  CDY
M-WTFSS    Until12sep         1350    1555 CDG   OS 415    -  M80  JCD
```

Airport codes		Departure		Arrival		Flight	Class	Equipment type	Stops
From	To	Time	Day	Time	Day				

五、根据要求安排航班

一位中国旅客要在 11 月 26 日星期二从北京出发，经日本的 Tokyo 到加拿大的 Banff，旅客要求在 Tokyo 尽快转机，MCT 是 2:10，请为旅客安排航班。

FROM BEIJING P.R.CHINA BJS				+0800
●CAPITAL (PEK) 16mls/26kms N of Beijing				
TOKYO TYO				NRT-Narita
---T--	-	0810 PEK	1300 NRT	IR 800 0 74L LPJ
M--W--F--	-	0830 PEK	1455 NRT	CA 929 1 74M LPJ
-T--T--	-	0830 PEK	1455 NRT	CA 929 0 74L LPJ
-TW--F--	-	0850 PEK	1350 NRT	CA 925 0 767 LPJ
-----SS	-	0850 PEK	1350 NRT	CA 925 0 744 LPJ
----F--	until 10Dec	0900 PEK	1400 NRT	NW 8 0 747 LPJ
----F--	until 17Dec-	0900 PEK	1410 NRT	NW 8 0 747 LPJ
M------	From 01Dec	0920 PEK	1540 NRT	CA 951 1 767 LPJ
---T---S	-	0920 PEK	1540 NRT	CA 951 1 74M LPQ
-T-TF-S	-	1010 PEK	1455 NRT	UA 852 0 747 LPJ
------S	-	1420 PEK	1905 NRT	JL 784 0 744 LPJ
-T-----	-	1445 PEK	2120 NRT	JL 780 1 744 LPJ
M--T---	-	1510 PEK	1955 NRT	JL 782 0 744 LPJ
--W----	-	1530 PEK	2015 NRT	NH 906 0 L10 LLJ
----F--	-	1605 PEK	2050 NRT	JL 782 0 744 LPJ

FROM TOKYO JAPAN TYO				+0900
● HANEDA (HND) 12mls/19kms S of Tokyo				
● NARITA (NRT) 41mls/66kms E of Tokyo				
Banff YBA CANADA				
TRANSFER CONNECTIONS				
M--TF--	-until 15Dec	1530 NRT	0840 YYC	AC 16 - D10 JYH
		1230 YYC	1430	AC 6101 - BU5 YBH
-T-T-SS	until 25Dec	1610 NRT	0720 YVR	AC 6 - C10 JYH
		0920 YVR	1200 YYC	AC 540 - 73M YBH
		1355 YYC	1600	AC 6005 - BUS YBH
MTWTFSS	-	1900 NRT	1025 YVR	AC 4 - D10 JYB
		1200 YVR	1415 YYC	AC 570 - 73M YBH
		1500 YYC	1700	AC 6103 - BUS YBH
--W--FS--	-	2100 NRT	0855 YVR	AC 4 - 744 YBH
		1050 YVR	1300 YYC	AC 1266 - 74M YBH
		1450 YYC	1650	AC 6105 - BUS YBH

Airport codes		Departure		Arrival		Flight	Class	Equipment type	Stops
From	To	Time	Day	Time	Day				

六、运价使用基础填空

1. 应按（　　　　　　），不得使用反向运价。

2. 航空公司自行制定的仅适用于本航空公司或两国间对飞的航空公司的国际运价称为（　　　　　）。

3. 由直达公布运价和给定附加值相加构成的直达运价称为（　　　　　）。

4. 适用于航空运输的运价、其他收费和运价规则自（　　　　　）之日起生效。

5. 来回程、环程、环球程、缺口程应使用（　　　　　）运价。

6. 旅客购买三个月有效期的来回程客票，4月30日出发，该客票有效期截止日期为（　　　　）。

7. 用于将中间组合单位 NUC 转换为当地货币的 IATA 兑换率 ROE 自（　　　　）起有效。

8. 从北京到旧金山的适用规则，其内容可查阅 PAT 的（　　　　）手册。

9. PAT 的最大允许里程手册仅用于（　　　　）的情况。

10. 客票乘机联应按（　　　　）使用。

11. 仅当国际旅行确实是从客票上填开的（　　　　）出发时，所付运价才能适用。

七、写出下列国家/地区所属 IATA 区域

国家/地区	IATA 区域	IATA 次区
PARAGUAY		
UKRAINE		
SAMOA		
GHANA		
CHILE		
ANDORRA		
MEXICO		
MYANMAR		
NAMIBIA		
ZIMBABWE		
MACAU SAR.		
MALDIVES		
GUAM		
BENIN		
UZBEKISTAN		
BOLIVIA		
SUDAN		
AFGHANISTAN		
GREENLAND		
LEBANON		
KENYA		
FIJI		
TUNISIA		

八、写出下列城市的三字代码、所属国家和 IATA 次区

城市名称	城市代码	所属国	IATA 区域	IATA 次区
AUCKLAND				
	DUB			
	KHI			
PORT MORESBY				
COLOMBO				
ADDIS ABABA				
ADEN				
MEXICO CITY				
BANJUL				
	JNB			
ALGIERS				
NAIROBI				
	DXB			
DAKAR				
KIEV				
	RIO			
SEOUL				
OSLO				
	MIA			
LIMA				

九、判断航程种类

1. 判断下列使用普通运价的航程的种类（OW，RT，CT，RTW，OJ）：

（1）BJS（北京）—LAX（洛杉矶）—MEX（墨西哥城）

（2）SHA—PAR—MAN 地面运输 LON—BJS

（3）SHA—SFO—MIA—PAR—SHA

（4）CAN—SIN—POM（莫尔兹比港）—SIN—CAN

2. 上述航程中哪些可以使用 $\frac{1}{2}$RT 运价构成全程运价？

十、TIM 练习

旅客姓名：Diego Olivera 国籍：Citizen of Colombia。已知 Mr. Diego Olivera 准备在 2004 年 5 月到洪都拉斯作商务旅行，他持有哥伦比亚普通护照，护照的有效期为 2006 年 6 月。请参考 TIM 中摘录的资料（见问题后）回答下列问题：

1. 这位旅客是否需要一本进入洪都拉斯的有效护照？

    A. 是　　　　　　　　B. 否

2. 这位旅客必须具有：

    A. A Visa

    B. Return ticket

    C. An authorisation cable of the immigration director

    D. All of the above

    E. A and B only

3. 这个旅客到达洪都拉斯后：

    A. Report to the Department of Public Security

    B. Obtain an Exit permit

    C. Register with the Foreign Affairs Office

    D. All of the above

4. Mr. Olivera 将需要以下哪一种卫生检疫：

    A. Cholera

    B. Malaria

    C. Yellow fever

    D. None of the above

5. 从洪都拉斯离境携带美元没有数量限制：

    A. True

    B. False

6. 25 美元的机场服务费是：

    A. Collected on the ticket

    B. Paid at the airport upon departure

    C. Paid at the airport upon arrival

    D. None of the above

Foundation Course Exam – Paper 2 – General Knowledge – March 2003 – Page 11

■ **HONDURAS (HN)**

Geographical information:
Capital - Tegucigalpa (TGU).

1. **Passport:** Required, except for holders of:
   1. an authorization from a Honduran embassy abroad issued to nationals of Honduras;
   2. Laissez-Passer issued by the United Nations;
   3. Official Travel Document issued by the ODECA (Organización De Estados Centro Americanos - "Organization of Central American Countries");
   4. Seaman Book (travelling on duty) issued to merchant seamen either transiting Honduras by air or proceeding to join a ship in Honduras or being repatriated after discharge from a ship in Honduras. In the last two cases the seaman must hold a letter from the shipping company stating that its agency in Honduras is responsible for the seaman during his stay in Honduras;
   5. proof of an arrangement of the "Instituto de Turismo" (Institute of Tourism) of Honduras for tourists being nationals of the U.S.A.;
   6. German Identity Card ("Kinderausweis") issued to children up to 16 years;
   7. Military Identity Card in combination with movement or travel order issued to U.S. armed forces.

   Additional Information: Nationals of Cuba must, in addition to their passports, hold cable of authorization of the immigration director and a request to the ministry of external relations in Honduras (not applicable to alien residents of the U.S.A.)

2. **Visa:** Required [21][22] except for:
   1. nationals of Honduras (unlimited stay);
   2. those coming for touristic or business purposes provided being:
      a. holders of:
         — British passports endorsed "British Citizen";
         — British passports endorsed "British Dependent Territories Citizen";
      b. nationals of Argentina, Australia, Austria, Belgium, Canada, Costa Rica, Denmark, El Salvador, Finland, France, Germany, Greece, Guatemala, Iceland, Ireland Rep., Italy, Liechtenstein, Luxembourg, Malta, Monaco, Netherlands, New Zealand, Nicaragua, Norway, Panama, Poland, Portugal, San Marino, Spain, Sweden, Switzerland, Uruguay, U.S.A., Vatican City;

      c. (for a stay of max. 90 days) nationals [23] of Chile and Japan;
   3. those coming for touristic or business purposes provided holding:
      a. diplomatic, official and special passports being nationals of Colombia, Dominican Rep., Ecuador, Israel, Peru, Romania and Venezuela;
      b. diplomatic and official passports being nationals of Belize;
      c. diplomatic passports being nationals of Brazil;
   4. holders of a re-entry permit issued by Honduras;
   5. members of the U.S. armed forces in possession of movement orders and travelling in uniform. The authorities, however, have to be advised before arrival;

   (TWOV)
   6. those continuing to a third country within 48 hours, (**except** those nationals mentioned in [21], who must continue on the same day by the same or first connecting aircraft without leaving the airport transit area).
      All passengers must hold documents required for their next destination and tickets with confirmed onward reservations. There are no hotel facilities available at the airport.
      A permit to leave the airport can be obtained at the Airport Immigration Office (not applicable to nationals mentioned in [21]).

   Merchant Seamen: must travel on duty and hold Letter of Guarantee of shipping company (see Terms & Definitions).
   This letter should also state that the agency in Honduras is responsible for the seaman during his stay in Honduras.
   Visa not required.
   Issue: by diplomatic representations of Honduras abroad.
   Additional information:
   1. Nationals mentioned in [21], must report to the "Departamento de Seguridad Pública" ("Department of Public Security") if their stay exceeds 48 hours.
   2. All visitors must hold onward/return tickets and all documents required for their next destination.

   Minors: (Persons under 21 years are considered to be minors).
   Following regulations apply to minors being national of Honduras and minors of residents of Honduras, departing from Honduras:
   a. If travelling alone, need a letter of consent signed by both parents or legal guardians.
   b. If travelling with one parent, letter must be signed by the other parent or legal guardian.
   c. If travelling alone to the U.S.A. they need a legal permit signed by both parents or legal guardians.

   Re-entry permit: Required for alien residents of Honduras who wish to return; to be obtained before leaving the country.

189 **HONDURAS (HN)**

Foundation Course Exam – Paper 2 – General Knowledge – March 2003 – Page 12

Exit permit: Required for:
1. Nationals of Honduras.
2. All aliens whose stay will exceed 90 days. They have to report to the Dirección General de Población and subsequently obtain the exit permit from the Foreign Affairs Office.

Notes:

[21] Following nationals need visa and authorization cable:
a. Afghanistan, Albania, Algeria, Angola, Armenia, Azerbaijan, Belarus, Bhutan, Bosnia Herzegovina, Bulgaria, Cambodia, China (People's Rep.), Congo (Brazzaville), Cuba (not applicable to alien residents of U.S.A.), Cyprus, Czech Rep., Eritrea, Ethiopia, FYROM (Former Yugoslav Rep. of Macedonia), Georgia, Iran, Iraq, Kazakhstan, Korea (Dem. People's Rep.), Kyrgyzstan, Laos, Libya, Moldova (Rep. of), Mongolia, Mozambique, Myanmar, Russian Fed., Slovak Rep., Slovenia, Syria, Tajikistan, Tunisia, Turkmenistan, Ukraine, Uzbekistan and Vietnam;
b. nationals of following countries only if holding **normal** passports: Bahrain, Bangladesh, Bolivia, Colombia, Congo (kinshasa), Croatia, Dominican Rep., Ecuador, Egypt, Ghana, Guinea Rep., Hungary, India, Jordan, Kuwait, Lebanon, Liberia, Malaysia, Mali, Morocco, Namibia, Nepal, Niger, Nigeria, Oman, Pakistan, Peru, Qatar, Romania, Rwanda, Saudi Arabia, Singapore, Somalia, Sri Lanka, Thailand, Togo, Tonga, Turkey, Uganda, United Arab Emirates, Yemen Rep., Yugoslavia Fed. Rep., Zambia, Zimbabwe.

[22] All visa exemptions are for a stay of 30 days, unless otherwise stated. Extension can be obtained at the Immigration Dept. against fees varying between HNL 10.- and HNL 50.-.

[23] If holding diplomatic, official and special passports visa free stay is max. 30 days.

3. **Health:** Required - except for transit passengers not leaving the airport - vaccination against:
yellow fever, if arriving within 6 days after leaving or transiting [31] countries with infected areas (see General Health Information).

Recommended:
Malaria prophylaxis. Malaria risk - *P. vivax* (97%), *P. falciparum* (3%) - is high throughout the year in 223 municipalities. Low transmission risk in the other 71 municipalities, including the city of Tegucigalpa and San Pedro Sula. *P. falciparum* risk is highest in Sanitary Region VI, including the Islas de la Bahaia. (see Terms & Definitions).
Recommended prophylaxis: CHL.

Notes:
[31] Not required for those not leaving the airport in the countries concerned.

4. **Tax: Airport Service Fee** is levied on all passengers over 12 years leaving Honduras: USD 25.- or equivalent in local currency.
Place of payment: airport of departure in Honduras.
Exempt are: transit passengers leaving within 12 hours.

5. **Customs:**
Import: free import of
1. 200 cigarettes or 100 cigars or 1 pound of tobacco;
2. two quarts of alcoholic beverages;
3. reasonable quantity of perfumes for personal use;
4. gifts up to a total value of USD 50.-.

Additional Information: Honduras is member of the CITES (see Terms & Definitions).
Pets: dogs and cats must be accompanied by veterinarian health certificate issued at point of origin, and an import permit from Dirección General de Ganadería y Veterinaria ("General Direction for Cattle Breeding and Veterinary Services").
Dogs also require additional rabies vaccination certificate and distemper and hepatitis certificates.
The health certificate should be authenticated at the Honduras Consulate in country of origin. The entry permit can be arranged upon arrival.
Export: free export
No restrictions.
Baggage clearance: baggage is cleared at the airport of final destination in Honduras, provided this is an international airport.
Exempt: baggage of transit passengers with a destination outside Honduras.

6. **Currency:**
Import: allowed.
local currency (Honduras Lempira-HNL) and foreign currencies: no restrictions.
Export: allowed.
local currency (Honduras Lempira-HNL): no restrictions;
foreign currencies: no restrictions, except US Dollars to the amount declared to the customs on arrival.

Foundation Course Exam – Paper 2 – General Knowledge – March 2003 – Page 13

GENERAL HEALTH INFORMATION

NEW INFORMATION ON INFECTED OR ENDEMIC AREAS
To be consulted if the country page concerned refers to "Infected areas" and/or "Endemic areas (see General Health Information)".

CHOLERA: infected areas exist according to the World Health Organization in the following countries (the appearance of a country on this list does not mean that the entire country is affected).
in Africa:
Angola, Benin Rep., Burkina Faso, Burundi, Cameroon, Cape Verde Is., Central African Rep., Chad, Comores, Congo (Brazzaville), Congo (Kinshasa), Cote d'Ivoire, Djibouti, Ghana, Guinea-Bissau, Guinea (Rep.), Kenya, Liberia, Madagascar (Dem. Rep.), Malawi, Mali, Mauritania, Mozambique, Niger, Nigeria, Rwanda, São Tomé & Principe, Senegal, Sierra Leone, Somalia, South Africa, Swaziland, Tanzania, Togo, Uganda, Zambia, Zimbabwe.
in Asia:
Afghanistan, Bhutan, Cambodia, China (People's Rep.), India, Iran, Iraq, Laos, Malaysia, Myanmar, Nepal, Philippines, Sri Lanka, Vietnam.
in S. America:
Belize, Bolivia, Brazil, Colombia, Costa Rica, Ecuador, El Salvador, French Guiana, Guatemala, Guyana, Honduras, Mexico, Nicaragua, Panama, Peru, Suriname, Venezuela.

PLAGUE: infected areas exist according to the World Health Organization in the following countries:
in Africa:
Congo (Kinshasa), Madagascar (Dem. Rep.), Malawi, Mozambique, Namibia, Tanzania, Uganda, Zambia, Zimbabwe.
in Asia:
Vietnam.
in S. America:
Bolivia, Brazil, Ecuador, Peru.

YELLOW FEVER infected and endemic areas exist according to the World Health Organization in the following countries.
YELLOW FEVER INFECTED:
in Africa:
Angola, Benin Rep., Burkina Faso, Cameroon, Congo (Kinshasa), Gabon, Gambia, Ghana, Guinea (Rep.), Liberia, Nigeria, Sierra Leone, Sudan.
in S. America:
Bolivia, Brazil, Colombia, Ecuador, French Guiana, Peru, Venezuela.
YELLOW FEVER ENDEMIC:
in Africa:
Angola, Benin Rep., Burkina Faso, Burundi, Cameroon, Central African Rep., Chad, Congo (Brazzaville), Congo (Kinshasa), Cote d'Ivoire, Equatorial Guinea, Ethiopia, Gabon, Gambia, Ghana, Guinea-Bissau, Guinea (Rep.), Kenya, Liberia, Mali, Niger, Nigeria, Rwanda, São Tomé & Principe, Senegal, Sierra Leone, Somalia, Sudan, Tanzania, Togo, Uganda.
in S. America:
Bolivia, Brazil, Colombia, Ecuador, French Guiana, Guyana, Panama, Peru, Suriname, Venezuela.

Measures adopted by health authorities
Whenever it is observed that health authorities of countries who are signatories to the WHO International Health Regulations (see page 16; note that some countries, such as Australia, are not bound) take measures which contravene the directives, please inform the TIM Editing Department, particularly if fines are imposed for missing vaccination certificates (see page 20 for yellow fever). An immediate forwarding of receipts of payment, or other evidence, might help us improve the situation in the short term.

For "PROTECTION AGAINST COMMUNICABLE DISEASES" see:
—General . . . . page 17
—Cholera . . . . page 19
—Yellow fever. . . . . page 20
—Malaria . . . . page 23

WARNING
In order to avoid difficulties with customs/security authorities, passengers using medication (especially if drugs contain or have been derived from opium) are advised to hold a medical attestation (preferably in English), duly signed by the treating physician, stating: trade name, generic name and quantity of applicable drug which has been prescribed as treatment for their health.

For information on AIDS and HIV infection, consult page 18.

4

十一、航程中的客票点

旅客航程为：BKK（曼谷）—JNB（约翰内斯堡）—RIO（里约热内卢）—SCL（圣地亚哥）—AKL（奥克兰）—X/SYD（悉尼）—BKK（曼谷）。

其运价构成如下：

```
BKK
 JNB   TG
  RIO  RQ    M
   SCL RQ    1908.08
    AKL NZ
X/SYD  QF    M
  BKK  TG    2091.19
```

1. 写出该航程的始发国；
2. 写出该航程的始发点、运价分界点和终点；
3. 判断该航程的种类；
4. 该航程有几个中途分程点？
5. 该航程有几个转机点？
6. 该航程有几个客票点？
7. 写出去程和回程的航行方向代码。

十二、判断下列航程的航行方向代码

1. HKG（香港）—TYO（东京）—CPH（哥本哈根）—ROME（罗马）
2. BJS（北京）—YVR（温哥华）—LIS（里斯本）
3. HKG（香港）—JNB（约翰内斯堡）—BUE（布宜诺斯艾利斯）
4. NYC（纽约）—CAS（卡萨布兰卡）—LOS（拉各斯）
5. SYD（悉尼）—BJS（北京）—MOW（莫斯科）
6. BJS（北京）—KHI（卡拉奇）—IST（伊斯坦布尔）
7. BJS（北京）—LAX（洛杉矶）—MIA（迈阿密）
8. CAN（广州）—SIN（新加坡）—POM（莫尔兹比港）
9. SYD（悉尼）—LAX（洛杉矶）—RIO（里约热内卢）
10. TPE（台北）—TYO（东京）—MOW（莫斯科）
11. BRU（布鲁塞尔）—LON（伦敦）—WAS（华盛顿）

十三、写出下列缩语的中英文含义

1. NUC
2. LCF

3. COC

4. ROE

十四、货币尾数取舍填空

1.

未经取舍的 LCF	进位单位	保留小数	LCF
1293.3523	N10	2	
349.9422	H1	0	
919.1222	H10	2	
1290.10	H5	2	
1290.09	H5	2	
545.8176	H20	2	
840.3134	H0.01	3	

2.

国家/地区名称	未经取舍的 LCF	进位单位	LCF
United Kingdom	GBP 2348.23		
Iraq	IQD 954.387		
Tunisia	TND 1564.134		
Morocco	MAD 21250.80		
Macao SAR	MOP 9430.09		
Greenland	DKK 9875.09		

3.

国家/地区名称	NUC	ROE	货币代码	进位单位	LCF
Gibraltar	1034.60				
Bolivia	1376.65				
Hungary	470.30				
Cyprus	482.62				
Gabon	692.51				
Namibia	637.42				
Jordan	542.59				

十五、参照运价表和运价适用规则（Y146 和 Y150）回答下列问题

```
Y146 FIRST,INTERMEDIATE,ECONOMIC CLASS ⇒ SC101
     FARE BETWEEN EUROPE AND SOUTHEAST
     VIA AP,EH,FE,RU,TS
8) STOPOVERS
   A) unlimited permitted
9) TRANSFERS
   A) unlimited permitted
```

```
Y150 RESTRICTED ECONOMY CLASS FARE ⇒ SC101
     FROM PHILIPPINE TO EUROPE VIA EH,FE
8) STOPOVERS
   A) not permitted
9) TRANSFERS
   A) 1) one way fare:2 permitted
      2) round trip fare:2 permitted in each
         direction
```

MANILA (MNL)

FARE TYPE	LOCAL CURRENCY	NUC	CARR CODE	RULE	GI MPM & ROUTING
To FRANKFURT (FRA)					EH 9116
					TS 9368
					AP 13816
Y	1518	1518.00	Y146	EH	
Y	2080	2080.00	Y146	TS	
Y	2424	2424.00	Y146	AP	
Y2	1214	1214.00	Y150	EH	
C	1746	1746.00	Y146	EH	
C	2392	2392.00	Y146	TS	
C	2787	2787.00	Y146	AP	
F	2538	2538.00	Y146	EH	
F	3492	3492.00	Y146	TS	
F	4066	4066.00	Y146	AP	
YEE	1586	1586.00	E117	EH	
YEE6M	1767	1767.00	Y153	EH	
YOX	872	872.00	E116	EH	

1. 旅客航程为：MNL（马尼拉）—CA—X/BJS（北京）—CA—FRA（法兰克福），全程使用经济舱票价，写出该航程的 NUC 票价和 MPM。

2. 旅客航程为：MNL（马尼拉）—KE—X/SEL（首尔）—KE—FRA（法兰克福），全程使用头等舱票价，写出该航程的 NUC 票价和 MPM。

十六、表明下列运价区间适用的承运人运价

1. BJS（北京）—CA—TYO（东京）—JL—HNL（火奴鲁鲁）—AA—SFO（旧金山）

2. SHA（上海）—MU—PAR（巴黎）—AA—NYC（纽约）—AC—YMQ（蒙特利尔）

3. RIO（里约热内卢）—UA—MIA（迈阿密）—DL—BOS（波士顿）

4. GVA（日内瓦）—AF—PAR（巴黎）—KL—AMS（阿姆斯特丹）—AY—HEL（赫尔辛基）

  TPM   249   259   945

GVA—HEL 的承运人运价如下：

  AF Y OW NUC 1413.83
  KL Y OW NUC 1250.37
  AY Y OW NUC 1350.68

a）写出适用运价的承运人代码：
b）写出适用的 NUC 运价：
c）写出适用的当地货币运价（LCF）：

十七、超里程附加收费填空

1.

MPM	TPM	TPM/MPM	EMS
例：7943	8673	1.0919	10M
2965	2899		
4400	5181		
6951	7300		
12840	15809		
8871	10051		

2.

NUC	MPM	TPM	EMS	AF（NUC）
765.47	1786	1806		
2883.65	12047	12134		
245.46	743	704		
923.20	2468	3241		

十八、参阅超里程优惠表，判断下列航程是否有里程优惠（如没有，填写 NIL）

运价区间	EMA	客票填开
例：BEIJING—KARACHI—ISLAMABD	-700	E/KHIISB
SYDNEY—JOHANESBURG—NAIROBI—KHARTOUM—ATHENS		
CAIRO—AMMAN—ISTANBUL—KISHNEV—BUDAPEST		
DAMASCUS—MUMBAI—DELHI—KUALA LUMPUR—MANILA		
BANGKOK—KARACHI—ISLAMABAD—DUBAI—ADDIS ABABA		
COLOMBO—SINGAPRE—HONOLULU—SAN FRANCISCO		
LISBON—FRANKFURT—STAVANGER		
AUCKLAND—HONG KONG—DELHI—MUMBAI—CAIRO		
BEIJING—MANILA—HONOLULU—VANCOUVER		
MADRID—X/BASLE—LONDON		
BRISBANE—HARARE—TRIPOLI—MADRID		
PERTH—HARARE—JOHANNESBURG—ROME—ZURICH		
GENEVA—BARCELONA—BILBAO		
JOHANNESBURG—TEL AVIV—NEW YORK—VANCOUVER		

十九、计算下列航程运价

1. 航程：MNL（马尼拉）—CX—HKG（香港）—CX—SEL（首尔），全程使用 F 舱票价，在 MNL 付款出票。

TPM：
        MNL
702   HKG   CX
1295 SEL   CX

运价表：	F OW NUC	MPM
MNL— SEL	722 .32 EH	1948
HKG— SEL	780. 81 EH	

2. 旅客航程：KUALA LUMPUR（吉隆坡）—AI—DELHI（德里）—IC—MUMBAI（孟买）—SV—X/RIYADH（利雅得）—KU—KUWEIT（科威特）；

运价等级：Y 舱；在 KUL 付款出票。

TPM：
        KUL
2395 DEL
708   BOM
1722 X/RUH
306   KWI

运价表：	Y OW	MPM
KULKWI	686.57	4762
KULRUH	753.42	
KULDEL	641.05	
KULBOM	641.05	

二十、比例运价

1. 根据下列运价资料，计算从 Sydney 到 Tirgu Muris 单程，Y 舱，EH 航线的 NUC 运价和最大允许里程（MPM）：

运价：	Y OW NUC	MPM
SYD—BUH	3075.85（EH）	12024

SYDTGM Y OW EH NUC：_____

SYDTGM EH MPM：_____

ADD-ON CITY AREA	GI	ADD TO	FARE TYPE	RULE	NUC NORMAL/SPECIAL OW	SPECIAL RT	LOCAL CURRENCY NORMAL/SPECIAL OW	SPECIAL RT	MILEAGE ADD	TO
TIRGU MURES (TGM)	RO						EUR			
EUROPE	EH	BUH	NRM IF		68.83		45		189	BUH
MIDDLE EAST,AFRICA	EH	BUH			68.83	137.66	45	90	189	BUH
MIDDLE EAST	EH	BUH	SPC		68.83		45		189	BUH
SASC	EH	BUH	NRM IF		68.83		45		189	BUH
SEA	EH	BUH			68.83	137.66	45	90	189	BUH
SWP	AP/EH/ TS	BUH	NRM IF		68.83		45		189	BUH
JAPAN,KOREA	AP/EH/ TS	BUH			68.83	137.66	45	90	189	BUH
AREA1(EXC CANADA, USA)	AT	BUH			68.83	137.66	45	90	189	BUH
CANADA,USA	AT	BUH			68.83		45		189	BUH

2. 旅客航程：Wuhan（武汉）—CZ—Hong Kong（香港）—CX—Manchester（曼彻斯特）；全程使用 F 舱运价；在 WUH 付款出票。（MPM：WUH—MAN EH 9142）

TPM：

	WUH
567	HKG
6015	MAN

运价表：

	F OW
SHA—MAN	4344.21
HKG—MAN	5127.21

ADD-ON CITY AREA	GI	ADD TO	FARE TYPE	RULE	NUC NORMAL/SPECIAL OW	NUC SPECIAL RT	LOCAL CURRENCY NORMAL/SPECIAL OW	LOCAL CURRENCY SPECIAL RT	MILEAGE ADD	MILEAGE TO
WUHAN (WUH)	CN						CNY			
SEA(EXC HONG KONG SAR) /KAZAKSTAN/KYRGYZSTAN/ /MONGOLIA/MYANMAR/ /RUSSIA/TAJIKISTAN/ /THAILAND/TURKMENISTAN/ /UZBEKISTAN/VIETNAM/ /SWP(EXC PAPUA NEW GUINEA/SILOMON ISLANDS)	EH EH EH EH EH EH EH EH	CAN CAN CAN	Y C F		76.11 97.86 113.70		630 810 940			
EUROPE	EH/EH EH/FE EH/FE	SHA SHA SHA	Y C F		67.65 86.98 101.48	135.31	560 720 840	1120		

二十一、计算下列航程运价（BHC）

1. 航程：SHA（上海）—CA—NYC（纽约）—AA—DFW（达拉斯），全程使用 F 舱票价，在 SHA 付款、出票。

TPM：

	SHA
7404	NYC
1387	DFW

运价表：	F OW (PA) NUC	MPM	RULE
SHA—NYC	3905.56		X1113
SHA—DFW	3650.56	8848	X1113

2. 旅客航程为：BJS（北京）—CA—TYO（东京）—JL—MEX（墨西哥城）—MX—GUA（危地马拉）；全程使用 C 舱运价，在 BJS 付款、出票。根据下列运价资料，计算全程运价。

TPM 如下：

	BJS	
1313	TYO	CA
7014	MEX	JL
655	GUA	MX

运价表：	C OW PA NUC	MPM
BJS—GUA	2326.28	10034
BJS—MEX	2682.83	
TYO—MEX	2890.45	
TYO—GUA	2985.14	

3. 航程：SEL（首尔）—CA—BJS（北京）—CA—ZRH（苏黎世）—OA—ATH（雅典），全程使用 C 舱票价，在 SEL 付款出票。

TPM：

	SEL	
567	BJS	CA
4954	ZRH	CA
1012	ATH	OA

运价表：	C OW (EH) NUC	MPM	RULE
SEL—ATH	1887.00	7132	Y094
SEL—ZRH	2028.25		Y094
BJS—ZRH	2059.02		Y146
BJS—ATH	1986.82		Y146

注意：日本/朝鲜和欧洲间经中国的一个点，EH 航程的 MPM 减去 1000 英里（L/BJS）。

4. 航程：MAD（马德里）—IB—MEX（墨西哥城）—MX—CPE（坎佩切湾）—TA—GUA（危地马拉城），全程使用 Y 舱票价。

TPM：

	MAD	
5633	MEX	
556	CPE	
350	GUA	

运价表：	Y OW (AT) NUC	MPM	RULE
MAD—GUA	2534.18	6526	X0900
MAD—MEX	2788.78		X0759

a) 旅客在 MEX 中途分程，在 CPE 中转（No Stopover），求算全程运价。
b) 旅客在所有的中间点中途分程，求算全程运价。

ADD-ON CITY AREA	GI	ADD TO	FARE TYPE	RULE	NUC NORMAL/SPECIAL OW	NUC SPECIAL RT	LOCAL CURRENCY NORMAL/SPECIAL OW	LOCAL CURRENCY SPECIAL RT	MILEAGE ADD	MILEAGE TO
CAMPECHE (CPE)	MX						USD			
AFRICA,AREA3(EXC SWP),JAPAN/KOREA	AT	MEX	Y		162.00	323.00	162	323	667	MEX
	AT	MEX	C/F		225.00		225		667	MEX
S AMERICA(ARGENTINA, BOLIVIA,BRAZIL,CHILE, CILOMBIA,ECUADOR, PANAMA,PARAGUAY,PERU, URUGUAY,VENEZUELA)	WH WH WH WH WH	MEX MEX	Y C/F		162.00 225.00	323.00	162 225	323	667 667	MEX MEX
EUROPE	AT	MEX	Y		140.00	140.00	140	140	667	MEX
	AT	MEX	C/F		220.00		220		667	MEX
MIDDLE EAST	AT	MEX	Y		199.00	323.00	199	323	667	667
	AT	MEX	C/F		279.00		279		667	MEX
JAPAN/KOREA	AT	MEX	Y		162.00		162		667	MEX
	AT	MEX	C/F		225.00		225		667	MEX

二十二、计算下列航程的始发国当地货币运价（来回程和环程）

1. 航程：RIO（里约热内卢）—AF—PAR（巴黎）—TP—MAD（马德里）—TP—PAR（巴黎）—AF—RIO（里约热内卢），全程使用 Y 舱票价，在 RIO 付款、出票。

TPM：6346
    RIO
    PAR
    MAD
    PAR
    RIO

运价表：	Y RT NUC	MPM
RIO—MAD	2194.00	6076
RIO—PAR	2612.00	

2. 航程：BJS（北京）—CA—HKG（香港）—CX—IST（伊斯坦布尔）—TK—ZRH（苏黎世）—CA—BJS（北京），全程使用 Y 舱票价，在 BJS 付款、出票。

TPM：
        BJS
1239 HGK
4977 IST
1096 ZRH
4954 BJS

运价表：	Y RT NUC	MPM
BJS—IST	3368.41	6102
BJS—ZRH	3694.61	6902
HKG—IST	2796.31	
HKG—ZRH	3291.21	

二十三、计算下列航程的始发国当地货币运价（混合等级）

1. 航程：MNL（马尼拉）—MH—SIN（新加坡）—SQ—PER（珀斯），在 MNL 付款、出票。各段舱位等级如下：

TPM：
        MNL
1476 SIN C
2431 PER F

运价表：	F OW NUC	C OW NUC	MPM
MNL—PER	1870.00	1526.00	4248
MNL—SIN	723.00	523.00	
SIN—PER	1589.28	1217.26	

2. 航程：BJS（北京）—CA—DEL（德里）—AI—BOM（孟买）—AI—RUH（利雅得）—SV—KWI（科威特），在 BJS 付款、出票。各段舱位等级如下：

TPM：

	MNL	
2499	DEL	C
708	BOM	C
1722	RUH	F
306	KWI	F

运价表：	F OW NUC	C OW NUC	MPM
BJS—KWI	1774.81	1364.03	4717
BJS—RUH	2119.15	1625.00	
BJS—DEL	1209.38	1083.73	
BJS—BOM	1402.69	1256.50	3721
BOM—KWI	510.13	378.16	2050
BOM—RUH	568.53	444.66	

3. 航程：DEL（德里）—AI—KHI（卡拉奇）—PK—X/KWI（科威特）—MS—CAI（开罗）—MS—TVL（特拉维夫）—AI—DEL（德里），在 DEL 付款、出票。各段舱位等级如下：

TPM：

	DEL	
665	KHI	F
1216	X/KWI	C
997	CAI	C
244	TLV	C
2518	DEL	F

运价表：	F RT NUC	C RT NUC	MPM
DEL—KHI	306.02	274.72	
DEL—KWI	1033.10	807.74	2010
DEL—CAI	1385.30	1097.66	3297
DEL—TLV	1501.88	1176.88	3031
TLV—DEL	2500.00	2006.00	

二十四、特殊运价日期判断

旅客航程为：Damascus—Moscow—Damascus

订座情况如下：RB 441 M 10DEC DAMSVO HK1 0735 2305
　　　　　　　RB 442 M 22DEC SVODAM HK1 1200 1616

适用运价规则 SC100 以及 Y107，选择/写出正确答案：

```
Y107                                    ⟹ SC 100
BETWEEN EUROPE AND MIDDLE EAST
0) APPLICATION Y RT/CT/SOJ
   NOTE: SOJ: OJ MUST BE IN THE SAME COUNTY
   FARES FROM ALGERIA: FARES MAY NOT BE USED FOR SITI TRANSACTIONS.
3) SEASONALITY
   16 JAN——19MAR      BASIC       L
   20 MAR——15 APR     PEAK        H
   16 APR——14JUN      BASIC       L
   15 JUN——15SEP      PEAK        H
   16 SEP——19DEC      BASIC       L
   20DEC——15JAN       PEAK        H
6) MINIMUM STAY    6DAYS
   EXCEPTIONS:
   1. TO IRAN（EXCEPT FROM MALTA/RUSSIA）:10DAYS
   2. FROM RUSSIA TO IRAN：7DAYS
7) MAXIMUMSTAY 3 MONTHS
   EXCEPTIONS:
   1.FROM GREECE TO EGYPT: 2 MONTHS LOWER FARE (EXCEPT HIGHER
   FARE: 3MONTH).
   2.FROM TUNISIA: ONE MONTH.
   NOTE: TICKETS EXPIRING ON A DATE WHEN NO SCHEDULED SERVICE IS
         OPERATED BY THE CARRIER PROVIDING THE OUTBOUND
         TRANSPORTATION, MAY BE EXTENDED UNTIL THE NEXT
         SCHEDULED SERVICE OF THAT CARRIER, SUBJECT TO A
         MAXIMUM OF THREE DAYS（EXCEPT FROM IRELAND/UK TO
         CYPRUS: NOT APPLICABLE）
8) STOPOVERS
   1. 2 PERMITTED
   2. ADDITIAL：ONE PERMITTED IN EGYPT.
10) ONSTRUCTIONS AND COMBINATIONS
    COMBINATIONS NO RESTRICTIONS（EXCEPT：FROM IRELAND/UK TO
    CYPRUS: DOMESTIC FARES ONLY）.
21) AGENT DISCOUNTS PERMITTED.
```

1. 该运价适用于：
   a. 从叙利亚到俄罗斯　　b. 从俄罗斯到叙利亚　　c. a 和 b
2. 旅客可以从莫斯科返回的最早日期为：
   a. 15DEC　　　　　　　b. 16DEC　　　　　　　c. 20DEC
3. 旅客可以从莫斯科返回的最晚日期为：
   a. 24JAN　　　　　　　b. 25JAN　　　　　　　c. 10MAR
4. 该航程适用的运价类别（Fare Basis）为：
   a. YLPX3M　　　　b. YHPX3M　　　c. 去程 YLPX45，回程 YHPX45
5. 填写客票 NVB 和 NVA 栏

NOT VALID BEFORE	NOT VALID AFTER

二十五、根据案例回答问题

旅客航程为 Shanghai—Paris—Lisbon—Frankfurt—Shanghai
旅客订座如下：

SHA—CDG	MU553	Y	01AUG	HK1	2350	0540＋1
CDG—LIS	AF1024	Y	04AUG	HK1	0800	0930
LIS—FRA	LH4313	Y	08AUG	HK1	0700	1100
FRA—SHA		Y	OPEN			

该航程为来回程，运价分界点为 Lisbon，不超里程，没有较高点。

FARE TYPE	LOCAL CURRENCY	NUC	CARR CODE	RULE	GI MPM & ROUTING
SHANGHAI (SHA) CHINA			YUAN RENMINBI (CNY)		
To LISBON(LIS)					EH 8570
Y	17050	2059.94		Y146	EH
Y	32160	3885.61		Y146	EH
C	20620	2491.27		Y146	EH
C	38890	4698.61		Y146	EH
F	31300	3781.60		Y146	EH
F	59040	7133.10		Y146	EH
YLPX3M	15620	1887.17		Y152	EH
YHPX3M	16730	2021.28		Y152	EH
YLEE6M	20180	2438.11		Y153	EH
YHEE6M	21300	2617.42		Y153	EH

```
Y153                                    ⇒ SC 100
BETWEEN EUROPE AND SOUTH EAST ASIA
 0) APPLICATION Y RT/CT/SOJ
    NOTE: SOJ: OJ MUST BE IN THE SAME COUNTY
 3) SEASONALITY
    16 JAN —— 19MAR   BASIC    L
    20 MAR —— 15 APR  PEAK     H
    16 APR —— 14JUN   BASIC    L
    15 JUN —— 15SEP   PEAK     H
    16 SEP —— 19DEC   BASIC    L
    20DEC  —— 15JAN   PEAK     H
 6) MINIMUM STAY  6DAYS
 7) MAXIMUMSTAY  6 MONTHS
 8) STOPOVERS
    1.2 PERMITTED
    2.ADDIT INAL : ONE PERMITTED IN  CHINA
```

参照运价表和运价规则，回答下列问题：

1. 上述订座适用的最低的特殊运价的运价类别代码为 ＿＿＿＿＿＿＿＿
2. 该运价的始发国货币数额为（不含税）＿＿＿＿＿＿＿＿
3. 该运价的最短停留期限为 ＿＿＿＿＿＿＿＿
4. 上述航程有几个中途分程点？＿＿＿＿＿＿＿＿
5. 填开下列客票航程栏和有效期栏：

X/O	NOT GOOD FOR PASSAGE
	FROM
	TO
	TO
	TO
	TO

NOT VALID BEFORE	NOT VALID AFTER

227

二十六、填图（字母表示国家或地区，数字表示城市）

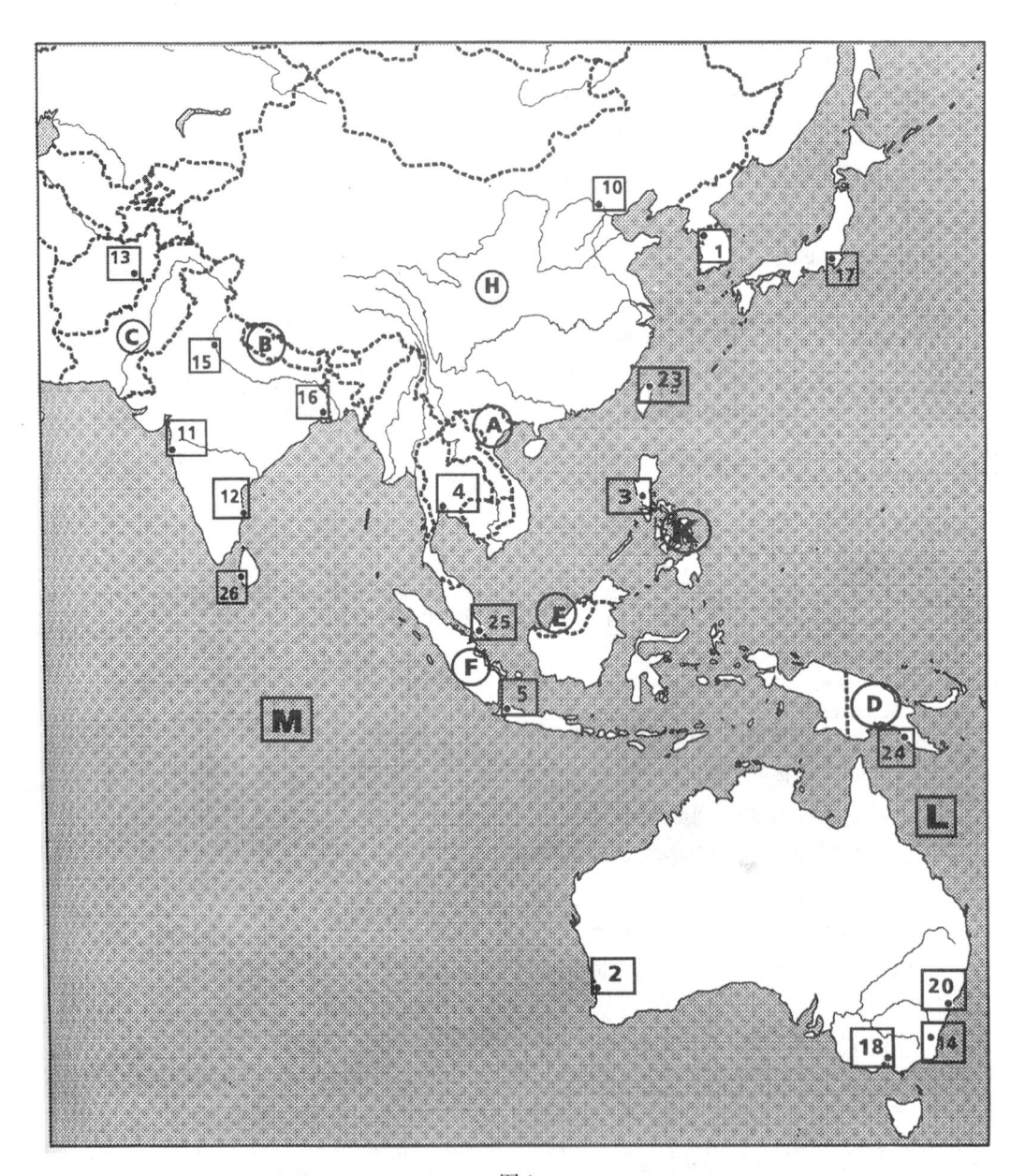

图1

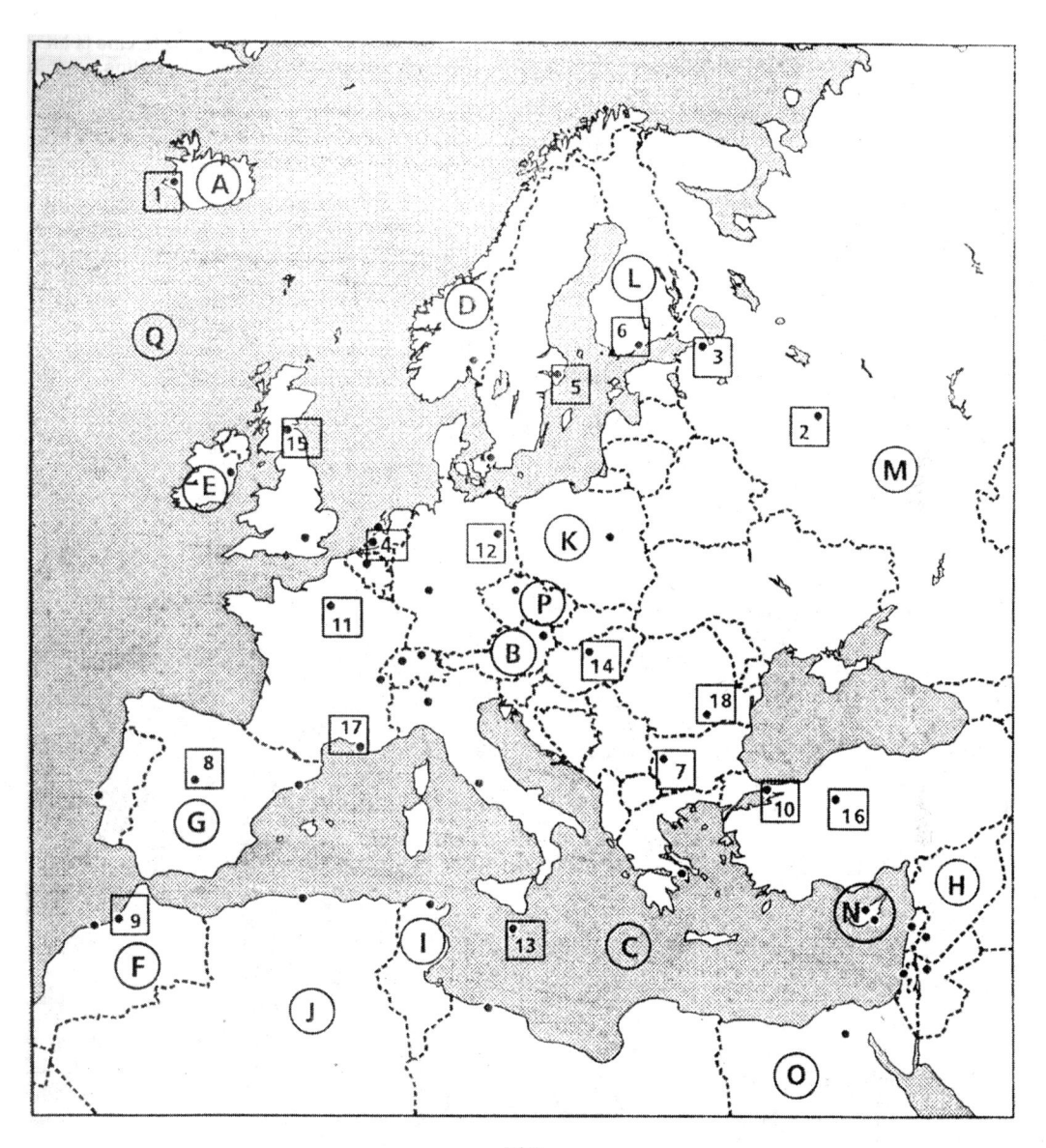

图 2

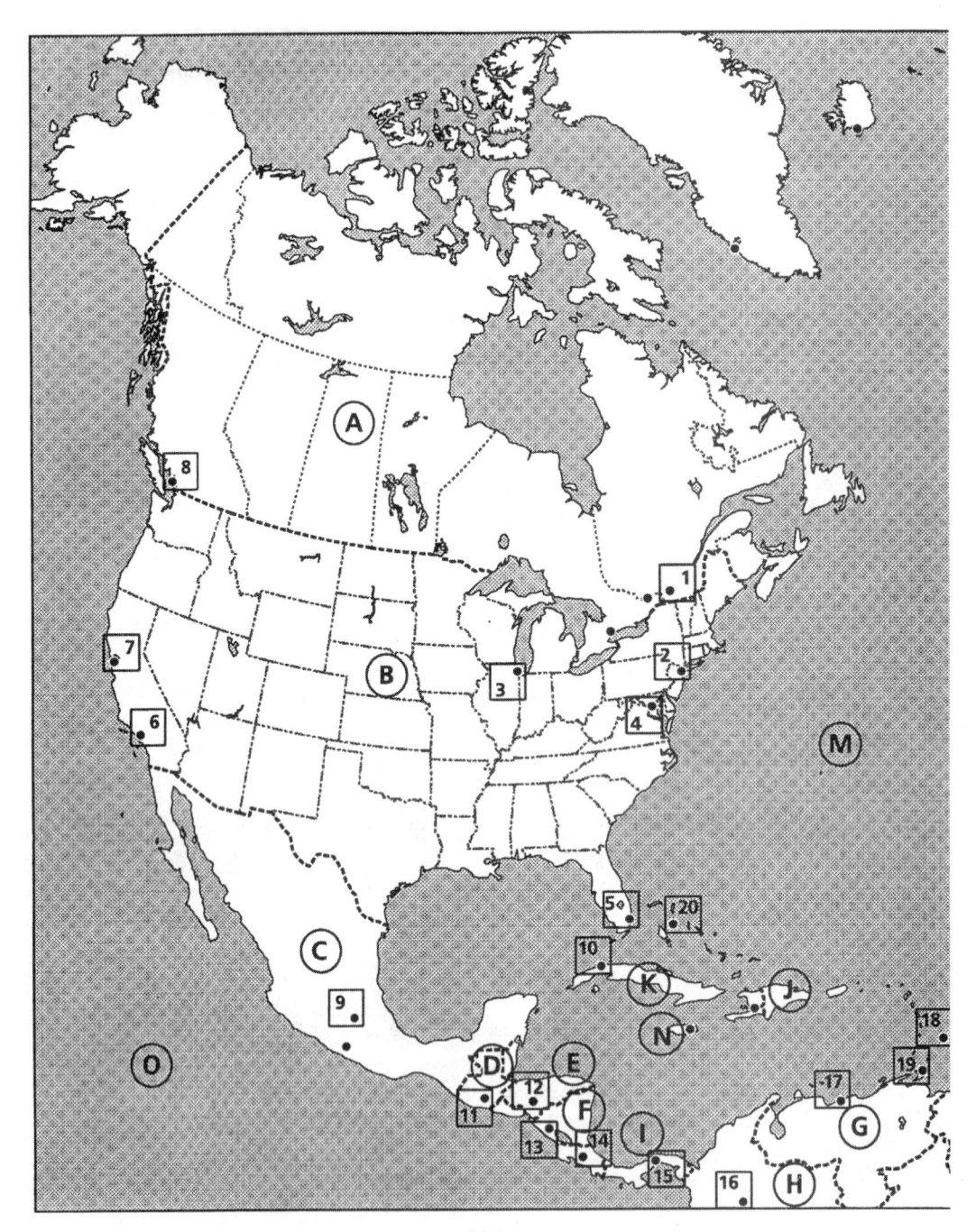

图 3

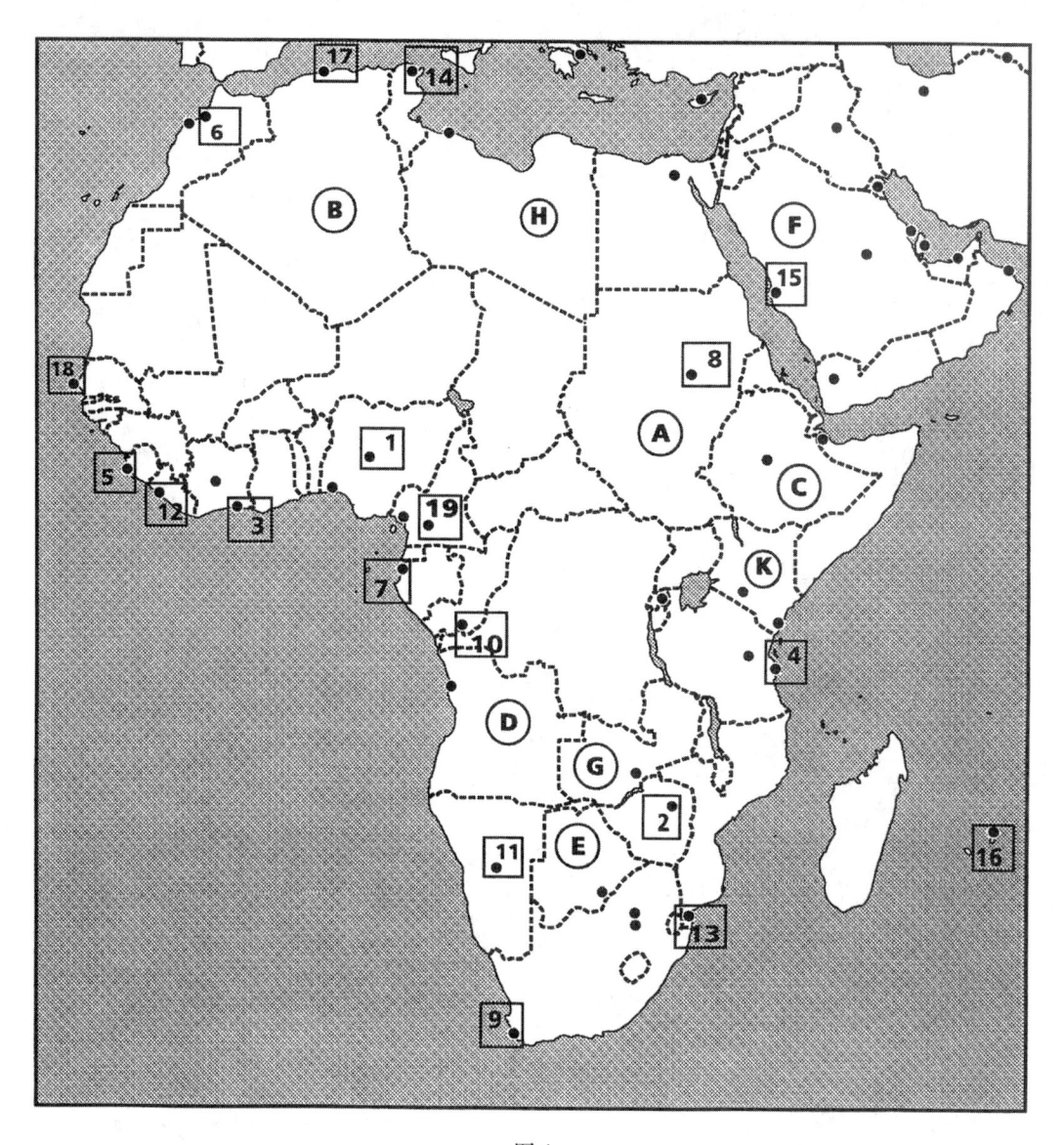

图 4

231

图 5

附件一 航空公司价格文件参考资料

1. 国航散客促销价格

6A01H 国航经香港联程运输散客促销价格

销售范围：大连营业部及所辖一类代理人
旅行日期：2010 年 04 月 01 日—2010 年 12 月 31 日
（旅行日期以航程中国航第一香港航段的旅行日期为准）

一、销售价格表

1. 前往南非：

货币单位：CNY

航　程	订座舱位 CA	订座舱位 CX	OW	RT	最长停留期	回程 OPEN	改期费	退票费
DLC CA HKG CX JNB	G	S	4500	7000	3M	不允许	免费	500
	Q	V	5400	7300	3M	不允许	免费	500
	L	L	5700	8000	3M	不允许	免费	500
	K	M	6000	8600	6M	不允许	免费	500
	H	K	6200	11500	1Y	不允许	免费	200

2. 前往澳新：

航　程	订座舱位 CA	订座舱位 CX	OW	RT	最长停留期	回程 OPEN	改期费	退票费
CA HKG CX AKL	G	S	4500	7000	3M	不允许	免费	500
	Q	V	5300	7700	3M	不允许	免费	500
	L	L	5600	8200	3M	不允许	免费	500
	K	M	5900	8500	6M	不允许	免费	500
	H	K	6500	9000	1Y	不允许	免费	200
DLC CA HKG CX SYD/MEL	G	S	3200	4500	3M	不允许	免费	500
	Q	V	3400	4800	3M	不允许	免费	500
	L	L	3700	5300	3M	不允许	免费	500
	K	M	4100	5900	6M	不允许	免费	500
	H	K	4800	6900	1Y	不允许	免费	200

续表

航　程	订座舱位 CA	订座舱位 CX	OW	RT	最长停留期	回程 OPEN	改期费	退票费
DLC CA HKG CX CNS	G	S	3600	6000	3M	不允许	免费	500
	Q	V	3800	6250	3M	不允许	免费	500
	L	L	4100	6750	3M	不允许	免费	500
	K	M	4500	7250	6M	不允许	免费	500
	H	K	4800	7750	1Y	不允许	免费	200
DLC CA HKG CX / PER/BNE/ADL	G	S	4700	7000	3M	不允许	免费	500
	Q	V	4900	7300	3M	不允许	免费	500
	L	L	5200	7900	3M	不允许	免费	500
	K	M	5600	8900	6M	不允许	免费	500
	H	K	6100	10000	1Y	不允许	免费	200

3. 前往东南亚：

航　程	订座舱位 CA	订座舱位 CX	OW	RT	最长停留期	回程 OPEN	改期费	退票费
DLC CA HKG CX DPS	G	S	2500	3100	3M	不允许	免费	500
	Q	V	2700	3300	3M	不允许	免费	500
	L	L	3100	3800	3M	不允许	免费	500
	K	M	3400	4200	6M	不允许	免费	500
	H	K	4400	5500	1Y	不允许	免费	200

重要提示：

（1）以上价格含 5% 代理费。

（2）此产品航程仅限 DLC 始发。

（3）行李的优惠：劳务、留学生可享受 40 公斤免费行李额（需在机票乘机联后附留学生、劳务证明）。新移民可享受 40 公斤免费行李额（需在机票乘机联后附移民证明）。

（4）自 2009 年 1 月 1 日起，TOUR CODE 栏需标注新产品号。

二、规则

04. 航班适用条件

（1）以上联运价格中 DLC—HKG v. v. 航段仅适用于国航自营航班；

（2）不适用 CX（790-799/1000-1999/6000-6099/6200-6699/6900-7999/9000-9999）航班。

05. 提前订座/出票

（1）订座：往返程必须订妥座位，回程不允许 OPEN。
（2）出票时限：以订座系统标注为准。

07. 最长停留期

（1）最长停留期为第一航段旅行开始日期至航程中最后一个航段的旅行结束日期，须在客票的 NOT VALID AFTER 栏中标注最长停留期的截止日期。具体限制见销售价目表。

08. 中途分程

（1）允许在 HKG 中途分程。

10. 运价组合

规则以最严格的为准。

（1）本产品中同一航线下两个舱位间可以 1/2RT 组合使用。
（2）去程订妥以上舱位，回程允许与销售手册（HY001）组合使用，规则以最严格的为准。
（3）允许与外航航段正常比例分摊、SPA 组合。
（4）允许与国航国内经济舱单程比例票价组合使用。

16. 变更费用

（1）自愿变更航班或日期：
1）客票有效期内订妥相同舱位：免收改期费。
（2）自愿变更舱位：
1）子舱位变更：不允许。
2）升舱：不允许。
（3）自愿延长最长停留期：不允许。
（4）自愿变更航程：不允许。
（5）自愿退票：
1）客票完全未用：收取相应退票费，余额退还旅客。
2）客票部分使用：退款金额 = 销售价格 – 退票费 – 已使用航段适用的 OW 销售价格。
（A）任意方向上仅使用 SPA 航段退票：不允许。
（B）仅外航 SPA 航段退票：不允许。

18. 客票签注

"ENDORSEMENT BOX"：1Y：NON – END/RER/REB FREE/REF200CNY

3M/6M：NON – END/RER/REB FREE/REF500CNY

19. 儿童、婴儿折扣

（1）成人陪伴儿童折扣：按成人适用价格的 75% 计收。
（2）无成人陪伴儿童折扣：不适用。
（3）无座婴儿折扣：不适用。

2. 国航上海—台北促销价格

6A03D 国航上海—台北 2010 年 5、6 月份促销价格

销售范围：国航 B2C 网站、呼叫中心、上海分公司所辖代理人

旅行日期：2010 年 5 月 6 日—6 月 30 日

（旅行日期以航程中第一地区航段的旅行日期为准）

此产品生效之日起，6A01Q 同时作废。

一、销售价格表（货币单位：人民币）

航程	舱位	票价类别	销售价格 OW	销售价格 RT	最长停留期	回程 OPEN	改期费	退票费	出票时限
PVG—TPE	V	MTWOW/HTW3M	—	2300	1 个月	不允许	100	500	起飞前 14 天
	Q	MTWOW/HTW3M	1650	2500	1 个月	不允许	—	300	以订座系统标注为准
	L	MTWOW/HTW3M	1800	2800	1 个月	不允许	—	300	
	K	MTWOW/HTW3M	1900	3000	3 个月	不允许	—	300	
	Z	YOXZTW/Y3MZTW	3700	5500	3 个月	不运行	—	300	
	D	DTWOW/DTW1Y	4000	6000	6 个月	不允许	—	100	
	A	FOWTW/FRTTW	5440	7440	6 个月	不允许	—	100	

重要提示：

1. 以上价格为机票款，不含各种税费，含 5% 代理费。出票日期在 6 月 1 日以后，以上价格含 3% 代理费。

2. "NOT VALID BEFORE/AFTER"：限制旅行有效期限。

3. V 舱价格仅限航班起飞前 14 天使用电子客票自动出票系统出票。

4. TOUR CODE 栏标注产品号（V 舱 TOUR CODE 栏为空）。

二、规则

04. 航班适用条件

（1）适用于国航实际承运的航班。

05. 提前订座/出票

（1）订座：回程不允许 OPEN。

（2）出票时限：以订座系统标注为准。

10. 运价组合

规则以最严格为准。

（1）允许与国内任意一通航点经济舱组合使用，订座舱位"S"，国内段价格按照国航销售手册中"国内经济舱单程比例票价"执行。

（2）允许与销售手册和促销文件中台北包机价格 1/2RT 组合使用（V 舱不允许与其他舱位组合）。

（3）允许与外航航段正常比例分摊、SPA 组合使用。

16. 变更费用

（1）自愿变更航班或日期：

　　V 舱在最长停留期内订妥相同舱位，收取 100 元予以改期；

　　其他舱位在最长停留期内订妥相同舱位，允许免费改期。

（2）自愿变更舱位：

1）子舱位变更，升舱：允许，收取各舱位之间的差价。

（3）自愿延长最长停留期：允许。但延期申请需在最长停留期内提出，且最长可延至一年，延期费按照相应子舱位变更费双倍收取。

（4）自愿退票：

（A）客票完全未用：第一航段起飞前退票，扣除相应退票费，余额退还旅客。第一航段起飞后退票，在已扣退票费基础上加扣 CNY200，余额退还旅客。

（B）客票部分使用：扣除已使用航段适用 OW 的销售价格和退票费，余额退还旅客。

- 仅剩 CA 国内航段退票：不允许退票。
- 仅剩外航 SPA 航段：不允许退票。
- 仅使用 CA 国内段或外航 SPA 航段：扣除已使用航段适用的正常公布票价和退票费，余额退还旅客。

18. 客票签注

"ENDORSEMENT BOX"：

V 舱：NON-END/RER/REB100CNY/REF500CNYAFT DEP REF700CNY

Z/K/L/Q：NON-END/RER/REF300CNYAFT DEP REF500CNY

A/D 舱：NON-END/RER/REB FREE/REF100CNY AFT DEP REF300CNY

19. 儿童、婴儿折扣

（1）成人陪伴儿童折扣：为成人适用销售价格的 75%。

（2）无成人陪伴儿童折扣：不适用。

（3）占座婴儿折扣：为成人适用销售价格的 75%。

（4）无座婴儿折扣：按适用公布运价规则执行。

3. 深航国际客票销售规定

深航 销售规定

01. 国际航线一般规定

（1）销售单位要严格遵守价格与舱位对应的规定，不得以低票价销售高舱位，如有违规，销售单位必须赔偿双倍差额。

（2）任何情况下，均不允许填开 RQ 票。

（3）客票使用原则：客票必须按顺序使用，否则，CA/ZH 有权拒绝运输。

02. 票证填开

（1）客票填开

1）ENDORSEMENT 栏：按照各航线票价规则要求填写，如果填写不下，可将签注内容填写在"FORM OF PAYMENT"栏。因未正确填写而引起的旅客投诉，由销售部门承担相应责任及由此而发生的一切费用。

常见 ENDORSEMENT 栏英文缩写含义：

- PENALTY APPLS——适用罚则（具体参见公布运价改期退票规定）
- NONEND——不得签转
- NONEND/CA/ZH OPF——票价只适用 CA/ZH 自营航班
- NONRER——不得改变航程
- NONEXT——不得延期
- REB×××——改期费用
- OUBREB×××——去程改期费用
- INBREB×××——回程改期费用
- REF×××——退票费用
- GV××——团队人数

2）"TOUR CODE"栏：按 CA 股份商委发 2008（294）号和 2008（484）号文件以及代理人业务通告国航 2008（99 号）要求执行。

3）延长最长停留期的操作：

电子客票：根据相应规则收取费用并按电子客票规则进行操作。

纸制客票：根据相应规则收取费用并且填开 MCO（或 MPD）附于相应客票后，同时用"—"划去"NOT VALID AFTER"栏中日期。在 ENDORSEMENT 栏或 FC 栏手工填写新日期并加盖 CA/ZH 业务用章。格式为" NOT VALID AFTER：新的最长停留截止日期"。

4）第一国际航段改期的操作：

电子客票：根据相应规则收取费用并按电子客票规则进行操作。

纸制客票：根据改期后的信息填写"STICKER"条贴于客票相应乘机联和旅客联。如果需要收费，必须填开 MCO（或 MPD）附于客票相应乘机联和旅客联，同时用"一"划去"NOT VALID BEFORE/AFTER"栏中日期。在 ENDORSEMENT 栏或 FC 栏手工填写新日期并加盖 CA/ZH 业务用章。格式为"NOT VALID BEFORE：新的最短停留截止日期；NOT VALID AFTER：新的最长停留截止日期"。

（2）MCO、MPD 填开（只适用于纸制客票）：收取改期费、子舱位变更费、升舱费时应填开 MCO 或 MPD（MPD 仅限中国境内 CA/ZH 指定代理人使用）。在"TYPE OF SERVICE FOR WHICH ISSUED"栏中填入：

1）改期费："GOOD FOR REBOOKING"。

2）子舱位变更费："GOOD FOR UPSELL FM ＿ TO ＿"。例如："GOOD FOR UPSELL FM L TO H"。

3）升舱费："GOOD FOR UPGRADING"。

03. 行李优惠：按照 CA/ZH 相关文件规定执行。

04. HY007 中销售价格与公务员销售价格的组合

产品 HY007 中国际与港澳台航线销售价格（有特殊规定的除外）可与国内各航空公司的公务员价格合并使用，环程、来回程、美加间缺口程、欧洲地区缺口程、日韩朝鲜地区缺口程、地区（港、台）航线缺口程、亚太地区缺口（除澳洲）、澳大利亚与新西兰之间缺口程时可使用 1/2RT 销售价格组合。

05. 代理手续费：

以下"CA/ZH 承运"包含 CA/ZH 实际承运（用 CA/ZH 表示）及挂 CA/ZH 代号由外航实际承运的代号共享航班（用 CA＊/ZH＊表示）。

（1）全程不含 CA/ZH 承运的国际、地区/两岸航班的客票：代理费为 0。航程举例：CTU—CA—BJS—UA—CHI；FRA—LH—BER；CTU—ZH—SZX—NH—TYO。

（2）全程含 CA/ZH 承运的国际、地区/两岸航班的客票：代理费为 3%。

航程举例：BJS—CA—HKG；CTU—CA—BJS—CA—FRA；BJS—CA＊—HKG—CITPE；BJS—CA—FRA—LH—BRU；BJS—CA＊—CHI；BJS—CA＊—TYO—CA—BJS；BJS—CA—SFO—CA＊—CAS；YVR—CA—BJS。

例外：欧洲（不含中东）始发至中国大陆、欧洲、南美方向的客票，代理费为 0%。

航程举例：NCE—AF—PAR—CA—BJS；FRA—CA—BJS—CA＊—FRA；IST—CA＊—BJS；PAR—CA—ATH；MAD—CA—SAO；FRA—CA＊—SAO。

（3）CA 票证销售 ZH 承运的国际、地区/两岸航班的客票：代理费为 3%。

航程举例：SZX—ZH—SIN—ZH—SZX。

（4）ZH 票证销售 CA 承运的国际、地区/两岸航班的客票：代理费为 3%。

航程举例：PEK—CA—SIN—CA—PEK。

附件二 OAG 及 PAT 资料

1. 城市全称查代码

A. CODING OF CITIES
In addition to the cities in alphabetical order the list below also contains:

- **Column 1**: two-letter codes for states/provinces (See Rule 1.3.2.)
- **Column 2**: two-letter country codes (See Rule 1.3.1.)
- **Column 3**: three-letter city codes

Cities	1	2	3
BELO HORIZONTE	MG	BR	BHZ
BELORETSK		RU	BCX
BELOYARSKY		XU	EYK
BEMICHI		GY	BCG
BEMIDJI	MN	US	BJI
BENBECULA		GB	BEB
BEND	OR	US	RDM
BENGALURU		IN	BLR
BENGBU		CN	BFU
BENGHAZI		LY	BEN
BENGKULU		ID	BKS
BENGUELA		AO	BUG
BENGUERA ISL		MZ	BCW
BENI		CD	BNC
BENIN CITY		NG	BNI
BENJINA		ID	BJK
BENNETTSVILLE	SC	US	BTN
BENSBACH		PG	BSP
BENTON HARBOR	MI	US	BEH
BENTOTA		LK	BJT
BERAU		ID	BEJ
BERBERA		SO	BBO
BERBERATI		CF	BBT
BEREBY		CI	BBV
BEREINA		PG	BEA
BERENS RIVER	MB	CA	YBV
BEREZOVO		XU	EZV
BERGEN		NO	BGO
BERGERAC		FR	EGC
BERLEVAG		NO	BVG
BERLIN		DE	BER
BERLIN	NH	US	BML
BERMEJO		BO	BJO
BERMUDA		BM	BDA
BERNE		CH	BRN
BEROROHA		MG	WBO
BERTOUA		CM	BTA
BERU		KI	BEZ
BESALAMPY		MG	BPY
BETHEL	AK	US	BET
BETHLEHEM	PA	US	ABE
BETIOKY		MG	BKU
BETTLES	AK	US	BTT
BEVERLEY SPRINGS	WA	AU	BVZ
BEWANI		PG	BWP
BEZIERS		FR	BZR
BAHIA BLANCA	BA	AR	BHI
BHADRAPUR		NP	BDP
BHAIRAWA		NP	BWA
BHAMO		MM	BMO
BHARATPUR		NP	BHR
BHATINDA		IN	BUP
BHAVNAGAR		IN	BHU
BHOJPUR		NP	BHP
BHOPAL		IN	BHO
BHUBANESWAR		IN	BBI
BHUJ		IN	BHJ
BIAK		ID	BIK
BIALLA		PG	BAA
BIARRITZ		FR	BIQ
BIARU		PG	BRP
BICKERTON ISLAND	NT	AU	BCZ
BIG BAY		VU	GBA
BIG BAY YACHT CLU	BC	CA	YYA
BIG BEAR	CA	US	RBF
BIG CREEK		BZ	BGK
BIG DELTA	AK	US	BIG
BIG RAPIDS	MI	US	WBR
BIG SPRING	TX	US	HCA
BIG TROUT	ON	CA	YTL
BIKANER		IN	BKB
BIKINI ATOLL		MH	BII
BILASPUR		IN	PAB
BILBAO		ES	BIO
BILDUDALUR		IS	BIU
BILLILUNA	WA	AU	BIW
BILLINGS	MT	US	BIL
BILLUND		DK	BLL
BILOALA	QL	AU	ZBL
BIMA		ID	BMU
BIMIN		PG	BIZ
BIMINI		BS	BIM
BINGHAMTON	NY	US	BGM
BINIGUNI		PG	XBN
BINTULU		MY	BTU
BINTUNI		ID	NTI
BIRAO		CF	IRO
BIRATNAGAR		NP	BIR
BIRCH CREEK	AK	US	KBC
BIRD ISLAND		SC	BDI
BIRDSVILLE	QL	AU	BVI
BIRJAND		IR	XBJ
BIRMINGHAM		GB	BHX
BIRMINGHAM	AL	US	BHM
BISHA		SA	BHH
BISHKEK		KG	FRU
BISHO		ZA	BIY
BISHOP	CA	US	BIH
BISKRA		DZ	BSK
BISLIG		PH	BPH
BISMARCK	ND	US	BIS
BISSAU		GW	OXB
BITAM		GA	BMM
BLACK TICKLE	NL	CA	YBI
BLACKALL	QL	AU	BKQ
BLACKBUSHE		GB	BBS
BLACKPOOL		GB	BLK
BLACKWATER	QL	AU	BLT
BLAGOVESHCHENSK		XU	BQS
BLAKELY ISLAND	WA	US	BYW
BLANC SABLON	QC	CA	YBX
BLANTYRE		MW	BLZ
BLENHEIM		NZ	BHE
BLOCK ISLAND	RI	US	BID
BLOEMFONTEIN		ZA	BFN
BLONDUOS		IS	BLO
BLOODVEIN	MB	CA	YDV
BLOOMFIELD	QL	AU	BFC
BLOOMINGTON	IN	US	BMG
BLOOMINGTON-NOR	IL	US	BMI
BLUBBER BAY	BC	CA	XBB
BLUE BELL	PA	US	BBX
BLUEFIELD	WV	US	BLF
BLUEFIELDS		NI	BEF
BLUMENAU	SC	BR	BNU
BLYTHE	CA	US	BLH
BO		SL	KBS
BOA VISTA	RR	BR	BVB
BOA VISTA		CV	BVC
BOANA		PG	BNV
BOANG		PG	BOV
BOBO DIOULASS		BF	BOY
BOCAS DEL TOR		PA	BOC
BODINUMU		PG	BNM
BODO		NO	BOO
BODRUM		TR	BXN
BOENDE		CD	BNB
BOGANDE		BF	XBG
BOGHE		MR	BGH
BOGOTA		CO	BOG
BOIGU ISLAND	QL	AU	GIC
BOISE	ID	US	BOI
BOJNURD		IR	BJB
BOKE		GN	BKJ
BOKONDINI		ID	BUI
BOKORO		TD	BKR
BOKU		PG	BOQ
BOL		TD	OTC
BOLOGNA		IT	BLQ
BOLOVIP		PG	BVP
BOLWARRA	QL	AU	BCK
BOLZANO		IT	BZO
BOM JESUS DA LAPA	BA	BR	LAZ
BOMA		CD	BOA
BOMAI		PG	BMH
BONAIRE		AN	BON
BONANZA		NI	BZA
BONAVENTURE	QC	CA	YVB
BONDOUKOU		CI	BDK
BONGOR		TD	OGR
BONN		DE	BNJ
BONNYVILLE	AB	CA	YBY
BONTHE		SL	BTE
BOOUE		GA	BGB
BORA BORA		PF	BOB
BORAMA		SO	BXX
BORDEAUX		FR	BOD
BORDJ MOKHTAR		DZ	BMW
BORGARFJORDUR		IS	BGJ
BORIDI		PG	BPB
BORKUM		DE	BMK
BORLANGE		SE	BLE
BORNHOLM		DK	RNN
BORREGO SPRINGS	CA	US	BXS
BORROLOOLA	NT	AU	BOX
BOSSASO		SO	BSA
BOST		AF	BST
BOSTON	MA	US	BOS
BOTOPASIE		SR	BTO
BOU SAADA		DZ	BUJ
BOUAKE		CI	BYK
BOUAR		CF	BOP
BOULDER CI	NV	US	BLD
BOULIA	QL	AU	BQL
BOULSA		BF	XBO
BOUNA		CI	BQO
BOUNDARY	AK	US	BYA
BOUNDIALI		CI	BXI
BOUNDJI		CG	BOE
BOURGES		FR	BOU
BOURKE	NS	AU	BRK
BOURNEMOUTH		GB	BOH
BOUTILIMIT		MR	OTL
BOWEN	QL	AU	ZBO
BOWLING GREEN	KY	US	BWG
BOWMAN	ND	US	BWM
BOXBOROUGH	MA	US	BXC
BOZEMAN	MT	US	BZN
BRAC		HR	BWK
BRADENTON	FL	US	SRQ
BRADFORD	PA	US	BFD
BRAGA		PT	BGZ
BRAGANCA		PT	BGC
BRAHMAN		PG	BRH
BRAINERD	MN	US	BRD
BRAMPTON ISLAND	QL	AU	BMP
BRANDON	MB	CA	YBR
BRANSON	MO	US	BKG
BRASILIA	DF	BR	BSB
BRATISLAVA		SK	BTS
BRATSK		XU	BTK
BRATTLEBORO	VT	US	EEN
BRAUNSCHWEIG		DE	BWE
BRAVA		CV	BVR
BRAZZAVILLE		CG	BZV
BREIDDALSVIK		IS	BXV
BREMEN		DE	BRE
BREMERHAVEN		DE	BRV
BREMERTON	WA	US	PWT
BREST		FR	BES
BREST		BY	BQT
BREWARRINA	NS	AU	BWQ
BRIA		CF	BIV
BRIDGEPORT	CT	US	BDR
BRIDGETOWN		BB	BGI
BRINDISI		IT	BDS
BRISBANE	QL	AU	BNE
BRISTOL		GB	BRS
BRISTOL	VA	US	TRI
BRIVE-LA-GAIL		FR	BVE
BRNO		CZ	BRQ
BROCHET	MB	CA	YBT
BROCKVILLE	ON	CA	XBR
BROKEN HILL	NS	AU	BHQ
BROMONT	QC	CA	ZBM
BRONNOYSUND		NO	BNN
BRONSON CREEK	CR	CA	YBM
BROOKINGS	OR	US	BOK
BROOKINGS	SD	US	BKX
BROOKS LODGE	AK	US	RBH
BROOME	WA	AU	BME
BROUGHTON ISL	NU	CA	YVM
BROWNSVILLE	TX	US	BRO
BROWNWOOD	TX	US	BWD
BRUNETTE DOWNS	NT	AU	BTD
BRUNSWICK	GA	US	SSI
BRUS LAGUNA		HN	BHG
BRUSSELS		BE	BRU
BRYANSK		RU	BZK
BRYCE	UT	US	BCE
BUA		FJ	BVF
BUBAQUE		GW	BQE
BUCARAMANGA		CO	BGA
BUCHANAN		LR	UCN
BUCHAREST		RO	BUH
BUCKLAND	AK	US	BKC
BUDAPEST		HU	BUD
BUENOS AIRES	BA	AR	BUE
BUENAVENTURA		CO	BUN
BUFFALO	NY	US	BUF
BUFFALO NARROWS	SK	CA	YVT
BUFFALO RANGE		ZW	BFO
BUGULMA		RU	UUA
BUIN		PG	UBI
BUJUMBURA		BI	BJM
BUKA		PG	BUA
BUKAVU		CD	BKY
BUKHARA		UZ	BHK
BUKOBA		TZ	BKZ
BULAWAYO		ZW	BUQ
BULCHI		ET	BCY
BULLHEAD CITY	AZ	US	IFP
BULOLO		PG	BUL
BUMBA		CD	BMB
BUMI HILLS		ZW	BZH
BUNBURY	WA	AU	BUY
BUNDABERG	QL	AU	BDB
BUNDI		PG	BNT
BUNIA		CD	BUX
BUNO BEDELLE		ET	XBL
BUNSIL		PG	BXZ
BUOL		ID	UOL
BURAIMI		OM	RMB
BURAO		SO	BUO
BURBANK	CA	US	BUR
BURETA		FJ	LEV
BURGAS		BG	BOJ
BURGOS		ES	RGS
BURI RAM		TH	BFV
BURKETOWN	QL	AU	BUC
BURLINGTON	IA	US	BRL
BURLINGTON	MA	US	BBF
BURLINGTON	VT	US	BTV
BURNIE	TS	AU	BWT
BURNS	OR	US	BNO
BURSA		TR	BTZ
BUSAN		KR	PUS
BUSHEHR		IR	BUZ
BUSUANGA		PH	USU
BUTA		CD	BZU
BUTARITARI		KI	BBG
BUTTE	MT	US	BTM
BUTUAN		PH	BXU
BUZIOS	RJ	BR	BZC
BYDGOSZCZ		PL	BZG

C

Cities	1	2	3
CA MAU		VN	CAH
CABIMAS		VE	CBS
CABIN CREEK	AK	US	CBZ
CABINDA		AO	CAB
CABO FRIO	RIO	BR	CFB
CACERES	MT	BR	CCX
CACOAL	TO	BR	OAL
CADILLAC	MI	US	CAD
CAEN		FR	CFR
CAGAYAN DE OR		PH	CGY
CAGLIARI		IT	CAG
CAICARA DE OR		VE	CXA
CAIRNS	QL	AU	CNS
CAIRO		EG	CAI
CAJAMARCA		PE	CJA
CALABAR		NG	CBQ
CALABOZO		VE	CLZ
CALAIS		FR	CQF
CALAMA		CL	CJC
CALBAYOG		PH	CYP
CALDAS NOVAS	GO	BR	CLV
CALDWELL	NJ	US	CDW
CALEXICO	CA	US	CXL
CALGARY	AB	CA	YYC
CALI		CO	CLO
CALOUNDRA	QL	AU	CUD
CALVI		FR	CLY
CAMAGUEY		CU	CMW
CAMBRIDGE		GB	CBG
CAMBRIDGE BAY	NU	CA	YCB
CAMDEN	AR	US	CDH
CAMDEN	NJ	US	PHL
CAMDEN	NS	AU	CDU
CAMIGUIN		PH	CGM
CAMIRI		BO	CAM
CAMPBELL RIVER	BC	CA	YBL
CAMPBELTOWN		GB	CAL
CAMPECHE		MX	CPE
CAMPINA GRANDE	PB	BR	CPV
CAMPINAS	SP	BR	CPQ
CAMPO GRANDE	MS	BR	CGR
CAMPOS	RJ	BR	CAW
CAN THO		VN	VCA
CANA BRAVA	MG	BR	NBV
CANAIMA		VE	CAJ
CANAKKALE		TR	CKZ
CANAVIEIRAS	BA	BR	CNV
CANBERRA	AC	AU	CBR
CANCUN		MX	CUN
CANDALA		SO	CXN
CANDLE	AK	US	CDL
CANGAMBA		AO	CNZ
CANNES		FR	CEQ
CANOBIE	QL	AU	CBY
CANON CITY	CO	US	CNE
CANOUAN IS		VC	CIW
CANTON	OH	US	CAK
CANTON IS		KI	CIS
CAP HAITIEN		HT	CAP
CAP SKIRRING		SN	CSK
CAPE DORSET	NU	CA	YTE
CAPE GIRARDEAU	MO	US	CGI
CAPE GLOUCEST		PG	CGC
CAPE LISBURNE	AK	US	LUR
CAPE MAY	NJ	US	WWD
CAPE NEWENHAM	AK	US	EHM
CAPE ORFORD		PG	CPI
CAPE PALMAS		LR	CPA
CAPE POLE	AK	US	CZP
CAPE RODNEY		PG	CPN
CAPE ROMANZOF	AK	US	CZF
CAPE TOWN		ZA	CPT
CAPE VOGEL		PG	CVL
CAPRI		IT	PRJ
CAPRIVI		NA	LHU
CAPURGANA		CO	CPB
CAQUETANIA		CO	CQT
CAR NICOBAR		IN	CBD
CARACAS		VE	CCS
CARAJAS	PA	BR	CKS
CARANSEBES		RO	CSB
CARAUARI	AM	BR	CAF
CARAVELAS	BA	BR	CRQ
CARBONDALE	IL	US	MDH
CARCASSONNE		FR	CCF
CARDIFF		GB	CWL
CARILLO		CR	RIK
CARLISLE		GB	CAX
CARLSBAD	NM	US	CNM
CARMEL	CA	US	MRY
CARNARVON	WA	AU	CVQ
CARNOT		CF	CRF
CAROLINA	MA	BR	CLN
CARRIACOU IS		GD	CRU
CARSON CITY	NV	US	CSN
CARTAGENA		CO	CTG
CARTWRIGHT	NL	CA	YRF
CARUPANO		VE	CUP
CARURU		CO	CUO
CARUTAPERA	MA	BR	CTP
CASABLANCA		MA	CAS
CASCAVEL	PR	BR	CAC
CASIGUA		VE	CUV
CASINO	NS	AU	CSI
CASPER	WY	US	CPR
CASTAWAY		FJ	CST
CASTLEGAR	BC	CA	YCG
CASTRES		FR	DCM
CAT CAYS		BS	CXY
CAT LAKE	ON	CA	YAC
CATALAO	GO	BR	TLZ
CATALINA ISLAND	CA	US	AVX
CATAMARCA	CA	AR	CTC
CATANIA		IT	CTA
CATARMAN		PH	CRM
CATICLAN		PH	MPH
CATUMBELA		AO	CBT
CAUAYAN		PH	CYZ
CAUCASIA		CO	CAQ
CAUQUIRA		HN	CDD
CAVIAHUE	NE	AR	CVH
CAXIAS DO SUL	RS	BR	CXJ
CAYE CAULKER		BZ	CUK
CAYE CHAPEL		BZ	CYC
CAYENNE		GF	CAY
CAYMAN BRAC		KY	CYB
CAYO COCO		CU	CCC
CAYO LARGO SU		CU	CYO
CAZOMBO		AO	CAV
CEBU		PH	CEB
CEDAR CITY	UT	US	CDC
CEDAR RAPIDS	IA	US	CID
CEDUNA	SA	AU	CED
CENTER ISLAND	WA	US	CWS
CENTRAL	AK	US	CEM
CERRO SOMBRER		CL	SMB
CESSNOCK	NS	AU	CES
CEUTA		ES	JCU
CHACHAPOYAS		PE	CHH
CHADRON	NE	US	CDR
CHAGNI		ET	MKD
CHAH-BAHAR		IR	ZBR
CHAITEN		CL	WCH
CHAKCHARAN		AF	CCN
CHALKYITSIK	AK	US	CIK
CHALLIS	ID	US	CHL
CHAMBERY		FR	CMF
CHAMPAIGN	IL	US	CMI
CHANDALAR	AK	US	WCR
CHANDIGARH		IN	IXC
CHANGCHUN		CN	CGQ
CHANGDE		CN	CGD
CHANGSHA		CN	CSX
CHANGUINOLA		PA	CHX
CHANGZHI		CN	CIH
CHANGZHOU		CN	CZX
CHANIA		GR	CHQ
CHAOYANG		CN	CHG
CHAPECO	SC	BR	XAP
CHAPLEAU	ON	CA	YLD
CHARLESTON	SC	US	CHS
CHARLESTON	WV	US	CRW
CHARLEVILLE	QL	AU	CTL
CHARLO	NB	CA	YCL
CHARLOTTE	NC	US	CLT
CHARLOTTESVILLE	VA	US	CHO
CHARLOTTETOWN	PE	CA	YYG
CHARLOTTETOWN	NL	CA	YHG
CHARTERS TOWERS	QL	AU	CXT
CHATEAUROUX		FR	CHR
CHATHAM	ON	CA	XCM
CHATHAM IS		NZ	CHT
CHATTANOOGA	TN	US	CHA
CHAVES		PT	CHV
CHEBOKSARY		RU	CSY
CHEFORNAK	AK	US	CYF
CHELINDA		MW	CEH
CHELYABINSK		XU	CEK
CHENGDU		CN	CTU
CHENNAI		IN	MAA
CHEONGJU		KR	CJJ
CHERAW	SC	US	HCW
CHERBOURG		FR	CER
CHEREPOVETS		RU	CEE
CHERNIVTSI		UA	CWC
CHERNOFSKI	AK	US	KCN
CHESTER		GB	CEG
CHESTERFIELD INL	NU	CA	YCS
CHETUMAL		MX	CTM
CHETWYND	BC	CA	YCQ
CHEVAK	AK	US	VAK
CHEVERY	QC	CA	YHR
CHEYENNE	WY	US	CYS
CHI MEI		TW	CMJ
CHIANG MAI		TH	CNX
CHIANG RAI		TH	CEI
CHIAYI		TW	CYI
CHIBOUGAMAU	QC	CA	YMT
CHICAGO	IL	US	CHI
CHICHEN ITZA		MX	CZA
CHICKEN	AK	US	CKX
CHICLAYO		PE	CIX
CHICO	CA	US	CIC
CHIFENG		CN	CIF
CHIGNIK	AK	US	KCL
CHIGORODO		CO	IGO
CHIHUAHUA		MX	CUU
CHILLAGOE	QL	AU	LLG
CHILLAN		CL	YAI
CHIMBOTE		PE	CHM
CHIMOIO		MZ	VPY
CHINGOLA		ZM	CGJ
CHINGUITTI		MR	CGT
CHIOS		GR	JKH
CHIPATA		ZM	CIP
CHISANA	AK	US	CZN
CHISASIBI	QC	CA	YKU
CHISHOLM	MN	US	HIB
CHISINAU		MD	KIV
CHITA		XU	HTA
CHITATO		AO	PGI
CHITRAL		PK	CJL
CHITRE		PA	CTD
CHITTAGONG		BD	CGP
CHLEF		DZ	CFK
CHOIBALSAN		MN	COQ
CHOISEUL BAY		SB	CHY
CHOMLEY	AK	US	CIV
CHONGQING		CN	CKG
CHOS MALAL	NE	AR	HOS
CHRISTCHURCH		NZ	CHC
CHRISTMAS IS		KI	CXI
CHRISTMAS ISL		CX	XCH
CHUATHBALUK	AK	US	CHU
CHUB CAY		BS	CCZ
CHUNGRIBU		PG	CVB
CHURCHILL	NL	CA	ZUM
CHURCHILL FALLS	MB	CA	YYQ
CICIA		FJ	ICI
CIEGO D AVILA		CU	AVI
CIENFUEGOS		CU	CFG
CILACAP		ID	CXP
CIMITARRA		CO	CIM
CINCINNATI	OH	US	CVG
CIRCLE	AK	US	IRC
CIRCLE HOT SPRING	AK	US	CHP
CIREBON		ID	CBN
CIUDAD BOLIVA		VE	CBL
CIUDAD CONSTI		MX	CUA
CIUDAD D ESTE		PY	AGT
CIUDAD DEL CA		MX	CME
CIUDAD JUAREZ		MX	CJS
CIUDAD OBREGO		MX	CEN
CIUDAD REAL		ES	CQM
CIUDAD VICTOR		MX	CVM
CLARKS POINT	AK	US	CLP
CLARKSBURG	WV	US	CKB
CLARKSVILLE	TN	US	CKV
CLEAR LAKE	CA	US	CKE
CLEARFIELD	PA	US	PSB
CLEARLAKE	TX	US	CLC
CLERMONT	QL	AU	CMQ
CLERMONT-FERR		FR	CFE
CLEVE	SA	AU	CVC
CLEVELAND	OH	US	CLE
CLIFTON HILLS	SA	AU	CFH
CLINTON	IA	US	CWI
CLONCURRY	QL	AU	CNJ
CLOVIS	NM	US	CVN
CLUB MAKOKOLA		MW	CMK
CLUFF LAKE	SK	CA	XCL
CLUJ-NAPOCA		RO	CLJ
CLYDE RIVER	NU	CA	YCY
COATESVILL	PA	US	CTH
COBAR	NS	AU	CAZ
COBIJA		BO	CIJ
COCA		EC	OCC
COCHABAMBA		BO	CBB
COCHRANE	ON	CA	YCN
COCOA	FL	US	COI
COCONUT ISLAND	QL	AU	CNC
COCOS ISLANDS		CC	CCK
CODY/YELLOWSTON	WY	US	COD
COEN	QL	AU	CUQ
COEUR D'ALENE	ID	US	COE
COFFEE POINT	AK	US	CFA
COFFMAN COVE	AK	US	KCC
COFFS HARBOUR	NS	AU	CFS
COIMBATORE		IN	CJB
COIMBRA		PT	CBP
COLONIA CATRIEL	RN	AR	CCT
COLONIA SARMIENT	CB	AR	OLN
COLD BAY	AK	US	CDB
COLD LAKE	AB	CA	YOD
COLDFOOT	AK	US	CXF
COLIMA		MX	CLQ
COLLEGE STATION	TX	US	CLL
COLLINSVILLE	QL	AU	KCE
COLMAR		FR	CMR
COLOGNE		DE	CGN
COLOMBO		LK	CMB
COLON		PA	ONX
COLONIA		UY	CYR
COLORADO SPRING	CO	US	COS
COLUMBIA	CA	US	COA
COLUMBIA	MO	US	COU
COLUMBIA	SC	US	CAE
COLUMBUS	GA	US	CSG
COLUMBUS	MS	US	UBS
COLUMBUS	NE	US	OLU
COLUMBUS	OH	US	CMH
COM RIVADAVIA	CB	AR	CRD
COMILLA		BD	CLA
COMISO		IT	CIY
COMITAN		MX	CJT
COMOX	BC	CA	YQQ
CON DAO		VN	VCS
CONAKRY		GN	CKY

民航国际客运销售实务

Cities	1	2	3
FUTUNA ISLAND		VU	FTA
FUYANG		CN	FUG
FUYUN		CN	FYN
FUZHOU		CN	FOC

G

Cities	1	2	3
GABES		TN	GAE
GABORONE		BW	GBE
GADSDEN	AL	US	GAD
GAFSA		TN	GAF
GAGNOA		CI	GGN
GAGNON	QC	CA	YGA
GAINESVILLE	FL	US	GNV
GALAPAGOS		EC	GPS
GALCAIO		SO	GLK
GALELA		ID	GLX
GALENA	AK	US	GAL
GALESBURG	IL	US	GBG
GALION	OH	US	GQQ
GALLIVARE		SE	GEV
GALLUP	NM	US	GUP
GALVESTON	TX	US	GLS
GALWAY		IE	GWY
GAMBA		GA	GAX
GAMBELA		ET	GMB
GAMBELL	AK	US	GAM
GAMBIER IS		PF	GMR
GAMBOMA		CG	GMM
GAN ISLAND		MV	GAN
GANDER	NL	CA	YQX
GANGAW		MM	GAW
GANGNEUNG		KR	KAG
GANJA		AZ	KVD
GANZHOU		CN	KOW
GAO		ML	GAQ
GAOUA		BF	XGA
GARACHINE		PA	GHE
GARAINA		PG	GAR
GARASA		PG	GRL
GARBAHAREY		SO	GBM
GARDEN CITY	KS	US	GCK
GARDEN CITY	NY	US	JHC
GARDEN POINT	NT	AU	GPN
GARDEZ		AF	GRG
GARDO		SO	GSR
GARISSA		KE	GAS
GAROE		SO	GGR
GAROUA		CM	GOU
GARUAHI		PG	GRH
GASCOYNE JUNCTIO	WA	AU	GSC
GASMATA IS		PG	GMI
GASPE	QC	CA	YGP
GASSIM		SA	ELQ
GASUKE		PG	GBC
GATINEAU	QC	CA	YND
GATOKAE		SB	GTA
GAUA		VU	ZGU
GAVLE		SE	GVX
GAYA		IN	GAY
GAYNDAH	QL	AU	GAH
GAZA CITY		PS	GZA
GAZIANTEP		TR	GZT
GBADOLITE		CD	BDT
GBANGBATOK		SL	GBK
GDANSK		PL	GDN
GEBE		ID	GEB
GECITKALE		CY	GEC
GEDAREF		SD	GSU
GEELONG	VI	AU	GEX
GEILO		NO	DLD
GELADI		ET	GLC
GELENDZHIK		RU	GDZ
GEMENA		CD	GMA
GENDA WUHA		ET	ETE
GENEINA		SD	EGN
GENERAL PICO	LP	AR	GPO
GENERAL ROCA	RN	AR	GNR
GENERAL SANTO		PH	GES
GENEVA		CH	GVA
GENOA		IT	GOA
GENT		BE	GNE
GENTING		MY	GTB
GEORGE		ZA	GRJ
GEORGE TOWN		BS	GGT
GEORGETOWN	QL	AU	GTT
GEORGETOWN		GY	GEO
GERALDTON	ON	CA	YGQ
GERALDTON	WA	AU	GET
GERONA		ES	GRO
GETHSEMANI	QC	CA	ZGS
GEVA		SB	GEF
GEWOIA		PG	GEW
GHADAMES		LY	LTD
GHANZI		BW	GNZ
GHARDAIA		DZ	GHA
GHAT		LY	GHT
GHESHM		IR	GSM
GHIMBI		ET	GHD
GIBB RIVER	WA	AU	GBV
GIBRALTAR		GI	GIB
GILGIT		PK	GIL
GILLAM	MB	CA	YGX
GILLETTE	WY	US	GCC
GILLIES BAY	BC	CA	YGB
GISBORNE		NZ	GIS
GISENYI		RW	GYI
GITEGA		BI	GID
GIYANI		ZA	GIY
GIZO		SB	GZO
GJOA HAVEN	NU	CA	YHK
GJOGUR		IS	GJR
GLADEWATER	TX	US	GGG
GLADSTONE	QL	AU	GLT
GLASGOW	MT	US	GGW
GLASGOW		GB	GLA
GLEN FALLS	NY	US	GFL
GLEN INNES	NS	AU	GLI
GLENDIVE	MT	US	GDV
GLENGYLE	QL	AU	GLG
GLOUCESTER/CHEL		GB	GLO
GOA		IN	GOI
GOB GREGORES	SC	AR	GGS
GOBA		ET	GOB
GODE		ET	GDE
GODS NARROWS	MB	CA	YGO
GODS RIVER	MB	CA	ZGI
GOIANIA	GO	BR	GYN
GOLD COAST	QL	AU	OOL
GOLFITO		CR	GLF
GOLMUD		CN	GOQ
GOLOVIN	AK	US	GLV
GOMA		CD	GOM
GOMEL		BY	GME
GONALIA		PG	GOE
GONDAR		ET	GDQ
GOODLAND	KS	US	GLD
GOODNEW BAY	AK	US	GNU
GOONDIWINDI	QL	AU	GOO
GOOSE BAY	NL	CA	YYR
GORA		PG	GOC
GORAKHPUR		IN	GOP
GORDON DOWNS	WA	AU	GDD
GORE		ET	GOR
GORE BAY	ON	CA	YZE
GORGAN		IR	GBT
GORGE HARBOR	BC	CA	YGE
GORNA ORYAHOVITS		BG	GOZ
GOROKA		PG	GKA
GOROM-GOROM		BF	XGG
GORONTALO		ID	GTO
GOSFORD	NS	AU	GOS
GOTHENBURG		SE	GOT
GOULBURN	NS	AU	GUL
GOULBURN ISLAND	NT	AU	GBL
GOUNDAM		ML	GUD
GOV VALADARES	MG	BR	GVR
GOVE	NT	AU	GOV
GOVERNORS HAR		BS	GHB
GOYA	CR	AR	OYA
GOZO		MT	GZM
GENERAL VILLEGAS	BA	AR	VGS
GRACIAS		HN	GAC
GRACIOSA IS		PT	GRW
GRAFTON	NS	AU	GFN
GRANADA		ES	GRX
GRAND CANYON	AZ	US	GCN
GRAND CAYMAN		KY	GCM
GRAND CESS		LR	GRC
GRAND FORKS	ND	US	GFK
GRAND FORKS	BC	CA	ZGF
GRAND ISLAND	NE	US	GRI
GRAND JUNCTION	CO	US	GJT
GRAND RAPIDS	MN	US	GPZ
GRAND RAPIDS	MI	US	GRR
GRAND TURK IS		TC	GDT
GRANDE CACHE	AB	CA	YGC
GRANDE PRAIRIE	AB	CA	YQU
GRANVILLE LAKE	MB	CA	XGL
GRAYLING	AK	US	KGX
GRAZ		AT	GRZ
GREAT BEND	KS	US	GBD
GREAT FALLS	MT	US	GTF
GREAT HARBOUR		BS	GHC
GREAT KEPPEL ISL	QL	AU	GKL
GREELEY	CO	US	GXY
GREEN BAY	WI	US	GRB
GREEN ISLAND		TW	GNI
GREEN RIVER		PG	GVI
GREENSBORO	NC	US	GSO
GREENVALE	QL	AU	GVP
GREENVILLE	MS	US	GLH
GREENVILLE	TX	US	GVT
GREENVILLE	NC	US	PGV
GREENVILLE	SC	US	GSP
GREENWAY SOUND	BC	CA	YGN
GREENWOOD	MS	US	GWO
GREENWOOD	SC	US	GRD
GREGORY DOWNS	QL	AU	GGD
GRENADA		GD	GND
GRENFELL	NS	AU	GFE
GRENOBLE		FR	GNB
GREYMOUTH		NZ	GMN
GRIFFITH	NS	AU	GFF
GRIMSEY		IS	GRY
GRISE FIORD	NU	CA	YGZ
GRODNA		BY	GNA
GROENNEDAL		GL	JGR
GRONINGEN		NL	GRQ
GRONNEDAL		GL	JGR
GROOTE EYLANDT	NT	AU	GTE
GROOTFONTEIN		NA	GFY
GROSSETO		IT	GRS
GROTON	CT	US	GON
GROZNY		RU	GRV
GRUNDARFJORD		IS	GUU
GT BARRIER IS		NZ	GBZ
GUACAMAYA		CO	GCA
GUADALAJARA		MX	GDL
GUADALUPE	PI	BR	GDP
GUAJARA-MIRIM	RO	BR	GJM
GUALEGUAYCHU	ER	AR	GHU
GUAM		GU	GUM
GUAMAL		CO	GAA
GUANAJA		HN	GJA
GUANAMBI	BA	BR	GNM
GUANARE		VE	GUQ
GUANGZHOU		CN	CAN
GUANG YUAN		CN	GYS
GUANTANAMO		CU	GAO
GUAPI		CO	GPI
GUAPILES		CR	GPL
GUARAPARI	ES	BR	GUZ
GUARAPUAVA	PR	BR	GPB
GUARI		PG	GUG
GUASDUALITO		VE	GDO
GUASOPA		PG	GAZ
GUATEMALA CTY		GT	GUA
GUAYAQUIL		EC	GYE
GUAYARAMERIN		BO	GYA
GUAYMAS		MX	GYM
GUELIMIME		MA	GLN
GUERNSEY		GB	GCI
GUERRERO NEGR		MX	GUB
GUIGLO		CI	GGO
GUILIN		CN	KWL
GUIRIA		VE	GUI
GUIYANG		CN	KWE
GULF SHORES	AL	US	GUF
GULFPORT	MS	US	GPT
GULGUBIP		PG	GLP
GULKANA	AK	US	GKN
GULU		UG	ULU
GUNA		IN	GUX
GUNNEDAH	NS	AU	GUH
GUNNISON	CO	US	GUC
GUNSAN		KR	KUV
GUNUNGSITOLI		ID	GNS
GURAYAT		SA	URY
GURUPI	TO	BR	GRP
GUSTAVUS	AK	US	GST
GUWAHATI		IN	GAU
GWA		MM	GWA
GWADAR		PK	GWD
GWALIOR		IN	GWL
GWANGJU		KR	KWJ
GWERU		ZW	GWE
GYMPIE	QL	AU	GYP
GYUMRI		AM	LWN

H

Cities	1	2	3
HA'APAI		TO	HPA
HACHIJO JIMA		JP	HAC
HAELOGO		PG	HEO
HAFR ALBATIN		SA	HBT
HAGERSTOWN	MD	US	HGR
HAGFORS		SE	HFS
HAIFA		IL	HFA
HAIKOU		CN	HAK
HAIL		SA	HAS
HAILAR		CN	HLD
HAILEY	ID	US	SUN
HAINES	AK	US	HNS
HAIPHONG		VN	HPH
HAKAI PASS	BC	CA	YHC
HAKODATE		JP	HKD
HALIFAX	NS	CA	YHZ
HALL BEACH	NU	CA	YUX
HALLS CREEK	WA	AU	HCQ
HALMSTAD		SE	HAD
HAMADAN		IR	HDM
HAMAR		NO	HMR
HAMBURG		DE	HAM
HAMILTON	VI	AU	HLT
HAMILTON		BM	BDA
HAMILTON		NZ	HLZ
HAMILTON ISLAND	QL	AU	HTI
HAMMERFEST		NO	HFT
HAMPTON	VA	US	PHF
HANA	HI	US	HNM
HANAMAKI		JP	HNA
HANCOCK	MI	US	CMX
HANDAN		CN	HDG
HANGZHOU		CN	HGH
HANIMAADHOO		MV	HAQ
HANOI		VN	HAN
HANOVER		DE	HAJ
HANOVER	NH	US	LEB
HANZHONG		CN	HZG
HAO ISLAND		PF	HOI
HARARE		ZW	HRE
HARBIN		CN	HRB
HARGEISA		SO	HGA
HARLINGEN	TX	US	HRL
HARRINGTON	QC	CA	YHR
HARRISBURG	PA	US	HAR
HARRISMITH		ZA	HRS
HARRISON	AR	US	HRO
HARSTAD-NARVI		NO	EVE
HARTFORD	CT	US	HFD
HARTLEY BAY	BC	CA	YTB
HASSI MESSAOU		DZ	HME
HASSI R'MEL		DZ	HRM
HASTINGS	NE	US	HSI
HASVIK		NO	HAA
HAT YAI		TH	HDY
HATAY		TR	HTY
HATERUMA		JP	HTR
HATO COROZAL		CO	HTZ
HATZFELDTHAVE		PG	HAZ
HAUGESUND		NO	HAU
HAVANA		CU	HAV
HAVERFORDWEST		GB	HAW
HAVRE	MT	US	HVR
HAVRE SAINT PIERR	QC	CA	YGV
HAWABANGO		PG	HWA
HAWK INLET	AK	US	HWI
HAWKER	SA	AU	HWK
HAY	NS	AU	HXX
HAY RIVER	NT	CA	YHY
HAYCOCK	AK	US	HAY
HAYDEN	CO	US	HDN
HAYFIELDS		PG	HYF
HAYMAN ISLAND	QL	AU	HIS
HAYS	KS	US	HYS
HAYWARD	WI	US	HYR
HAZLETON	PA	US	HZL
HEADINGLY	QL	AU	HIP
HEALY LAKE	AK	US	HKB
HEARST	ON	CA	YHF
HEFEI		CN	HFE
HEHO		MM	HEH
HEIDE/BUSUM		DE	HEI
HEIDELBERG		DE	HDB
HEIHE		CN	HEK
HEIWENI		PG	HNI
HELENA	MT	US	HLN
HELENVALE	QL	AU	HLV
HELGOLAND		DE	HGL
HELSINKI		FI	HEL
HEMAVAN/TARNABY		SE	HMV
HENDERSONVILLE	NC	US	AVL
HENGCHUN		TW	HCN
HERAT		AF	HEA
HERINGSDORF		DE	HDF
HERMOSILLO		MX	HMO
HERNING		DK	XAK
HERVEY BAY	QL	AU	HVB
HIBBING	MN	US	HIB
HICKORY	NC	US	HKY
HIDDEN FALLS	AK	US	HDA
HIENGHENE		NC	HNG
HIGH LEVEL	AB	CA	YOJ
HIGH POINT	NC	US	GSO
HIKUERU		PF	HHZ
HILO	HI	US	ITO
HILTON HEAD	SC	US	HHH
HINCHINBROOK ISL	QL	AU	HNK
HIROSHIMA		JP	HIJ
HIVA OA		PF	HIX
HIVARO		PG	HIT
HO CHI MINH C		VN	SGN
HOBART	TS	AU	HBA
HOBART BAY	AK	US	HBH
HOBBS	NM	US	HOB
HODEIDAH		YE	HOD
HOEDSPRUIT		ZA	HDS
HOF		DE	HOQ
HOHENEMS/DORNB		AT	HOH
HOHHOT		CN	HET
HOKITIKA		NZ	HKK
HOLGUIN		CU	HOG
HOLLIS	AK	US	HYL
HOLMAN	NT	CA	YHI
HOLMAVIK		IS	HVK
HOLY CROSS	AK	US	HCR
HOMALIN		MM	HOX
HOMER	AK	US	HOM
HONG KONG		HK	HKG
HONIARA		SB	HIR
HONNINGSVAG		NO	HVG
HONOLULU	HI	US	HNL
HOOKER CREEK	NT	AU	HOK
HOOLEHUA	HI	US	MKK
HOONAH	AK	US	HNH
HOOPER BAY	AK	US	HPB
HOPE VALE	QL	AU	HPE
HOPEDALE	NL	CA	YHO
HOPETOUN	VI	AU	HTU
HOQUIAM	WA	US	HQM
HORIZONTINA	RS	BR	HRZ
HORN ISLAND	QL	AU	HID
HORNAFJORDUR		IS	HFN
HORNEPAYNE	ON	CA	YHN
HORTA		PT	HOR
HOSKINS		PG	HKN
HOT SPRINGS	AR	US	HOT
HOT SPRINGS	VA	US	HSP
HOTAN		CN	HTN
HOUAILOU		NC	HLU
HOUEISAY		LA	HOE
HOUGHTON	MI	US	CMX
HOUN		LY	HUQ
HOUSTON	TX	US	HOU
HOY		GB	HOY
HSINCHU		TW	HSZ
HUA HIN		TH	HHQ
HUAHINE		PF	HUH
HUAI HUA		CN	HJJ
HUALIEN		TW	HUN
HUAMBO		AO	NOV
HUANGPU		CN	ZMY
HUANGYAN		CN	HYN
HUANUCO		PE	HUU
HUATULCO		MX	HUX
HUBLI		IN	HBX
HUDIKSVALL		SE	HUV
HUE		VN	HUI
HUESCA		ES	HSK
HUGHENDEN	QL	AU	HGD
HUGHES	AK	US	HUS
HUIZHOU		CN	HUZ
HULTSFRED/VIMME		SE	HLF
HUMACAO		PR	HUC
HUMBERSIDE		GB	HUY
HUMERA		ET	HUE
HUNTINGTON	WV	US	HTS
HUNTSVILLE	AL	US	HSV
HURGHADA		EG	HRG
HURON	SD	US	HON
HUSAVIK		IS	HZK
HUSLIA	AK	US	HSL
HUTCHISON	KS	US	HUT
HVAMMSTANGI		IS	HVM
HWANGE		ZW	WKI
HWANGE N PARK		ZW	HWN
HYANNIS	MA	US	HYA
HYDABURG	AK	US	HYG
HYDER	AK	US	WHD
HYDERABAD		IN	HYD
HYDERABAD		PK	HDD

I

Cities	1	2	3
I JACOBACCI	RN	AR	IGB
IAMALELE		PG	IMA
IASI		RO	IAS
IAURA		PG	IAU
IBADAN		NG	IBA
IBAGUE		CO	IBE
IBARAKI		JP	IBR
IBIZA		ES	IBZ
IBOKI		PG	IBI
ICABARU		VE	ICA
IDAHO FALLS	ID	US	IDA
IDRE		SE	IDB
IEJIMA		JP	IEJ
IFFLEY	QL	AU	IFF
IGARKA		XU	IAA
IGIUGIG	AK	US	IGG
IGLOOLIK	NU	CA	YGT
IGNACE	ON	CA	ZUC
IGRIM		XU	IRM
IGUASSU FALLS	PR	BR	IGU
IGUAZU	MI	AR	IGR
IHOSY		MG	IHO
IHU		PG	IHU
IJUI	RS	BR	IJU
IKARIA		GR	JIK
IKELA		CD	IKL
IKI		JP	IKI
ILAM		IR	IIL
ILE D'YEU		FR	IDY
ILE DES PINS		NC	ILP
ILE OUEN		NC	IOU
ILEBO		CD	PFR
ILES D L MADELEINE	QC	CA	YGR
ILFORD	MB	CA	ILF
ILHEUS	BA	BR	IOS
ILIAMNA	AK	US	ILI
ILIGAN		PH	IGN
ILLAGA		ID	ILA
ILLIZI		DZ	VVZ
ILO		PE	ILQ
ILOILO		PH	ILO
ILORIN		NG	ILR
ILU		ID	IUL
ILULISSAT		GL	JAV
IMBAIMADAI		GY	IMB
IMONDA		PG	IMD
IMPERATRIZ	MA	BR	IMP
IMPERIAL	CA	US	IPL
IMPFONDO		CG	ION
IMPHAL		IN	IMF
IN AMENAS		DZ	IAM
IN GUEZZAM		DZ	INF
IN SALAH		DZ	INZ
INAGUA		BS	IGA
INDAGEN		PG	IDN
INDASELASSIE		ET	SHC
INDIANA	PA	US	IDI
INDIANAPOLIS	IN	US	IND
INDORE		IN	IDR
INDULKANA	SA	AU	IDK
INE ISLAND		MH	IMI
INGHAM	QL	AU	IGH
INHAMBANE		MZ	INH
INISHEER		IE	INQ
INISHMAAN		IE	IIA
INISHMORE		IE	IOR
INKERMAN	QL	AU	IKP
INNAMINCKA	SA	AU	INM
INNISFAIL	QL	AU	IFL
INNSBRUCK		AT	INN
INONGO		CD	INO
INTL FALLS	MN	US	INL
INUKJUAK	QC	CA	YPH
INUS		PG	IUS
INUVIK	NT	CA	YEV
INVERCARGILL		NZ	IVC
INVERELL	NS	AU	IVR
INVERNESS		GB	INV
INVERWAY	NT	AU	IVW
INYOKERN	CA	US	IYK
IOANNINA		GR	IOA
IOKEA		PG	IOK
IOMA		PG	IOP
IPATINGA	MG	BR	IPN
IPIALES		CO	IPI
IPIL		PH	IPE
IPIRANGA	AM	BR	IPG
IPOH		MY	IPH
IPOTA		VU	IPA
IPSWICH		GB	IPW
IQALUIT	NU	CA	YFB
IQUIQUE		CL	IQQ
IQUITOS		PE	IQT
IRAKLEION		GR	HER
IRANSHAHR		IR	IHR
IRINGA		TZ	IRI
IRKUTSK		XU	IKT
IRON MOUNTAIN	MI	US	IMT
IRONWOOD	MI	US	IWD
ISAFJORDUR		IS	IFJ
ISCHIA		IT	ISH
ISHIGAKI		JP	ISG
ISHURDI		BD	IRD
ISIRO		CD	IRP
ISISFORD	QL	AU	ISI
ISLA MUJERES		MX	ISJ
ISLAMABAD		PK	ISB
ISLAND LAKE	MB	CA	YIV
ISLAY		GB	ILY
ISLE OF MAN		GB	IOM
ISLES OF SCIL		GB	ISC
ISLIP	NY	US	ISP
ISPARTA		TR	ISE
ISTANBUL		TR	IST
ITABUNA	BA	BR	ITN
ITAITUBA	PA	BR	ITB
ITAMBACURI	MG	BR	ITI
ITAQUI	RS	BR	ITQ
ITHACA	NY	US	ITH
ITOKAMA		PG	ITK
ITTOQQORTOORM		GL	OBY
IVALO		FI	IVL
IVANO-FRANKIVSK		UA	IFO
IVANOF BAY	AK	US	KIB
IVANOVO		RU	IWA
IVUJIVIK	QC	CA	YIK
IWAMI		JP	IWJ
IXTEPEC		MX	IZT
IZHEVSK		RU	IJK
IZMIR		TR	IZM
IZUMO		JP	IZO

J

Cities	1	2	3
JABALPUR		IN	JLR
JABAT		MH	JAT
JABIRU	NT	AU	JAB
JACKPOT	NV	US	KPT
JACKSON	MI	US	JXN
JACKSON	MN	US	MJQ
JACKSON	MS	US	JAN
JACKSON	TN	US	MKL
JACKSON	WY	US	JAC
JACKSONVILLE	NC	US	OAJ
JACKSONVILLE	FL	US	JAX
JACOBABAD		PK	JAG
JACOBINA	BA	BR	JCM
JACQUINOT BAY		PG	JAQ
JAFFNA		LK	JAF

民航国际客运销售实务

Cities	1	2	3
JAGDALPUR		IN	JGB
JAIPUR		IN	JAI
JAISALMER		IN	JSA
JAKARTA		ID	JKT
JALALABAD		AF	JAA
JALAPA		MX	JAL
JALUIT ISLAND		MH	UIT
JAMBA		AO	JMB
JAMBI		ID	DJB
JAMESTOWN	NY	US	JHW
JAMESTOWN	ND	US	JMS
JAMMU		IN	IXJ
JAMNAGAR		IN	JGA
JAMSHEDPUR		IN	IXW
JANAKPUR		NP	JKR
JANESVILLE	WI	US	JVL
JANUARIA	MG	BR	JNA
JAQUE		PA	JQE
JATAI	MT	BR	JTI
JAYAPURA		ID	DJJ
JAZAN		SA	GIZ
JEDDAH		SA	JED
JEFFERSON CITY	MO	US	JEF
JEH		MH	JEJ
JEJU		KR	CJU
JEQUIE	BA	BR	JEQ
JEREMIE		HT	JEE
JEREZ DE LA F		ES	XRY
JERSEY		GB	JER
JERUSALEM			JRS
JESSORE		BD	JSR
JEYPORE		IN	PYB
JI AN		CN	JGS
JI-PARANA	RO	BR	JPR
JIAMUSI		CN	JMU
JIAYUGUAN		CN	JGN
JIJEL		DZ	GJL
JIJIGA		ET	JIJ
JILIN		CN	JIL
JIMMA		ET	JIM
JINAN		CN	TNA
JINGDEZHEN		CN	JDZ
JINGHONG		CN	JHG
JINHAE		KR	CHF
JINING		CN	JNG
JINJA		UG	JIN
JINJIANG		CN	JJN
JINJU		KR	HIN
JINKA		ET	BCO
JINZHOU		CN	JNZ
JIRI		NP	JIR
JIUJIANG		CN	JIU
JIUQUAN		CN	CHW
JIWANI		PK	JIW
JOACABA	SC	BR	JCB
JOAO PESSOA	PB	BR	JPA
JODHPUR		IN	JDH
JOENSUU		FI	JOE
JOHANNESBURG		ZA	JNB
JOHNSON CITY	TN	US	TRI
JOHNSON CITY	NY	US	BGM
JOHNSTON IS		UM	JON
JOHNSTOWN	PA	US	JST
JOHOR BAHRU		MY	JHB
JOINVILLE	SC	BR	JOI
JOLO		PH	JOL
JOMSOM		NP	JMO
JONESBORO	AR	US	JBR
JONKOPING		SE	JKG
JOPLIN	MO	US	JLN
JORHAT		IN	JRH
JOS		NG	JOS
JOSE D SAN MARTIN	CB	AR	JSM
JOSEPHSTAAL		PG	JOP
JOUF		SA	AJF
JUANJUI		PE	JJI
JUAZEIRO D NORTE	CE	BR	JDO
JUBA		SD	JUB
JUIST		DE	JUI
JUIZ DE FORA	MG	BR	JDF
JUJUY	PJ	AR	JUJ
JULIA CREEK	QL	AU	JCK
JULIACA		PE	JUL
JUMLA		NP	JUM
JUNEAU	AK	US	JNU
JUNIN	BA	AR	JNI
JURADO		CO	JUO
JUZHOU		CN	JUZ
JWANENG		BW	JWA
JYVASKYLA		FI	JYV

K

Cities	1	2	3
KAADEDHDHOO		MV	KDM
KABALA		SL	KBA
KABALEGA FALL		UG	KBG
KABEN		MH	KBT
KABRI DAR		ET	ABK
KABUL		AF	KBL
KABWUM		PG	KBM
KADHDHOO		MV	KDO
KADUNA		NG	KAD
KAEDI		MR	KED
KAELE		CM	KLE
KAGAU		SB	KGE
KAGI		PG	KGW
KAGOSHIMA		JP	KOJ
KAGUA		PG	AGK
KAHRAMANMARAS		TR	KCM
KAHULUI	HI	US	OGG
KAIETEUR		GY	KAI
KAIKOHE		NZ	KKO
KAIKOURA		NZ	KBZ
KAILASHAHAR		IN	IXH
KAIMANA		ID	KNG
KAINTIBA		PG	KZF
KAITAIA		NZ	KAT
KAJAANI		FI	KAJ
KAKAMEGA		KE	GGM
KAKE	AK	US	KAE
KAKHONAK	AK	US	KNK
KALABO		ZM	KLB

Cities	1	2	3
KALAKAKET	AK	US	KKK
KALAMATA		GR	KLX
KALAMAZOO	MI	US	AZO
KALAUPAPA	HI	US	LUP
KALBARRI	WA	AU	KAX
KALEMIE		CD	FMI
KALEMYO		MM	KMV
KALGOORLIE	WA	AU	KGI
KALIBO		PH	KLO
KALIMA		CD	KLY
KALININGRAD		RU	KGD
KALISPELL	MT	US	FCA
KALKURUNG	NT	AU	KFG
KALMAR		SE	KLR
KALOKOL		KE	KLK
KALPOWAR	QL	AU	KPP
KALSKAG	AK	US	KLG
KALTAG	AK	US	KAL
KALUMBURU	WA	AU	UBU
KALYMNOS		GR	JKL
KAMALPUR		IN	IXQ
KAMARAN DOWNS	QL	AU	KDS
KAMARAN IS		YE	KAM
KAMARANG		GY	KAR
KAMBALDA	WA	AU	KDB
KAMBERATORO		PG	KDQ
KAMBUAYA		ID	KBX
KAMEMBE		RW	KME
KAMESHLI		SY	KAC
KAMILEROI	QL	AU	KML
KAMINA		PG	KMF
KAMINA		CD	KMN
KAMIRABA		PG	KJU
KAMLOOPS	BC	CA	YKA
KAMPALA		UG	KLA
KAMUELA	HI	US	MUE
KAMULAI		PG	KAQ
KAMUSI		PG	KUY
KANAB	UT	US	KNB
KANABEA		PG	KEX
KANAINJ		PG	KNE
KANANGA		CD	KGA
KANDAHAR		AF	KDH
KANDAVU		FJ	KDV
KANDEP		PG	KDP
KANDI		BJ	KDC
KANDLA		IN	IXY
KANDRIAN		PG	KDR
KANGDING		CN	KGT
KANGERLUSSUAQ		GL	SFJ
KANGIQSUALUJJUA	QC	CA	XGR
KANGIQSUJUAQ	QC	CA	YWB
KANGIRSUK	QC	CA	YKG
KANIAMA		CD	KNM
KANKAN		GN	KNN
KANO		NG	KAN
KANPUR		IN	KNU
KANSAS CITY	MO	US	MKC
KANTCHARI		BF	XKA
KANUA		PG	KTK
KAOHSIUNG		TW	KHH
KAOLACK		SN	KLC
KAOMA		ZM	KMZ
KAPALUA	HI	US	JHM
KAPIT		MY	KPI
KAPUSKASING	ON	CA	YYU
KAR		PG	KAK
KAR KAR		PG	KRX
KARACHI		PK	KHI
KARAGANDA		KZ	KGF
KARAMAY		CN	KRY
KARASABAI		GY	KRG
KARATO		PG	KAF
KARAWARI		PG	KRJ
KARDLA		EE	KDL
KARIBA		ZW	KAB
KARIMUI		PG	KMR
KARLOVY VARY		CZ	KLV
KARLSKOGA		SE	KSK
KARLSTAD		SE	KSD
KARLUK	AK	US	KYK
KARONGA		MW	KGJ
KARPATHOS		GR	AOK
KARRATHA	WA	AU	KTA
KARS		TR	KSY
KARSHI		UZ	KSQ
KARSLRUHE		DE	FKB
KARUBAGA		ID	KBF
KARUMBA	QL	AU	KRB
KARUP		DK	KRP
KASAAN	AK	US	KXA
KASABA BAY		ZM	ZKB
KASABONIKA	ON	CA	XKS
KASAMA		ZM	KAA
KASANE		BW	BBK
KASANOMBE		PG	KSB
KASCHECHEWAN	ON	CA	ZKE
KASESE		UG	KSE
KASHI		CN	KHG
KASIGLUK	AK	US	KUK
KASOS ISLAND		GR	KSJ
KASSALA		SD	KSL
KASSEL		DE	KSF
KASTORIA		GR	KSO
KATHERINE	NT	AU	KTR
KATHMANDU		NP	KTM
KATIU		PF	KXU
KATO		GY	KTO
KATOWICE		PL	KTW
KAU		ID	KAZ
KAUAI ISLAND	HI	US	LIH
KAUHAJOKI		FI	KHJ
KAUHAVA		FI	KAU
KAUKURA ATOLL		PF	KKR
KAUNAS		LT	KUN
KAVALA		GR	KVA
KAVIENG		PG	KVG
KAWITO		PG	KWO
KAWTHAUNG		MM	KAW
KAYA		BF	XKY
KAYENTA	AZ	US	MVM
KAYES		ML	KYS
KAYSERI		TR	ASR
KAZAN		RU	KZN
KEARNEY	NE	US	EAR
KEBAR		ID	KEQ

Cities	1	2	3
KEDOUGOU		SN	KGG
KEENE	NH	US	EEN
KEETMANSHOOP		NA	KMP
KEEWAYWIN	ON	CA	KEW
KEFALLINIA		GR	EFL
KEGASKA	QC	CA	ZKG
KEISAH		ID	KEA
KELAFO		ET	LFO
KELILA		ID	LLN
KELLE		CG	KEE
KELOWNA	BC	CA	YLW
KELSEY	MB	CA	KES
KEMANO	BC	CA	XKO
KEMEROVO		XU	KEJ
KEMI/TORNIO		FI	KEM
KEMPSEY	NS	AU	KPS
KENAI	AK	US	ENA
KENDARI		ID	KDI
KENEMA		SL	KEN
KENG TUNG		MM	KET
KENIEBA		ML	KNZ
KENINGAU		MY	KGU
KENMORE AIR HARB	WA	US	KEH
KENORA	ON	CA	YQK
KEPI		ID	KEI
KERAMA		JP	KJP
KERAU		PG	KRU
KEREMA		PG	KMA
KERIKERI		NZ	KKE
KERKYRA		GR	CFU
KERMAN		IR	KER
KERMANSHAH		IR	KSH
KERRY COUNTY		IE	KIR
KERTEH		MY	KTE
KESHOD		IN	IXK
KETAPANG		ID	KTG
KETCHIKAN	AK	US	KTN
KEY LAKE	SK	CA	YKJ
KEY WEST	FL	US	EYW
KHABAROVSK		XU	KHV
KHAJURAHO		IN	HJR
KHAMIS MUSHAI		SA	KMX
KHAMTI		MM	KHM
KHANTY-MANSIY		XU	HMA
KHARK ISLAND		IR	KHK
KHARKIV		UA	HRK
KHARTOUM		SD	KRT
KHASAB		OM	KHS
KHASHM EL GIR		SD	GBU
KHATANGA		XU	HTG
KHERSON		UA	KHE
KHMELNYTSKYI		UA	HMJ
KHON KAEN		TH	KKC
KHORRAMABAD		IR	KHD
KHOST		AF	KHT
KHOVD		MN	HVD
KHUDZHAND		TJ	LBD
KHUZDAR		PK	KDD
KHWAHAN		AF	KWH
KHWAI R LODGE		BW	KHW
KIANA	AK	US	IAN
KIEL		DE	KEL
KIETA		PG	KIE
KIEV		UA	IEV
KIFFA		MR	KFA
KIGALI		RW	KGL
KIGOMA		TZ	TKQ
KIKAIGA SHIMA		JP	KKX
KIKINONDA		PG	KIZ
KIKORI		PG	KRI
KIKWIT		CD	KKW
KILGORE	TX	US	GGG
KILI ISLAND		MH	KIO
KILIMANJARO		TZ	JRO
KILLEEN	TX	US	ILE
KILWA		TZ	KIY
KIMAM		ID	KMM
KIMBERLEY		ZA	KIM
KIMMIRUT	NU	CA	YLC
KINDAMBA		CG	KNJ
KINDU		CD	KND
KING COVE	AK	US	KVC
KING ISLAND	TS	AU	KNS
KING KHALID C		SA	KMC
KING SALMON	AK	US	AKN
KINGAROY	QL	AU	KGY
KINGFISHER LAKE	ON	CA	KIF
KINGMAN	AZ	US	IGM
KINGS CANYON	NT	AU	KBJ
KINGSCOTE	SA	AU	KGC
KINGSPORT	TN	US	TRI
KINGSTON	ON	CA	YGK
KINGSTON		JM	KIN
KINMEN		TW	KNH
KINSHASA		CD	FIH
KINSTON	NC	US	ISO
KIPNUK	AK	US	KPN
KIRA		PG	KIQ
KIRAKIRA		SB	IRA
KIRI		CD	KRZ
KIRKENES		NO	KKN
KIRKLAND LAKE	ON	CA	YKX
KIRKSVILLE	MO	US	IRK
KIRKWALL		GB	KOI
KIROV		RU	KVX
KIROVSK/APATITY		RU	KVK
KIRUNA		SE	KRN
KIRUNDO		BI	KRE
KIRYAT SHMONA		IL	KSW
KISANGANI		CD	FKI
KISENGAN		PG	KSG
KISH ISLAND		IR	KIH
KISHINEV		MD	KIV
KISMAYU		SO	KMU
KISSIDOUGOU		GN	KSI
KISSIMMEE	FL	US	ISM
KISUMU		KE	KIS
KITA KYUSHU		JP	KKJ
KITADAITO		JP	KTD
KITALE		KE	KTL
KITAVA		PG	KVE
KITCHENER	ON	CA	YKF
KITKATLA	BC	CA	YKK
KITOI BAY	AK	US	KKB
KITTILA		FI	KTT
KITWE		ZM	KIW

Cities	1	2	3
KIUNGA		KE	KIU
KIUNGA		PG	UNG
KIVALINA	AK	US	KVL
KLAG BAY	AK	US	KBK
KLAGENFURT		AT	KLU
KLAMATH FALLS	OR	US	LMT
KLAWOCK	AK	US	KLW
KLEINZEE		ZA	KLZ
KLERKSDORP		ZA	KXE
KNEE LAKE	MB	CA	YKE
KNIGHTS INLET	BC	CA	KNV
KNOCK		IE	NOC
KNOXVILLE	TN	US	TYS
KOBUK	AK	US	OBU
KOCHI		IN	COK
KOCHI		JP	KCZ
KODIAK	AK	US	ADQ
KOGGALA		LK	KCT
KOH KONG		KH	KKZ
KOH SAMUI		TH	USM
KOHAT		PK	OHT
KOINAMBE		PG	KMB
KOINGHAAS		ZA	KIG
KOKKOLA/PIETA		FI	KOK
KOKODA		PG	KKD
KOKOMO	IN	US	OKK
KOKONAO		ID	KOX
KOKORO		PG	KOR
KOKSHETAU		KZ	KOV
KOL		PG	KQL
KOLDA		SN	KDA
KOLDING		DK	ZBT
KOLHAPUR		IN	KLH
KOLKATA		IN	CCU
KOLOBRZEG BS		PL	QJY
KOLWEZI		CD	KWZ
KOMAKO		PG	HOC
KOMATSU		JP	KMQ
KOMO-MANDA		PG	KOM
KOMPIAM		PG	KPM
KOMSOMOLSK-NA-A		XU	KXK
KONA	HI	US	KOA
KONAWARUK		GY	KKG
KONE		NC	KNQ
KONGE		PG	KGB
KONGIGANAK	AK	US	KKH
KONGOBOUMBA		GA	GKO
KONGOLO		CD	KOO
KONYA		TR	KYA
KOOLATAH	NT	AU	KOH
KOPASKER		IS	OPA
KOPIAGO		PG	KPA
KORHOGO		CI	HGO
KORLA		CN	KRL
KORO ISLAND		FJ	KXF
KOROBA		PG	KDE
KOROLEVU		FJ	KVU
KOROR		PW	ROR
KORTRIJK		BE	KJK
KOS		GR	KGS
KOSICE		SK	KSC
KOSRAE		FM	KSA
KOSTANAY		KZ	KSN
KOSTI		SD	KST
KOSZALIN		PL	OSZ
KOTA		IN	KTU
KOTA BHARU		MY	KBR
KOTA KINABALU		MY	BKI
KOTABANGUN		ID	KOD
KOTLAS		RU	KSZ
KOTLIK	AK	US	KOT
KOTZEBUE	AK	US	OTZ
KOULAMOUTOU		GA	KOU
KOUMAC		NC	KOC
KOUNDARA		GN	SBI
KOUTABA		CM	KOB
KOWANYAMA	QL	AU	KWM
KOYUK	AK	US	KKA
KOYUKUK	AK	US	KYU
KOZANI		GR	KZI
KOZHIKODE		IN	CCJ
KRABI		TH	KBV
KRAKOW		PL	KRK
KRAMFORS/SOLLEF		SE	KRF
KRASNODAR		RU	KRR
KRASNOVODSK		TM	KRW
KRASNOYARSK		XU	KJA
KRIBI		CM	KBI
KRISTIANSAND		NO	KRS
KRISTIANSTAD		SE	KID
KRISTIANSUND		NO	KSU
KRIVYI RIH		UA	KWG
KUALA LUMPUR		MY	KUL
KUALA TERENGG		MY	TGG
KUANTAN		MY	KUA
KUBIN ISLAND	QL	AU	KUG
KUCHING		MY	KCH
KUDAT		MY	KUD
KUFRAH		LY	AKF
KUGLUKTUK	NU	CA	YCO
KUITO		AO	SVP
KULU		IN	KUU
KULUSUK		GL	KUS
KUMAMOTO		JP	KMJ
KUMASI		GH	KMS
KUMEJIMA		JP	UEO
KUNDIAWA		PG	CMU
KUNDUZ		AF	UND
KUNGUM		PG	KGM
KUNMING		CN	KMG
KUNUNURRA	WA	AU	KNX
KUOPIO		FI	KUO
KUOREVESI		FI	KEV
KUPANG		ID	KOE
KUPIANO		PG	KUP
KUQA		CN	KCA
KURESSAARE		EE	URE
KURGAN		XU	KRO
KURI		PG	KUQ
KURIA		KI	KUC
KURSK		RU	URS
KURUMAN		ZA	KMH
KURWINA		PG	KWV
KUSHIRO		JP	KUH
KUTAISI		GE	KUT
KUUJJUAQ	QC	CA	YVP

Cities	1	2	3
KUUJJUARAPIK	QC	CA	YGW
KUUSAMO		FI	KAO
KUWAIT		KW	KWI
KWAJALEIN		MH	KWA
KWETHLUK	AK	US	KWT
KWIGILLINGOK	AK	US	KWK
KYAUKPYU		MM	KYP
KYAUKTAW		MM	KYT
KYTHIRA		GR	KIT
KYZYL		XU	KYZ
KZYL-ORDA		KZ	KZO

L

Cities	1	2	3
LA BAULE		FR	LBY
LA CEIBA		HN	LCE
LA CHORRERA		CO	LCR
LA COLOMA		CU	LCL
LA CORUNA		ES	LCG
LA CROSSE	WI	US	LSE
LA DESIRADE		GP	DSD
LA FRIA		VE	LFR
LA GRANDE	QC	CA	YGL
LA PALMA		PA	PLP
LA PAZ		BO	LPB
LA PAZ		MX	LAP
LA PEDRERA		CO	LPD
LA PLATA	BA	AR	LPG
LA PORTE	IN	US	LPO
LA RIOJA	LR	AR	IRJ
LA ROCHE		FR	EDM
LA ROCHELLE		FR	LRH
LA ROMANA		DO	LRM
LA RONGE	SK	CA	YVC
LA SARRE	QC	CA	SSQ
LA SERENA		CL	LSC
LA TABATIERE	QC	CA	ZLT
LA UNION		HN	LUI
LAAYOUNE		MA	EUN
LABASA		FJ	LBS
LABE		GN	LEK
LABLAB		PG	LAB
LABOUCHERE BAY	AK	US	WLB
LABREA	AM	BR	LBR
LABUAN		MY	LBU
LABUAN BAJO		ID	LBJ
LABUHA		ID	LAH
LAC BROCHET	MB	CA	XLB
LACONIA	NH	US	LCI
LADOUANIE		SR	LDO
LADYSMITH		ZA	LAY
LAE		PG	LAE
LAE ISLAND		MH	LML
LAFAYETTE	IN	US	LAF
LAFAYETTE	LA	US	LFT
LAGES	SC	BR	LAJ
LAGO AGRIO		EC	LGQ
LAGO ARGENTINO	SC	AR	ING
LAGOS		NG	LOS
LAGOS MORENO		MX	LOM
LAGUE		CG	LCO
LAGUNILLAS		VE	LGY
LAHAD DATU		MY	LDU
LAHORE		PK	LHE
LAIAGAM		PG	LGM
LAKE CHARLES	LA	US	LCH
LAKE EVELLA	NT	AU	LEL
LAKE GREGORY	WA	AU	LGE
LAKE HAVASU CITY	AZ	US	HII
LAKE JACKSON	TX	US	LJN
LAKE MANYARA		TZ	LKY
LAKE MINCHUMINA	AK	US	LMA
LAKE NASH	NT	AU	LNH
LAKE OZARK	MO	US	AIZ
LAKE PLACID	NY	US	LKP
LAKE TAHOE	CA	US	TVL
LAKEBA		FJ	LKB
LAKEFIELD	QL	AU	LFP
LAKELAND	FL	US	LAL
LAKEVIEW	OR	US	LKV
LAKSELV		NO	LKL
LALIBELA		ET	LLI
LAMA-KARA		TG	LRL
LAMACARENA		CO	LMC
LAMAP		VU	LPM
LAMAR	CO	US	LAA
LAMASSA		PG	LMG
LAMBARENE		GA	LBQ
LAMEN BAY		VU	LNB
LAMEZIA-TERME		IT	SUF
LAMIDANDA		NP	LDN
LAMPANG		TH	LPT
LAMPEDUSA		IT	LMP
LAMU		KE	LAU
LANAI CITY	HI	US	LNY
LANCASTER	CA	US	WJF
LANCASTER	PA	US	LNS
LAND'S END		GB	LEQ
LANDER	WY	US	LND
LANDSKRONA		SE	JLD
LANGEOOG		DE	LGO
LANGGUR		ID	LUV
LANGIMAR		PG	LNM
LANGKAWI		MY	LGK
LANNION		FR	LAI
LANSDOWNE	WA	AU	LDW
LANSDOWNE HOUSE	ON	CA	YLH
LANSERIA		ZA	HLA
LANSING	MI	US	LAN
LANZAROTE		ES	ACE
LANZHOU		CN	LHW
LAOAG		PH	LAO
LAPPEENRANTA		FI	LPP
LAR		IR	LRR
LARAMIE	WY	US	LAR
LARANTUKA		ID	LKA
LAREDO	TX	US	LRD
LARISSA		GR	LRA
LARNACA		CY	LCA
LARSEN BAY	AK	US	KLN
LAS CRUCES	NM	US	LRU
LAS LOMITAS	FO	AR	LLS

Cities	1	2	3
LAS PALMAS		ES	LPA
LAS PIEDRAS		VE	LSP
LAS TUNAS		CU	VTU
LAS VEGAS	NV	US	LAS
LASHIO		MM	LSH
LASTOURVILLE		GA	LTL
LATAKIA		SY	LTK
LATHROP WELLS	NV	US	LTH
LATROBE	TS	AU	LTB
LATROBE	PA	US	LBE
LATUR		IN	LTU
LAUCALA IS		FJ	LUC
LAUNCESTON	TS	AU	LST
LAURA	QL	AU	LUU
LAUREL	MS	US	LUL
LAURIE RIVER	MB	CA	LRQ
LAVERTON	WA	AU	LVO
LAWAS		MY	LWY
LAWN HILL	QL	AU	LWH
LAWRENCE	KS	US	LWC
LAWTON	OK	US	LAW
LAZARO CARDEN		MX	LZC
LE HAVRE		FR	LEH
LE MANS		FR	LME
LE PUY		FR	LPY
LE TOUQUET		FR	LTQ
LEADVILLE	CO	US	LXV
LEAF RAPIDS	MB	CA	YLR
LEARMONTH	WA	AU	LEA
LEBAKENG		LS	LEF
LEBANON	NH	US	LEB
LEBEL-SUR-QUEVILL	QC	CA	YLS
LEEDS/BRADFORD		GB	LBA
LEEDS/BRADFORD		GB	BRF
LEGASPI		PH	LGP
LEGUIZAMO		CO	LGZ
LEH		IN	IXL
LEHU		PG	LHP
LEIGH CREEK	SA	AU	LGH
LEINSTER	WA	AU	LER
LEIPZIG/HALLE		DE	LEJ
LEITRE		PG	LTF
LEKANA		CG	LKC
LEKNES		NO	LKN
LEMNOS		GR	LXS
LENCOIS	BA	BR	LEC
LENGBATI		PG	LNC
LEO		BF	XLU
LEON		ES	LEN
LEON/GUANAJUA		MX	BJX
LEONARDTOWN	MD	US	LTW
LEONORA	WA	AU	LNO
LEOPOLDINA	MG	BR	LEP
LEREH		ID	LHI
LERIBE		LS	LRB
LEROS		GR	LRS
LESE		PG	LNG
LESOBENG		LS	LES
LETHBRIDGE	AB	CA	YQL
LETHEM		GY	LTM
LETICIA		CO	LET
LEVELOCK	AK	US	KLL
LEVUKA		FJ	LEV
LEWISBURG	WV	US	LWB
LEWISTON	ME	US	LEW
LEWISTON	ID	US	LWS
LEWISTOWN	MT	US	LWT
LEWOLEBA		ID	LWE
LEXINGTON	KY	US	LEX
LHASA		CN	LXA
LHOKSUMAWE		ID	LSW
LIANYUNGANG		CN	LYG
LIBENGE		CD	LIE
LIBERAL	KS	US	LBL
LIBERIA		CR	LIR
LIBREVILLE		GA	LBV
LICHINGA		MZ	VXC
LIDKOPING		SE	LDK
LIEGE		BE	LGG
LIEPAJA		LV	LPX
LIFOU		NC	LIF
LIGHTNING RIDGE	NS	AU	LHG
LIHIR ISLAND		PG	LNV
LIJIANG CITY		CN	LJG
LIKIEP ISLAND		MH	LIK
LIKOMA ISLAND		MW	LIX
LILABARI		IN	IXI
LILLE		FR	LIL
LILONGWE		MW	LLW
LIMA		PE	LIM
LIMBANG		MY	LMN
LIMBUNYA	NT	AU	LIB
LIME VILLAGE	AK	US	LVD
LIMOGES		FR	LIG
LIMON		CR	LIO
LIN ZHI		CN	LZY
LINCANG		CN	LNJ
LINCOLN	NE	US	LNK
LINDEMAN ISLAND	QL	AU	LDC
LINDI		TZ	LDI
LINGA LINGA		PG	LGN
LINKOPING		SE	LPI
LINS	SP	BR	LIP
LINYI		CN	LYI
LINZ		AT	LNZ
LIPARI		IT	ZIP
LIPETSK		RU	LPK
LISALA		CD	LIQ
LISBON		PT	LIS
LISHAN		TW	LHN
LISMORE	NS	AU	LSY
LITTLE CAYMAN		KY	LYB
LITTLE GRAND RAPI	MB	CA	ZGR
LITTLE POR WALTER	AK	US	LPW
LITTLE ROCK	AR	US	LIT
LIUZHOU		CN	LZH
LIVERMORE	CA	US	LVK
LIVERPOOL		GB	LPL
LIVINGSTONE		ZM	LVI
LIVRAMENTO	RS	BR	LVB
LIZARD ISLAND	QL	AU	LZR
LJUBLJANA		SI	LJU
LKE MURRAY		PG	LMY
LLEIDA		ES	ILD
LLOYDMINSTER	AB	CA	YLL
LOANI		PG	LNQ
LOBATSE		BW	LOQ
LOCHGILPHEAD		GB	LPH
LOCKHART RIVER	QL	AU	IRG
LODJA		CD	LJA
LODZ		PL	LCJ
LOEI		TH	LOE
LOEN		MH	LOF
LOGAN	UT	US	LGU
LOGANSPORT	IN	US	OKK
LOGRONO		ES	RJL
LOIKAW		MM	LIW
LOJA		EC	LOH
LOKICHOGGIO		KE	LKG
LOME		TG	LFW
LONDOLOZI		ZA	LDZ
LONDON		GB	LON
LONDON	ON	CA	YXU
LONDON	KY	US	LOZ
LONDONDERRY		GB	LDY
LONDRINA	PR	BR	LDB
LONG AKAH		MY	LKH
LONG APUNG		ID	LPU
LONG BANGA		MY	LBP
LONG BAWAN		ID	LBW
LONG BEACH	CA	US	LGB
LONG ISLAND	AK	US	LIJ
LONG ISLAND	QL	AU	HAP
LONG LELLANG		MY	LGL
LONG PASIA		MY	GSA
LONG SEMADOH		MY	LSM
LONG SERIDAN		MY	ODN
LONG SUKANG		MY	LSU
LONGANA		VU	LOD
LONGREACH	QL	AU	LRE
LONGVIEW	TX	US	GGG
LONGYEARBYEN		NO	LYR
LONORORE		VU	LNE
LOPEZ ISLAND	WA	US	LPS
LORD HOW ISLAND	NS	AU	LDH
LORETO		MX	LTO
LORIENT		FR	LRT
LORING	AK	US	WLR
LORRAINE	QL	AU	LOA
LOS ALAMOS	NM	US	LAM
LOS ANGELES	CA	US	LAX
LOS ANGELES		CL	LSQ
LOS MENUCO	RN	AR	LMD
LOS MOCHIS		MX	LMM
LOS ROQUES		VE	LRV
LOST RIVER	AK	US	LSR
LOSUIA		PG	LSA
LOTUS VALE	QL	AU	LTV
LOUBOMO		CG	DIS
LOUIS TRICHAR		ZA	LCD
LOUISVILLE	KY	US	SDF
LOURDES/TARBE		FR	LDE
LOVELL	WY	US	POY
LOWAI		PG	LWI
LUANDA		AO	LAD
LUANG NAMTHA		LA	LXG
LUANG PRABANG		LA	LPQ
LUBANG		PH	LBX
LUBANGO		AO	SDD
LUBBOCK	TX	US	LBB
LUBUMBASHI		CD	FBM
LUCCA		IT	LCV
LUCENEC		SK	LUE
LUCKNOW		IN	LKO
LUDERITZ		NA	LUD
LUDHIANA		IN	LUH
LUENA		AO	LUO
LUFKIN ANGELINA	TX	US	LFK
LUGANO		CH	LUG
LUHANSK		UA	VSG
LUGH GANANE		SO	LGX
LUKLA		NP	LUA
LUKULU		ZM	LXU
LULEA		SE	LLA
LUMBALA		AO	GGC
LUMI		PG	LMI
LUMID PAU		GY	LUB
LUNYUK		ID	LYK
LUOYANG		CN	LYA
LUSAKA		ZM	LUN
LUSIKISIKI		ZA	LUJ
LUTSELKE	NT	CA	YSG
LUWUK		ID	LUW
LUXEMBOURG		LU	LUX
LUXI		CN	LUM
LUXOR		EG	LXR
LUZHOU		CN	LZO
LUZON ISLAND		PH	NCP
LVIV		UA	LWO
LYALL HARBOUR	BC	CA	YAJ
LYCKSELE		SE	LYC
LYDD		GB	LYX
LYNCHBURG	VA	US	LYH
LYNN LAKE	MB	CA	YYL
LYON		FR	LYS

M

Cities	1	2	3
M'BANZA CONGO		AO	SSY
M'BOKI		CF	MKI
MAASTRICHT		NL	MST
MABARUMA		GY	USI
MABUIAG ISLAND	QL	AU	UBB
MACAE	RJ	BR	MEA
MACANAL		CO	NAD
MACAPA	AP	BR	MCP
MACARA		EC	MRR
MACAS		EC	XMS
MACAO		MO	MFM
MACEIO	AL	BR	MCZ
MACENTA		GN	MCA
MACHALA		EC	MCH
MACHU PICHU		PE	MFT
MACKAY	QL	AU	MKY
MACKINAC ISLAND	MI	US	MCD
MACKSVILLE	NS	AU	MVH
MACOMB	IL	US	MQB
MACON	GA	US	MCN
MADANG		PG	MAG
MADINAH		SA	MED
MADISON	WI	US	MSN
MADRAS	OR	US	MDJ
MADRID		ES	MAD
MADURAI		IN	IXM
MAE HONG SØN		TH	HGN
MAE SOT		TH	MAQ
MAEWO		VU	MWF
MAFETENG		LS	MFC
MAFIA		TZ	MFA
MAGADAN		XU	GDX
MAGANGUE		CO	MGN
MAGARUQUE		MZ	MFW
MAGDALENA		BO	MGD
MAGNITOGORSK		XU	MQF
MAGWE		MM	MWQ
MAHANORO		MG	VVB
MAHDIA		GY	MHA
MAHE IS		SC	SEZ
MAHENDRANAGAR		NP	XMG
MAIANA		KI	MNK
MAICAO		CO	MCJ
MAIDUGURI		NG	MIU
MAIKWAK		GY	VEG
MAIMANA		AF	MMZ
MAINTIRANO		MG	MXT
MAIO		CV	MMO
MAITLAND	NS	AU	MTL
MAJKIN		MH	MJE
MAJUNGA		MG	MJN
MAJURO		MH	MAJ
MAKABANA		CG	KMK
MAKALE		ET	MQX
MAKEMO		PF	MKP
MAKHACHKALA		RU	MCX
MAKIN IS		KI	MTK
MAKINI		PG	MPG
MAKKOVIK	NL	CA	YMN
MAKOKOU		GA	MKU
MAKOUA		CG	MKJ
MAKUNG		TW	MZG
MAKURDI		NG	MDI
MALA MALA		ZA	AAM
MALABANG		PH	MLP
MALABO		GQ	SSG
MALACCA		MY	MKZ
MALAGA		ES	AGP
MALAIMBANDY		MG	WML
MALAKAL		SD	MAK
MALALAUA		PG	MLQ
MALANG		ID	MLG
MALANGE		AO	MEG
MALARGUE	MD	AR	LGS
MALATYA		TR	MLX
MALDA		IN	LDA
MALE		MV	MLE
MALEKOLON		PG	MKN
MALI LOSINJ		HR	LSZ
MALIANA		ID	MPT
MALINDI		KE	MYD
MALLACOOTA	VI	AU	XMC
MALMO		SE	MMA
MALOELAP ISL		MH	MAV
MALOLOLAILAI		FJ	PTF
MALTA		MT	MLA
MAMAI		PG	MAP
MAMBURAO		PH	MBO
MAMFE		CM	MMF
MAMITUPO		PA	MPI
MAMMOTH LAKES	CA	US	MMH
MAMPIKONY		MG	WMP
MAMUJU		ID	MJU
MAN		CI	MJC
MANA ISLAND		FJ	MNF
MANADO		ID	MDC
MANAGUA		NI	MGA
MANAKARA		MG	WVK
MANANARA		MG	WMR
MANANG		NP	NGX
MANANJARY		MG	MNJ
MANARE		PG	MRM
MANASSAS	VA	US	MNZ
MANAUS	AM	BR	MAO
MANCHESTER		GB	MAN
MANCHESTER	NH	US	MHT
MANDABE		MG	WMD
MANDALAY		MM	MDL
MANDERA		KE	NDE
MANDEVILLE		JM	MVJ
MANDRITSARA		MG	WMA
MANGA		PG	MGP
MANGAIA IS		CK	MGS
MANGALORE		IN	IXE
MANGOCHI		MW	MAI
MANGOLE		ID	MAL
MANGROVE CAY		BS	MAY
MANGUNA		PG	MFO
MANHATTAN	KS	US	MHK
MANICORE	AM	BR	MNX
MANIHI		PF	XMH
MANIHIKI ISL		CK	MHX
MANIITSOQ		GL	JSU
MANILA		PH	MNL
MANINGRIDA	NT	AU	MNG
MANISTEE	MI	US	MBL
MANITOUADGE	ON	CA	YMG
MANITOWOC	WI	US	MTW
MANIZALES		CO	MZL
MANJA		MG	MJA
MANKATO	MN	US	MKT
MANLEY HOT SPRIN	AK	US	MLY
MANNERS CREEK	NT	AU	MFP
MANNHEIM		DE	MHG
MANOKOTAK	AK	US	KMO
MANOKWARI		ID	MKW
MANONO		CD	MNO
MANSA		ZM	MNS
MANSFIELD	OH	US	MFD
MANSTON		GB	MSE
MANTA		EC	MEC
MANTI	UT	US	NTJ
MANUMU		PG	UUU
MANUS IS		PG	MAS
MANZANILLO		CU	MZO
MANZANILLO		MX	ZLO
MANZHOULI		CN	NZH
MANZINI		SZ	MTS
MAO		TD	AMO
MAOTA SAVAII		WS	MXS
MAPLE BAY	BC	CA	YAQ
MAPODA		PG	MPF
MAPUA		PG	MPU
MAPUTO		MZ	MPM
MAQUINCHAO	RN	AR	MQD
MAR DEL PLATA	BA	AR	MDQ
MARA LODGES		KE	MRE
MARABA	PA	BR	MAB
MARACAIBO		VE	MAR
MARACAY		VE	MYC
MARADI		NE	MFQ
MARAGHEH		IR	ACP
MARAKEI		KI	MZK
MARAMUNI		PG	MWI
MARATHON	FL	US	MTH
MARATHON	ON	CA	YSP
MARAU SOUND		SB	RUS
MARAWAKA		PG	MWG
MARBLE BAR	WA	AU	MBB
MARBLE CANYON	AZ	US	MYH
MARCO ISLAND	FL	US	MRK
MARDIN		TR	MQM
MARE		NC	MEE
MAREB		YE	MYN
MAREEBA	QL	AU	MRG
MARGARET RIVER	WA	AU	MGV
MARGARET RIVER S	WA	AU	MQZ
MARGARIMA		PG	MGG
MARGATE		ZA	MGH
MARIANSKE LAZ		CZ	MKA
MARIBOR		SI	MBX
MARIE GALANTE		GP	GBJ
MARIEHAMN		FI	MHQ
MARIETTA	OH	US	PKB
MARILIA	SP	BR	MII
MARINDUQUE		PH	MRQ
MARINGA	PR	BR	MGF
MARION	IL	US	MWA
MARION	IN	US	MZZ
MARIQUITA		CO	MQU
MARISCAL ESTI		PY	ESG
MARIUPOL		UA	MPW
MARLBOROUGH	MA	US	MXG
MAROANTSETRA		MG	WMN
MAROUA		CM	MVR
MARQUETTE	MI	US	MQT
MARRAKECH		MA	RAK
MARSA ALAM		RG	RMF
MARSEILLE		FR	MRS
MARSH HARBOUR		BS	MHH
MARSHALL	MN	US	MML
MARSHALL	AK	US	MLL
MARSHFIELD	WI	US	MFI
MARTHAS VINEYARD	MA	US	MVY
MARUDI		MY	MUR
MARY		TM	MYP
MARY'S HARBOUR	NL	CA	YMH
MARYBOROUGH	QL	AU	MBH
MARYSVILLE	CA	US	MYV
MASA		PG	MBV
MASADA		IL	MTZ
MASAMBA		ID	MXB
MASASI		TZ	XMI
MASBATE		PH	MBT
MASCARA		DZ	MUW
MASERU		LS	MSU
MASHAD		IR	MHD
MASINDI		UG	KCU
MASIRAH		OM	MSH
MASON CITY	IA	US	MCW
MASSAWA		ER	MSW
MASSENA	NY	US	MSS
MASSET	BC	CA	ZMT
MASTERTON		NZ	MRO
MASVINGO		ZW	MVZ
MATADI		CD	MAT
MATAGAMI	QC	CA	YNM
MATAIVA		PF	MVT
MATAM		SN	MAX
MATAMOROS		MX	MAM
MATANE	QC	CA	YME
MATARAM		ID	AMI
MATO GROSSO	MT	BR	MTG
MATSAILE		LS	MSG
MATSU		TW	MFK
MATSUMOTO		JP	MMJ
MATSUYAMA		JP	MYJ
MATTHEWS RIDG		GY	MWJ
MATTOON	IL	US	MTO
MATURIN		VE	MUN
MAUES	AM	BR	MBZ
MAUKE IS		CK	MUK
MAULMYINE		MM	MNU
MAUMERE		ID	MOF
MAUN		BW	MUB
MAUPITI		PF	MAU
MAURITIUS		MU	MRU
MAY CREEK	AK	US	MYK
MAYAGUANA		BS	MYG
MAYAGUEZ		PR	MAZ
MAYO	YT	CA	YMA
MAYOUMBA		GA	MYB
MAZAR-I-SHARI		AF	MZR
MAZATLAN		MX	MZT
MBALA		ZM	MMQ
MBAMBANAKIRA		SB	MBU
MBANDAKA		CD	MDK
MBARARA		UG	MBQ
MBEYA		TZ	MBI
MBIGOU		GA	MBC
MBOUT		MR	MBR
MBUJI MAYI		CD	MJM
MC ALESTER	OK	US	MLC
MCALLEN	TX	US	MFE
MCARTHUR RIVER	NT	AU	MCV
MCCARTHY	AK	US	MXY
MCCOOK	NE	US	MCK
MCGRATH	AK	US	MCG
MEADOW LAKE	SK	CA	YLJ
MEADVILLE	PA	US	MEJ
MECHERIA		DZ	MZW
MEDAN		ID	MES
MEDELLIN		CO	MDE
MEDFORD	OR	US	MFR
MEDFORD	WI	US	MDF
MEDFRA	AK	US	MDR
MEDICINE HAT	AB	CA	YXH
MEDOUNEU		GA	MDV
MEEKATHARRA	WA	AU	MKR
MEGEVE		FR	MVV
MEGHAULI		NP	MEY
MEGISTI		GR	KZS
MEHAMN		NO	MEH
MEIXIAN		CN	MXZ
MEJIT ISLAND		MH	MJB
MEKAMBO		GA	MKB
MEKANE SELAM		ET	MKS
MEKORYUK	AK	US	MYU
MELANGGUANE		ID	MNA
MELBOURNE	VI	AU	MEL
MELBOURNE	FL	US	MLB
MELCHOR DE ME		GT	MCR
MELILLA		ES	MLN
MELINDA		BZ	MDB
MELO		UY	MLZ
MEMANBETSU		JP	MMB
MEMMINGEN		DE	FMM
MEMPHIS	TN	US	MEM
MENA		ET	MZX
MENDEZ		EC	MZD
MENDI		PG	MDU
MENDI		ET	NDM
MENDOZA	MD	AR	MDZ
MENOMINEE	MI	US	MNM
MENONGUE		AO	SPP
MENORCA		ES	MAH
MENYAMYA		PG	MYX
MERAUKE		ID	MKQ
MERCED	CA	US	MCE
MERCEDES	CR	AR	MDX
MERDEY		ID	RDE
MERIDA		MX	MID
MERIDA		VE	MRD
MERIDIAN	MS	US	MEI
MERIMBULA	NS	AU	MIM
MERLUNA	QL	AU	MLV
MEROWE		SD	MWE
MERRITT	BC	CA	YMB
MERSA MATRUH		EG	MUH
MERSING		MY	MEP
MERZIFON		TR	MZH
MESA	AZ	US	MSC
MESELIA		PG	MFZ
MESSINA		ZA	MEZ
MESSINA		IT	QME
METLAKATLA	AK	US	MTM
METZ/NANCY		FR	ETZ
MEXICALI		MX	MXL
MEXICO CITY		MX	MEX
MEYERS CHUCK	AK	US	WMK
MFUWE		ZM	MFU
MIAMI	FL	US	MIA
MAIN YANG		CN	MIG
MIANDRIVAZO		MG	ZVA
MIANWALI		PK	MWD
MICHIGAN CITY	IN	US	MGC
MIDDLE CAICOS		TC	MDS
MIDDLEMOUNT	QL	AU	MMM
MIDDLETON ISLAND	AK	US	MDO
MIDLAND	MI	US	MBS
MIDLAND	TX	US	MAF
MIDWAY ISLAND		UM	MDY
MIELE MIMBALE		GA	GIM
MIKKELI		FI	MIK
MILAN		IT	MIL
MILDURA	VI	AU	MQL
MILES CITY	MT	US	MLS
MILFORD	UT	US	MLF
MILFORD SOUND		NZ	MFN
MILI ISLAND		MH	MIJ
MILINGIMBI	NT	AU	MGT
MILLICENT	SA	AU	MLR
MILOS		GR	MLO
MILWAUKEE	WI	US	MKE
MINACU	GO	BR	MQH
MINAMI DAITO		JP	MMD
MINATITLAN		MX	MTT
MINDEN	NV	US	MEV
MINDIK		PG	MXK
MINDIPTANA		ID	MDP
MINER'S BAY	BC	CA	YAV
MINERALNYE VO		RU	MRV
MINGAN	QC	CA	YLP
MINJ		PG	MZN
MINLATON	SA	AU	XML
MINNA		NG	MXJ
MINNEAPOLIS	MN	US	MSP
MINNIPA	SA	AU	MIN
MINOCQUA	WI	US	ARV
MINOT	ND	US	MOT
MINSK		BY	MSQ
MINTO	AK	US	MNT
MINVOUL		GA	MVX
MIQUELON		PM	MQC
MIRACEMA D NORTE	TO	BR	NTM
MIRAFLORES		CO	MFS
MIRAMICHI	NB	CA	YCH
MIRANDA DOWNS	QL	AU	MWY
MIRI		MY	MYY
MIRNY		XU	MJZ
MIRPUR KHAS		PK	MPD
MISAWA		JP	MSJ
MISIMA ISLAND		PG	MIS
MISRAK GASHAM		ET	MHJ
MISSION	TX	US	MFE
MISSOULA	MT	US	MSO
MISURATA		LY	MRA
MITCHELL	SD	US	MHE
MITCHELL	QL	AU	MTQ
MITCHELL PLATEAU	WA	AU	MIH
MITIARO IS		CK	MOI
MITSPEH RAMON		IL	MIP
MITU		CO	MVP
MITZIC		GA	MZC
MIYAKE JIMA		JP	MYE
MIYAKO JIMA		JP	MMY
MIYANMIN		PG	MPX
MIYAZAKI		JP	KMI

民航国际客运销售实务

Cities	1	2	3
MIZAN TEFERI		ET	MTF
MKAMBATI		ZA	MBM
MMABATHO		ZA	MBD
MO I RANA		NO	MQN
MOA		CU	MOA
MOAB	UT	US	CNY
MOABI		GA	MGX
MOALA		FJ	MFJ
MOANAMANI		ID	ONI
MOANDA		GA	MFF
MOANDA		CD	MNB
MOBILE	AL	US	MOB
MOCIMBOA PRAI		MZ	MZB
MODESTO	CA	US	MOD
MOENGO		SR	MOJ
MOGADISHU		SO	MGQ
MOGILEV		BY	MVQ
MOHANBARI		IN	MOH
MOHELI		KM	NWA
MOHENJODARO		PK	MJD
MOKHOTLONG		LS	MKH
MOKI		PG	MJJ
MOKPO		KR	MPK
MOKUTI LODGE		NA	OKU
MOLDE		NO	MOL
MOLINE	IL	US	MLI
MOMBASA		KE	MBA
MOMEIK		MM	MOE
MOMPOS		CO	MMP
MONACO		MC	MCM
MONASTIR		TN	MIR
MONBETSU		JP	MBE
MONCLOVA		MX	LOV
MONCTON	NB	CA	YQM
MONFORT		CO	MFB
MONG HSAT		MM	MOG
MONG TON		MM	MGK
MONGO		TD	MVO
MONGU		ZM	MNR
MONKEY BAY		MW	MYZ
MONKEY MIA	WA	AU	MJK
MONKEY MOUNTA		GY	MYM
MONO		SB	MNY
MONROE	LA	US	MLU
MONROVIA		LR	MLW
MONT JOLI	QC	CA	YYY
MONT TREMBLANT	QC	CA	YTM
MONTAUK	NY	US	MTP
MONTE ALEGRE	PA	BR	MTE
MONTE CASEROS	CR	AR	MCS
MONTE DOURADO	PA	BR	MEU
MONTE LIBANO		CO	MTB
MONTEGO BAY		JM	MBJ
MONTEREY	CA	US	MRY
MONTERIA		CO	MTR
MONTERREY		MX	MTY
MONTERREY		CO	MOY
MONTES CLAROS	MG	BR	MOC
MONTEVIDEO		UY	MVD
MONTGOMERY	AL	US	MGM
MONTICELLO	NY	US	MSV
MONTLUCON		FR	MCU
MONTO	QL	AU	MNQ
MONTPELIER	VT	US	MPV
MONTPELLIER		FR	MPL
MONTREAL	QC	CA	YMQ
MONTROSE	CO	US	MTJ
MONTSERRAT		MS	MNI
MOOLAWATANA	SA	AU	MWT
MOOMBA	SA	AU	MOO
MOORABBIN	VI	AU	MBW
MOOREA		PF	MOZ
MOOSONEE	ON	CA	YMO
MOPTI		ML	MZI
MORA		SE	MXX
MORAFENOBE		MG	TVA
MORANBAH	QL	AU	MOV
MOREE	NS	AU	MRZ
MOREHEAD		PG	MHY
MORELIA		MX	MLM
MORETON	QL	AU	MET
MORGAN CITY	LA	US	PTN
MORGANTOWN	WV	US	MGW
MORICHAL		CO	MHF
MORLAIX		FR	MXN
MORNINGTON	QL	AU	ONG
MORO		PG	MXH
MOROBE		PG	OBM
MOROMBE		MG	MXM
MORONDAVA		MG	MOQ
MORONI		KM	YVA
MOROTAI ISL		ID	OTI
MORUYA	NS	AU	MYA
MOSCOW		RU	MOW
MOSER BAY	AK	US	KMY
MOSES LAKE	WA	US	MWH
MOSJOEN		NO	MJF
MOSSENDJO		CG	MSX
MOSSORO	RN	BR	MVF
MOSTAR		BA	OMO
MOSTEIROS		CV	MTI
MOSUL		IQ	OSM
MOTA		ET	OTA
MOTA LAVA		VU	MTV
MOTUEKA		NZ	MZP
MOUDJERIA		MR	MOM
MOUGULU		PG	GUV
MOUILA		GA	MJL
MOULTRIE	GA	US	MGR
MOUNDOU		TD	MQQ
MOUNT AUE		PG	UAE
MOUNT COOK		NZ	MON
MOUNT GAMBIER	SA	AU	MGB
MOUNT HAGEN		PG	HGU
MOUNT HOTHAM	VI	AU	MHU
MOUNT HOUSE	WA	AU	MHO
MOUNT ISA	QL	AU	ISA
MOUNT KEITH	WA	AU	WME
MOUNT MAGNET	WA	AU	MMG
MOUNT MCKINLE	AK	US	MCL
MOUNT PLEASAN	UT	US	MSD
MOUNT VERNON	IL	US	MVN
MOUNTAIN		NP	MWP
MOUNTAIN HOME	AR	US	WMH
MOUNTAIN VILLAGE	AK	US	MOU
MOUSCRON		BE	MWW

Cities	1	2	3
MOYALE		ET	MYS
MOYOBAMBA		PE	MBP
MPACHA		NA	MPA
MT ETJO LODGE		NA	MJO
MT PLEASANT		FK	MPN
MTWARA		TZ	MYW
MUAN		KR	MWX
MUCURI	BA	BR	MVS
MUDANJIANG		CN	MDG
MUDGEE	NS	AU	DGE
MUEO		NC	PDC
MUI		ET	MUJ
MUKAH		MY	MKM
MUKEIRAS		YE	UKR
MULATUPO		PA	MPP
MULEGE		MX	MUG
MULHOUSE		FR	MLH
MULIA		ID	LII
MULL		GB	ULL
MULLEWA	WA	AU	MXU
MULTAN		PK	MUX
MULU		MY	MZV
MUMBAI		IN	BOM
MUMIAS		KE	MUM
MUNBIL		PG	LNF
MUNCIE	IN	US	MIE
MUNDA		SB	MUA
MUNDUKU		PG	MDM
MUNDULKIRI		KH	MWV
MUNGERANIE	SA	AU	MNE
MUNICH		DE	MUC
MUNSTER		DE	FMO
MURCIA		ES	MJV
MURMANSK		RU	MMK
MURRAY BAY	QC	CA	YML
MURRAY ISLAND	QL	AU	MYI
MUS		TR	MSR
MUSCAT		OM	MCT
MUSCLE SHOALS	AL	US	MSL
MUSGRAVE	QL	AU	MVU
MUSKEGON	MI	US	MKG
MUSKOGEE	OK	US	MKO
MUSKRAT DAM	ON	CA	MSA
MUSOMA		TZ	MUZ
MUSSAU		PG	MWU
MUSTIQUE		VC	MQS
MUTARE		ZW	UTA
MUTING		ID	MUF
MUTTABURRA	QL	AU	UTB
MUZAFFARABAD		PK	MFG
MWANZA		TZ	MWZ
MYEIK		MM	MGZ
MYITKYINA		MM	MYT
MYKOLAIV		UA	NLV
MYKONOS		GR	JMK
MYRTLE BEACH	SC	US	MYR
MYS KAMENNY		XU	YMK
MYSORE		IN	MYQ
MYTILINI		GR	MJT
MYVATN		IS	MVA
MZAMBA		ZA	MZF
MZUZU		MW	ZZU

N

Cities	1	2	3
N ELEUTHERA		BS	ELH
N RONALDSAY		GB	NRL
N'DJOLE		GA	KDJ
N'ZETO		AO	ARZ
NABEREVNYE		RU	NBC
NABIRE		ID	NBX
NACALA		MZ	MNC
NACHINGWEA		TZ	NCH
NACOGDOCHES	TX	US	OCH
NADI		FJ	NAN
NADOR		MA	NDR
NADUNUMU		PG	NDN
NADYM		XU	NYM
NAGA		PH	WNP
NAGASAKI		JP	NGS
NAGOYA		JP	NGO
NAGPUR		IN	NAG
NAHA		ID	NAH
NAIN	NL	CA	YDP
NAIROBI		KE	NBO
NAKASHIBETSU		JP	SHB
NAKCHIVAN		AZ	NAJ
NAKHON PHANOM		TH	KOP
NAKHON RATCHA		TH	NAK
NAKHON SI THA		TH	NST
NAKNEK	AK	US	NNK
NALCHIK		RU	NAL
NAMANGAN		UZ	NMA
NAMATANAI		PG	ATN
NAMDRIK ISL		MH	NDK
NAMIBE		AO	MSZ
NAMLEA		ID	NAM
NAMPULA		MZ	APL
NAMSANG		MM	NMS
NAMSOS		NO	OSY
NAMTU		MM	NMT
NAMU	BC	CA	ZNU
NAMUDI		PG	NDI
NAMUTONI		NA	NNI
NAN		TH	NNT
NANAIMO	BC	CA	YCD
NANCHANG		CN	KHN
NANCHONG		CN	NAO
NANDED		IN	NDC
NANGAN		TW	LZN
NANISIVIK	NU	CA	YSR
NANJING		CN	NKG
NANKINA		PG	NKN
NANNING		CN	NNG
NANORTALIK		GL	JNN
NANTES		FR	NTE
NANTONG		CN	NTG
NANTUCKET	MA	US	ACK
NANUQUE	MG	BR	NNU
NANYANG		CN	NNY
NANYUKI		KE	NYK
NAORO		PG	NOO

Cities	1	2	3
NAPA	CA	US	APC
NAPAKIAK	AK	US	WNA
NAPASKIAK	AK	US	PKA
NAPIER-HASTIN		NZ	NPE
NAPLES	FL	US	APF
NAPLES		IT	NAP
NAPUKA IS		PF	NAU
NARA		ML	NRM
NARATHIWAT		TH	NAW
NARE		CO	NAR
NARRABRI	NS	AU	NAA
NARRANDERA	NS	AU	NRA
NARSAQ		GL	JNS
NARSARSUAQ		GL	UAK
NARVIK		NO	NVK
NARYAN-MAR		RU	NNM
NASHVILLE	TN	US	BNA
NASIK		IN	ISK
NASSAU		BS	NAS
NATADOLA		FJ	NTA
NATAL	RN	BR	NAT
NATASHQUAN	QC	CA	YNA
NATCHEZ	MI	US	HEZ
NATITINGOU		BJ	NAE
NAUKITI	AK	US	NKI
NAURU ISLAND		NR	INU
NAVEGANTES	SC	BR	NVT
NAVOI		UZ	NVI
NAWABSHAH		PK	WNS
NAXOS		GR	JNX
NDELE		CF	NDL
NDENDE		GA	KDN
NDJAMENA		TD	NDJ
NDOLA		ZM	NLA
NECOCHEA	BA	AR	NEC
NECOCLI		CO	NCI
NEERLERIT INAAT		GL	CNP
NEFTEKAMSK		RU	NEF
NEFTEYUGANSK		XU	NFG
NEGAGE		AO	GXG
NEGARBO		PG	GBF
NEGHELLI		ET	EGL
NEGRIL		JM	NEG
NEIVA		CO	NVA
NEJJO		ET	NEJ
NEJRAN		SA	EAM
NEKEMT		ET	NEK
NELSON		NZ	NSN
NELSON LAGOON	AK	US	NLG
NELSPRUIT		ZA	NLP
NEMA		MR	EMN
NEMISCAU	QC	CA	YNS
NENANA	AK	US	ENN
NEPALGANJ		NP	KEP
NEPHI	UT	US	NPH
NERYUNGRI		XU	NER
NEUQUEN	NE	AR	NQN
NEVIS		KN	NEV
NEVSEHIR		TR	NAV
NEW BEDFORD	MA	US	EWB
NEW BERN	NC	US	EWN
NEW CHENEGA	AK	US	NCN
NEW HALFA		SD	NHF
NEW HAVEN	CT	US	HVN
NEW IBERIA	LA	US	LFT
NEW KOLIGANEK	AK	US	KGK
NEW LONDON	CT	US	GON
NEW ORLEANS	LA	US	MSY
NEW PLYMOUTH		NZ	NPL
NEW STUYAHOK	AK	US	KNW
NEW VALLEY		EG	UVL
NEW YORK	NY	US	NYC
NEWARK	NJ	US	EWR
NEWBURGH	NY	US	SWF
NEWCASTLE		GB	NCL
NEWCASTLE		ZA	NCS
NEWCASTLE	NS	AU	NTL
NEWMAN	WA	AU	ZNE
NEWPORT	OR	US	ONP
NEWPORT	RI	US	NPT
NEWPORT NEWS	VA	US	PHF
NEWQUAY		GB	NQY
NEWTOK	AK	US	WWT
NEYVELI		IN	NVY
NGAOUNDERE		CM	NGE
NGAU ISLAND		FJ	NGI
NGOMA		ZM	ZGM
NGUKURR	NT	AU	RPM
NHA TRANG		VN	NHA
NIAGARA FALLS	NY	US	IAG
NIAMEY		NE	NIM
NIAU		PF	NIU
NIBLACK	AK	US	NIE
NICARO		CU	ICR
NICE		FR	NCE
NICHEN COVE	AK	US	NKV
NICHOLSON	WA	AU	NLS
NICOSIA		CY	NIC
NIEUW NICKERI		SR	ICK
NIGERUM		PG	NGR
NIGHTMUTE	AK	US	NME
NIIGATA		JP	KIJ
NIKOLAI	AK	US	NIB
NIKOLSKI	AK	US	IKO
NIKUNAU		KI	NIG
NIMBA		LR	NIA
NIMES		FR	FNI
NINGBO		CN	NGB
NIOKI		CD	NIO
NIORO		ML	NIX
NIPA		PG	NPG
NIQUELANDIA	GO	BR	NQL
NIS		RS	INI
NISSAN ISLAND		PG	IIS
NIUAFO'OU		TO	NFO
NIUATOPUTAPU		TO	NTT
NIUE ISLAND		NU	IUE
NIZHNEVARTOVS		XU	NJC
NIZHNY NOVGOROD		RU	GOJ
NKAUS		LS	NKU
NKAYI		CG	NKY
NKOLO		CD	NKL
NOATAK	AK	US	WTK
NOGALES		MX	NOG
NOMAD RIVER		PG	NOM
NOME	AK	US	OME

Cities	1	2	3
NONDALTON	AK	US	NNL
NONOUTI		KI	NON
NOORVIK	AK	US	ORV
NOOSA	QL	AU	NSA
NOOTKA SOUND	BC	CA	YNK
NORDDEICH		DE	NOE
NORDERNEY		DE	NRD
NORDFJORDUR		IS	NOR
NORDHOLZ-SPIE		DE	NDZ
NORFOLK	NE	US	OFK
NORFOLK	VA	US	ORF
NORFOLK IS		NF	NLK
NORILSK		XU	NSK
NORMAN WELLS	NT	CA	YVQ
NORMAN'S CAY		BS	NMC
NORMANTON	QL	AU	NTN
NORRKOPING		SE	NRK
NORSEMAN	WA	AU	NSM
NORSUP		VU	NUS
NORTH BATTLEFORD	SK	CA	YQW
NORTH BAY	ON	CA	YYB
NORTH BEND	OR	US	OTH
NORTH CAICOS		TC	NCA
NORTH PLATTE	NE	US	LBF
NORTH SPIRIT LAKE	ON	CA	YNO
NORTHWAY	AK	US	ORT
NORWAY HOUSE	MB	CA	YNE
NORWICH		GB	NWI
NORWOOD	MA	US	OWD
NOSARA BEACH		CR	NOB
NOSSI-BE		MG	NOS
NOTTINGHAM		GB	NQT
NOTTODEN		NO	NTB
NOUADHIBOU		MR	NDB
NOUAKCHOTT		MR	NKC
NOUMEA		NC	NOU
NOUNA		BF	XNU
NOVATO	CA	US	NOT
NOVGOROD		RU	NVR
NOVOKUZNETSK		XU	NOZ
NOVOSIBIRSK		XU	OVB
NOVYJ URENGOJ		XU	NUX
NOW SHAHR		IR	NSH
NOWATA		PG	NWT
NOWRA	NS	AU	NOA
NOYABRSK		XU	NOJ
NUEVA GERONA		CU	GER
NUEVO LAREDO		MX	NLD
NUIQSUT	AK	US	NUI
NUKU		PG	UKU
NUKU HIVA		PF	NHV
NUKU'ALOFA		TO	TBU
NUKUS		UZ	NCU
NUKUTAVAKE		PF	NUK
NULATO	AK	US	NUL
NULLAGINE	WA	AU	NLL
NULLARBOR	SA	AU	NUR
NUMBULWAR	NT	AU	NUB
NUMFOOR		ID	FOO
NUNAPITCHUK	AK	US	NUP
NUNUKAN		ID	NNX
NUQUI		CO	NQU
NUREMBERG		DE	NUE
NUTUVE		PG	NUT
NUUK		GL	GOH
NYAC	AK	US	ZNC
NYAGAN		XU	NYA
NYALA		SD	UYL
NYAUNG-U		MM	NYU
NYBORG		DK	ZIB
NYERI		KE	NYE
NYNGAN	NS	AU	NYN
NZEREKORE		GN	NZE

O

Cities	1	2	3
OAK HARBOR	WA	US	ODW
OAKEY	QL	AU	OKY
OAKLAND	CA	US	OAK
OAMARU		NZ	OAM
OAXACA		MX	OAX
OBAN		GB	OBN
OBANO		ID	OBD
OBERPFAFFENHO		DE	OBF
OBIHIRO		JP	OBO
OBO		PG	OBX
OBOCK		DJ	OBC
OCALA	FL	US	OCF
OCANA		CO	OCV
OCEAN CITY	MD	US	OCE
OCEAN FALLS	BC	CA	ZOF
OCEAN REEF	FL	US	OCA
OCEANIC	AK	US	OCI
OCHO RIOS		JM	OCJ
OCUSSI		ID	OEC
ODATE NOSHIR		JP	ONJ
ODENSE		DK	ODE
ODESSA		UA	ODS
ODESSA	TX	US	MAF
ODIENNE		CI	KEO
OENPELLI	NT	AU	OPI
OFU		AS	OFU
OGDENSBURG	NY	US	OGS
OGERANANG		PG	OGE
OGLE		GY	OGL
OGOKI	ON	CA	YOG
OHRID		MK	OHD
OIAPOQUE	AP	BR	OYK
OIL CITY	PA	US	OIL
OITA		JP	OIT
OKABA		ID	OKQ
OKAUKUEJO		NA	OKF
OKAYAMA		JP	OKJ
OKI ISLAND		JP	OKI
OKINAWA		JP	OKA
OKINO ERABU		JP	OKE
OKLAHOMA CITY	OK	US	OKC
OKONDJA		GA	OKN
OKOYO		CG	OKG
OKSAPMIN		PG	OKP
OKUSHIRI		JP	OIR
OLAFSJORDUR		IS	OFJ

Cities	1	2	3
OLAFSVIK		IS	OLI
OLANCHITO		HN	OAN
OLAVARRIA	BA	AR	OVR
OLBIA		IT	OLB
OLD CROW	YT	CA	YOC
OLD FORT BAY	QC	CA	ZFB
OLD HARBOR	AK	US	OLH
OLGA BAY	AK	US	KOY
OLOMOUC		CZ	OLO
OLPOI		VU	OLJ
OLSOBIP		PG	OLQ
OLYMPIA	WA	US	OLM
OLYMPIC DAM	SA	AU	OLP
OMAHA	NE	US	OMA
OMBOUE		GA	OMB
OMEGA		NA	OMG
OMKALAI		PG	OML
OMORA		PG	OSE
OMSK		XU	OMS
ONDANGWA		NA	OND
ONEONTA	NY	US	ONH
ONGAVA GAME R		NA	OGV
ONGIVA		AO	VPE
ONO I LAU		FJ	ONU
ONONGE		PG	ONB
ONOTOA		KI	OOT
ONSLOW	WA	AU	ONS
ONTARIO	CA	US	ONT
ONTARIO	OR	US	ONO
ONTONG JAVA		SB	OTV
OODNADATTA	SA	AU	ODD
OOSTENDE/BRUGGE		BE	OST
OPEN BAY		PG	OPB
ORADEA		RO	OMR
ORAM		PG	RAX
ORAN		DZ	ORN
ORAN	SA	AR	ORA
ORANGE	NS	AU	OAG
ORANGE WALK		BZ	ORZ
ORANJEMUND		NA	OMD
ORAPA		BW	ORP
ORCHID BEACH	QL	AU	OKB
ORCHID ISLAND		TW	KYD
ORD RIVER	WA	AU	ODR
OREBRO		SE	ORB
ORENBURG		RU	REN
ORIA		PG	OTY
ORINDUIK		GY	ORJ
ORKNEY ISLAND		GB	KOI
ORLAND		NO	OLA
ORLANDO	FL	US	ORL
ORLEANS		FR	ORE
ORMARA		PK	ORW
ORMOC		PH	OMC
ORNSKOLDSVIK		SE	OER
ORPHEUS ISLAND	QL	AU	ORS
ORSK		RU	OSW
ORSTA-VOLDA		NO	HOV
ORURO		BO	ORU
OSAGE BEACH	MO	US	OSB
OSAKA		JP	OSA
OSH		KG	OSS
OSHAKATI		NA	OHI
OSHAWA	ON	CA	YOO
OSHIMA		JP	OIM
OSHKOSH	WI	US	OSH
OSIJEK		HR	OSI
OSKARSHAMN		SE	OSK
OSLO		NO	OSL
OSMANABAD		IN	OMN
OSORNO		CL	ZOS
OSTERSUND		SE	OSD
OSTRAVA		CZ	OSR
OTTAWA	ON	CA	YOW
OTTUMWA	IA	US	OTM
OTU		CO	OTU
OUADDA		CF	ODA
OUAGADOUGOU		BF	OUA
OUAHIGOUYA		BF	OUG
OUANDA DJALLE		CF	ODJ
OUARGLA		DZ	OGX
OUARZAZATE		MA	OZZ
OUDOMXAY		LA	ODY
OUDTSHOORN		ZA	OUH
OUESSO		CG	OUE
OUJDA		MA	OUD
OULU		FI	OUL
OURINHOS	SP	BR	OUS
OUT SKERRIES		GB	OUK
OUVEA		NC	UVE
OUYEN	VI	AU	OYN
OUZINKIE	AK	US	KOZ
OVIEDO		ES	OVD
OWANDO		CG	FTX
OWENSBORO	KY	US	OWB
OWERRI		NG	QOW
OXFORD	MS	US	UOX
OXFORD HOUSE	MB	CA	YOH
OXNARD	CA	US	OXR
OYEM		GA	OYE
OZAMIS CITY		PH	OZC

P

Cities	1	2	3
P J CABALLERO		PY	PJC
PA-AN		MM	PAA
PAAMA		VU	PBJ
PAAMIUT		GL	JFR
PACIFIC HARB		FJ	PHR
PACK CREEK	AK	US	PBK
PADANG		ID	PDG
PADERBORN		DE	PAD
PADUCAH	KY	US	PAH
PAGADIAN		PH	PAG
PAGE	AZ	US	PGA
PAGO PAGO		AS	PPG
PAJALA		SE	PJA
PAKOKKU		MM	PKK
PAKSE		LA	PKZ
PAKUASHIPI	QC	CA	YIF
PALA		TD	PLF
PALACIOS		HN	PCH

Cities	1	2	3
PALANGA		LT	PLQ
PALANGKARAYA		ID	PKY
PALANQUERO		CO	PAL
PALEMBANG		ID	PLM
PALENQUE		MX	PQM
PALERMO		IT	PMO
PALM ISLAND	QL	AU	PMK
PALM SPRINGS	CA	US	PSP
PALMA MALLORC		ES	PMI
PALMAR		CR	PMZ
PALMARITO		VE	PTM
PALMAS	TO	BR	PMW
PALMDALE	CA	US	PMD
PALMERSTON NO		NZ	PMR
PALU		ID	PLW
PAMA		BF	XPA
PAMBWA		PG	PAW
PAMOL		MY	PAY
PAMPLONA		ES	PNA
PAN ZHI HUA		CN	PZI
PANAMA CITY	FL	US	PFN
PANAMA CITY		PA	PTY
PANAREA		IT	ZJE
PANDIE PANDIE	SA	AU	PDE
PANGKALANBUN		ID	PKN
PANGKALPINANG		ID	PGK
PANGKOR		MY	PKG
PANGNIRTUNG	NU	CA	YXP
PANJGUR		PK	PJG
PANTELLERIA		IT	PNL
PANTNAGAR		IN	PGH
PAONIA	CO	US	WPO
PAPA STOUR		GB	PSV
PAPA WESTRAY		GB	PPW
PAPEETE		PF	PPT
PAPHOS		CY	PFO
PAPUN		MM	PPU
PARA CHINAR		PK	PAJ
PARABURDOO	WA	AU	PBO
PARADISE RIVER	NL	CA	YDE
PARAKOU		BJ	PKO
PARAM		PG	PPX
PARAMARIBO		SR	PBM
PARANA	ER	AR	PRA
PARANAGUA	PR	BR	PNG
PARANAIBA	MS	BR	PBB
PARANAVAI	PR	BR	PVI
PARAPARAUMU		NZ	PPQ
PARASI		SB	PRS
PARBUBICE		CZ	PED
PARINTINS	AM	BR	PIN
PARIS		FR	PAR
PARIS	TX	US	PRX
PARKERSBURG	WV	US	PKB
PARKES	NS	AU	PKE
PARKS	AK	US	KPK
PARNAIBA	PI	BR	PHB
PARNDANA	SA	AU	PDN
PARNU		EE	EPU
PARO		BT	PBH
PAROS		GR	PAS
PARRY SOUND	ON	CA	YPD
PARSABAD		IR	PFQ
PARSONS	KS	US	PPF
PASCO	WA	US	PSC
PASIGHAT		IN	IXT
PASNI		PK	PSI
PASO D LOS LIBRES	CR	AR	AOL
PASO ROBLES	CA	US	PRB
PASSO FUNDO	RS	BR	PFB
PASSOS	MG	BR	PSW
PASTO		CO	PSO
PATHANKOT		IN	IXP
PATNA		IN	PAT
PATO BRANCO	PR	BR	PTO
PATRAI		GR	GPA
PATREKSFJORDU		IS	PFJ
PATTANI		TH	PAN
PATTAYA		TH	PYX
PATTERSON	LA	US	PTN
PAU		FR	PUF
PAUK		MM	PAU
PAULATUK	NT	CA	YPC
PAULO AFONSO	BA	BR	PAV
PAVLODAR		KZ	PWQ
PAWI		ET	PWI
PAYAN		CO	PYN
PAYSANDU		UY	PDU
PAYSON	AZ	US	PJB
PAZ D ARIPORO		CO	PZA
PEACE RIVER	AB	CA	YPE
PEACH SPRINGS	AZ	US	PGS
PEAWANUCK	ON	CA	YPO
PECS		HU	PEV
PEDERNALES		VE	PDZ
PEDRO BAY	AK	US	PDB
PEHUAJO	BA	AR	PEH
PEKANBARU		ID	PKU
PELANENG		LS	PEL
PELICAN	AK	US	PEC
PELLSTON	MI	US	PLN
PELLY BAY	NU	CA	YBB
PELOTAS	RS	BR	PET
PEMBA		MZ	POL
PEMBA		TZ	PMA
PEMBROKE	ON	CA	YTA
PENANG		MY	PEN
PENDER HAROR	BC	CA	YPT
PENDLETON	OR	US	PDT
PENNESHAW	SA	AU	PEA
PENRHYN ISL		CK	PYE
PENSACOLA	FL	US	PNS
PENTICTON	BC	CA	YYF
PENZA		RU	PEZ
PENZANCE		GB	PZE
PEORIA	IL	US	PIA
PEPPIMENARTI	NT	AU	PEP
PEREIRA		CO	PEI
PERIGUEUX		FR	PGX
PERITO MORENO	SC	AR	PMQ
PERM		RU	PEE
PERPIGNAN		FR	PGF
PERRYVILLE	AK	US	KPV
PERTH	WA	AU	PER
PERU	IL	US	VYS
PERUGIA		IT	PEG

Cities	1	2	3
PESCARA		IT	PSR
PESHAWAR		PK	PEW
PETERBOROUGH	ON	CA	YPQ
PETERSBURG	AK	US	PSG
PETERSON'S POINT	AK	US	PNF
PETROLINA	PE	BR	PNZ
PETROPAVLOVSK		XU	PKC
PETROPAVLOVSK		KZ	PPK
PETROZAVODSK		RU	PES
PEVEK		XU	PWE
PHALABORWA		ZA	PHW
PHAPLU		NP	PPL
PHETCHABUN		TH	PHY
PHILADELPHIA	PA	US	PHL
PHITSANULOK		TH	PHS
PHNOM PENH		KH	PNH
PHOENIX	AZ	US	PHX
PHRAE		TH	PRH
PHU QUOC		VN	PQC
PHUKET		TH	HKT
PICKLE LAKE	ON	CA	YPL
PICO ISLAND		PT	PIX
PICTON		NZ	PCN
PIEDRAS NEGRA		MX	PDS
PIERRE	SD	US	PIR
PIESTANY		SK	PZY
PIETERMARITZB		ZA	PZB
PIKANGIKUM	ON	CA	YPM
PIKWITONEI	MB	CA	PIW
PILOT POINT	AK	US	PIP
PILOT STATION	AK	US	PQS
PIMAGA		PG	PMP
PINDIU		PG	PDI
PINE BLUFF	AR	US	PBF
PINE CAY		TC	PIC
PINE POINT	NT	CA	YPP
PINEHURST	NC	US	SOP
PINGTUNG		TW	PIF
PINHEIRO	MA	BR	PHI
PISA		IT	PSA
PITALITO		CO	PTX
PITTSBURGH	PA	US	PIT
PITTSFIELD	MA	US	PSF
PITUFFIK		GL	THU
PIURA		PE	PIU
PLACENCIA		BZ	PLJ
PLACERVILLE	CA	US	PVF
PLATINUM	AK	US	PTU
PLATTSBURG	NY	US	PBG
PLAYA SAMARA		CR	PLD
PLAYON CHICO		PA	PYC
PLEIKU		VN	PXU
PLETTENBERG B		ZA	PBZ
PLEVEN		BG	PVN
PLOVDIV		BG	PDV
PLYMOUTH		GB	PLH
PLYMOUTH	MA	US	PYM
POCAHONTAS	IA	US	POH
POCOS DE CALDAS	MG	BR	POO
POCATELLO	ID	US	PIH
PODGORICA		ME	TGD
PODOR		SN	POD
POHANG		KR	KPO
POHNPEI		FM	PNI
POINT BAKER	AK	US	KPB
POINT HOPE	AK	US	PHO
POINT LAY	AK	US	PIZ
POINTE A PITR		GP	PTP
POINTE NOIRE		CG	PNR
POINTS N LANDING	SK	CA	YNL
POITIERS		FR	PIS
POKHARA		NP	PKR
POLACCA	AZ	US	PXL
POLK INLET	AK	US	POQ
POLOKWANE		ZA	PTG
POLTAVA		UA	PLV
POLYARNY		XU	PYJ
POMALA		ID	PUM
PONCA CITY	OK	US	PNC
PONCE		PR	PSE
POND INLET	NU	CA	YIO
PONDICHERRY		IN	PNY
PONTA DELGADA		PT	PDL
PONTA GROSSA	PR	BR	PGZ
PONTA PORA	MS	BR	PMG
PONTIANAK		ID	PNK
PONZA		IT	ZJY
POPAYAN		CO	PPN
POPLAR BLUFF	MO	US	POF
POPLAR HILL	ON	CA	YHP
POPONDETTA		PG	PNP
POPRAD		SK	TAT
POPTUN		GT	PON
PORBANDAR		IN	PBD
PORCUPINE CREEK	AK	US	PCK
PORGERA		PG	RGE
PORI		FI	POR
PORLAMAR		VE	PMV
PORT ALBERNI	BC	CA	YPB
PORT ALEXANDER	AK	US	PTD
PORT ALICE	AK	US	PTC
PORT ALSWORTH	AK	US	PTA
PORT ANGELES	WA	US	CLM
PORT ANTONIO		JM	POT
PORT AU PRINC		HT	PAP
PORT AUGUSTA	SA	AU	PUG
PORT BAILEY	AK	US	KPY
PORT BERGE		MG	WPB
PORT BLAIR		IN	IXZ
PORT CLARENCE	AK	US	KPC
PORT DOUGLAS	QL	AU	PTI
PORT GENTIL		GA	POG
PORT GRAHAM	AK	US	PGM
PORT HARCOURT		NG	PHC
PORT HARDY	BC	CA	YZT
PORT HAWKESBURY	NS	CA	YPS
PORT HEDLAND	WA	AU	PHE
PORT HEIDEN	AK	US	PTH
PORT HOPE SIMPSO	NL	CA	YHA
PORT HUNTER	NS	AU	PHJ
PORT JOHNSON	AK	US	PRF
PORT KLANG		MY	XPQ
PORT LINCOLN	SA	AU	PLO
PORT LIONS	AK	US	ORI
PORT MACQUARIE	NS	AU	PQQ
PORT MCNEIL	BC	CA	YMP

Cities	1	2	3
PORT MENIER	QC	CA	YPN
PORT MOLLER	AK	US	PML
PORT MORESBY		PG	POM
PORT OCEANIC	AK	US	PRL
PORT OF SPAIN		TT	POS
PORT PIRIE	SA	AU	PPI
PORT PROTECTION	AK	US	PPV
PORT SAID		EG	PSD
PORT SAN JUAN	AK	US	PJS
PORT SIMPSON	BC	CA	YPI
PORT STANLEY		FK	PSY
PORT STEPHENS	NS	AU	PTE
PORT SUDAN		SD	PZU
PORT TOWNSEND	WA	US	TWD
PORT VILA		VU	VLI
PORT WILLIAMS	AK	US	KPR
PORTAGE CREEK	AK	US	PCA
PORTE NACIONAL	TO	BR	PNB
PORTIMAO		PT	PRM
PORTLAND	ME	US	PWM
PORTLAND	VI	AU	PTJ
PORTLAND	OR	US	PDX
PORTO		PT	OPO
PORTO ALEGRE	RS	BR	POA
PORTO AMBOIM		AO	PBN
PORTO SANTO		PT	PXO
PORTO SEGURO	BA	BR	BPS
PORTO VELHO	RO	BR	PVH
PORTOCHELION		GR	PKH
PORTOROZ		SI	POW
PORTOVIEJO		EC	PVO
POSADAS	MI	AR	PSS
POSO		ID	PSJ
POSTVILLE	NL	CA	YSO
POTOSI		BO	POI
POUGHKEEPSIE	NY	US	POU
POULSBO	WA	US	PUL
POUM		NC	PUV
POUSO ALEGRE	MG	BR	PPY
POWELL	WY	US	POY
POWELL RIVER	BC	CA	YPW
POZA RICA		MX	PAZ
POZNAN		PL	POZ
PR R SAENZ PENA	CH	AR	PRQ
PRAGUE		CZ	PRG
PRAIA		CV	RAI
PRASLIN IS		SC	PRI
PRESCOTT	AZ	US	PRC
PRESIDE PRUDENTE	SP	BR	PPB
PRESIDENTE DUTRA	MA	BR	PDR
PRESQUE ISLE	ME	US	PQI
PRETORIA		ZA	PRY
PREVEZA/LEFKADA		GR	PVK
PRICE	UT	US	PUC
PRINCE ALBERT	SK	CA	YPA
PRINCE GEORGE	BC	CA	YXS
PRINCE RUPERT	BC	CA	YPR
PRINCETON	WV	US	BLF
PRINCETON	NJ	US	PCT
PRINCIPE		ST	PCP
PRISTINA		RS	PRN
PROCIDA		IT	ZJJ
PROME		MM	PRU
PROPRIANO		FR	PRP
PROSERPINE	QL	AU	PPP
PROSPECT CREEK	AK	US	PPC
PROVIDENCE	RI	US	PVD
PROVIDENCIA		CO	PVA
PROVIDENCIALE		TC	PLS
PROVINCETOWN	MA	US	PVC
PROVO	UT	US	PVU
PRUDHOE BAY	AK	US	PUO
PRUDHOE BAY	AK	US	SCC
PSKOV		RU	PKV
PT ELIZABETH		ZA	PLZ
PT ELIZABETH		VC	BQU
PTO INIRADA		CO	PDA
PUAS		PG	PUA
PUCALLPA		PE	PCL
PUCON		CL	ZPC
PUEBLA		MX	PBC
PUEBLO	CO	US	PUB
PUERTO ASIS		CO	PUU
PUERTO AYACUC		VE	PYH
PUERTO BARRIO		GT	PBR
PUERTO BERRIO		CO	PBE
PUERTO BOYACA		CO	PYA
PUERTO CABELL		VE	PBL
PUERTO CABEZA		NI	PUZ
PUERTO CARREN		CO	PCR
PUERTO DESEADO	SC	AR	PUD
PUERTO ESCOND		MX	PXM
PUERTO JIMENE		CR	PJM
PUERTO LEGUIZ		CO	LQM
PUERTO LEMPIR		HN	PEU
PUERTO MADRYN	CB	AR	PMY
PUERTO MALDON		PE	PEM
PUERTO MONTT		CL	PMC
PUERTO OBALDI		PA	PUE
PUERTO ORDAZ		VE	PZO
PUERTO PAEZ		VE	PPZ
PUERTO PENASCO		MX	PPE
PUERTO PLATA		DO	POP
PUERTO PRINCE		PH	PPS
PUERTO RICO		CO	PCC
PUERTO SUAREZ		BO	PSZ
PUERTO VALLAR		MX	PVR
PUKA PUKA		PF	PKP
PUKARUA		PF	PUK
PUKATAWAGAN	MB	CA	XPK
PULA		HR	PUY
PULLMAN	WA	US	PUW
PUMANI		PG	PMN
PUNE		IN	PNQ
PUNIA		CD	PUN
PUNTA ARENAS		CL	PUQ
PUNTA CANA		DO	PUJ
PUNTA DEL EST		UY	PDP
PUNTA GORDA	FL	US	PGD
PUNTA GORDA		BZ	PND
PUNTA ISLITA		CR	PBP
PURVIRNITUQ	QC	CA	YPX
PURWOKERTO		ID	PWL
PUTAO		MM	PBU
PUTTAPARTHI		IN	PUT
PUTUMAYO		EC	PYO

Cities	1	2	3
PUTUSSIBAU		ID	PSU
PYONGYANG		KP	FNJ
PYRGOS		GR	PYR

Q

Cities	1	2	3
QAANAAQ		GL	NAQ
QAARSUT		GL	JQA
QACHAS NEK		LS	UNE
QAISUMAH		SA	AQI
QALA NAU		AF	LQN
QAQORTOQ		GL	JJU
QASIGIANNGUIT		GL	JCH
QEQERTARSUAQ		GL	JGO
QIEMO		CN	IQM
QINGDAO		CN	TAO
QINGYANG		CN	IQN
QINHUANGDAO		CN	SHP
QIQIHAR		CN	NDG
QISHN		YE	IHN
QUALICUM	BC	CA	XQU
QUAQTAQ	QC	CA	YQC
QUEBEC	QC	CA	YQB
QUEEN	AK	US	UQE
QUEENSTOW	TS	AU	UEE
QUEENSTOWN		NZ	ZQN
QUELIMANE		MZ	UEL
QUEPOS		CR	XQP
QUERETARO		MX	QRO
QUESNEL	BC	CA	YQZ
QUETTA		PK	UET
QUI NHON		VN	UIH
QUIBDO		CO	UIB
QUILPIE	QL	AU	ULP
QUIMPER		FR	UIP
QUINCEMIL		PE	UMI
QUINCY	IL	US	UIN
QUINCY	MA	US	MQI
QUINHAGAK	AK	US	KWN
QUIRINDI	NS	AU	UIR
QUITO		EC	UIO

R

Cities	1	2	3
RABARABA		PG	RBP
RABAT		MA	RBA
RABAUL		PG	RAB
RABI		FJ	RBI
RACH GIA		VN	VKG
RADUZHNYY		XU	RAT
RAE BARELI		IN	BEK
RAE LAKES	NT	CA	YRA
RAFHA		SA	RAH
RAGLAN		NZ	RAG
RAHA		ID	RAQ
RAHIM YAR KHA		PK	RYK
RAIATEA		PF	RFP
RAINBOW LAKE	AB	CA	YOP
RAIPUR		IN	RPR
RAIRUA		PF	RVV
RAJAHMUNDRY		IN	RJA
RAJKOT		IN	RAJ
RAJOURI		IN	RJI
RAJSHAHI		BD	RJH
RAKANDA		PG	RAA
RALEIGH	NC	US	RDU
RAMAGUNDAM		IN	RMD
RAMATA		SB	RBV
RAMECHHAP		NP	RHP
RAMINGINING	NT	AU	RAM
RAMPART	AK	US	RMP
RAMSAR		IR	RZR
RANAU		MY	RNU
RANCHI		IN	IXR
RANDERS		DK	ZIR
RANGELY	CO	US	RNG
RANGIROA		PF	RGI
RANKIN INLET	NU	CA	YRT
RANONG		TH	UNN
RANSIKI		ID	RSK
RAPID CITY	SD	US	RAP
RAROIA		PF	RRR
RAROTONGA		CK	RAR
RAS AL KHAIMA		AE	RKT
RASHT		IR	RAS
RATANAKIRI		KH	RBE
RATNAGIRI		IN	RTC
RAUFARHOFN		IS	RFN
RAWALA KOT		PK	RAZ
RAWALPINDI		PK	RWP
RAWLINS	WY	US	RWL
READING	PA	US	RDG
REAO		PF	REA
REBUN		JP	RBJ
RECIFE	PE	BR	REC
RECONQUISTA	SF	AR	RCQ
RED DEVIL	AK	US	RDV
RED LAKE	ON	CA	YRL
RED SUCKER LAKE	MB	CA	YRS
REDANG		MY	RDN
REDCLIFFE		VU	RCL
REDDING	CA	US	RDD
REDENCAO	PA	BR	RDC
REDMOND	OR	US	RDM
REGGIO CALAB		IT	REG
REGINA	SK	CA	YQR
REIMS		FR	RHE
REIVILO		ZA	RVO
RENGAT		ID	RGT
RENMARK	SA	AU	RMK
RENNELL		SB	RNL
RENNES		FR	RNS
RENO	NV	US	RNO
REPULSE BAY	NU	CA	YUT
RESISTENCIA	CH	AR	RES
RESOLUTE	NU	CA	YRB
REUS		ES	REU
REWA		IN	REW

Cities	1	2	3
REYES		BO	REY
REYKHOLAR		IS	RHA
REYKJAVIK		IS	REK
REYNOSA		MX	REX
RHINELANDER	WI	US	RHI
RHODES		GR	RHO
RIBEIRAO PRETO	SP	BR	RAO
RIBERALTA		BO	RIB
RICE LAKE	WI	US	RIE
RICHARD TOLL		SN	RDT
RICHARDS BAY		ZA	RCB
RICHFIELD	UT	US	RIF
RICHMOND	QL	AU	RCM
RICHMOND	VA	US	RIC
RIFLE	CO	US	RIL
RIGA		LV	RIX
RIGOLET	NL	CA	YRG
RIJEKA		HR	RJK
RIMATARA		PF	RMT
RIMINI		IT	RMI
RIMOUSKI	QC	CA	YXK
RINCON D L SAUCES	NE	AR	RDS
RINGI COVE		SB	RIN
RIO BRANCO	AC	BR	RBR
RIO CUARTO	CD	AR	RCU
RIO DE JANEIRO	RJ	BR	RIO
RIO DULCE		GT	LCF
RIO FRIO		CR	RFR
RIO GALLEGOS	SC	AR	RGL
RIO GRANDE	TF	AR	RGA
RIO GRANDE	RS	BR	RIG
RIO HONDO	SE	AR	RHD
RIO MAYO	CB	AR	ROY
RIO TIGRE		PA	RIT
RIO TURBIO	SC	AR	RYO
RIO VERDE	GO	BR	RVD
RIOHACHA		CO	RCH
RIOJA		PE	RIJ
RISHIRI		JP	RIS
RIVERA		UY	RVY
RIVERCESS		LR	RVC
RIVERS INLET	BC	CA	YRN
RIVERSIDE	CA	US	RAL
RIVERTON	WY	US	RIW
RIVIERE DU LOUP	QC	CA	YRI
RIVNE		UA	RWN
RIYADH		SA	RUH
RIYAN MUKALLA		YE	RIY
ROANNE		FR	RNE
ROANOKE	VA	US	ROA
ROANOKE RAPIDS	NC	US	RZZ
ROATAN		HN	RTB
ROBERVAL	QC	CA	YRJ
ROBINHOOD	QL	AU	ROH
ROBINSON RIV		PG	RNR
ROBINVALE	VI	AU	RBC
ROBORE		BO	RBO
ROCHE HARBOR	WA	US	RCE
ROCHEFORT		FR	RCO
ROCHESTER	MN	US	RST
ROCHESTER	NY	US	ROC
ROCK SOUND		BS	RSD
ROCK SPRINGS	WY	US	RKS
ROCKHAMPTON	QL	AU	ROK
ROCKHAMPTON DO	NT	AU	RDA
ROCKLAND	ME	US	RKD
ROCKY MOUNT	NC	US	RWI
RODEZ		FR	RDZ
RODRIGUES IS		MU	RRG
ROEBOURNE	WA	AU	RBU
ROERVIK		NO	RVK
ROGERS	AZ	US	ROG
ROI ET		TH	ROI
ROKEBY	QL	AU	RKY
ROKOT		ID	RKI
ROLLA	MO	US	RLA
ROMA	QL	AU	RMA
ROME	NY	US	UCA
ROME		IT	ROM
RONDON		CO	RON
RONDONOPOLIS	MT	BR	ROO
RONGELAP ISL		MH	RNP
RONNEBY/KARLSK		SE	RNB
ROOSEVELT	UT	US	ROL
ROPER VALLEY	NT	AU	RPV
ROROS		NO	RRS
ROSARIO	SF	AR	ROS
ROSARIO	WA	US	RSJ
ROSEBERTH	QL	AU	RSB
ROSEBURG	OR	US	RBG
ROSEIRES		SD	RSS
ROSELLA PLAINS	QL	AU	RLP
ROSH PINA		IL	RPN
ROSH PINA		NA	RHN
ROSITA		NI	RFS
ROSS RIVER	YT	CA	XRR
ROST		NO	RET
ROSTOCK-LAAGE		DE	RLG
ROSTOV		RU	ROV
ROSWELL	NM	US	ROW
ROTA		MP	ROP
ROTHESAY		GB	RAY
ROTI		ID	RTI
ROTORUA		NZ	ROT
ROTTERDAM		NL	RTM
ROTTNEST ISLAND	WA	AU	RTS
ROTUMA ISLAND		FJ	RTA
ROUEN		FR	URO
ROUND LAKE	ON	CA	ZRJ
ROURKELA		IN	RRK
ROUYN	QC	CA	YUY
ROVANIEMI		FI	RVN
ROXAS CITY		PH	RXS
ROYAN		FR	RYN
RUBELSANTO		GT	RUV
RUBY	AK	US	RBY
RUGAO		CN	RUG
RUIDOSO	NM	US	RUI
RUMJATAR		NP	RUM
RUNDU		NA	NDU
RURRENABAQUE		BO	RBQ
RURUTU		PF	RUR
RUSSE		BG	ROU
RUSSIAN MISSION	AK	US	RSH
RUTENG		ID	RTG

民航国际客运销售实务

Cities	1	2	3
RUTLAND	VT	US	RUT
RUTLAND PLAINS	QL	AU	RTP
RZESZOW		PL	RZE

S

Cities	1	2	3
S CRISTOBAL		MX	SZT
S SEBA GOMERA		ES	GMZ
SAARBRUCKEN		DE	SCN
SABA ISLAND		AN	SAB
SABAH		PG	SBV
SABANG		ID	SBG
SACHIGO LAKE	ON	CA	ZPB
SACHS HARBOUR	NT	CA	YSY
SACRAMENTO	CA	US	SAC
SADAH		YE	SYE
SADO SHIMA		JP	SDS
SAENZ PENA	BA	AR	SZQ
SAFIA		PG	SFU
SAGA		JP	HSG
SAGARAI		PG	SGJ
SAGINAW	MI	US	MBS
SAHABAT 16		MY	SXS
SAHIBA GOKCEN		TR	SAW
SAIBAI ISLAND	QL	AU	SBR
SAIDOR		PG	SDI
SAIDPUR		BD	SPD
SAIDU SHARIF		PK	SDT
SAIPAN		MP	SPN
SAKON NAKHON		TH	SNO
SAL		CV	SID
SALALAH		OM	SLL
SALAMANCA		ES	SLM
SALAMO		PG	SAM
SALE	VI	AU	SXE
SALEKHARD		XU	SLY
SALEM	OR	US	SLE
SALEM		IN	SXV
SALERNO		IT	QSR
SALIDA	CO	US	SLT
SALIMA		MW	LMB
SALINA		IT	ZIQ
SALINA	UT	US	SBO
SALINA	KS	US	SLN
SALINA CRUZ		MX	SCX
SALINAS		EC	SNC
SALINAS	CA	US	SNS
SALISBURY	MD	US	SBY
SALLUIT	QC	CA	YZG
SALMON ARM	BC	CA	YSN
SALT CAY		TC	SLX
SALT LAKE CITY	UT	US	SLC
SALTA	SA	AR	SLA
SALTILLO		MX	SLW
SALTO		UY	STY
SALVADOR	BA	BR	SSA
SALZBURG		AT	SZG
SAM NEUA		LA	NEU
SAMANA		DO	AZS
SAMARA		RU	KUF
SAMARAI ISL		PG	SQT
SAMARINDA		ID	SRI
SAMARKAND		UZ	SKD
SAMBAVA		MG	SVB
SAMBU		PA	SAX
SAMBURU		KE	UAS
SAMOS		GR	SMI
SAMPIT		ID	SMQ
SAMSUN		TR	SSX
SAN ANDRES		CO	ADZ
SAN ANDROS		BS	SAQ
SAN ANGELO	TX	US	SJT
SAN ANTONIO	TX	US	SAT
SAN ANTONIO		VE	SVZ
SAN ANTONIO OEST	RN	AR	OES
SAN BORJA		BO	SRJ
SAN CAR BARILOCH	RN	AR	BRC
SAN CRISTOBAL		EC	SCY
SAN DIEGO	CA	US	SAN
SAN DOMINO IS		IT	TQR
SAN FELIPE		CO	SSD
SAN FELIPE		MX	SFH
SAN FELIPE		VE	SNF
SAN FERNANDO		PH	SFE
SAN FERNANDO		VE	SFD
SAN FRANCISCO	CA	US	SFO
SAN IGNAC D M		BO	SNM
SAN IGNACIO		BO	SNG
SAN JAVIER		BO	SJV
SAN JOAQUIN		BO	SJB
SAN JOSE	CA	US	SJC
SAN JOSE		PH	SJI
SAN JOSE		CR	SJO
SAN JOSE CABO		MX	SJD
SAN JOSE D GU		CO	SJE
SAN JUAN	SJ	AR	UAQ
SAN JUAN		PR	SJU
SAN JUAN D CE		CO	SJH
SAN JULIAN	SC	AR	ULA
SAN LUIS	SL	AR	LUQ
SAN LUIS OBISPO	CA	US	CSL
SAN LUIS POTO		MX	SLP
SAN MARTIN ANDES	NE	AR	CPC
SAN MIGUEL		PA	NMG
SAN PEDRO		BZ	SPR
SAN PEDRO		CI	SPY
SAN PEDRO	CA	US	SPQ
SAN PEDRO DE		ES	ZRC
SAN PEDRO SUL		HN	SAP
SAN RAFAEL	MD	AR	AFA
SAN RAFAEL	CA	US	SRF
SAN RAMON		BO	SRD
SAN SALVADOR		BS	ZSA
SAN SALVADOR		SV	SAL
SAN SEBASTIAN		ES	EAS
SAN TOME		VE	SOM
SAN VICENTE		CO	SVI
SANAA		YE	SAH
SANANA		ID	SQN
SANANDAJ		IR	SDG
SAND POINT	AK	US	SDP
SANDAKAN		MY	SDK

Cities	1	2	3
SANDANE		NO	SDN
SANDAY		GB	NDY
SANDNESSJOEN		NO	SSJ
SANDRINGHAM	QL	AU	SRM
SANDSPIT	BC	CA	YZP
SANDSTONE	WA	AU	NDS
SANDUSKY		US	SKY
SANDY LAKE	ON	CA	ZSJ
SANFEBAGAR		NP	FEB
SANGAPI		PG	SGK
SANIKILUAQ	NU	CA	YSK
SANLIURFA		TR	SFQ
SANTA ANA	CA	US	SNA
SANTA ANA		SB	NNB
SANTA ANA		BO	SBL
SANTA BARBARA	CA	US	SBA
SANTA BARB ED		VE	STB
SANTA CLARA		CU	SNU
SANTA CRUZ		BO	SRZ
SANTA CRUZ	SC	AR	RZA
SANTA CRUZ		CR	SZC
SANTA CRUZ DO SUL	RS	BR	CSU
SANTA CRUZ IS		SB	SCZ
SANTA CRUZ PA		ES	SPC
SANTA ELENA		VE	SNV
SANTA FE	NM	US	SAF
SANTA FE		PA	SFW
SANTA FE	SF	AR	SFN
SANTA ISABEL DO M	TO	BR	IDO
SANTA MARIA	CA	US	SMX
SANTA MARIA	RS	BR	RIA
SANTA MARIA ISL.		PT	SMA
SANTA MARTA		CO	SMR
SANTA ROSA		EC	ETR
SANTA ROSA	LP	AR	RSA
SANTA ROSA	CA	US	STS
SANTA ROSA	RS	BR	SRA
SANTA ROSALIA		CO	SSL
SANTA TEREZINHA	MT	BR	STZ
SANTANA D ARAGUA	PA	BR	CMP
SANTANDER		ES	SDR
SANTAREM	PA	BR	STM
SANTIAGO		CL	SCL
SANTIAGO		CU	SCU
SANTIAGO		DO	STI
SANTIAGO		PA	SYP
SANTIAGO COMP		ES	SCQ
SANTIAGO ESTERO	SE	AR	SDE
SANTO ANGELO	RS	BR	GEL
SANTO ANTAO		CV	NTO
SANTO DOMINGO		VE	STD
SANTO DOMINGO		DO	SDQ
SANTOS	SP	BR	SSZ
SANYA		CN	SYX
SAO F DO ARAGUAIA	MT	BR	SXO
SAO F DO XINGU	PA	BR	SXX
SAO FILIPE		CV	SFL
SAO GABRIEL	AM	BR	SJL
SAO JORGE ISL		PT	SJZ
SAO JOSE CAMPOS	SP	BR	SJK
SAO JOSE R PRETO	SP	BR	SJP
SAO LOURENCO	MG	BR	SSO
SAO LUIZ	MA	BR	SLZ
SAO M ARAGUAIA	GO	BR	SQM
SAO NICOLAU		CV	SNE
SAO PAULO	SP	BR	SAO
SAO TOME IS		ST	TMS
SAO VICENTE		CV	VXE
SAPMANGA		PG	SMH
SAPOSOA		PE	SQU
SAPPORO		JP	SPK
SARA		VU	SSR
SARAJEVO		BA	SJJ
SARANAC LAKE	NY	US	SLK
SARANSK		RU	SKX
SARASOTA	FL	US	SRQ
SARATOGA	WY	US	SAA
SARATOV		RU	RTW
SARAVANE		LA	VNA
SARAVENA		CO	RVE
SARGODHA		PK	SGI
SARH		TD	SRH
SARI		IR	SRY
SARMI		ID	ZRM
SARNIA	ON	CA	YZR
SARTANEJA		BZ	SJX
SASKATOON	SK	CA	YXE
SASSANDRA		CI	ZSS
SASSTOWN		LR	SAZ
SATNA		IN	TNI
SATU MARE		RO	SUJ
SATWAG		PG	SWG
SAUDARKROKUR		IS	SAK
SAULT SAINT MARIE	ON	CA	YAM
SAULT SAINT MARIE	MI	US	SSM
SAUMLAKI		ID	SXK
SAUREN		PG	SXW
SAURIMO		AO	VHC
SAUSALITO	CA	US	JMC
SAVANNAH	GA	US	SAV
SAVANNAKHET		LA	ZVK
SAVE		BJ	SVF
SAVO		SB	SVY
SAVONLINNA		FI	SVL
SAVOONGA	AK	US	SVA
SAVUSAVU		FJ	SVU
SAWU		ID	SAU
SAYABOURY		LA	ZBY
SCAMMON BAY	AK	US	SCM
SCHEFFERVILLE	QC	CA	YKL
SCHENECTADY	NY	US	SCH
SCONE	NS	AU	NSO
SCOTTSBLUFF	NE	US	BFF
SCRANTON	PA	US	AVP
SEATTLE	WA	US	SEA
SEBBA		BF	XSE
SEBHA		LY	SEB
SECHELT	BC	CA	YHS
SEDALIA	MO	US	DMO
SEDOM		IL	SED
SEDONA	AZ	US	SDX
SEGE		SB	EGM
SEGOU		ML	SZU
SEGUELA		CI	SEO
SEHONGHONG		LS	SHK
SEHULEA		PG	SXH

Cities	1	2	3
SEHWEN SHARIF		PK	SYW
SEINAJOKI		FI	SJY
SEIYUN		YE	GXF
SEKAKES		LS	SKQ
SELAWIK	AK	US	WLK
SELBANG		PG	SBC
SELDOVIA	AK	US	SOV
SELEBI-PHIKWE		BW	PKW
SELIBABY		MR	SEY
SEMARANG		ID	SRG
SEMERA		ET	SZE
SEMIPALATINSK		KZ	PLX
SEMONGKONG		LS	SOK
SEMPORNA		MY	SMM
SENANGA		ZM	SXG
SENDAI		JP	SDJ
SENGGEH		ID	SEH
SENGGO		ID	ZEG
SENHOR DO BONFIM	BA	BR	SEI
SENO		LA	SND
SEO DE URGEL		ES	LEU
SEOUL		KR	SEL
SEPT-ILES	QC	CA	YZV
SEPULOT		MY	SPE
SEQUIM	WA	US	SQV
SERONERA		TZ	SEU
SERRA NORTE	PA	BR	RRN
SERRA PELADA	PA	BR	RSG
SERT		LY	SRX
SERUI		ID	ZRI
SESHEKE		ZM	SJQ
SESHUTES		LS	SHZ
SESRIEM		NA	SZM
SETIF		DZ	QSF
SEVASTOPOL		UA	UKS
SEVILLA		ES	SVQ
SEWARD	AK	US	SWD
SFAX		TN	SFA
SHAGELUK	AK	US	SHX
SHAHRE-KORD		IR	CQD
SHAHRUD		IR	RUD
SHAKISO		ET	SKR
SHAKTOOLIK	AK	US	SKK
SHAMATTAWA	MB	CA	ZTM
SHANGHAI		CN	SHA
SHANHAIGUAN		CN	SHF
SHANNON		IE	SNN
SHANTOU		CN	SWA
SHARJAH		AE	SHJ
SHARK EL-OWAINAT		EG	GSQ
SHARM E SHEIK		EG	SSH
SHARON	PA	US	YNG
SHARURAH		SA	SHW
SHASHI		CN	SHS
SHAW RIVER	WA	AU	SWB
SHEARWATER	BC	CA	YSX
SHEBOYGAN	WI	US	SBM
SHEFFIELD		GB	SZD
SHEFFIELD	AL	US	MSL
SHEGHNAN		AF	SGA
SHEHDI		ET	SQJ
SHELDON POINT	AK	US	SXP
SHELTON	WA	US	SHN
SHEMYA	AK	US	SYA
SHENYANG		CN	SHE
SHENZHEN		CN	SZX
SHEPPARTON	VI	AU	SHT
SHERBROOKE	QC	CA	YSC
SHERIDAN	WY	US	SHR
SHERMAN-DENISON	TX	US	PNX
SHETLAND ISL		GB	SDZ
SHIJIAZHUANG		CN	SJW
SHILLAVO		ET	HIL
SHILLONG		IN	SHL
SHIMKENT		KZ	CIT
SHIMOJISHIMA		JP	SHI
SHINYANGA		TZ	SHY
SHIRAHAMA		JP	SHM
SHIRAZ		IR	SYZ
SHIRLEY	NY	US	WSH
SHISHMAREF	AK	US	SHH
SHIZUOKA		JP	FSZ
SHOAL COVE	AK	US	HCB
SHOLAPUR		IN	SSE
SHONAI		JP	SYO
SHOREHAM		GB	ESH
SHOW LOW	AZ	US	SOW
SHREVEPORT	LA	US	SHV
SHUNGNAK	AK	US	SHG
SHUTE HARBOUR	QL	AU	JHQ
SIALKOT		PK	SKT
SIALUM		PG	SXA
SIASSI		PG	SSS
SIBI		PK	SBQ
SIBITI		CG	SIB
SIBIU		RO	SBZ
SIBU		MY	SBW
SIDI BARRANI		EG	SQK
SIDI IFNI		MA	SII
SIDNEY	MT	US	SDY
SIDNEY	NE	US	SNY
SIEGBURG		DE	ZPY
SIEGEN		DE	SGE
SIEM REAP		KH	REP
SIENA		IT	SAY
SIERRA GRANDE	RN	AR	SGV
SIGLUFJORDUR		IS	SIJ
SIGUIRI		GN	GII
SIHANOUKVILLE		KH	KOS
SIIRT		TR	SXZ
SILA		PG	SIL
SILCHAR		IN	IXS
SILGADI DOTI		NP	SIH
SILISTRA		BG	SLS
SILKEBORG		DK	XAH
SILUR		PG	SWR
SILVER CITY	NM	US	SVC
SIM		PG	SMJ
SIMANGGANG		MY	SGG
SIMAO		CN	SYM
SIMARA		NP	SIF
SIMBAI		PG	SIM
SIMENTI		SN	SMY
SIMFEROPOL		UA	SIP
SIMIKOT		NP	IMK
SIMLA		IN	SLV

Cities	1	2	3
SINDAL		DK	CNL
SINGAPORE		SG	SIN
SINGKEP		ID	SIQ
SINGLETON	NS	AU	SIX
SINOE		LR	SNI
SINOP		TR	SIC
SINOP	MT	BR	OPS
SINTANG		ID	SQG
SION		CH	SIR
SIOUX CITY	IA	US	SUX
SIOUX FALLS	SD	US	FSD
SIOUX LOOKOUT	ON	CA	YXL
SIRJAN		IR	SYJ
SISHEN		ZA	SIS
SISIMIUT		GL	JHS
SISSANO		PG	SIZ
SITEIA		GR	JSH
SITIAWAN		MY	SWY
SITKA	AK	US	SIT
SITKINAK ISLAND	AK	US	SKJ
SITTWE		MM	AKY
SIUNA		NI	SIU
SIVAS		TR	VAS
SIWEA		PG	SWE
SKAGWAY	AK	US	SGY
SKARDU		PK	KDU
SKELLEFTEA		SE	SFT
SKIATHOS		GR	JSI
SKIEN		NO	SKE
SKIKDA		DZ	SKI
SKIVE		DK	SQW
SKOPJE		MK	SKP
SKOVDE		SE	KVB
SKUKUZA		ZA	SZK
SKWENTNA	AK	US	SKW
SKYE		GB	SKL
SKYROS		GR	SKU
SLEETMUTE	AK	US	SLQ
SLIAC		SK	SLD
SLIGO		IE	SXL
SLUPSK		PL	OSP
SMARA		MA	SMW
SMITH COVE	AK	US	SCJ
SMITHERS	BC	CA	YYD
SMITHTON	TS	AU	SIO
SNAKE BAY	NT	AU	SNB
SOALALA		MG	DWB
SOCOTRA		YE	SCT
SODANKYLA		FI	SOT
SODDU		ET	SXU
SODERHAMN		SE	SOO
SODERTALJE		SE	JSO
SODERTALJE		SE	XEZ
SOFIA		BG	SOF
SOGAMOSO		CO	SOX
SOGNDAL		NO	SOG
SOHAG		EG	HMB
SOKCHO		KR	SHO
SOKOTO		NG	SKO
SOLA		VU	SLH
SOLDOTNA	AK	US	SXQ
SOLO CITY		ID	SOC
SOLOMON	AK	US	SOL
SOLOVETSKY		XU	CSH
SOLWEZI		ZM	SLI
SON-LA		VN	SQH
SONDERBORG		DK	SGD
SONG PAN		CN	JZH
SONGEA		TZ	SGX
SOPHIA ANTIPO		FR	SXD
SOPU		PG	SPH
SORKJOSEN		NO	SOJ
SOROAKO		ID	SQR
SOROCABA	SP	BR	SOD
SORONG		ID	SOQ
SOROTI		UG	SRT
SORRENTO		IT	RRO
SOUANKE		CG	SOE
SOUTH ANDROS		BS	TZN
SOUTH BEND	IN	US	SBN
SOUTH CAICOS		TC	XSC
SOUTH GALWAY	QL	AU	ZGL
SOUTH INDIAN LAKE	MB	CA	XSI
SOUTH MOLLE ISL	QL	AU	SOI
SOUTH NAKNEK	AK	US	WSN
SOUTHAMPTON		GB	SOU
SOUTHEND		GB	SEN
SOUTHERN CROSS	WA	AU	SQC
SOUTHPORT	QL	AU	SHQ
SOVETSKY		XU	OVS
SOYO		AO	SZA
SPARTA		GR	SPJ
SPARTANBURG	SC	US	SPA
SPENCER	IA	US	SPW
SPETSAI IS		GR	JSS
SPLIT		HR	SPU
SPOKANE	WA	US	GEG
SPRING CREEK	QL	AU	SCG
SPRING POINT		BS	AXP
SPRINGBOK		ZA	SBU
SPRINGDALE	AZ	US	SPZ
SPRINGFIELD	IL	US	SPI
SPRINGFIELD	MA	US	SFY
SPRINGFIELD	MO	US	SGF
SPRINGFIELD	OH	US	SGH
SPRINGFIELD	VT	US	VSF
SQUIRREL COVE	BC	CA	YSZ
SRINAGAR		IN	SXR
ST ANTHONY	NL	CA	YAY
ST BARTHELEMY		BL	SBH
ST BRIEUC		FR	SBK
ST CATHARINES	ON	CA	YCM
ST CATHERINE		EG	SKV
ST CLOUD	MN	US	STC
ST CROIX		VI	STX
ST DENIS		RE	RUN
ST ETIENNE		FR	EBU
ST EUSTATIUS		AN	EUX
ST GEORGE	QL	AU	SGO
ST GEORGE	UT	US	SGU
ST GEORGE ISLAND	AK	US	STG
ST JOHN	NB	CA	YSJ
ST JOHN IS		VI	SJF
ST JOHNS	NL	CA	YYT
ST KITTS		KN	SKB
ST LEONARD	NB	CA	YSL

Cities	1	2	3
ST LOUIS		SN	XLS
ST LOUIS	MO	US	STL
ST LUCIA		LC	SLU
ST MAARTEN		AN	SXM
ST MARTIN		MF	SFG
ST MARY'S	AK	US	KSM
ST MARYS	PA	US	STQ
ST MICHAEL	AK	US	SMK
ST MORITZ		CH	SMV
ST NAZAIRE		FR	SNR
ST PAUL ISLAND	AK	US	SNP
ST PAUL	MN	US	MSP
ST PAUL'S MISSION	QL	AU	SVM
ST PETER		DE	PSH
ST PETERSBURG		RU	LED
ST PIERRE		PM	FSP
ST PIERRE REU		RE	ZSE
ST THOMAS	ON	CA	YQS
ST THOMAS		VI	STT
ST TROPEZ		FR	LTT
ST VINCENT		VC	SVD
STANTHORPE	QL	AU	SNH
STARA ZAGORA		BG	SZR
STATE COLLEGE	PA	US	SCE
STAUNING		DK	STA
STAUNTON	VA	US	SHD
STAVANGER		NO	SVG
STAVROPOL		RU	STW
STE MARIE		MG	SMS
STE THERESE POINT	MB	CA	YST
STEAMBOAT BAY	AK	US	WSB
STEAMBOAT SPRING	CO	US	SBS
STEBBINS	AK	US	WBB
STELLA MARIS		BS	SML
STEPHENVILLE	NL	CA	YJT
STERLING ROCKFAL	IL	US	SQI
STEVENS POINT	WI	US	STE
STEVENS VILLAGE	AK	US	SVS
STEWART	BC	CA	ZST
STEWART ISL		NZ	SZS
STH WEST BAY		VU	SWJ
STILLWATER	OK	US	SWO
STOCKHOLM		PG	SMP
STOCKHOLM		SE	STO
STOCKTON	CA	US	SCK
STOELMANSEIL		SR	SMZ
STOKMARKNES		NO	SKN
STONY RAPIDS	SK	CA	YSF
STONY RIVER	AK	US	SRV
STORD		NO	SRP
STORNOWAY		GB	SYY
STORUMAN		SE	SQO
STOW	MA	US	MMN
STOWE	VT	US	MVL
STRAHAN	TS	AU	SRN
STRANGNAS		SE	XFH
STRASBOURG		FR	SXB
STRAUBING		DE	RBM
STREAKY BAY	SA	AU	KBY
STREZHEVOY		XU	SWT
STROMBOLI		IT	ZJX
STRONSAY		GB	SOY
STUART	FL	US	SUA
STUART ISLAND	BC	CA	YRR
STUNG TRENG		KH	TNX
STURDEE	BC	CA	YTC
STURGEON BAY	WI	US	SUE
STURT CREEK	WA	AU	SSK
STUTTGART		DE	STR
STYKKISHOLMUR		IS	SYK
SUABI		PG	SBE
SUAI		TL	UAI
SUAVANAO		SB	VAO
SUBIC BAY		PH	SFS
SUCEAVA		RO	SCV
SUCRE		BO	SRE
SUCUA		EC	SUQ
SUDBURY	ON	CA	YSB
SUDEREYI		IS	SUY
SUE ISLAND	QL	AU	SYU
SUI		PK	SUL
SUKHOTHAI		TH	THS
SUKHUMI		GE	SUI
SUKI		PG	SKC
SUKKUR		PK	SKZ
SULAYMANIYAH		IQ	ISU
SULE		PG	ULE
SUMBAWA		ID	SWQ
SUMBAWANGA		TZ	SUT
SUMBE		AO	NDD
SUMMER BEAVER	ON	CA	SUR
SUMTER	SC	US	SSC
SUN CITY		ZA	NTY
SUN VALLEY	ID	US	SUN
SUNDSVALL/HARNO		SE	SDL
SUNSHINE COAST	QL	AU	MCY
SUNYANI		GH	NYI
SUPERIOR	WI	US	DLH
SUR		OM	SUH
SURABAYA		ID	SUB
SURAT		IN	STV
SURAT THANI		TH	URT
SURFDALE		NZ	WIK
SURGUT		XU	SGC
SURIA		PG	SUZ
SURIGAO		PH	SUG
SURKHET		NP	SKH
SUVA		FJ	SUV
SUZHOU		CN	SZV
SVEG		SE	EVG
SVOLVAER		NO	SVJ
SWAKOPMUND		NA	SWP
SWAN HILL	VI	AU	SWH
SWAN RIVER	MB	CA	ZJN
SWANSEA		GB	SWS
SYDNEY	NS	AU	SYD
SYDNEY	NS	CA	YQY
SYKTYVKAR		RU	SCW
SYLHET		BD	ZYL
SYRACUSE	NY	US	SYR
SYROS ISLAND		GR	JSY
SZCZECIN		PL	SZZ

T

Cities	1	2	3
TABA		EG	TCP
TABARKA		TN	TBJ
TABATINGA	AM	BR	TBT
TABIBUGA		PG	TBA
TABITEUEA NTH		KI	TBF
TABITEUEA STH		KI	TSU
TABLAS		PH	TBH
TABORA		TZ	TBO
TABOU		CI	TXU
TABRIZ		IR	TBZ
TABUBIL		PG	TBG
TABUK		SA	TUU
TACHILEK		MM	THL
TACLOBAN		PH	TAC
TACNA		PE	TCQ
TACOMA	WA	US	SEA
TACUAREMBO		UY	TAW
TADJOURA		DJ	TDJ
TADOULE LAKE	MB	CA	XTL
TAGANROG		RU	TGK
TAGBILARAN		PH	TAG
TAGULA		PG	TGL
TAHAROA		NZ	THH
TAHOUA		NE	THZ
TAHSIS	BC	CA	ZTS
TAICHUNG		TW	TXG
TAIF		SA	TIF
TAINAN		TW	TNN
TAIPEI		TW	TPE
TAISHA		EC	TSC
TAITUNG		TW	TTT
TAIYUAN		CN	TYN
TAIZ		YE	TAI
TAK		TH	TKT
TAKAKA		NZ	KTF
TAKAMATSU		JP	TAK
TAKAPOTO		PF	TKP
TAKAROA		PF	TKX
TAKORADI		GH	TKD
TAKOTNA	AK	US	TCT
TAKUME		PF	TJN
TALARA		PE	TYL
TALASEA		PG	TLW
TALKEETNA	AK	US	TKA
TALKNAFJORDUR		IS	TLK
TALLAHASSEE	FL	US	TLH
TALLINN		EE	TLL
TALOYOAK	NU	CA	YYH
TAMALE		GH	TML
TAMAN NEGARA		MY	SXT
TAMANA ISLAND		KI	TMN
TAMANRASSET		DZ	TMR
TAMARINDO		CR	TNO
TAMATAVE		MG	TMM
TAMBACOUNDA		SN	TUD
TAMBOHORANO		MG	WTA
TAMBOLAKA		ID	TMC
TAMBOR		CR	TMU
TAMBOV		RU	TBW
TAMCHAKETT		MR	THT
TAME		CO	TME
TAMKY		VN	TMK
TAMPA	FL	US	TPA
TAMPERE		FI	TMP
TAMPICO		MX	TAM
TAMWORTH	NS	AU	TMW
TAN TAN		MA	TTA
TANA TORAJA		ID	TTR
TANAH GROGOT		ID	TNB
TANAHMERAH		ID	TMH
TANANA	AK	US	TAL
TANDAG		PH	TDG
TANDIL	BA	AR	TDL
TANEGASHIMA		JP	TNE
TANGA		TZ	TGT
TANGIER		MA	TNG
TANJUNG BALAI		ID	TJB
TANJUNG MANIS		MY	TGC
TANJUNG PANDA		ID	TJQ
TANJUNG PELEPA		MY	ZJT
TANJUNG PINAN		ID	TNJ
TANJUNG SELOR		ID	TJS
TANNA		VU	TAH
TAORMINA		IT	TFC
TAOS	NM	US	TSM
TAPACHULA		MX	TAP
TAPAKTUAN		ID	TPK
TAPINI		PG	TPI
TAPLEJUNG		NP	TPJ
TARAKAN		ID	TRK
TARAKBITS		PG	TRJ
TARAMAJIMA		JP	TRA
TARANTO		IT	TAR
TARAPACA		CO	TCD
TARAPOA		EC	TPC
TARAPOTO		PE	TPP
TARAWA		KI	TRW
TARBELA		PK	TLB
TAREE	NS	AU	TRO
TARGOVISHTE		BG	TGV
TARI		PG	TIZ
TARIJA		BO	TJA
TARTAGAL	SA	AR	TTG
TARTU		EE	TAY
TASHAUZ		TM	TAZ
TASHKENT		UZ	TAS
TASIILAQ		GL	AGM
TASIUJUAQ	QC	CA	YTQ
TASKUL		PG	TSK
TASU	BC	CA	YTU
TATAKOTO		PF	TKV
TATITLEK	AK	US	TEK
TAU		AS	TAV
TAUPO		NZ	TUO
TAURAMENA		CO	TAU
TAURANGA		NZ	TRG
TAVEUNI		FJ	TVU
TAWAU		MY	TWU
TAWITAWI		PH	TWT
TBESSA		DZ	TEE
TBILISI		GE	TBS
TCHIBANGA		GA	TCH
TCHIEN		LR	THC

Cities	1	2	3
TE ANAU		NZ	TEU
TEFE	AM	BR	TFF
TEGUCIGALPA		HN	TGU
TEHRAN		IR	THR
TEIXEIRA D FREITAS	BA	BR	TXF
TEKADU		PG	TKB
TEKIN		PG	TKW
TEKIRDAG		TR	TEQ
TEL AVIV YAFO		IL	TLV
TELEFOMIN		PG	TFM
TELEGR HARBOUR	BC	CA	YBQ
TELEGRAPH CREEK	BC	CA	YTX
TELEMACO BORBA	PR	BR	TEC
TELFER	WA	AU	TEF
TELLER	AK	US	TLA
TELLER MISSION	AK	US	KTS
TELLURIDE	CO	US	TEX
TEMBAGAPURA		ID	TIM
TEMINABUAN		ID	TXM
TEMORA	NS	AU	TEM
TEMPLE	TX	US	TPL
TEMUCO		CL	ZCO
TENAKEE SPRINGS	AK	US	TKE
TENERIFE		ES	TCI
TENGCHONG		CN	TCZ
TENNANT CREEK	NT	AU	TCA
TEOFILO OTONI	MG	BR	TFL
TEPIC		MX	TPQ
TEPTEP		PG	TEP
TERAPO		PG	TEO
TERCEIRA IS		PT	TER
TERESINA	PI	BR	THE
TERMEZ		UZ	TMJ
TERNATE		ID	TTE
TERRACE	BC	CA	YXT
TERRACE BAY	ON	CA	YTJ
TERRE HAUTE	IN	US	HUF
TERRE-DE-BAS		GP	HTB
TERRE-DE-HAUT		GP	LSS
TETABEDI		PG	TDB
TETE		MZ	TET
TETE-A-LA-BALEINE	QC	CA	ZTB
TETERBORO	NJ	US	TEB
TETLIN	AK	US	TEH
TETOUAN		MA	TTU
TEXARKANA	AR	US	TXK
TEZPUR		IN	TEZ
TEZU		IN	TEI
THABA NCHU		ZA	TCU
THABA-TSEKA		LS	THB
THAKHEK		LA	THK
THAKURGAON		PK	TKR
THANDWE		MM	SNW
THANGOOL	QL	AU	THG
THANJAVUR		IN	TJV
THARGOMINDAH	QL	AU	XTG
THE BIGHT		BS	TBI
THE PAS	MB	CA	YQD
THESSALONIKI		GR	SKG
THICKET PORTAGE	MB	CA	YTD
THIEF RIVER FALLS	MN	US	TVF
THINGEYRI		IS	TEY
THIRA		GR	JTR
THIRUVANANTHA		IN	TRV
THISTED		DK	TED
THOHOYANDOU		ZA	THY
THOMPSON	MB	CA	YTH
THORNE BAY	AK	US	KTB
THORSHOFN		IS	THO
THUNDER BAY	ON	CA	YQT
THURSDAY ISLAND	QL	AU	TIS
TIANJIN		CN	TSN
TIANSHUI		CN	THQ
TIARET		DZ	TID
TICHITT		MR	THI
TIDJIKJA		MR	TIY
TIERP		SE	XFU
TIGA		NC	TGJ
TIGNES		FR	TGF
TIJUANA		MX	TIJ
TIKAL		GT	TKM
TIKEHAU ATOLL		PF	TIH
TIKO		CM	TKC
TIKSI		XU	IKS
TILIN		MM	TIO
TIMARU		NZ	TIU
TIMBEDRA		MR	TMD
TIMBIQUI		CO	TBD
TIMBUNKE		PG	TBE
TIMIMOUN		DZ	TMX
TIMISOARA		RO	TSR
TIMMINS	ON	CA	YTS
TIN CITY	AK	US	TNC
TINAK ISLAND		MH	TIC
TINBOLI		PG	TCK
TINDOUF		DZ	TIN
TINGO MARIA		PE	TGI
TINGWON		PG	TIG
TINIAN		MP	TIQ
TIOM		ID	TMY
TIOMAN		MY	TOD
TIPPI		ET	TIE
TIPUTINI		EC	TPN
TIRANA		AL	TIA
TIREE		GB	TRE
TIRGU MURES		RO	TGM
TIRINKOT		AF	TII
TIRUCHIRAPALL		IN	TRZ
TIRUPATI		IN	TIR
TISDALE	SK	CA	YTT
TIVAT		ME	TIV
TLEMCEN		DZ	TLM
TOBAGO		TT	TAB
TOBRUK		LY	TOB
TOCOA		HN	TCF
TOCUMWAL	NS	AU	TCW
TOFINO	BC	CA	YAZ
TOGIAK FISH	AK	US	GFB
TOGIAK VILLAGE	AK	US	TOG
TOK	AK	US	TKJ
TOKAT		TR	TJK
TOKEEN	AK	US	TKI
TOKSOOK BAY	AK	US	OOK
TOKUNOSHIMA		JP	TKN
TOKUSHIMA		JP	TKS
TOKYO		JP	TYO

Cities	1	2	3
TOL		PG	TLO
TOLEDO	PR	BR	TOW
TOLEDO	OH	US	TOL
TOLITOLI		ID	TLI
TOLU		CO	TLU
TOM PRICE	WA	AU	TPR
TOMANGGONG		MY	TMG
TOMBOUCTOU		ML	TOM
TOMSK		XU	TOF
TONGHUA		CN	TNH
TONGLIAO		CN	TGO
TONGOA		VU	TGH
TONGREN		CN	TEN
TONU		PG	TON
TOOWOOMBA	QL	AU	TWB
TOPEKA	KS	US	TOP
TOREMBI		PG	TCJ
TOROKINA		PG	TOK
TORONTO	ON	CA	YTO
TORORO		UG	TRY
TORREON		MX	TRC
TORRES		VU	TOH
TORSBY		SE	TYF
TORTOLA		VG	TOV
TORTOLI		IT	TTB
TORTUQUERO		CR	TTQ
TOTTORI		JP	TTJ
TOUBA		CI	TOZ
TOUGAN		BF	TUQ
TOUGGOURT		DZ	TGR
TOUHO		NC	TOU
TOULON		FR	TLN
TOULOUSE		FR	TLS
TOURS		FR	TUF
TOUSSUS-NOBLE		FR	TNF
TOWNSVILLE	QL	AU	TSV
TOYAMA		JP	TOY
TOYOOKA		JP	TJH
TOZEUR		TN	TOE
TRABZON		TR	TZX
TRAIL	BC	CA	YZZ
TRANG		TH	TST
TRAPANI		IT	TPS
TRARALGON	VI	AU	TGN
TRAT		TH	TDX
TRAVERSE CITY	MI	US	TVC
TREASURE CAY		BS	TCB
TRELEW	CB	AR	REL
TRENTON	ON	CA	YTR
TRENTON	NJ	US	TTN
TRES ARROYOS	BA	AR	OYO
TRES ESQUINAS		CO	TQS
TRI-CITY	TN	US	TRI
TRIESTE		IT	TRS
TRINCOMALEE		LK	TRR
TRINIDAD		BO	TDD
TRINIDAD		CO	TDA
TRINIDAD		TT	POS
TRIPOLI		LB	KYE
TRIPOLI		LY	TIP
TROLLHATTAN/VAN		SE	THN
TROMBETAS	PA	BR	TMT
TROMSO		NO	TOS
TRONA	CA	US	TRH
TRONDHEIM		NO	TRD
TRUJILLO		HN	TJI
TRUJILLO		PE	TRU
TRUK		FM	TKK
TSARATANANA		MG	TTS
TSELINOGRAD		KZ	TSE
TSEWI		PG	TSW
TSHIKAPA		CD	TSH
TSHIPISE		ZA	TSD
TSILI TSILI		PG	TSI
TSIROANOMANDI		MG	WTS
TSUMEB		NA	TSB
TSUSHIMA		JP	TSJ
TUBUAI		PF	TUB
TUCSON	AZ	US	TUS
TUCUMA	PA	BR	TUZ
TUCUMAN	TU	AR	TUC
TUCUPITA		VE	TUV
TUCURUI	PA	BR	TUR
TUFI		PG	TFI
TUGUEGARAO		PH	TUG
TUKTOYAKTUK	NT	CA	YUB
TULAGI ISLAND		SB	TLG
TULCAN		EC	TUA
TULCEA		RO	TCE
TULEAR		MG	TLE
TULI BLOCK		BW	TLD
TULITA	NT	CA	ZFN
TULSA	OK	US	TUL
TULUA		CO	ULQ
TULUGAK	QC	CA	YTK
TULUKSAK	AK	US	TLT
TULUM		MX	TUY
TUM		ET	TUJ
TUMACO		CO	TCO
TUMBES		PE	TBP
TUMEREMO		VE	TMO
TUMLING TAR		NP	TMI
TUMOLBIL		PG	TLP
TUMUT	NS	AU	TUM
TUNGSTEN	NT	CA	TNS
TUNIS		TN	TUN
TUNTUTULIAK	AK	US	WTL
TUNUNAK	AK	US	TNK
TUNXI		CN	TXN
TUPELO	MS	US	TUP
TURAIF		SA	TUI
TURBAT		PK	TUK
TURBO		CO	TRB
TUREIA		PF	ZTA
TURIN		IT	TRN
TURKEY CREEK	WA	AU	TKY
TURKMANBASHI		TM	KRW
TURKMENABAD		TM	CRZ
TURKU		FI	TKU
TUSCALOOSA	AL	US	TCL
TUTICORIN		IN	TCR
TUXEKAN ISLAND	AK	US	WNC
TUXTLA GUTIER		MX	TGZ
TUYHOA		VN	TBB
TUZLA		BA	TZL
TWIN FALLS	ID	US	TWF

Cities	1	2	3
TWIN HILLS	AK	US	TWA
TYLER	TX	US	TYR
TYUMEN		XU	TJM
TZANEEN		ZA	LTA

U

Cities	1	2	3
UA HUKA		PF	UAH
UA POU		PF	UAP
UAXACTUN		GT	UAX
UBE		JP	UBJ
UBERABA	MG	BR	UBA
UBERLANDIA	MG	BR	UDI
UBON RATCHATH		TH	UBP
UDAIPUR		IN	UDR
UDON THANI		TH	UTH
UFA		RU	UFA
UGANIK	AK	US	UGI
UHERSKE HRADI		CZ	UHE
UIGE		AO	UGO
UJAE ISLAND		MH	UJE
UJUNG PANDANG		ID	UPG
UKHTA		RU	UCT
UKIAH	CA	US	UKI
ULAANBAATAR		MN	ULN
ULAANGOM		MN	ULO
ULAN-UDE		XU	UUD
ULANHOT		CN	HLH
ULEI		VU	ULB
ULGIT		MN	ULG
ULSAN		KR	USN
ULUKHATOK	NT	CA	YHI
ULUNDI		ZA	ULD
ULYANOVSK		RU	ULY
UMBA		PG	UMC
UMEA		SE	UME
UMIUJAQ	QC	CA	YUD
UMTATA		ZA	UTT
UMUARAMA	PR	BR	UMU
UNA	BA	BR	UNA
UNALAKLEET	AK	US	UNK
UNION IS		VC	UNI
UNST		GB	UNT
UPALA		CR	UPL
UPERNAVIK		GL	JUV
UPIARA		PG	UPR
UPINGTON		ZA	UTN
UPOLU POINT	HI	US	UPP
UPPSALA C		SE	QYX
URAJ		XU	URJ
URALSK		KZ	URA
URANIUM CITY	SK	CA	YBE
URGENCH		UZ	UGC
URIMAN		VE	URM
URUMIYEH		IR	OMH
UROUBI		PG	URU
URRAO		CO	URR
URUAPAN		MX	UPN
URUBUPUNGA	SP	BR	URB
URUGUAIANA	RS	BR	URG
URUMQI		CN	URC
URUZGAN		AF	URZ
USAK		TR	USQ
USELESS LOOP	WA	AU	USL
USHUAIA	TF	AR	USH
USINO		PG	USO
USINSK		RU	USK
UST-ILIMSK		XU	UIK
UST-KAMENOGOR		KZ	UKK
UTAPAO		TH	UTP
UTICA	NY	US	UCA
UTILA		HN	UII
UTIRIK ISLAND		MH	UTK
UTOPIA CREEK	AK	US	UTO
UUMMANNAQ		GL	UMD
UVOL		PG	UVO
UZHHOROD		UA	UDJ
UZICE		RS	UZC

V

Cities	1	2	3
VAASA		FI	VAA
VADODARA		IN	BDQ
VADSO		NO	VDS
VAEROY		NO	VRY
VAHITAHI		PF	VHZ
VAIL/EAGLE	CO	US	EGE
VAL D'ISERE		FR	VAZ
VAL D'OR	QC	CA	YVO
VALCHETA	RN	AR	VCF
VALDEZ	AK	US	VDZ
VALDIVIA		CL	ZAL
VALDOSTA	GA	US	VLD
VALENCE		FR	VAF
VALENCIA		ES	VLC
VALENCIA		VE	VLN
VALENCIENNES		FR	XVS
VALERA		VE	VLV
VALESDIR		VU	VLS
VALLADOLID		ES	VLL
VALLE D PASCU		VE	VDP
VALLEDUPAR		CO	VUP
VALLEMI		PY	VMI
VALPARAISO	FL	US	VPS
VALPARAISO	IN	US	VPZ
VALVERDE		ES	VDE
VAN		TR	VAN
VANCOUVER	BC	CA	YVR
VANIMO		PG	VAI
VANNES		FR	VNE
VANROOK	QL	AU	VNR
VANUABALAVU		FJ	VBV
VARADERO		CU	VRA
VARANASI		IN	VNS
VARDO		NO	VAW
VARGINHA	MG	BR	VAG
VARKAUS		FI	VRK
VARNA		BG	VAR

Cities	1	2	3
VASTERVIK		SE	VVK
VATOMANDRY		MG	VAT
VATUKOULA		FJ	VAU
VATULELE		FJ	VTF
VAVA'U		TO	VAV
VAXJO		SE	VXO
VEJLE		DK	VEJ
VENETIE	AK	US	VEE
VENICE		IT	VCE
VENTSPILS		LV	VNT
VENTURA	CA	US	OXR
VERACRUZ		MX	VER
VERNAL	UT	US	VEL
VERNON	BC	CA	YVE
VERO BEACH	FL	US	VRB
VERONA		IT	VRN
VESTMANNAEYJA		IS	VEY
VIBORG		DK	ZGX
VICHADERO		UY	VCH
VICHY		FR	VHY
VICTORIA	TX	US	VCT
VICTORIA	BC	CA	YYJ
VICTORIA FAL		ZW	VFA
VICTORIA RIVER D	NT	AU	VCD
VIDEIRA	SC	BR	VIA
VIDIN		BG	VID
VIDYANAGAR		IN	VDY
VIEDMA	RN	AR	VDM
VIENGXAY		LA	VNG
VIENNA		AT	VIE
VIENTIANE		LA	VTE
VIEQUES		PR	VQS
VIEW COVE	AK	US	VCB
VIGO		ES	VGO
VIJAYAWADA		IN	VGA
VILA REAL		PT	VRL
VILA RICA	MT	BR	VLP
VILANCULOS		MZ	VNX
VILHELMINA		SE	VHM
VILHENA	RO	BR	BVH
VILLA DOLORES	CD	AR	VDR
VILLA GESELL	BA	AR	VLG
VILLA MERCEDES	SL	AR	VME
VILLAGARZON		CO	VGZ
VILLAHERMOSA		MX	VSA
VILLAMONTES		BO	VLM
VILLAVICENCIO		CO	VVC
VILNIUS		LT	VNO
VINA DEL MAR		CL	KNA
VINH CITY		VN	VII
VINNYTSIA		UA	VIN
VIRAC		PH	VRC
VIRGIN GORDA		VG	VIJ
VIRU		SB	VIU
VISALIA	CA	US	VIS
VISBY		SE	VBY
VISEU		PT	VSE
VISHAKHAPATNA		IN	VTZ
VITEBSK		BY	VTB
VITORIA		ES	VIT
VITORIA	ES	BR	VIX
VITORIA CONQUISTA	BA	BR	VDC
VIVIGANI		PG	VIV
VLADIKAVKAZ		RU	OGZ
VLADIVOSTOK		XU	VVO
VOHEMAR		MG	VOH
VOINJAMA		LR	VOI
VOJENS		DK	SKS
VOLGOGRAD		RU	VOG
VOLOS		GR	VOL
VOPNAFJORDUR		IS	VPN
VORKUTA		XU	VKT
VORONEZH		RU	VOZ
VREDENDAL		ZA	VRE
VRYBURG		ZA	VRU
VRYHEID		ZA	VYD
VULCANO		IT	ZIE
VUNG TAU		VN	VTG

W

Cities	1	2	3
WABAG		PG	WAB
WABO		PG	WAO
WABUSH	NL	CA	YWK
WACA		ET	WAC
WACO	TX	US	ACT
WACO KUNGO		AO	CEO
WAD MEDANI		SD	DNI
WADI AL DAWASER		SA	WAE
WADI HALFA		SD	WHF
WAGETHE		ID	WET
WAGGA WAGGA	NS	AU	WGA
WAIKOLOA	HI	US	WKL
WAINGAPU		ID	WGP
WAINWRIGH	AK	US	AIN
WAJIMA		JP	NTQ
WAJIR		KE	WJR
WAKAYA ISLAND		FJ	KAY
WAKE ISLAND		UM	AWK
WAKKANAI		JP	WKJ
WAKUNAI		PG	WKN
WALAHA		VU	WLH
WALCHA	NS	AU	WLC
WALES	AK	US	WAA
WALGETT	QL	AU	WGE
WALKER'S CAY		BS	WKR
WALLA WALLA	WA	US	ALW
WALLIS IS		WF	WLS
WALTHAM	MA	US	WLM
WALVIS BAY		NA	WVB
WAMENA		ID	WMX
WANAKA		NZ	WKA
WANGANUI		NZ	WAG
WANGARATTA	VI	AU	WGT
WANGEROOGE		DE	AGE
WANIGELA		PG	AGL
WANTOAT		PG	WTT
WANUMA		PG	WNU
WANXIAN		CN	WXN
WAPENAMANDA		PG	WBM
WAPOLU		PG	WBC
WARANGAL		IN	WGC

Cities	1	2	3
WARDER		ET	WRA
WARRACKNABEAL	VI	AU	WKB
WARREN	OH	US	YNG
WARRI		NG	QRW
WARRNAMBOOL	VI	AU	WMB
WARROAD	MN	US	RRT
WARSAW		PL	WAW
WARWICK	QL	AU	WAZ
WASHABO		SR	WSO
WASHINGTON	DC	US	WAS
WASHINGTON	PA	US	WSG
WASIOR		ID	WSR
WASKAGANISH	QC	CA	YKQ
WASPAM		NI	WSP
WASU		PG	WSU
WASUA		PG	WSA
WASUM		PG	WUM
WATERFALL	AK	US	KWF
WATERFORD		IE	WAT
WATERLOO	IA	US	ALO
WATERTOWN	SD	US	ATY
WATERTOWN	NY	US	ART
WATERVILLE	ME	US	WVL
WATSON LAKE	YT	CA	YQH
WAU		PG	WUG
WAU		SD	WUU
WAUSAU	WI	US	AUW
WAVE HILL	NT	AU	WAV
WAWA	ON	CA	YXZ
WEAM		PG	WEP
WEBEQUIE	ON	CA	YWP
WEDAU		PG	WED
WEDJH		SA	EJH
WEE WAA	NS	AU	WEW
WEERAWILA		LK	WRZ
WEIFANG		CN	WEF
WEIHAI		CN	WEH
WEIPA	QL	AU	WEI
WELKOM		ZA	WEL
WELLINGTON		NZ	WLG
WELSHPOOL	VI	AU	WHL
WEMINDJI	QC	CA	YNC
WENATCHEE	WA	US	EAT
WENSHAN		CN	WNH
WENZHOU		CN	WNZ
WEST END		BS	WTD
WEST PALM BEACH	FL	US	PBI
WEST POINT	AK	US	KWP
WEST WYALONG	NS	AU	WWY
WEST YELLOWSTON	MT	US	WYS
WESTCHESTER	NY	US	HPN
WESTERLAND		DE	GWT
WESTERLY	RI	US	WST
WESTFIELD	MA	US	BAF
WESTHAMPTON	NY	US	FOK
WESTPORT		NZ	WSZ
WESTRAY		GB	WRY
WESTSOUND	WA	US	WSX
WEWAK		PG	WWK
WHA TI	NT	CA	YLE
WHAKATANE		NZ	WHK
WHALE COVE	NU	CA	YXN
WHALSAY		GB	WHS
WHANGAREI		NZ	WRE
WHARTON	TX	US	WHT
WHEELING	WV	US	HLG
WHISTLER	BC	CA	YWS
WHITE MOUNTAIN	AK	US	WMO
WHITE PLAINS	NY	US	HPN
WHITE RIVER	VT	US	LEB
WHITEHORSE	YT	CA	YXY
WHYALLA	SA	AU	WYA
WICHITA	KS	US	ICT
WICHITA FALLS	TX	US	SPS
WICK		GB	WIC
WILCANNIA	NS	AU	WIO
WILDWOOD	NJ	US	WWD
WILKES-BARRE	PA	US	AVP
WILLIAMS HARBOUR	NL	CA	YWM
WILLIAMS LAKE	BC	CA	YWL
WILLIAMSBURG	VA	US	PHF
WILLIAMSPORT	PA	US	IPT
WILLISTON	ND	US	ISN
WILMINGTON	DE	US	ILG
WILMINGTON	NC	US	ILM
WILMINGTON	OH	US	ILN
WILUNA	WA	AU	WUN
WINDHOEK		NA	WDH
WINDORAH	QL	AU	WNR
WINDSOR	ON	CA	YQG
WINDSOR LOCKS	CT	US	BDL
WINISK	ON	CA	YWN
WINNEMUCCA	NV	US	WMC
WINNIPEG	MB	CA	YWG
WINONA	MN	US	ONA
WINSLOW	AZ	US	INW
WINSTON SALEM	NC	US	INT
WINTON	QL	AU	WIN
WIPIM		PG	WPM
WISCONSIN RAPIDS	WI	US	ISW
WISE	VA	US	LNP
WISEMAN	AK	US	WSM
WITTENOOM	WA	AU	WIT
WITU		PG	WIU
WOBURN	MA	US	WBN
WOERGL	BS	AT	QXZ
WOITAPE		PG	WTP
WOJA		MH	WJA
WOLF POINT	MT	US	OLF
WOLLASTON LAKE	SK	CA	ZWL
WOLLONGONG	NS	AU	WOL
WOLOGISSI		LR	WOI
WONAN		TW	WOT
WONDOOLA	QL	AU	WON
WONJU		KR	WJU
WOOMERA	SA	AU	UMR
WORCESTER	MA	US	ORH
WORLAND	WY	US	WRL
WORTHINGTON	MN	US	OTG
WOTHO ISLAND		MH	WTO
WOTJE ISLAND		MH	WTE
WRANGELL	AK	US	WRG
WRIGLEY	NT	CA	YWY
WROCLAW		PL	WRO
WROTHAM PARK	QL	AU	WPK
WUDINNA	SA	AU	WUD

Cities	1	2	3
WUHAN		CN	WUH
WUHU		CN	WHU
WUNNUMMIN LAKE	ON	CA	WNN
WUVULU		PG	WUV
WUXI		CN	WUX
WUYISHAN		CN	WUS
WYK AUF FOEHR		DE	OHR
WYNDHAM	WA	AU	WYN

X

Cities	1	2	3
XI AN		CN	SIA
XIAMEN		CN	XMN
XIANGFAN		CN	XFN
XICHANG		CN	XIC
XIENG KHOUANG		LA	XKH
XILINHOT		CN	XIL
XINGNING		CN	XIN
XINGTAI		CN	XNT
XINGYI		CN	ACX
XINING		CN	XNN
XINYUAN CITY		CN	NLT
XUZHOU		CN	XUZ

Y

Cities	1	2	3
YACUIBA		BO	BYC
YAGOUA		CM	GXX
YAGUARA		CO	AYG
YAKIMA	WA	US	YKM
YAKUSHIMA		JP	KUM
YAKUTAT	AK	US	YAK
YAKUTSK		XU	YKS
YALATA MISSION	SA	AU	KYI
YALGOO	WA	AU	YLG
YALINGA		CF	AIG
YALUMET		PG	KYX
YAM ISLAND	QL	AU	XMY
YAMAGATA		JP	GAJ
YAMOUSSOUKRO		CI	ASK
YAN'AN		CN	ENY
YANBU AL BAHR		SA	YNB
YANCHENG		CN	YNZ
YANDINA		SB	XYA
YANGON		MM	RGN
YANGYANG		KR	YNY
YANJI		CN	YNJ
YANKTON	SD	US	YKN
YANTAI		CN	YNT
YAOUNDE		CM	YAO
YAP		FM	YAP
YAPSIEI		PG	KPE
YARMOUTH	NS	CA	YQI
YAVARATE		CO	VAB
YAVIZA		PA	PYV
YAZD		IR	AZD
YE		MM	XYE
YECHEON		KR	YEC
YEELIRRIE	WA	AU	KYF
YEGEPA		PG	PGE
YEKATERINBURG		XU	SVX
YELIMANE		ML	EYL
YELLOWKNIFE	NT	CA	YZF
YENGEMA		SL	WYE
YENISEYSK		XU	EIE
YEOSU		KR	RSU
YEREVAN		AM	EVN
YES BAY	AK	US	WYB
YEVA		PG	YVD
YIBIN		CN	YBP
YICHANG		CN	YIH
YINCHUAN		CN	INC
YINING		CN	YIN
YIWU		CN	YIW
YLIVIESKA		FI	YLI
YOGYAKARTA		ID	JOG
YOLA		NG	YOL
YONAGO		JP	YGJ
YONAGUNI JIMA		JP	OGN
YONGAI		PG	KGH
YORK LANDING	MB	CA	ZAC
YORKE ISLAND	QL	AU	OKR
YORKTON	SK	CA	YQV
YORO		HN	ORO
YORONJIMA		JP	RNJ
YOSEMITE N PARK	CA	US	OYS
YOSHKAR-OLA		RU	JOK
YOTVATA		IL	YOT
YOUNG	NS	AU	NGA
YOUNGSTOWN	OH	US	YNG
YUENDUMU	NT	AU	YUE
YULE IS		PG	RKU
YULIN		CN	UYN
YUMA	AZ	US	YUM
YUN CHENG		CN	YCU
YURIMAGUAS		PE	YMS
YUSHU XIAN		CN	YUS
YUZHNO-SAKHAL		XU	UUS

Z

Cities	1	2	3
ZABOL		IR	ACZ
ZABRE		BF	XZA
ZABREH		CZ	ZBE
ZACATECAS		MX	ZCL
ZACHAR BAY	AK	US	KZB
ZADAR		HR	ZAD
ZAGREB		HR	ZAG
ZAHEDAN		IR	ZAH
ZAKINTHOS IS		GR	ZTH
ZAMBEZI		ZM	BBZ
ZAMBOANGA		PH	ZAM
ZANAGA		CG	ANJ
ZANJAN		IR	JWN

Cities	1	2	3
ZANZIBAR		TZ	ZNZ
ZAPALA	NE	AR	APZ
ZAPORIZHZHIA		UA	OZH
ZARAGOZA		ES	ZAZ
ZEMIO		CF	IMO
ZERO		IN	ZER
ZHAMBYL		KZ	DMB
ZHANJIANG		CN	ZHA
ZHAOTONG		CN	ZAT
ZHENGZHOU		CN	CGO
ZHEZKAZGAN		KZ	DZN
ZHOB		PK	PZH
ZHOUSHAN		CN	HSN
ZHUHAI		CN	ZUH
ZIELONA GORA		PL	IEG
ZIGUINCHOR		SN	ZIG
ZIHUATANEJO		MX	ZIH
ZILINA		SK	ILZ
ZINDER		NE	ZND
ZLIN		CZ	GTW
ZOUERATE		MR	OUZ
ZURICH		CH	ZRH

2. 国家代码

Country Codes

1. Decoding

Code	Country name	Area
AD	Andorra	area 2
AE	United Arab Emirates (comprising Abu Dhabi, Ajman, Dubai, Fujairah, Ras al Khaimah, Sharjah, Umm al Qaiwain)	area 2
AF	Afghanistan	area 3
AG	Antigua and Barbuda	area 1
AI	Anguilla	area 1
AL	Albania	area 2
AM	Armenia	area 2
AN	Netherlands Antilles	area 1
AO	Angola	area 2
AR	Argentina	area 1
AS	American Samoa	area 3
AT	Austria	area 2
AU	Australia	area 3
AW	Aruba	area 1
AZ	Azerbaijan	area 2
BA	Bsonia and Herzegovina	area 2
BB	Barbados	area 1
BD	Bangladesh	area 3
BE	Belgium	area 2
BF	Burkina Faso	area 2
BG	Bulgaria	area 2
BH	Bahrain	area 2
BI	Burundi	area 2
BJ	Benin	area 2
BM	Bermuda	area 1
BN	Brunei Darussalam	area 3
BO	Bolivia	area 1
BR	Brazil	area 1
BS	Bahamas	area 1
BT	Bhutan	area 3
BW	Botswana	area 2
BY	Belarus	area 2
BZ	Belize	area 1
CA	Canada	area 1
CC	Cocos(Keeling)Islands	area 3
CD	Congo(Kinshasa)	area 2
CF	Central African Republic	area 2
CG	Congo(Brazzaville)	area 2
CH	Switzerland	area 2
CI	Cote d'Ivoire	area 2
CK	Cook Islands	area 3
CL	Chile	area 1
CM	Cameroon	area 2
CN	China excl.Hong Kong SAR and Macao SAR	area 3
CO	Colombia	area 1
CR	Costa Rica	area 1
CU	Cuba	area 1
CV	Cape Verde	area 2
CX	Christmas Island	area 3
CY	Cyprus	area 2
CZ	Czech Republic	area 2
DE	Germany	area 2
DJ	Djibouti	area 2
DK	Denmark	area 2
DM	Dominica	area 1
DO	Dominican Republic	area 1
DZ	Algeria	area 2
EC	Ecuador	area 1
EE	Estonia	area 2
EG	Egypt	area 2
ER	Eritrea	area 2
ES	Spain	area 2
ET	Ethiopia	area 2
FI	Finland	area 2
FJ	Fiji	area 3
FK	Falkland Islands (Malvinas)	area 1
FM	Micronesia	area 3
FO	Faroe Islands	area 2
FR	France	area 2
GA	Gabon	area 2
GB	United Kingdom	area 2
GD	Grenada	area 1
GE	Georgia	area 2
GF	French Guiana	area 1
GH	Ghana	area 2
GI	Gibraltar	area 2
GL	Greenland	area 2
GM	Gambia	area 2
GN	Guinea	area 2
GP	Guadeloupe	area 1
GQ	Equatorial Guinea	area 2
GR	Greece	area 2
GS	South Georgia and South Sandwich Islands	area 1
GT	Guatemala	area 1
GU	Guam	area 3
GW	Guinea-Bissau	area 2
GY	Guyana	area 1
HK	Hong Kong SAR	area 3
HN	Honduras	area 1
HR	Croatia	area 2
HT	Haiti	area 1
HU	Hungary	area 2
ID	Indonesia	area 3
IE	Ireland	area 2
IL	Israel	area 2
IN	India	area 3
IQ	Iraq	area 2
IR	Iran	area 2
IS	Iceland	area 2
IT	Italy	area 2
JM	Jamaica	area 1
JO	Jordan	area 2
JP	Japan	area 3
KE	Kenya	area 2
KG	Kyrgyzstan	area 3
KH	Cambodia	area 3
KI	Kiribati	area 3
KM	Comoros	area 2
KN	Saint Kitts and Nevis	area 1
KP	Korea (Dem. Rep. of)	area 3
KR	Korea (Rep. of)	area 3
KW	Kuwait	area 2
KY	Cayman Islands	area 1
KZ	Kazakhstan	area 3
LA	Laos	area 3
LB	Lebanon	area 2
LC	Saint Lucia	area 1
LI	Liechtenstein	area 2
LK	Sri Lanka	area 3
LR	Liberia	area 2
LS	Lesotho	area 2
LT	Lithuania	area 2
LU	Luxembourg	area 2
LV	Latvia	area 2
LY	Libya	area 2
MA	Morocco	area 2
MC	Monaco	area 2
MD	Moldova	area 2
MG	Madagascar	area 2
MH	Marshall Islands	area 3
MK	Macedonia(FYROM)	area 2
ML	Mali	area 2
MM	Myanmar	area 3
MN	Mongolia	area 3
MO	Macao SAR	area 3
MP	Northern Mariana Islands	area 3
MQ	Martinique	area 1
MR	Mauritania	area 2
MS	Montserrat	area 1
MT	Malta	area 2
MU	Mauritius	area 2
MV	Maldives	area 3
MW	Malawi	area 2
MX	Mexico	area 1
MY	Malaysia	area 3
MZ	Mozambique	area 2
NA	Namibia	area 2
NC	New Caledonia	area 3
NE	Niger	area 2
NF	Norfolk Island	area 3
NG	Nigeria	area 2
NI	Nicaragua	area 1
NL	Netherlands	area 2
NO	Norway	area 2
NP	Nepal	area 3
NR	Nauru	area 3
NU	Niue	area 3
NZ	New Zealand	area 3
OM	Oman	area 2
PA	Panama	area 1
PE	Peru	area 1
PF	French Polynesia	area 3
PG	Papua New Guinea	area 3
PH	Philippines	area 3
PK	Pakistan	area 3
PL	Poland	area 2
PM	Saint Pierre and Miquelon	area 2
PN	Pitcairn	area 3
PR	Puerto Rico	area 1
PS	Palestinian Territory, Occupied	area 2
PT	Portugal	area 2
PW	Palau	area 3
PY	Paraguay	area 1
QA	Qatar	area 2
RE	Reunion	area 2
RO	Romania	area 2
RU	Russia (in Europe)	area 2
RW	Rwanda	area 2
SA	Saudi Arabia	area 2
SB	Solomon Islands	area 3
SC	Seychelles	area 2
SD	Sudan	area 2
SE	Sweden	area 2
SG	Singapore	area 3
SH	Saint Helena	area 2
SI	Slovenia	area 2
SJ	Svalbard and Jan Mayen Islands	area 2
SK	Slovakia	area 2
SL	Sierra Leone	area 2
SM	San Marino	area 2
SN	Senegal	area 2
SO	Somalia	area 2
SR	Suriname	area 1
ST	Sao Tome and Principe	area 2
SV	El Salvador	area 1
SY	Syria	area 2
SZ	Swaziland	area 2
TC	Turks and Caicos Islands	area 1
TD	Chad	area 2
TG	Togo	area 2
TH	Thailand	area 3
TJ	Tajikistan	area 3
TK	Tokelau	area 3
TM	Turkmenistan	area 3
TN	Tunisia	area 2
TO	Tonga	area 3
TL	East Timor	area 3
TR	Turkey	area 2
TT	Trinidad and Tobago	area 1
TV	Tuvalu	area 3
TZ	Tanzania	area 2
UA	Ukraine	area 2
UG	Uganda	area 2
UM	US Minor Outlying Islands	area 1
US	United States	area 1
UY	Uruguay	area 1
UZ	Uzbekistan	area 3
VA	Vatican city (Holy See)	area 2
VC	Saint Vincent and the Grenadines	area 1
VE	Venezuela	area 1
VG	Virgin Islands (British)	area 1
VI	Virgin Islands (US)	area 1
VN	Viet Nam	area 3
VU	Vanuatu	area 3
WF	Wallis and Futuna Islands	area 3
WS	Samoa	area 3
XU	Russia (in Asia)	area 3
YE	Yemen	area 2
YT	Mayotte	area 2
YU	Yugoslavia	area 2
ZA	South Africa	area 2
ZM	Zambia	area 2
ZW	Zimbabwe	area 2

Country Codes

2. Coding

Country name	Code	Area
Afghanistan	AF	area 3
Albania	AL	area 2
Algeria	DZ	area 2
American Samoa	AS	area 3
Andorra	AD	area 2
Angola	AO	area 2
Anguilla	AI	area 1
Antigua and Barbuda	AG	area 1
Argentina	AR	area 1
Armenia	AM	area 2
Aruba	AW	area 1
Australia	AU	area 3
Austria	AT	area 2
Azerbaijan	AZ	area 2
Bahamas	BS	area 1
Bahrain	BH	area 2
Bangladesh	BD	area 3
Barbados	BB	area 1
Belarus	BY	area 2
Belgium	BE	area 2
Belize	BZ	area 1
Benin	BJ	area 2
Bermuda	BM	area 1
Bhutan	BT	area 3
Bolivia	BO	area 1
Bosnia and Herzegovina	BA	area 2
Botswana	BW	area 2
Brazil	BR	area 1
Brunei Darussalam	BN	area 3
Bulgaria	BG	area 2
Burkina Faso	BF	area 2
Burundi	BI	area 2
Cambodia	KH	area 3
Cameroon	CM	area 2
Canada	CA	area 1
Cape Verde	CV	area 2
Cayman Islands	KY	area 1
Central African Republic	CF	area 2
Chad	TD	area 2
Chile	CL	area 1
China excl. Hong Kong SAR and Macao SAR	CN	area 3
Chinese Taipei	TW	area 3
Christmas Island	CX	area 3
Cocos (Keeling) Islands	CC	area 3
Colombia	CO	area 1
Comoros	KM	area 2
Congo (Brazzaville)	CG	area 2
Congo (Kinshasa)	CD	area 2
Cook Islands	CK	area 3
Costa Rica	CR	area 1
Cote d'Ivoire	CI	area 2
Croatia	HR	area 2
Cuba	CU	area 1
Cyprus	CY	area 2
Czech Republic	CZ	area 2
Denmark	DK	area 2
Djibouti	DJ	area 2
Dominica	DM	area 1
Dominican Republic	DO	area 1
East Timor	TP	area 3
Ecuador	EC	area 1
Egypt	EG	area 2
El Salvador	SV	area 1
Equatorial Guinea	GQ	area 2
Eritrea	ER	area 2
Estonia	EE	area 2
Ethiopia	ET	area 2
Falkland Islands (Malvinas)	FK	area 1
Faroe Islands	FO	area 2
Fiji	FJ	area 3
Finland	FI	area 2
France	FR	area 2
French Guiana	GF	area 1
French Polynesia	PF	area 3
Gabon	GA	area 2
Gambia	GM	area 2
Georgia	GE	area 2
Germany	DE	area 2
Ghana	GH	area 2
Gibraltar	GI	area 2
Greece	GR	area 2
Greenland	GL	area 1
Grenada	GD	area 1
Guadeloupe	GP	area 1
Guam	GU	area 3
Guatemala	GT	area 1
Guinea-Bissau	GW	area 2
Guinea	GN	area 2
Guyana	GY	area 1
Haiti	HT	area 1
Honduras	HN	area 1
Hong Kong SAR	HK	area 3
Hungary	HU	area 2
Iceland	IS	area 2
India	IN	area 3
Indonesia	ID	area 3
Iran	IR	area 2
Iraq	IQ	area 2
Ireland	IE	area 2
Israel	IL	area 2
Italy	IT	area 2
Jamaica	JM	area 1
Japan	JP	area 3
Jordan	JO	area 2
Kazakhstan	KZ	area 3
Kenya	KE	area 2
Kiribati	KI	area 3
Korea (Dem.Rep.of)	KP	area 3
Korea (Rep.of)	KR	area 3
Kuwait	KW	area 2
Kyrgyzstan	KG	area 3
Laos	LA	area 3
Latvia	LV	area 2
Lebanon	LB	area 2
Lesotho	LS	area 2
Liberia	LR	area 2
Libya	LY	area 2
Liechtenstein	LI	area 2
Lithuania	LT	area 2
Luxembourg	LU	area 2
Macao SAR	MO	area 3
Macedonia(FYROM)	MK	area 2
Madagascar	MG	area 2
Malawi	MW	area 2
Malaysia	MY	area 3
Maldives	MV	area 3
Mali	ML	area 2
Malta	MT	area 2
Marshall Islands	MH	area 3
Martinique	MQ	area 1
Mauritania	MR	area 2
Mauritius	MU	area 2
Mayotte	YT	area 2
Mexico	MX	area 1
Micronesia	FM	area 3
Moldova	MD	area 2
Monaco	MC	area 2
Mongolia	MN	area 3
Montserrat	MS	area 1
Morocco	MA	area 2
Mozambique	MZ	area 2
Myanmar	MM	area 3
Namibia	NA	area 2
Nauru	NR	area 3
Nepal	NP	area 3
Netherlands	NL	area 2
Netherlands Antilles	AN	area 1
New Caledonia	NC	area 3
New Zeaiand	NZ	area 3
Nicaragua	NI	area 1
Niger	NE	area 2
Nigeria	NG	area 2
Niue	NU	area 3
Norfolk Island	NF	area 3
Northern Mariana Islands	MP	area 3
Norway	NO	area 2
Oman	OM	area 2
Pakistan	PK	area 3
Palau	PW	area 3
Palestinian Territory, Occupied	PS	area 2
Panama	PA	area 1
Papua New Guinea	PG	area 3
Paraguay	PY	area 1
Peru	PE	area 1
Philippines	PH	area 3
Pitcairn	PN	area 3
Poland	PL	area 2
Portugal	PT	area 2
Puerto Rico	PR	area 1
Qatar	QA	area 2
Reunion	RE	area 2
Romania	RO	area 2
Russia (in Europe)	RU	area 2
Russia (in Asia)	XU	area 3
Rwanda	RW	area 2
Saint Helena	SH	area 2
Saint Kitts and Nevis	KN	area 1
Saint Lucia	LC	area 1
Saint Pierre and Miquelon	PM	area 1
Saint Vincent and the Grenadines	VC	area 1
Samoa	WS	area 3
San Marino	SM	area 2
Sao Tome and Principe	ST	area 2
Saudi Arabia	SA	area 2
Senegal	SN	area 2
Seychelles	SC	area 2
Sierra Leone	SL	area 2
Singapore	SG	area 3
Slovakia	SK	area 2
Slovenia	SI	area 2
Solomon Islands	SB	area 3
Somalia	SO	area 2
South Africa	ZA	area 2
South Georgia and South Sandwich Islands	GS	area 1
Spain	ES	area 2
Sri Lanka	LK	area 3
Sudan	SD	area 2
Suriname	SR	area 1
Svalbard and Jan Mayen Islands	SJ	area 2
Swaziland	SZ	area 2
Sweden	SE	area 2
Switzerland	CH	area 2
Syria	SY	area 2
Tajikistan	TJ	area 3
Tanzania	TZ	area 2
Thailand	TH	area 3
Togo	TG	area 2
Tokelau	TK	area 3
Tonga	TO	area 3
Trinidad and Tobago	TT	area 1
Tunisia	TN	area 2
Turkey	TR	area 2
Turkmenistan	TM	area 3
Turks and Caicos Islands	TC	area 1
Tuvalu	TV	area 3
Uganda	UG	area 2
Ukraine	UA	area 2
United Arab Emirates (comprising Abu Dhabi, Ajman, Dubai, Fujairah, Ras al Khaimah, Sharjah, Umm al Qaiwain)	AE	area 2
United Kingdom	GB	area 2
United States	US	area 1
Uruguay	UY	area 1
US Minor Outlying Islands	UM	area 1
Uzbekistan	UZ	area 3
Vanuatu	VU	area 3
Vatican city (Holy See)	VA	area 2
Venezuela	VE	area 1
Viet Nam	VN	area 3
Virgin Islands (British)	VG	area 1
Virgin Islands (US)	VI	area 1
Wallis and Futuna Islands	WF	area 3
Yemen	YE	area 2
Yugoslavia	YU	area 2
Zambia	ZM	area 2
Zimbabwe	ZW	area 2

3. 航空公司代码

Airline codes

A two character code is used to identify an airline. The airline designator codes shown here have been assigned by IATA (International Airline Transport Association).

A ★ preceding an airline code within a flight line listing indicates that the flight is operated by another airline. A summary of Airline code share carriers immediately follows this section.

A		DE	Condor Flugdienst	GR	Aurigny Air Services	J5	Alaska Seaplane Service L.L.C.	NB	Sterling
AA	American Airlines	DG	South East Asian Airlines	GS	Grant Aviation Inc	J6	Larry's Flying Service	NC	National Jet System
AB	Air Berlin	DI	Deutsche BA	GW	Airlines Of Kuban	J7	Centre–Avia Airlines	ND	Airlink Limited
AC	Air Canada	DJ	Virgin Blue	GX	Jetmagic	J8	Berjaya Air	NE	Sky Europe
AD	Air Paradise International	DL	Delta Air Lines	GZ	Air Rarotonga	J9	Guinee Airlines	NF	Air Vanuatu
AE	Mandarin Airlines	DM	Maersk Air	G2	Avirex Gabon			NH	All Nippon Airways
AF	Air France	DO	Air Vallee	G3	Gol Transportes Aereos	**K**		NI	Portugalia
AH	Air Algerie	DP	Air 2000	G4	Allegiant Air, Inc.	KA	Dragonair	NK	Spirit Airlines
AI	Air India	DQ	Coastal Air Transport	G5	ENKOR	KB	Druk Air	NL	Shaheen Air International
AJ	Aerocontractors	DR	Air Link	G6	Guine Bissau Airlines	KC	Trans Atlantic Airlines	NP	Skytrans
AL	Skyway Airlines Dba Midwest Connect	DT	TAAG Angola Airlines	G7	Gandalf Airlines	KE	Korean Air	NS	Caucasus Airlines
AM	Aeromexico	DU	Hemus Air	G8	Air Service Gabon	KF	Air Botnia	NT	Binter Canarias
AO	Australian Airlines	DV	Air Company Scat			KL	KLM–Royal Dutch Airlines	NU	Japan Transocean Air
AP	Air One	DX	Danish Air Transport	**H**		KM	Air Malta	NV	Nakanihon Airlines
AQ	Aloha Airlines	DY	Norwegian Air Shuttle	HA	Hawaiian Airlines	KN	Maroomba Airlines	NW	Northwest Airlines
AR	Aerolineas Argentinas	D2	Severstal Aircompany	HB	Homer Air	KQ	Kenya Airways	NX	Air Macau
AS	Alaska Airlines	D3	Daallo Airlines	HC	Aero-Tropics Air Services	KS	Penair	NY	Air Iceland
AT	Royal Air Maroc	D4	Alidaunia	HD	Hokkaido International Airlines	KT	Kyrgyz Air	NZ	Air New Zealand
AV	Avianca	D6	Inter Air	HE	Luftfahrt Gesellschaft Walter	KU	Kuwait Airways	N2	Aerolineas Internacionales
AW	Dirgantara Air Services	D7	Dinar Lineas Aereas S.A.	HF	Hapag Lloyd Fluggesellschaft	KV	Kavminvodyavia	N3	Omskavia Airlines
AY	Finnair	D8	Djibouti Airlines	HH	Islandsflug	KX	Cayman Airways	N4	Minerva Airlines
AZ	Alitalia	D9	Aeroflot-Don	HI	Papillon Airways	KY	Air Sao Tome e Principe	N6	Aero Continente
A3	Aegean Airlines			HJ	Hellenic Star Airways	K3	Taquan Air Services		
A4	Southern Winds S.A.	**E**		HK	Yangon Airways	K4	Kronflyg	**O**	
A5	Airlinair	EA	European Air Express	HM	Air Seychelles	K5	Wings Of Alaska	OA	Olympic Airways
A6	Air Alps Aviation	EE	Aero Airlines	HO	Antinea Airlines	K6	Khalifa Airways	OB	Astrakhan Airlines
A7	Air Plus Comet	EF	Far Eastern Air Transport	HP	America West Airlines	K7	Arizona Express Airlines	OC	Omni
A9	Airzena Georgian Airlines	EG	Japan Asia Airways	HR	Hahn Air	K8	Dutch Caribbean Express	OI	Aspiring Air
		EH	Air Nippon Network	HS	DirektFlyg	K9	Skyward Aviation Ltd	OJ	Overland Airways
B		EI	Aer Lingus	HU	Hainan Airlines			OK	Czech Airlines
BA	British Airways	EJ	New England Airlines	HV	Transavia Airlines	**L**		OL	OLT Ostfriesische Lufttransport GmbH
BB	Seaborne Airlines	EK	Emirates	HW	North-Wright Airways Ltd.	LA	Lan-Chile	OM	MIAT – Mongolian Airlines
BC	Skymark Airlines	EL	Air Nippon	HX	Trans North Aviation	LB	Lloyd Aereo Boliviano	ON	Air Nauru
BD	bmi british midland	EM	Aero Benin	HY	Uzbekistan Airways	LE	Helgoland Airlines	OP	Chalk's Ocean Airways
BE	Flybe British European	EN	Air Dolomiti	HZ	Sakhalinskie Aviatrassy	LF	Nordic East Airlink	OR	Crimea Air
BF	Aero-Service	EO	Hewa Bora Airways	H2	Sky Airline	LG	Luxair	OS	Austrian Airlines
BG	Biman Bangladesh Airlines	EP	Iran Aseman Airlines	H3	Harbour Air Ltd	LH	Lufthansa German Airlines	OT	Aeropelican Air Services
BH	Hawkair	ET	Ethiopian Airlines	H5	Magadan Airlines	LI	LIAT (1974)	OU	Croatia Airlines
BI	Royal Brunei Airlines	EW	Eurowings	H6	Hageland Aviation Services Inc	LJ	Sierra National Airlines	OV	Estonian Air
BJ	Nouvelair Tunisie	EX	Air Santo Domingo	H7	Eagle Air Ltd	LK	Air Luxor	OX	Orient Thai Airlines
BL	Pacific Airlines	E3	Domodedovo Airlines	H8	Dalavia-Far East Airways Khabarovsk	LL	Lineas Aereas Allegro, S.A. de C.V.	OZ	Asiana Airlines
BO	PT.Bouraq Indonesia Airlines	E4	Aero Asia	H9	Air D'ayiti	LN	Libyan Arab Airlines		
BP	Air Botswana	E5	Samara Airlines			LO	LOT–Polish Airlines	**P**	
BQ	Aeromar, C. Por A.	E6	Aviaexpresscruise Airlines	**I**		LP	Lan Peru	PA	Florida Coastal Airlines, Inc
BR	EVA Airways	E8	ALPI Eagles	IB	Iberia	LR	LACSA–Lineas Aereas Costarricenses	PB	Provincial Airlines
BS	British International	E9	Pan Am Clipper Connection	IC	Indian Airlines	LS	Channel Express	PC	Air Fiji
BT	Air Baltic Corporation			ID	Interlink Airlines	LT	L.T.U.International Airways	PE	Air Europe
BU	Braathens ASA	**F**		IE	Solomon Airlines	LV	Albanian Airlines	PG	Bangkok Airways
BV	Blue Panorama Airlines	FA	FreshAer	IF	Islas Airways	LW	Pacific Wings	PI	Polynesian Airlines
BW	BWIA West Indies Airways	FB	Bulgaria Air	IG	Meridiana	LX	SWISS	PJ	Sun Air Fiji
BX	Coast Air	FG	Ariana Afghan Airlines	IH	Air Pacific	LY	El Al Israel Airlines	PK	Air Saint-Pierre
BZ	Keystone Air Service	FI	Icelandair	IK	IMAIR	L4	Lauda-Air S.P.A	PK	Pakistan International Airlines
B2	Belavia	FJ	Air Pacific	IN	MAT–Macedonian Airlines	L5	Helikopter Service	PM	Tropic Air
B3	Bellview Airlines	FK	Keewatin Air Limited	IO	Indonesian Airlines	L6	Tbilaviamsheni	PN	Pan American Airways Corp.
B5	Flightline	FL	Airtran Airways	IP	Atyrau Airways			PR	Philippine Airlines
B6	Jetblue Airways Corporation	FM	Shanghai Airlines	IR	Iran Air	**M**		PS	Ukraine International Airlines
B7	UNI Airways	FN	Regional Air Lines	IS	Island Airlines, Inc.	MA	MALEV Hungarian Airlines	PU	PLUNA
B8	Eritrean Airlines	FP	Freedom Air	IX	Select Air	MD	Air Madagascar	PV	Saint Barth Commuter
B9	Iran Air Tours	FR	Brindabella Airlines	IY	Yemenia Yemen Airways	ME	Middle East Airlines	PW	Precisionair
		FS	Ryanair	IZ	Arkia–Israeli Airlines	MF	Xiamen Airlines Company	PX	Air Niugini
C		FT	Mission Aviation Fellowship			MG	Champion Air	PY	Surinam Airways
CA	Air China	FU	Siem Reap Airways International	**J**		MH	Malaysia Airlines	PZ	Transportes Aereos del Mercosur
CB	ScotAirways	FV	Air Littoral	JA	Air Bosna	MI	Silk Air	P2	UTair Aviation JSC
CC	Macair	FW	Pulkovo Aviation Enterprise	JB	Helijet International Inc	MK	Air Mauritius	P3	Phoenix Aviation
CE	Nationwide Air	FY	Fair	JC	JAL Express	MM	SAM–Sociedad Aeronautica de Medellin	P4	Aero Lineas Sosa
CF	City Airline	F4	Northwest Regional Airlines	JD	Japan Air System	MN	Comair	P5	AeroRepublica
CG	Airlines Of Papua New Guinea	F5	Albarka Air	JF	L.A.B.Flying Services	MO	Calm Air Int'l Ltd	P7	East Line Airlines
CH	Bemidji Airlines	F7	Cosmic Air	JJ	TAM Linhas Aereas	MP	Martinair Holland	P8	Pantanal Linhas Aereas
CI	China Airlines	F9	Flamingo Airlines	JK	Spanair	MR	Air Mauritanie		
CM	Copa Airlines		Frontier Airlines Inc.	JL	Japan Airlines	MS	Egyptair	**Q**	
CO	Continental Airlines	**G**		JW	Air Jamaica	MT	Great Western Airlines	QD	Air Class Lineas Aereas
CQ	Sunshine ExpressAirlines	GA	Garuda Indonesia	JN	Excel Airways	MU	China Eastern Airlines	QF	Qantas Airways
CU	Cubana	GC	Gambia International Airlines	JO	JAL ways	MV	Armenian International Airways	QH	Altyn Air
CV	Air Chathams	GD	Air Alpha Greenland	JP	Adria Airways	MW	Maya Island Air	QI	Cimber Air
CW	Air Marshall Islands	GE	Transasia Airways	JR	Aero California	MX	Mexicana de Aviacion	QM	Air Malawi
CX	Cathay Pacific Airways	GF	Gulf Air	JS	Air Koryo	MZ	Merpati Nusantara Airlines	QO	Origin Pacific Airways
CY	Cyprus Airways	GH	Ghana Airways	JT	Lion Airlines	M3	North Flying	QP	Regional Air
CZ	China Southern Airlines	GI	Itek Air	JU	JAT – Jugoslovenski Aerotransport	M4	Avioimpex A.D.p.o.	QQ	Alliance Airlines Pty Limited
C2	Air Luxor Stp	GJ	Eurofly	JV	Bearskin Airlines	M5	Kenmore Air Seaplanes	QR	Qatar Airways
C3	ICAR	GK	Go One Airways	JW	Skippers Aviation	M7	Tropical Airways D' Haiti	QS	Travel Servis
C6	Canjet Airlines	GL	Air Greenland	JY	Interisland Airways	M8	Mekong Airlines	QT	Regional Pacific Airlines
C9	Cirrus Airlines	GM	Air Slovakia	JZ	Skyways			QU	East African Airlines
		GN	Air Gabon	J2	Azerbaijan Airlines	**N**		QV	Lao Airlines
D		GP	Palau Trans Pacific Airlines	J3	Northwestern Air Lease Ltd.	NA	North American Airlines	Q2	Island Aviation Services
DC	Golden Air Flyg	GQ	Big Sky Airlines	J4	Buffalo Airways Ltd.				

253

Airline codes

Code	Airline	Code	Airline	Code	Airline	Code	Airline	Code	Airline
Q3	Zambian Airways	T5	Avia Company Turkmenistan	X		3M	Gulfstream International Airlines Inc.	8	
Q4	Swazi Express Airways	T6	Tavrey Air Company	XC	K.D. Air Corporation	3N	Air Urga	8B	Caribbean Star Airlines
Q5	40 Mile Air	T7	Twin Jet	XF	Vladivostok Air	3R	Avia Air	8E	Boring Air
Q6	Aero-Condor S.A.	T8	Trans African Airlines	XJ	Mesaba Airlines	3T	Turan Air	8F	Fischer Air
Q7	Sobelair	T9	Swedline	XK	Ccm Airlines	3W	EuroManx	8J	Kominteravia
Q8	Trans Air Congo			XL	LanEcuador	3X	Japan Air Commuter	8K	Angel Airlines S.A.
Q9	Afrinat International	U		XM	Alitalia Express	3Z	Necon Air	8L	Redhill Charters
R		UA	United Airlines	XQ	SunExpress			8M	Myanmar Airways International
RA	Royal Nepal Airlines	UB	Myanma Airways	XR	Skywest Airlines	4		8N	Nordkalottflyg
RB	Syrian Arab Airlines	UD	Hex' Air	XT	KLM Exel	4B	Olson Air Service	8O	West Coast Air
RC	Atlantic Airways Faroe Islands	UF	Ukrainian-Mediterranean Airlines	XU	African Express Airways	4C	Aires S.A.	8P	Pacific Coastal Airlines Limited
RE	Aer Arann Express	UH	Eurasia Airlines	X3	Hapag-Lloyd Express	4D	Air Sinai	8Q	Baker Aviation
RG	Vring	UL	SriLankan Airlines	X4	Vanair Limited	4E	Tanana Air Service	8R	Transporte Regionl do Interior Paulista
RI	PT Mandala Airlines	UM	Air Zimbabwe	X5	Afrique Airlines	4G	Gazpromavia	8S	Scorpio Aviation
RJ	Royal Jordanian	UN	Transaero	X8	Icaro	4H	Fly	8T	Air Tindl Ltd
RL	Royal Phnom Penh Airways	UP	Bahamasair	Y		4K	Kenn Borek Air	8U	Afriqiyah Airways
RO	TAROM	UQ	O' Connor Airlines	YE	Yanda Airlines	4L	Air Astana	8V	Wright Air Service
RR	Royal Air Force	US	US Airways	YG	South Airlines	4M	LanDominicana	8Y	Air Burundi
RS	Aerofreight Airlines	UU	Air Austral	YH	West Caribbean Airways	4N	Air North	8Z	Laser
RT	Airlines Of South Australia	UV	Helicopteros del Sureste	YI	Air Sunshine	4P	Business Aviation	9	
RU	TCI Skyking Ltd.	UW	Universal Airlines Inc	YJ	National Airlines	4Q	Air Atlantique	9A	Visa Airways
RV	Redair	UX	Air Europa	YK	Kibris Turkish Airlines	4R	Hamburg International	9E	Pinnacle Airlines
RY	European Executive Express	UY	Cameroon Airlines	YL	Yamal Airlines	4S	Sol Air	9K	Cape Air
R2	Orenburg Airlines	UZ	Buraq Air	YM	Montenegro Airlines	4U	germanwings	9M	Central Mountain Air Ltd.
R3	Armenian Airlines	U2	Easyjet	YN	Air Creebec(1994) Inc.	4W	Warbelow's Air Ventures Inc.	9N	Satena
R4	The State Transport Company "Russia"	U3	Air Plus Argentina	YO	Heli Air Monaco	4Y	Flight Alaska	9P	Panair
R6	Air Srpska	U5	USA 3000 Airlines	YP	Aero Lloyd	5		9Q	PB Air
R7	Aserca Airlines	U6	Ural Airlines	YR	Scenic Airlines	5D	Aerolitoral,S.A. de C.V.	9R	Phuket Air
R8	Kyrgyzstan Airlines	U7	Norcanair	YT	Air Togo	5F	Arctic Circle Air Service	9T	Transwest Air
S		U8	Armavia	YU	Dominair	5G	Skyservice Airlines	9U	Air Moldova
SA	South African Airways	U9	Tatarstan	YV	Mesa Airlines	5H	Star Air	9W	Jet Airways India
SB	Air Caledonie International	V		YX	Midwest Airlines	5J	Cebu Pacific Air	9X	Air Columbia
SC	Shandong Airlines	VA	Volare Airlines	Y2	AfricaOne	5K	Odessa Airlines	9Y	Air Kazakstan
SD	Sudan Airways	VE	AVENSA	Y4	Eagle Aviation	5L	AEROSUR		
SF	Tassili Airlines	VG	VLM.Airlines	Y7	Trans Air Benin	5M	Sibaviatrans		
SG	Jetsgo Corproation	VH	Aeropostal,Alas de Venezuela S.A.	Y9	Kish Air	5N	Arkhangelsk Airlines		
SI	Skynet Airlines	VI	Volga-Dnepr Airlines	Z		5O	Flykeen		
SJ	AVIANDINA	VJ	Jatayu Airlines	ZA	Astair	5T	Canadian North		
SK	SAS Scandinavian Airlines	VL	North Vancouver Air	ZB	Monarch Airlines	5U	Lineas Aereas Del Estado		
SN	SN Brussels Airlines	VN	Vietnam Airlines	ZE	Lineas Aereas Azteca	5V	Lviv Airlines		
SO	Superior Aviation,Inc	VP	VASP	ZF	Atlantic Airlines	5W	Astraeus		
SP	SATA Air Acores	VQ	Vintage Props & Jets	ZG	Air Express	6			
SQ	Singapore Airlines	VR	TACV Cabo Verde Airlines	ZH	Shenzhen Airlines	6A	AVIACSA		
SS	Corsair International	VS	Virgin Atlantic Airways	ZI	Aigle Azur	6C	Cape Smythe Air Service Inc		
ST	Germania Fluggesellschaft	VT	Air Tahiti	ZK	Great Lakes Aviation	6D	Pelita Air		
SU	Aeroflot Russian Airlines	VU	Air Ivoire	ZL	Regional Express	6E	city-air Germany		
SV	Saudi Arabian Airlines	VV	Aerosvit Airlines	ZN	Air Bourbon	6G	Air Wales		
SW	Air Namibia	VW	Transportes Aeromar S.A. de C.V.	ZO	Great Plains Airlines	6H	Israir		
SY	Sun Country Airlines Inc.	VX	ACES	ZP	Air St.Thomas	6J	Skynet Asia Airways		
S2	Sahara Airlines	VZ	My TravelLite	ZQ	Caribbean Sun Airlines,Inc.	6K	Asian Spirit		
S3	Santa Barbara Airlines C.A.	V2	Aircompany Karat	ZS	Azzurra Air	6L	Aklak Air		
S4	SATA International	V3	Carpatair	ZT	Air Zambezi	6N	Trans Travel Airlines		
S6	Salmon Air	V6	Air Jet	ZU	Helios Airways	6P	Clubair Sixgo		
S7	Siberia Airlines	V7	Air Senegal International	ZX	Air Georgian Ltd Dba Air Alliance	6Q	Slovak Airlines		
S9	East African Safari Air	V8	Iliamna Air Taxi	ZY	Ada Air	6S	Kato Airlines		
T		V9	Bashkir Airlines	Z2	Styrian Spirit	6T	Air Mandalay Ltd		
TA	Taca International Airlines	W		Z3	Promech Air Inc	6U	Air Ukraine		
TC	Air Tanzania	WA	KLM Cityhopper	Z5	GMG Airlines	6V	Lignes Aeriennes Congolaises		
TD	Atlantis European Airways	WB	Rwandair Express	Z6	Dnieproavia Joint Stock Aviation Co	6W	Saratov Airlines		
TE	Lithuanian Airlines	WC	Islena Airlines	Z7	ADC Airlines	6Y	Latcharter Airlines		
TF	Malmo Aviation	WF	Wideroe's Flyveselskap	Z8	Mali Airways	7			
TG	Thai Airways International	WJ	Air Labrador	Z9	Aero Zambia	7B	Krasnoyarsk Airlines		
TJ	Transportes Aereos Nacionales de Selva	WK	American Falcon S.A.	2		7D	Donbass-Eastern Ukrainian Airlines		
TK	Turkish Airlines	WL	Aeroperlas	2B	Aerocondor	7E	Sylt Air		
TL	Aimorth Regional	WM	Windward Island Airways International	2D	Aerovip	7F	First Air		
TM	LAM-Lihnas Aereas De Mocambique	WN	Southwest Airlines	2E	Smokey Bay Air	7H	Era Aviation		
TN	Air Tahiti Nui	WP	Island Air	2F	Frontier Flying Service	7J	Skagway Air Scrivce		
TO	President Airlines	WQ	ROMAVIA	2G	Northwest Seaplanes	7K	Kogalymavia		
TP	TAP Air Portugal	WR	Royal Tongan Airlines	2J	Air Burkina	7L	Aerocaribbean S.A.		
TQ	Tandem Aero	WS	WestJet	2K	Aerogal	7M	Tyumen Airlines		
TS	Air Transat A.T.Inc.	WU	Tikal Jets, S.A.	2M	Moldavian Airlines	7N	Inland Aviation Services Inc.		
TT	Air Lithuania	WV	Westeastair	2N	Yuzmashavia	7P	Batavia Air		
TU	Tunis Air	WW	bmibaby	2P	Air Philippines	7Q	Tibesti Airlibya		
TV	Virgin Express S.A./N.V.	WX	City Jet	2S	Island Express	7S	Arctic Transportation Services		
TX	Air Caraibes	WY	Oman Air	2W	Welcome Air	7V	Pelican Air		
TY	Air Caledonie	W2	Canadian Western Airlines	2Y	Air Andaman	7W	Aviation Assistance		
TZ	ATA Airlines,Inc.	W3	MD Airlines	3		7Y	Air Industria		
T2	Nakina Air Service Ltd.	W4	M & N Aviation,Inc.	3E	East Asia Airlines	7Z	Laker Airways (Bahamas) Limitted		
T3	Eastern Airways	W5	Mahan Air	3F	Pacific Airways Inc				
T4	Hellas Jet	W6	West Isle Air	3J	ZIP				
		W7	Sayakhat Air Company	3K	Everts Air Alaska				
				3L	Intersky				

4. 航空公司数字代码

Airline code numbers

The airline code number forms the first three digits of the document number on all passenger traffic documents and air waybills.

● Added this month, ♦ Revised this month

001	American Airlines
003	Scorpio Aviation
004	Blue Panorama Airlines
005	Continental Airlines
006	Delta Air Lines
009	GMG Airlines
011	Motor Sich
012	Northwest Airlines
014	Air Canada
016	United Airlines
017	Air Plus Argentina
019	Pelita Air
021	Carpatair
022	Lineas Aereas Del Estado
023	FedEx
024	European Air Express
025	TCI Skyking
026	Saratov Airlines
027	Alaska Airlines
030	Air Togo
031	Precisionair
032	Helios Airways
034	GIA
035	Aires
037	US Airways
038	Tandem Aero
039	Hellenic Star Airways
040	Air Luxor
042	VARIG
043	Dragonair
044	Aerolineas Argentinas
045	Lan-Chile
047	TAP-Air Portugal
048	Cyprus Airways
050	Olympic Airways
051	Lloyd Aereo Boliviano
053	Aer Lingus
055	Alitalia
056	Kibris Turkish Airlines
057	Air France
058	Indian Airlines
061	Air Seychelles
062	Lviv Airlines
063	Air Caledonie International
064	Czech Airlines
065	Saudia
067	Eagle Aviation
068	LAM-Linhas Aereas De Mozambique
069	LAPA
070	Syrian Arab Airlines
071	Ethiopian Airlines
072	Gulf Air
074	KLM-Royal Dutch Airines
075	Iberia
076	MEA
077	Egyptair
078	Aero California
079	Philippine Airlines
080	LOT-Polish Airlines
081	Qantas Airways
082	SN Brussels Airlines
083	South African Airways
084	Siem Reap Airways
086	Air New Zealand
087	Nigeria Airways
088	ATA
091	Air 2000
095	AVIACSA
096	Iran Air
098	Air India
101	Air Dolomiti
103	Severstal
104	Eurowings
105	Finnair
106	BWIA West Indies Airways
107	Grimea Air
108	Icelandair
111	Bahamasair
113	Air Lines of Kuban
114	El Al Israel Airlines
115	JAT
117	SAS
118	TAAG Angola Airlines
120	Air Koryo
121	ADA Air
122	Khalifa Airways
123	Air Nauru
124	Air Algerie
125	British Airways
126	Garuda Indonesia
129	Martinair Holland
130	KLM uk
131	Japan Airlines
132	MEXICANA
133	LACSA
134	AVIANCA
135	Air Tahiti
136	Cubana
137	ACES
139	Aeromexico
140	LIAT
142	Air Botnia
143	Austral
145	Ladeco Airlines
146	CCM Airlines
147	Royal Air Maroc
148	Libyan Arab Airline
149	Luxair
150	Tuninter
152	Aeropostal
154	Braathens ASA
155	DHL International
157	Qatar Airways
159	Airlink
160	Cathay Pacific Airways
161	Comair
162	Polynesian Airlines
163	Airlinair
164	Aerocaribbean S.A.
165	Adria Airways
166	IMAIR
167	Air Malawi
168	Air Zimbabwe
169	Hahn Air
170	Transasia Airways
171	GB Airways
172	Cargolux Airlines
173	Hawaiian Airlines
174	Air Mauritanie
175	IBC Airways (Cargo)
176	Emirates
178	AVIANDINA
179	Nice Helicopteres
180	Korean Air
181	Dnieproavia
182	MALEV Hungarian Airlines
184	Komiinteravia
185	Air Gabon
186	Air Namibia
187	Aero Charter
190	Air Caledonie
191	Meridiana
192	Surinam Airways
193	Solomon Airlines
194	Gandalf Airlines
195	Pulkovo Aviation Enterprise
197	Air Tanzania
199	Tunis Air
200	Sudan Airways
200	Air Jamaica
201	Taca International Airlines
202	CEB
203	Tavrey Air company
204	ANA
205	Air Srpska
207	Bellview Airlines
208	Myanma Airways
209	Air Philippines
211	Astraeus
212	Pakistan International Airlines
214	(Pakistan International Airlines)
215	East Line Airlines
217	Thai Airways International
218	AVOL
219	Air Creebec
220	Lufthansa
222	West Coast Air
226	Air Burkina
227	Welcome Air
229	Kuwait Airways
230	Copa Airlines
231	Landa Air
232	Malaysia Airlines
233	South Airlines
234	Japan Air System
235	Turkish Airlines
236	bmi
237	Ghana Airways
238	Arkia-Israeli Airlines
239	Air Mauritius
240	AVIATECA
241	Aviaexpresscuisine Airlines
242	Southern Winds
244	Air Tahiti Nui
245	First Air
249	Santa Barbara Airlines
250	Uzbekistan Airways
251	Cirrus Airlines
252	Sun Air
255	Ariana Afghan Airlines
257	Austrian Airlines
258	Air Madagascar
259	Regional Air Lines
260	Air Pacific
262	Ural Airlines
263	Volare Airlines
265	Nordeste-Linhas
265	Far Eastern Air Transport
266	L.T.U International Airways
267	Flybe British European
269	TAME Linea Aerea
270	Trans Mediterranean Airways
271	Sayakhat Air Company
274	Go One Airways
275	AEROSUR
276	Malmo Aviation
277	Vladivostok Air
278	STAF Airlines
279	JetBlue Airways
281	TAROM
282	Aero Benin
284	Thai Air Cargo
285	Royal Nepal Airlines
286	PLUNA
287	Air North
289	MIAT-Mongolian Airlines
291	Orenburg Airlines ♦
292	Zambia Skyways
293	Rio-Sul Servicos
294	Twin Jet
295	Windward Islands Airways
297	China Airlines
298	UTair Aviation JSC
299	Aerotrans Airlines
300	Minerva Airlines
302	SKY West Airlines
306	Cape Air
309	Air Santo Domingo
310	Corporate Airlines
312	Atyrau Airways
315	Air St. Thomas
316	Arkhangelsk Airlines
321	Pacific Island Aviation
323	Alliance Airlines
324	Shandong Airlines
325	Northwestern Air Lease
327	Aloha Airlines
328	Norwegian Air Shuttle
331	SATA International
332	AirTran Airways
334	SAM
339	Penair
343	VASP
346	Phuket Air
347	Aloha Islandair
348	Kavminvodyavia
349	Maersk Air
350	Aero Airlines
352	Air Plus Comet
353	Japan Transocean Air
356	Trans Air
358	Gemini Air Cargo
359	Turan Air
361	Regional Pacific Airlines
363	Chautauqua Airlines
366	ATA Airlines, Inc.
367	MAT - Macedonian Airlines
369	Atlas Air
370	Chalk's Ocean Airways
372	Lauda-Air
373	Sterling
374	Macair
377	Sol Air
378	Cayman Airways
379	Air Express
387	Big Sky Airlines
390	Aegean Airlines
391	Zambian Airways
394	Antinea Airlines
398	Scenic Airlines
400	Palestinian Airlines
401	America West Airlines
407	Air Senegal International
408	Lignes Aeriennes Congolais
414	Trans States Airlines d/b/a American Connection
417	Irtysh-Avia
419	City Airline
420	Itek Air
421	Siberia Airlines
422	Frontier Airlines
426	Colgan Air
427	La Caribeenne T/A
428	Magadan Airlines
429	Dinar Lineas Aereas
430	Pinnacle Airlines
431	Interlink Airlines
432	Atlantis European Airways
433	Astair
436	British Mediterranean Airways
439	Aigle Azur
440	Aerolineas Internacionales
446	Redair
449	Gulfstream International
451	Camai Air
452	Air Kazakstan
453	Midwest Airlines
455	North American Airlines
457	Coastal Air Transport
458	Harbour Air
465	Air Astana
467	Eastern Airways
470	Skyward Aviation
471	Air Midwest
472	Landair Int'l Airlines
474	Binter Canarias
478	Executive Airlines/American Eagle
479	Shenzhen Airlines
480	Atlantic Coast Airlines
481	Horizon Air
487	Spirit Airlines
489	Cargojet Airways Ltd
491	Iran Air Tours
493	city-air Germany
497	Domodedovo Airlines
499	Krasnoyarsk Airlines
507	Great Plains Airlines
509	Aero Zambia
510	L.A.B.Flying Service
512	Royal Jordanian
515	Tassili Airlines
517	Frontier Flying Service
518	Canadian North
521	Caribbean Sun Airlines, Inc
524	Australian Air Express
525	UNI Airways
526	Southwest Airlines
527	Air Alps
529	Cielos del Peru
531	Piedmont Airlines
532	Aero Asia
533	Mesa Airlines
534	ROMAVIA
537	Mahan Air
540	President Airlines
541	Bismillah Airlines
542	Avia Comp Turk
544	Lan Peru
545	Icaro
546	Afriqiyah Airways
550	Pacific Airlines
555	Aeroflot
556	Trans Travel Airlines
557	Caribbean Star Airlines
560	Dalavia-Far East
561	Aerovip
562	Astrakhan Airlines
563	Papillon Airways
566	Ukraine International Airlines
567	Nationwide Air
568	Pacific Wings
569	Laker Airways (Bahamas) Limited
576	Intersky
578	Orient Thai Airlines
579	Island Express
582	Mesaba Airlines
584	Vanair Limited
585	Air Jet
589	Jet Airways
590	West Isle Air
590	Indigo - Public Charter Airline
596	Continental Micronesia
597	Skynet Airlines
598	SAT Airlines
601	Centre-Avia Airlines
602	SNA
603	SriLankan Airlines
604	Cameroon Airlines
606	Airzena Georgian Airlines
608	Skywest Airlines
609	Aerocontinente Dominicana
611	Air Zambezi
612	Westeastair
613	Helijet
614	Augsburg Airways
615	EAT
616	Mekong Airlines
617	Hapag Lloyd
618	Singapore Airlines
621	Merpati Nusantra Airlines
622	Calm Air International
623	Bulgaria Air ♦
625	Inter Air
626	Airlines of Papua New Guinea
627	Lao Airlines
628	Belavia
629	Silk Air
631	Air Greenland
632	Bearskin Airlines
633	Aero Lloyd
634	Central Mountain Air
635	Yemenia Yemen Airways
636	Air Botswana
637	Eritrean Airlines
638	Air Saint-Pierre
639	Albanian Airlines
642	Aerolitoral
643	Air Malta
644	Sobelair
647	Cimber Air
649	Air Transat
650	Angel Airlines S.A.
652	Islandsflug

Airline code numbers

Code	Airline	Code	Airline
654	Odessa Airlines	828	UMAir
656	Air Niugini	829	Bangkok Airways
657	Air Baltic	831	Croatia Airlines
659	Air Littoral	836	Afrinat International
662	Helicopteros del Sureste	842	Sibaviatrans
664	Yamal Airlines	843	Air Lithuania
665	Air Bourbon	845	Aero Republica
666	Bouraq Indonesia	846	Great Lakes Aviation
667	Air Europe	848	Hex'Air
669	Armavia		
670	Transaero	853	Airkenya Aviation
672	Royal Brunei Airlines	858	Africa West
675	Air Macau	860	Moldavian Airlines
676	American Falcon	864	Azzurra Air
677	Air Fiji	867	Air One
680	Spanair	870	Aerosvit Airlines
685	Portugalia	872	Bemidji Airlines
688	Japan Asia Airways	874	Lithuanian Airlines
689	CityJet	880	Hainan Airlines
690	Sierra National Airlines	881	Condor Flugdienst
691	Tyumen Airlines	882	Air Iceland
692	Transportes Aereos del Mercosur	884	Skyservice Airlines
		886	Comair
693	AfricaOne	891	Air Ukraine
694	Air Nostrum	894	Crossair Europe
695	EVA Airways	897	Donbass-EUA
696	TACV Cabo Verde Airlines	899	Regional Express
700	C.A.L Cargo Airlines Ltd	902	Allegro
701	Wideroe's Flyveselskap	903	Air Sinai
704	OLT-Ostfriesische Lufttransport	904	Armenian International Airways
705	Sahara Airlines	905	Pacific Coastal Airlines
706	Kenya Airways	906	Samara Airlines
708	JALways	909	Transwest Air
709	Aklak Air	910	Oman Air
717	Aserca Airlines	914	Eurasia Airlines
724	SWISS	919	Shuttle America
725	Dominair	921	Slovak Airlines
728	Air Industria	923	Corsair International
731	Xiamen Airlines	924	Aurigny Air Services
733	Aeroflot-Don	926	Aeromar
734	Tyrolean Airways	927	Air Labrador
735	Transportes Aereos Nacionales de Selva	928	Buraq Air
		929	Aero Continente
737	SATA Air Acores	932	Virgin Atlantic
738	Vietnam Airlines	933	Nippon Cargo Airlines
740	Shaheen Air Int'l	935	Airnorth Regional
741	Necon Air	937	LATPASS Airlines
743	Avioimpex	940	Bashkir Airlines
744	Air Tindi	942	Transportes Aeromar
745	Air Berlin	943	Air Ivoire
746	Air Urga	944	DBA
747	Heli Air Monaco	948	State Co.
748	Hemus Air		
749	S.A. Airlink	956	Armenian Airlines
		957	TAM Linhas Aereas
750	Brit Air	958	Angel Airlines
751	Universal Airlines Inc	960	Estonian Air
752	Skyways	965	Air Vallee
755	Air Rarotonga	966	Tatarstan
758	Kyrgyzstan Airlines	967	Provincial Airlines
759	Falcon Air	969	ScotAirways
760	Air Austral	970	Coast Air
761	Dairo Air Services	971	Royal Tongan Airlines
767	Atlantic Airways Faroe Islands	974	Monarch Airlines
		975	AWAIR International, PT
768	Air Nippon	976	Aeromexpress
771	Azerbaijan Airlines	977	Regional Compagnie Aerienne Europeene
774	Shanghai Airlines		
778	Air Marshall Islands	978	VLM Airlines
781	China Eastern Airlines	980	Air Sao Tome e Principe
784	China Southern Airlines	983	Air Canada Jazz
787	Druk Air	986	Island Aviation Services
789	ALPI Eagles	988	Asiana Airlines
798	Kitty Hawk Aircargo	990	Lion Airlines
		991	Daallo Airlines
801	Berjaya Air	993	Hawkair
803	Mandarin Airlines	994	Lineas Aereas Azteca
806	Air Sunshine	995	Air Bosna
808	Era Aviation	996	Air Europa
809	Aer Arann Express	997	Biman Bangladesh Airlines
812	Excel Airways	999	Air China
815	Iran Aseman Airlines		
817	Air Paradise		
818	Israir		
820	Custom Air Transport, Inc.		
824	KLM Exel		

5. 五国州/省代码

State codes

A two letter abreviation is used to identify states and provinces. The state codes shown here are assigned by the International Organization of Standardization (ISO).

Argentina
- **BA** Buenos Aires
- **CA** Catamarca
- **CB** Chubut
- **CD** Cordoba
- **CH** Chaco
- **CR** Corrientes
- **ER** Entre Rios
- **FO** Formosa
- **LP** La Pampa
- **LR** La Rioja
- **MD** Mendoza
- **MI** Misiones
- **NE** Neuquen
- **PJ** (Provincia) Jujuy
- **RN** Rio Negro
- **SA** Salta
- **SC** Santa Cruz
- **SE** Santiago del Estero
- **SF** Santa Fe
- **SJ** San Juan
- **SL** San Luis
- **TF** Tierra del Fuego
- **TU** Tucuman

Australia
- **AC** Capital Territory
- **NS** New South Wales
- **NT** Northern Territory
- **QL** Queensland
- **SA** South Australia
- **TS** Tasmania
- **VI** Victoria
- **WA** Western Australia

Brazil
- **AC** Acre
- **AL** Alagoas
- **AM** Amazonas
- **AP** Amapa
- **BA** Bahia
- **CE** Ceara
- **DF** Federal District
- **ES** Espirito Santo
- **FN** Fernando Noronha
- **GO** Goias
- **MA** Maranhao
- **MG** Minas Gerais
- **MS** Mato Grosso do Sul
- **MT** Mato Grosso
- **PA** Para
- **PB** Paraiba
- **PE** Pernambuco
- **PI** Piaui
- **PR** Parana
- **RJ** Rio De Janeiro
- **RN** Rio Grande do Norte
- **RO** Rondonia
- **RR** Roraima
- **RS** Rio Grande do Sul
- **SC** Santa Catarina
- **SE** Sergipe
- **SP** Sao Paulo
- **TO** Tocantins

Canada
- **AB** Alberta
- **BC** British Columbia
- **MB** Manitoba
- **NB** New Brunswick
- **NL** Newfoundland and Labrador
- **NS** Nova Scotia
- **NT** Northwest Territories
- **NU** Nunavut
- **ON** Ontario
- **PE** Prince Edward Island
- **QC** Quebec
- **SK** Saskatchewan
- **YT** Yukon Territory

United States
- **AK** Alaska
- **AL** Atabama
- **AR** Arkansas
- **AZ** Arizona
- **CA** California
- **CO** Colorado
- **CT** Connecticut
- **DC** District of Columbia
- **DE** Delaware
- **FL** Florida
- **GA** Georgia
- **HI** Hawaii
- **IA** Iowa
- **ID** Idaho
- **IL** Illinois
- **IN** Indiana
- **KS** Kansas
- **KY** Kentucky
- **LA** Louisiana
- **MA** Massachusetts
- **MD** Maryland
- **ME** Maine
- **MI** Michigan
- **MN** Minnesota
- **MO** Missouri
- **MS** Mississippi
- **MT** Montana
- **NC** North Carolina
- **ND** North Dakota
- **NE** Nebraska
- **NH** New Hampshire
- **NJ** New Jersey
- **NM** New Mexico
- **NV** Nevada
- **NY** New York
- **OH** Ohio
- **OK** Oklahoma
- **OR** Oregon
- **PA** Pennsylvania
- **RI** Rhode Island
- **SC** South Carolina
- **SD** South Dakota
- **TN** Tennessee
- **TX** Texas
- **UT** Utah
- **VA** Virginia
- **VT** Vermont
- **WA** Washington
- **WI** Wisconsin
- **WV** West Virginia
- **WY** Wyoming

6. 机场/城市代码查全称

City/airport codes

A three-letter location identifier is used to identify the city/airport.
To find the code for a city or airport, refer to the alphabetical listing of departure cities in the Flight schedules section.

A

AAA	Anaa, French Polynesia
AAC	Al Arish, Egypt
AAE	Annaba, Algeria
AAL	Aalborg, Denmark
AAM	Mala Mala, South Africa
AAN	Al Ain, United Arab Emirates
AAQ	Anapa, Russian Fed.
AAR	Aarhus, Denmark
AAT	Altay, China
AAX	Araxa, MG Brazil
AAY	Al Ghaydah, Yemen
ABA	Abakan, Russian Fed.
ABD	Abadan, Iran Islamic Rep Of.
ABE	Allentown, PA USA
ABI	Abilene, TX USA
ABJ	Abidjan, Cote DIvoire
ABL	Ambler, AK USA
ABM	Bamaga, QL Australia
ABQ	Albuquerque, NM USA
ABR	Aberdeen, SD USA
ABS	Abu Simbel, Egypt
ABT	Al-Baha, Saudi Arabia
ABV	Abuja, Nigeria
ABX	Albury, NS Australia
ABY	Albany, GA USA
ABZ	Aberdeen, UK
ACA	Acapulco, Mexico
ACC	Accra, Ghana
ACE	Lanzarote, Canary Is.
ACH	Altenrhein, Switzerland
ACI	Alderney, UK
ACK	Nantucket, MA USA
ACP	Sahand, Iran Islamic Rep Of.
ACT	Waco, TX USA
ACV	Eureka/Arcata, CA USA
ACY	Atlantic City International, NJ USA
ADA	Adana, Turkey
ADB	Izmir Adnan Menderes Apt. Turkey
ADD	Addis Ababa, Ethiopia
ADE	Aden, Yemen
ADJ	Amman Civil-Marka Airport, Jordan
ADK	Adak Is, AK USA
ADL	Adelaide, SA Australia
ADQ	Kodiak, AK USA
ADU	Ardabil, Iran Islamic Rep Of.
ADZ	San Andres Is., Colombia
AEO	Aioun El Atrouss, Mauritania
AEP	Aeroparque J. Newbery, BA Argentina
AER	Adler/Sochi, Russian Fed.
AES	Aalesund, Norway
AET	Allakaket, AK USA
AEX	Alexandria, LA USA
AEY	Akureyri, Iceland
AFA	San Rafael, MD Argentina
AFL	Alta Floresta, MT Brazil
AFT	Afutara, Solomon Is.
AGA	Agadir, Morocco
AGB	Munich Augsburg Apt, Germany
AGF	Agen, France
AGH	Angelholm/Helsingborg, Sweden
AGL	Wanigela, Papua New Guinea
AGN	Angoon, AK USA
AGP	Malaga, Spain
AGR	Agra, India
AGS	Augusta, GA USA
AGT	Ciudad Del Este, Paraguay
AGU	Aguascalientes, Mexico
AHB	Abha, Saudi Arabia
AHE	Ahe, French Polynesia
AHN	Athens, GA USA
AHO	Alghero, Italy
AHS	Ahuas, Honduras
AHU	Al Hoceima, Morocco
AIA	Alliance, NE USA
AIC	Airok, Marshall Is.
AIM	Ailuk Is., Marshall Is.
AIN	Wainwright, AK USA
AIT	Aitutaki, Cook Is., S. Pacific
AIU	Atiu Is., Cook Is., S. Pacific
AIY	Atlantic City, NJ USA
AJA	Ajaccio, France
AJF	Jouf, Saudi Arabia
AJI	Agri, Turkey
AJL	Aizawl, India
AJR	Arvidsjaur, Sweden
AJU	Aracaju, SE Brazil
AKB	Atka, AK USA
AKF	Kufrah, Libya
AKG	Anguganak, Papua New Guinea
AKI	Akiak, AK USA
AKJ	Asahikawa, Japan
AKL	Auckland, New Zealand
AKN	King Salmon, AK USA
AKP	Anaktuvuk Pass, AK USA
AKS	Auki, Solomon Is.
AKU	Aksu, China
AKV	Akulivik, QC Canada
AKX	Aktyubinsk, Kazakhstan
AKY	Sittwe, Myanmar
ALA	Almaty, Kazakhstan
ALB	Albany, NY USA
ALC	Alicante, Spain
ALF	Alta, Norway
ALG	Algiers, Algeria
ALH	Albany, WA Australia
ALJ	Alexander Bay, South Africa
ALM	Alamogordo, NM USA
ALO	Waterloo, IA USA
ALP	Aleppo, Syria
ALS	Alamosa, CO USA
ALW	Walla Walla, WA USA
ALY	Alexandria, Egypt
AMA	Amarillo, TX USA
AMD	Ahmedabad, India
AMH	Arba Mintch, Ethiopia
AMI	Mataram, Indonesia
AMM	Amman, Jordan
AMQ	Ambon, Indonesia
AMS	Amsterdam, Netherlands
AMV	Amderma, Russian Fed.
AMY	Ambatomainty, Madagascar
ANC	Anchorage, AK USA
ANE	Angers, France
ANF	Antofagasta, Chile
ANG	Angouleme, France
ANI	Aniak, AK USA
ANK	Ankara, Turkey
ANM	Antalaha, Madagascar
ANR	Antwerp, Belgium
ANS	Andahuaylas, Peru
ANU	Antigua, West Indies
ANV	Anvik, AK USA
ANX	Andenes, Norway
AOC	Altenburg, Germany
AOI	Ancona, Italy
AOJ	Aomori, Japan
AOK	Karpathos, Greece
AOO	Altoona, PA USA
AOR	Alor Setar, Malaysia
AOT	Aosta, Italy
APL	Nampula, Mozambique
APN	Alpena, MI USA
APO	Apartado, Colombia
APW	Apia, Samoa
AQA	Araraquara, SP Brazil
AQI	Qaisumah, Saudi Arabia
AQJ	Aqaba, Jordan
AQP	Arequipa, Peru
ARC	Arctic Village, AK USA
ARH	Arkhangelsk, Russian Fed.
ARI	Arica, Chile
ARK	Arusha, Tanzania Utd Rep Of.
ARM	Armidale, NS Australia
ARN	Stockholm Arlanda Apt, Sweden
ARP	Aragip, Papua New Guinea
ART	Watertown, NY USA
ARU	Aracatuba, SP Brazil
ARV	Minocqua, WI USA
ARW	Arad, Romania
ASB	Ashgabat, Turkmenistan
ASD	Andros Town, Bahamas
ASE	Aspen, CO USA
ASF	Astrakhan, Russian Fed.
ASI	Georgetown, Ascension Is
ASJ	Amami O Shima, Japan
ASM	Asmara, Eritrea
ASO	Asosa, Ethiopia
ASP	Alice Springs, NT Australia
ASR	Kayseri, Turkey
ASU	Asuncion, Paraguay
ASV	Amboseli, Kenya
ASW	Aswan, Egypt
ATC	Arthur's Town, Bahamas
ATD	Atoifi, Solomon Is.
ATH	Athens, Greece
ATK	Atqasuk, AK USA
ATL	Atlanta, GA USA
ATN	Namatanai, Papua New Guinea
ATP	Aitape, Papua New Guinea
ATQ	Amritsar, India
ATT	Atmautluak, AK USA
ATW	Appleton, WI USA
ATY	Watertown, SD USA
ATZ	Assiut, Egypt
AUA	Aruba
AUC	Arauca, Colombia
AUG	Augusta, ME USA
AUH	Abu Dhabi, United Arab Emirates
AUK	Alakanuk, AK USA
AUL	Aur Is., Marshall Is.
AUP	Agaun, Papua New Guinea
AUQ	Atuona, French Polynesia
AUR	Aurillac, France
AUS	Austin, TX USA
AUU	Aurukun Mission, QL Australia
AUW	Wausau, WI USA
AUX	Araguaina, TO Brazil
AUY	Aneityum, Vanuatu
AVI	Ciego De Avila, Cuba
AVK	Arvaikheer, Mongolia
AVL	Asheville, NC USA
AVN	Avignon, France
AVP	Wilkes-Barre/Scrtn, PA USA
AWD	Aniwa, Vanuatu
AWZ	Ahwaz, Iran Islamic Rep Of,
AXA	Anguilla, Leeward Is.
AXD	Alexandroupolis, Greece
AXM	Armenia, Colombia
AXP	Spring Point, Bahamas
AXT	Akita, Japan
AXU	Axum, Ethiopia
AYP	Ayacucho, Peru
AYQ	Ayers Rock, NT Australia
AYT	Antalya, Turkey
AZB	Amazon Bay, Papua New Guinea
AZD	Yazd, Iran Islamic Rep Of,
AZN	Andizhan, Uzbekistan
AZO	Kalamazoo, MI USA
AZR	Adrar, Algeria

B

BAA	Bialla, Papua New Guinea
BAG	Baguio, Philippines
BAH	Bahrain
BAK	Baku, Azerbaijan
BAL	Batman, Turkey
BAQ	Barranquilla, Colombia
BAS	Balalae, Solomon Is.
BAU	Bauru, SP Brazil
BAV	Baotou, China
BAX	Barnaul, Russian Fed.
BAY	Baia Mare, Romania
BBA	Balmaceda, Chile
BBI	Bhubaneswar, India
BBK	Kasane, Botswana
BBM	Battambang, Cambodia
BBN	Bario, Malaysia
BBO	Berbera, Somalia
BBP	Bembridge, UK
BBU	Bucharest Baneasa Apt, Romania
BCA	Baracoa, Cuba
BCD	Bacolod, Philippines
BCI	Barcaldine, QL Australia
BCN	Barcelona, Spain
BCO	Jinka, Ethiopia
BCP	Bambu, Papua New Guinea
BDA	Bermuda, Atlantic Ocean
BDB	Bundaberg, QL Australia
BDD	Badu Is., QL Australia
BDH	Bandar Lengeh, Iran Islamic Rep OF,
BDJ	Banjarmasin, Indonesia
BDL	Hartford Bradley Intl Apt, CT USA
BDO	Bandung, Indonesia
BDP	Bhadrapur, Nepal
BDQ	Vadodara, India
BDS	Brindisi, Italy
BDU	Bardufoss, Norway

258

City/airport codes

BEB	Benbecula, UK
BED	Bedford/Hanscom, MA USA
BEF	Bluefields, Nicaragua
BEG	Belgrade, Yugoslavia
BEI	Beica, Ethiopia
BEJ	Berau, Indonesia
BEL	Belem, PA Brazil
BEN	Benghazi, Libya
BEO	Newcastle Belmont Apt, NS Australia
BER	Berlin, Germany
BES	Brest, France
BET	Bethel, AK USA
BEU	Bedourie, QL Australia
BEW	Beira, Mozambique
BEY	Beirut, Lebanon
BFD	Bradford, PA USA
BFF	Scottsbluff, NE USA
BFI	Seattle Boeing Field, WA USA
BFL	Bakersfield, CA USA
BFN	Bloemfontein, South Africa
BFQ	Bahia Pinas, Panama
BFS	Belfast, UK
BFV	Buri Ram, Thailand
BFX	Bafoussam, Cameroon
BGA	Bucaramanga, Colombia
BGC	Braganca, Portugal
BGF	Bangui, Central African Republic
BGI	Barbados
BGK	Big Creek, Belize
BGM	Binghamton, NY USA
BGO	Bergen, Norway
BGR	Bangor, ME USA
BGY	Milan Orio Al Serio, Italy
BHB	Bar Harbor, ME USA
BHD	Belfast City Apt, UK
BHE	Blenheim, New Zealand
BHG	Brus Laguna, Honduras
BHH	Bisha, Saudi Arabia
BHI	Bahia Blanca, BA Argentina
BHJ	Bhuj, India
BHK	Bukhara, Uzbekistan
BHM	Birmingham, AL USA
BHO	Bhopal, India
BHQ	Broken Hill, NS Australia
BHR	Bharatpur, Nepal
BHS	Bathurst, NS Australia
BHU	Bhavnagar, India
BHV	Bahawalpur, Pakistan
BHX	Birmingham, UK
BHY	Beihai, China
BHZ	Belo Horizonte, MG Brazil
BIA	Bastia, France
BIC	Big Creek, AK USA
BID	Block Is., RI USA
BII	Bikini Atoll, Marshall Is.
BIK	Biak, Indonesia
BIL	Billings, MT USA
BIM	Bimini, Bahamas
BIO	Bilbao, Spain
BIQ	Biarritz France
BIR	Biratnagar, Nepal
BIS	Bismarck, ND USA
BIU	Bildudalur, Iceland
BJA	Bejaia, Algeria
BJB	Bojnord, Iran Islamic Rep Of,
BJF	Batsfjord, Norway
BJI	Bemidji, MN USA
BJL	Banjul, Gambia
BJM	Bujumbura, Burundi
BJR	Bahar Dar, Ethiopia
BJS	Beijing, China
BJV	Bodrum Milas Airport, Turkey
BJX	Leon/Guanajuato, Mexico
BJZ	Badajoz, Spain
BKA	Moscow Bykovo Apt, Russian Fed.
BKC	Buckland, AK USA
BKI	Kota Kinabalu, Malaysia
BKK	Bangkok, Thailand
BKM	Bakalalan, Malaysia
BKO	Bamako, Mali
BKQ	Blackall, QL Australia
BKS	Bengkulu, Indonesia
BKW	Beckley, WV USA
BKX	Brookings, SD USA
BKZ	Bukoba, Tanzania Utd Rep Of.
BLA	Barcelona, Venezuela
BLE	Borlange/Falun, Sweden
BLF	Bluefield, WV USA
BLG	Belaga, Malaysia
BLI	Bellingham, WA USA
BLJ	Batna, Algeria
BLK	Blackpool, UK
BLL	Billund, Denmark
BLQ	Bologna, Italy
BLR	Bangalore, India
BLT	Blackwater, QL Australia
BLZ	Blantyre, Malawi
BMA	Stockholm Bromma Apt, Sweden
BMD	Belo, Madagascar
BME	Broome, WA Australia
BMI	Bloomington, IL USA
BMK	Borkum, Germany
BMO	Bhamo, Myanmar
BMP	Brampton Is., QL Australia
BMU	Bima, Indonesia
BMV	Ban Me Thuot, Viet Nam
BMW	Bordj Badji Mokhtar, Algeria
BMY	Belep Is., New Caledonia
BNA	Nashville, TN USA
BND	Bandar Abbas, Iran Islamic Rep Of,
BNE	Brisbane, QL Australia
BNK	Ballina, NS Australia
BNN	Bronnoysund, Norway
BNX	Banja Luka, Bosnia And Herzegovina
BNY	Bellona, Solomon Is.
BOA	Boma, Congo Dem Rep Of,
BOB	Bora Bora, French Polynesia
BOC	Bocas Del Toro, Panama
BOD	Bordeaux, France
BOG	Bogota, Colombia
BOH	Bournemouth, UK
BOI	Boise, ID USA
BOJ	Bourgas, Bulgaria
BOM	Mumbai, India
BON	Bonaire, Netherlands Antilles
BOO	Bodo, Norway
BOS	Boston, MA USA
BOY	Bobo Dioulasso, Burkina Faso
BPF	Batuna, Solomon Is.
BPN	Balikpapan, Indonesia
BPS	Porto Seguro, BA Brazil
BPT	Beaumont/Pt.Arthur, TX USA
BPX	Bangda, China
BPY	Besalampy, Madagascar
BQH	London Biggi Hill Apt, UK
BQK	Brunswick Glynco Jetport, GA USA
BQL	Boulia, QL Australia
BQN	Aguadilla, Puerto Rico
BQS	Blagoveschensk, Russian Fed.
BRC	S.C.De Bariloche, RN Argentina
BRD	Brainerd, MN USA
BRE	Bremen, Germany
BRI	Bari, Italy
BRK	Bourke, NS Australia
BRL	Burlington, IA USA
BRM	Barquisimeto, Venezuela
BRN	Berne, Switzerland
BRO	Brownsville, TX USA
BRQ	Brno, Czech Republic
BRR	Barra, UK
BRS	Bristol, UK
BRU	Brussels, Belgium
BRV	Bremerhaven, Germany
BRW	Barrow, AK USA
BSA	Bossaso, Somalia
BSB	Brasilia, DF Brazil
BSC	Bahia Solano, Colombia
BSD	Baoshan, China
BSK	Biskra, Algeria
BSL	Basel Switzerland, Euroairport
BSO	Basco, Philippines
BSR	Basra, Iraq
BSZ	Bartletts, AK USA
BTA	Bertoua, Cameroon
BTH	Batam, Indonesia
BTI	Barter Is., AK USA
BTJ	Banda Aceh, Indonesia
BTK	Bratsk, Russian Fed.
BTM	Butte, MT USA
BTR	Baton Rouge, LA USA
BTS	Bratislava, Slovakia
BTT	Bettles, AK USA
BTU	Bintulu, Malaysia
BTV	Burlington, VT USA
BUA	Buka, Papua New Guinea
BUC	Burketown, QL Australia
BUD	Budapest, Hungary
BUE	Buenos Aires, BA Argentina
BUF	Buffalo, NY USA
BUH	Bucharest, Romania
BUN	Buenaventura, Colombia
BUO	Burao, Somalia
BUQ	Bulawayo, Zimbabwe
BUR	Burbank, CA USA
BUS	Batumi, Georgia
BUZ	Bushehr, Iran Islamic Rep Of,
BVA	Paris Beauvais-Tille Airport, France
BVB	Boa Vista, RR Brazil
BVC	Boa Vista, Cape Verde
BVE	Brive-La-Gaillarde, France
BVG	Berlevag, Norway
BVI	Birdsville, QL Australia
BWA	Bhairawa, Nepal
BWD	Brownwood, TX USA
BWI	Baltimore, MD USA
BWK	Bol, Croatia
BWN	Bandar Seri Begawan, Brunei
BWT	Burnie, TS Australia
BXN	Bodrum, Turkey
BXR	Bam, Iran Islamic Rep Of,
BXU	Butuan, Philippines
BXX	Borama, Somalia
BYA	Boundary, AK USA
BYC	Yacuiba, Bolivia
BYM	Bayamo, Cuba
BYN	Bayankhongor, Mongolia
BZE	Belize City, Belize
BZG	Bydgoszcz, Poland
BZL	Barisal, Bangladesh
BZN	Bozeman, MT USA
BZO	Bolzano, Italy
BZR	Beziers, France
BZV	Brazzaville, Congo
BZZ	Brize Norton, UK

C

CAB	Cabinda, Angola
CAE	Columbia, SC USA
CAG	Cagliari, Italy
CAI	Cairo, Egypt
CAK	Akron/Canton, OH USA
CAL	Campbeltown, UK
CAN	Guangzhou, China
CAP	Cap Haitien, Haiti
CAQ	Caucasia, Colombia
CAS	Casablanca, Morocco
CAY	Cayenne, Fr. Guiana
CAZ	Cobar, NS Australia
CBB	Cochabamba, Bolivia
CBE	Cumberland, MD USA
CBH	Bechar, Algeria
CBL	Ciudad Bolivar, Venezuela
CBO	Cotabato, Philippines
CBQ	Calabar, Nigeria
CBR	Canberra, AC Australia
CCC	Cayo Coco, Cuba
CCF	Carcassonne, France
CCJ	Kozhikode, India
CCK	Cocos Is., Cocos (Keeling) Is.
CCP	Concepcion, Chile
CCS	Caracas, Venezuela
CCU	Koikata, India
CCV	Craig Cove, Vanuatu
CDB	Cold Bay, AK USA
CDC	Cedar City, UT USA
CDD	Cauquira, Honduras
CDG	Paris Charles De Gaulle Apt, France
CDR	Chadron, NE USA
CDV	Cordova, AK USA
CEB	Cebu, Philippines
CEC	Crescent City, CA USA
CED	Ceduna, SA Australia
CEE	Cherepovets, Russian Fed.
CEI	Chiang Rai, Thailand
CEK	Chelyabinsk, Russian Fed.
CEM	Central, AK USA
CEN	Ciudad Obregon, Mexico
CER	Cherbourg, France
CEZ	Cortez, CO USA
CFA	Coffee Point, AK USA
CFE	Clermont-Ferrand, France
CFG	Cienfuegos, Cuba
CFN	Donegal, Ireland Republic Of,
CFR	Caen, France
CFS	Coffs Harbour, NS Australia
CFU	Kerkyra, Greece

259

City/airport codes

CGA	Craig, AK USA
CGB	Cuiaba, MT Brazil
CGD	Changde, China
CGH	Sao Paulo Congonhas Apt, SP Brazil
CGI	Cape Girardeau, MO USA
CGK	Jakarta Soekarno-Hatta Apt, Indonesia
CGM	Camiguin, Philippines
CGN	Cologne/Bonn, Germany
CGO	Zhengzhou, China
CGP	Chittagong, Bangladesh
CGQ	Changchun, China
CGR	Campo Grande, MS Brazil
CGY	Cagayan De Oro, Philippines
CHA	Chattanooga, TN USA
CHC	Christchurch, New Zealand
CHI	Chicago, IL USA
CHO	Charlottesville, VA USA
CHP	Circle Hot Springs, AK USA
CHQ	Chania, Greece
CHS	Charleston, SC USA
CHT	Chatham Is., New Zealand
CHU	Chuathbaluk, AK USA
CHX	Changuinola, Panama
CHY	Choiseul Bay, Solomon Is.
CIA	Rome Ciampino Apt, Italy
CIC	Chico, CA USA
CID	Cedar Rapids/Iowa City, IA USA
CIJ	Cobija, Bolivia
CIK	Chalkyitsik, AK USA
CIO	Concepcion, Paraguay
CIP	Chipata, Zambia
CIT	Shimkent, Kazakhstan
CIU	Chippewa County Apt, MI USA
CIW	Canouan Is., Windward Is.
CIX	Chiclayo, Peru
CJA	Cajamarca, Peru
CJB	Coimbatore, India
CJC	Calama, Chile
CJJ	Cheongju, Korea Republic Of,
CJL	Chitral, Pakistan
CJM	Chumphon, Thailand
CJS	Ciudad Juarez, Mexico
CJT	Comitan, Mexico
CJU	Jeju, Korea Republic Of.
CKB	Clarksburg, WV USA
CKD	Crooked Creek, AK USA
CKG	Chongqing, China
CKS	Carajas, PA Brazil
CKX	Chicken, AK USA
CKY	Conakry, Guinea
CLD	San Diego Carlsbad Apt, CA USA
CLE	Cleveland, OH USA
CLJ	Cluj, Romania
CLL	College Station, TX USA
CLM	Pt. Angeles, WA USA
CLO	Cali, Colombia
CLP	Clarks Point, AK USA
CLQ	Colima, Mexico
CLT	Charlotte, NC USA
CLY	Calvi, France
CMA	Cunnamulla, QL Australia
CMB	Colombo, Sri Lanka
CME	Ciudad Del Carmen, Mexico
CMH	Columbus, OH USA
CMI	Champaign, IL USA
CMJ	Chi Mei, Chinese Taipei
CMK	Club Makokola, Malawi
CMN	Casablanca Mohamed V Apt, Morocco
CMU	Kundiawa, Papua New Guinea
CMW	Camaguey, Cuba
CMX	Hancock, MI USA
CNB	Coonamble, NS Australia
CNC	Coconut Is., QL Australia
CND	Constanta, Romania
CNF	Tancredo Neves Intl Apt, MG Brazil
CNJ	Cloncurry, QL Australia
CNM	Carlsbad, NM USA
CNP	Neerlerit Inaat, Greenland
CNQ	Corrientes, CR Argentina
CNS	Cairns, QL Australia
CNX	Chiang Mai, Thailand
CNY	Moab, UT USA
COD	Cody, WY USA
COG	Condoto, Colombia
COK	Kochi, India
COO	Cotonou, Benin
COQ	Choibalsan, Mongolia
COR	Cordoba, CD Argentina
COS	Colorado Springs, CO USA
COU	Columbia, MO USA
CPC	San Martin De Los An, NE Argentina
CPD	Coober Pedy, SA Australia
CPE	Campeche, Mexico
CPH	Copenhagen, Denmark
CPI	Cape Orford, Papua New Guinea
CPO	Copiapo, Chile
CPQ	Campinas, SP Brazil
CPR	Casper. WY USA
CPT	Cape Town. South Africa
CPX	Culebra, Puerto Rico
CQD	Shahre-Kord, Iran Islamic Rep Of,
CRD	Comodoro Rivadavia, CB Argentina
CRI	Crooked Is., Bahamas
CRK	Luzon Island Clark Field, Philippines
CRL	Brussels South Charleroi Apt, Belgium
CRP	Corpus Christi, TX USA
CRV	Crotone, Italy
CRW	Charleston, WV USA
CSG	Columbus, GA USA
CSL	San Luis Obispo, CA USA
CST	Castaway, Fiji
CSX	Changsha, China
CSY	Cheboksary, Russian Fed.
CTA	Catania, Italy
CTC	Catamarca, CA Argentina
CTD	Chitre, Panama
CTG	Cartagena, Colombia
CTL	Charleville, QL Australia
CTM	Chetumal, Mexico
CTN	Cooktown, QL Australia
CTS	Sapporo Chitose Apt, Japan
CTU	Chengdu, China
CUC	Cucuta, Colombia
CUE	Cuenca, Ecuador
CUF	Cuneo, Italy
CUK	Caye Caulker, Belize
CUL	Culiacan, Mexico
CUM	Cumana, Venezuela
CUN	Cancun, Mexico
CUQ	Coen, QL Australia
CUR	Curacao, Netherlands Antilles
CUU	Chihuahua, Mexico
CUZ	Cuzco, Peru
CVG	Cincinnati, OH USA
CVJ	Cuernavaca, Mexico
CVL	Cape Vogel, Papua New Guinea
CVM	Ciudad Victoria, Mexico
CVN	Clovis, NM USA
CVQ	Carnarvon, WA Austr alia
CVU	Corvo Is., Portugal (Azores)
CWA	Wausau Central Wisconsin Apt, WI USA
CWB	Curitiba, PR Brazil
CWC	Chemovtsy. Ukraine
CWL	Cardiff, UK
CXB	Coxs Bazar, Bangladesh
CXH	Vancouver Coal Harbour Spb, BC Canada
CXJ	Caxias Do Sul, RS Brazil
CYB	Cayman Brac, West Indies
CYC	Caye Chapel, Belize
CYF	Chefornak, AK USA
CYI	Chiayi, Chinese Taipei
CYO	Cayo Largo Del Sur, Cuba
CYP	Calbayog, Philippines
CYR	Colonia, Uruguay
CYS	Cheyenne, WY USA
CZE	Coro, Venezuela
CZH	Corozal, Belize
CZL	Constantine, Algeria
CZM	Cozumel, Mexico
CZN	Chisana, AK USA
CZS	Cruzeiro Do Sul, AC Brazil
CZU	Corozal, Colombia
CZX	Changzhou, China

D

DAB	Daytona Beach, FL USA
DAC	Dhaka, Bangladesh
DAD	Da Nang, Viet Nam
DAL	Dallas/Fort Worth Love Field, TX USA
DAM	Damascus, Syria
DAR	Dar Es Salaam, Tanzania Utd Rep Of.
DAU	Daru, Papua New Guinea
DAV	David, Panama
DAY	Dayton, OH USA
DBM	Debra Marcos, Ethiopia
DBO	Dubbo, NS Australia
DBP	Debepare, Papua New Guinea
DBQ	Dubuque, IA USA
DBV	Dubrovnik, Croatia
BCA	Ronald Reagan National Apt, DC
BCF	Dominica Cane Field, West Indies
BCM	Castres, France
DDC	Dodge City, KS USA
DDG	Dandong, China
DDI	Daydream Is., QL Australia
DEA	Dera Ghazi Khan, Pakistan
DEB	Debrecen, Hungary
DEC	Decatur, IL USA
DEL	Delhi, India
DEM	Dembidollo, Ethiopia
DEN	Denver, CO USA
DEZ	Deirezzor, Syria
DFW	Dallas/Ft. Worth, TX USA
DGA	Dangriga, Belize
DGE	Mudgee, NS Australia
DGO	Durango, Mexico
DGT	Dumaguete, Philippines
DHI	Dhangarhi, Nepal
DHN	Dothan, AL USA
DIB	Dibrugarh, India
DIE	Antsiranana, Madagascar
DIG	Diqing, China
DIJ	Dijon, France
DIK	Dickinson, ND USA
DIL	Dili, Timor-Leste
DIN	Dien Bien Phu, Viet Nam
DIO	Little Diomede Is., AK USA
DIR	Dire Dawa, Ethiopia
DIS	Loubomo, Congo
DIU	Diu, India
DIY	Diyarbakir, Turkey
DJB	Jambi, Indonesia
DJE	Djerba, Tunisia
DJG	Djanet, Algeria
DJJ	Jayapura, Indonesia
DJN	Delta Junction, AK USA
DKI	Dunk Is., QL Australia
DKR	Dakar, Senegal
DLA	Douala, Cameroon
DLC	Dalian, China
DLG	Dillingham, AK USA
DLH	Duluth, MN USA
DLI	Dalat, Viet Nam
DLM	Dalaman, Turkey
DLU	Dali City, China
DLY	Dillons Bay, Vanuatu
DLZ	Dalanzadgad, Mongolia
DMB	Zhambyl, Kazakhstan
DMD	Doomadgee Mission, QL Australia
DME	Moscow Domodedovo Apt, Russian
DMM	Dammam, Saudi Arabia
DMU	Dimapur, India
DND	Dundee, UK
DNH	Dunhuang, China
DNK	Dnepropetrovsk, Ukraine
DNR	Dinard, France
DNZ	Denizli, Turkey
DOG	Dongola, Sudan
DOH	Doha, Qatar
DOK	Donetsk, Ukraine
DOL	Deauville, France
DOM	Dominica, West Indies
DOY	Dongying, China
DPL	Dipolog, Philippines
DPO	Devonport, TS Australia
DPS	Denpasar Bali, Indonesia
DRB	Derby, WA Australia
DRG	Deering, AK USA
DRO	Durango, CO USA
DRS	Dresden, Germany
DRW	Darwin, NT Australia
DSD	La Desirade, French Antilles
DSE	Dessie, Ethiopia
DSK	Dera Ismail Khan, Pakistan
DSM	Des Moines, IA USA
DTD	Datadawai, Indonesia
DTM	Dortmund, Germany
DTT	Detroit, MI USA
DTW	Detroit Wayne County, MI USA
DUB	Dublin, Ireland Republic Of,
DUD	Dunedin, New Zealand
DUJ	Dubois, PA USA
DUR	Durban, South Africa
DUS	Dusseldorf, Germany
DUT	Dutch Harbor, AK USA
DVL	Devils Lake, ND USA

City/airport codes

DVO Davao, Philippines
DWB Soalala, Madagascar
DWD Dawadmi, Saudi Arabia
DXB Dubai, United Arab Emirates
DYG Dayong, China
DYR Anadyr, Russian Fed.
DYU Dushanbe, Tajikistan
DZA Dzaoudzi, Mayotte
DZN Zhezkazgan, Kazakhstan

E
EAA Eagle, AK USA
EAE Emae, Vanuatu
EAL Kwajalein Atoll, Marshall Is.
EAM Nejran, Saudi Arabia
EAP Euroairport
EAR Kearney, NE USA
EAS San Sebastian, Spain
EAT Wenatchee, WA USA
EAU Eau Claire, WI USA
EBA Elba Is., Italy
EBB Entebbe/Kampala, Uganda
EBD El Obeid, Sudan
EBG El Bagre, Colombia
EBJ Esbjerg, Denmark
EBO Ebon, Marshall Is.
EBU St. Etienne, France
ECN Ercan, Cyprus
EDA Edna Bay, AK USA
EDI Edinburgh, UK
EDO Edremit/Korfez, Turkey
EDR Edward River, QL Australia
EEK Eek, AK USA
EFD Houston Ellington Field, TX USA
EFL Kefallinia, Greece
EGC Bergerac, France
EGE Vail, CO USA
EGM Sege, Solomon Is.
EGN El Geneina, Sudan
EGO Belgorod, Russian Fed.
EGS Egilsstadir, Iceland
EGV Eagle River, WI USA
EGX Egegik, AK USA
EHM Cape Newenham, AK USA
EIN Eindhoven, Netherlands
EIS Tortola/Beef Is., Virgin Is. British
EJA Barrancabermeja, Colombia
EJH Wedjh, Saudi Arabia
EJT Mili Atoll, Marshall Is.
EKB Ekibastuz, Kazakhstan
EKO Elko, NV USA
ELC Elcho Is., NT Australia
ELD El Dorado, AR USA
ELE El Real, Panama
ELF El Fasher, Sudan
ELG El Golea, Algeria
ELH North Eleuthera, Bahamas
ELI Elim, AK USA
ELM Elmira/Corning, NY USA
ELP El Paso, TX USA
ELQ Gassim, Saudi Arabia
ELS East London, South Africa
ELU El Oued, Algeria
ELV Elfin Cove, AK USA
ELY Ely, NV USA
EMA East Midlands Airport, UK
EMD Emerald, QL Australia
EME Emden, Germany
EMK Emmonak, AK USA
EMN Nema, Mauritania
ENA Kenai, AK USA
ENH Enshi, China
ENI El Nido, Philippines
ENT Enewetak Is., Marshall Is.
EOH Erique Olaya Herrerra Apt, Colombia
EOI Eday, UK
EPA El Palomar, BA Argentina
EPR Esperance, WA Australia
EQS Esquel, CB Argentina
ERC Erzincan, Turkey
ERF Erfurt, Germany
ERI Erie, PA USA
ERS Windnoek Eros Apt, Namibia
ERZ Erzurum, Turkey
ESB Ankara Esenboga Apt, Turkey
ESC Escanaba, MI USA
ESD Eastsound, WA USA
ESL Elista, Russian Fed.
ESR El Salvador, Chile
ESU Essaouira, Morocco
ETH Elat, Israel
ETZ Metz/Nancy, France
EUA Eua, Tonga
EUG Eugene, OR USA
EUN Laayoune, Morocco
EUX St. Eustatius, Netherlands Antilles
EVE Harstad-Narvik, Norway
EVG Sveg, Sweden
EVN Yerevan, Armenia
EVV Evansville, IN USA
EWB New Bedford, MA USA
EWN New Bern, NC USA
EWR Newark Liberty Intl Apt, NJ USA
EXI Excursion Inlet, AK USA
EXT Exeter, UK
EYP El Yopal, Colombia
EYW Key West, FL USA
EZE Ministro Pistarini, BA Argentina
EZS Elazig, Turkey

F
FAE Faroe Is.
FAI Fairbanks, AK USA
FAJ Fajardo, Puerto Rico
FAO Faro, Portugal
FAR Fargo, ND USA
FAT Fresno, CA USA
FAV Fakarava, French Polynesia
FAY Fayetteville, NC USA
FBM Lubumbashi, Congo Dem Rep Of,
FCA Kalispell/Glacier Nt Pk, MT USA
FCO Rome Fiumicino Apt, Italy
FDE Forde, Norway
FDF Ft. De France, Martinique
FDH Friedrichshafen, Germany
FEG Fergana, Uzbekistan
FEN Fernando De Noronha, FN Brazil
FEZ Fez, Morocco
FGI Apia Fagalii Apt, Samoa
FHU Ft.Huachuca/Sr Vista, AZ USA
FIE Fair Isle, UK
FIH Kinshasa, Congo Dem Rep Of,
FIZ Fitzroy Crossing, WA Australia
FJR Al-Fujairah, United Arab Emirates
FKB Karlsruhe/Baden Baden, Germany
FKL Franklin, PA USA
FKS Fukushima, Japan
FLA Florencia, Colombia
FLG Grand Canyon Flagstaff Airport, AZ USA
FLL Ft. Lauderdale, FL USA
FLN Florianopolis, SC Brazil
FLO Florence, SC USA
FLR Florence, Italy
FLW Flores Is., Portugal (Azores)
FMA Formosa, FO Argentina
FMN Farmington, NM USA
FMO Munster, Germany
FMY Ft.Myers, FL USA
FNA Freetown, Sierra Leone
FNC Funchal, Portugal (Madeira)
FNI Nimes, France
FNJ Pyongyang, Korea D. P. Rep Of.
FNT Flint, MI USA
FOC Fuzhou, China
FOD Ft. Dodge, IA USA
FOG Foggia, Italy
FOR Fortaleza, CE Brazil
FPO Freeport, Bahamas
FPR Ft. Pierce, FL USA
FRA Frankfurt, Germany
FRD Friday Harbor, WA USA
FRE Fera Is., Solomon Is.
FRL Forli, Italy
FRO Floro, Norway
FRS Flores, Guatemala
FRU Bishkek, Kyrgyzstan
FRW Francistown, Botswana
FSC Figari, France
FSD Sioux Falls, SD USA
FSM Ft. Smith, AR USA
FSP St Piemr, SL Pierre & Miquelon
FTA Futuna Is., Vanuatu
FTE El Calafate, SC Argentina
FTU Ft. Dauphin, Madagascar
FUE Fuerteventura, Canary Is.
FUJ Fukue, Japan
FUK Fukuoka, Japan
FUN Funafuti Atol, Tuvalu
FUT Futuna, Wallis And Futuna Is.
FWA Ft. Wayne, IN USA
FYU Ft. Yukon, AK USA
FYV Fayetteville, AR USA

G
GAF Gafsa, Tunisia
GAJ Yamagata, Japan
GAL Galena, AK USA
GAM Gambell, AK USA
GAN Gan Is., Maldives
GAO Guantanamo, Cuba
GAU Guwahati, India
GAX Gamba, Gabon
GAY Gaya, India
GBD Great Bend, KS USA
GBE Gaborone, Botswana
GBJ Marie Galante, French Antilles
GBT Gorgan, Iran Islamic Rep Of,
GCC Gillette, WY USA
GCI Guernsey, UK
GCK Garden City, KS USA
GCM Grand Cayman Is., West Indies
GCN Grand Canyon, AZ USA
GDE Gode, Ethiopia
GDL Guadalajara, Mexico
GDN Gdansk, Poland
GDQ Gondar, Ethiopia
GDT Grand Turk, Turks & Caicos Is.
GDV Glendive, MT USA
GDX Magadan, Russian Fed.
GDZ Gelendzik, Russian Fed.
GEA Noumea Magenta Apt, New Caledonia
GEC Gecitkale, Cyprus
GEG Spokane, WA USA
GEO Georgetown, Guyana
GER Nueva Gerona, Cuba
GES General Santos, Philippines
GET Geraldton, WA Australia
GEV Gallivare, Sweden
GFF Griffith, NS Australia
GFK Grand Forks, ND USA
GFN Grafton, NS Australia
GGG Longview, TX USA
GIS Gisborne, New Zealand
GIZ Jazan, Saudi Arabia
GJA Guanaja, Honduras
GJR Gjogur, Iceland
GJT Grand Junction, CO USA
GKA Goroka, Papua New Guinea
GLA Glasgow, UK
GLH Greenville, MS USA
GLK Galcaio, Somalia
GLT Gladstone, QL Australia
GLV Golovin, AK USA
GMB Gambela, Ethiopia
GMP Seoul Gimpo IntL Airport, Korea Republic Of,
GMZ San Seb. De La Gomera, Canary Is.
GNB Lyon Grenoble Saint Geoirs Apt, France
GND Grenada, Windward. Is.
GNI Green Is., Chinese Taipei
GNU Goodnews Bay, AK USA
GNV Gainesville, FL USA
GOA Genoa, Italy
GOB Goba, Ethiopia
GOE Gonalia, Papua New Guinea
GOH Nuuk, Greenland
GOI Goa, India
GOJ Nizhniy Novgorod, Russian Fed.
GON New London/Groton, CT USA
GOP Gorakhpur, India
GOR Gore Ethiopia
GOT Gothenburg, Sweden
GOU Garoua, Cameroon
GOV Gove, NT Australia
GPA Patras, Greece

261

City/airport codes

GPI	Guapi, Colombia
GPT	Guifport/Biloxi, MS USA
GPZ	Grand Rapids, MN USA
GRB	Gfeen Bay, WI USA
GRI	Grand Is., NE USA
GRJ	George, South Africa
GRO	Gerona, Spain
GRQ	Groningen, Netherlands
GRR	Grand Rapids, MI USA
GRU	Sao Paulo Guarulhos Intl Apt, SP Brazil
GRW	Graciosa Is., Portugal (Azores)
GRX	Granada, Spain
GRY	Grimsey, Iceland
GRZ	Graz, Austria
GSE	Gothenburg Saeve Apt, Sweden
GSO	Greensboro/H.Pt/W-Salem, NC USA
GSP	Greenville/Spartanburg, SC USA
GST	Gustavus, AK USA
GTA	Gatokae, Solomon Is.
GTE	Groote Eylandt, NT Australia
GTF	Great Falls, MT USA
GTO	Gorontalo, Indonesia
GTR	Golden Triangle Regional Apt, MS USA
GUA	Guatemala City, Guatemala
GUB	Guerrero Negro, Mexico
GUC	Gunnison, CO USA
GUM	Guam
GUR	Alotau, Papua New Guinea
GUV	Mougulu, Papua New Guinea
GUW	Atyrau, Kazakhstan
GVA	Geneva, Switzerland
GVI	Green River, Papua New Guinea
GWD	Gwadar, Pakistan
GWT	Westerland, Germany
GWY	Galway, Ireland Republic Of,
GXF	Seiyun, Yemen
GYE	Guayaquil, Ecuador
GYM	Guaymas, Mexico
GYN	Goiania, GO Brazil
GYS	Guang Yuan, China
GZA	Gaza, Gaza Strip
GZM	Gozo, Malta
GZO	Gizo, Solomon Is.
GZT	Gaziantep, Turkey

H

HAA	Hasvik, Norway
HAC	Hachijo Jima, Japan
HAD	Halmstad, Sweden
HAE	Havasupai, AZ USA
HAH	Moroni Intl.Prince Said, Comoros
HAJ	Hanover, Germany
HAK	Haikou, China
HAM	Hamburg, Germany
HAN	Hanoi, Viet Nam
HAP	Long Is., QL Australia
HAQ	Hanimaadhoo. Maldives
HAR	Harrisburg. PA USA
HAS	Hail, Saudi Arabia
HAU	Haugesund, Norway
HAV	Havana, Cuba
HBA	Hobart, TS Australia
HBE	Alexandria Borg El Arab Airport, Egypt
HCQ	Halls Creek, WA Australia
HCR	Holy Cross, AK USA
HDB	Heidelberg, Germany
HDF	Heringsdorf,.Germany
HDN	Hayden Yampa Valley, CO USA
HDS	Hoedspruit, South Africa
HDY	Hat Yai, Thailand
HEH	Heho, Myanmar
HEI	Heide/Buesum, Germany
HEL	Helsinki, Finland
HER	Heraklion, Greece
HET	Hohhot, China
HFA	Haifa, Israel
HFD	Hartford, CT USA
HFE	Hefei, China
HFN	Hornafjordur, Iceland
HFS	Hagfors, Sweden
HFT	Hammerfest, Norway
HGA	Hargeisa, Somalia
HGD	Hughenden, QL Australia
HGH	Hangzhou, China
HGL	Helgoland, Germany
HGN	Mae Hong Son, Thailand
HGR	Hagerstown, MD USA
HGU	Mt. Hagen, Papua New Guinea
HHH	Hilton Head Is., SC USA
HHN	Frankfurt Hahn Airport, Germany
HHQ	Hua Hin, Thailand
HIB	Hibbing/Chisholm, MN USA
HID	Horn Is., QL Australia
HII	Lake Havasu City, AZ USA
HIJ	Hiroshima, Japan
HIL	Shillavo, Ethiopia
HIN	Jinju, Korea Republic Of,
HIR	Honiara, Solomon Is.
HIS	Hayman Is., QL Australia
HIT	Hivaro, Papua New Guinea
HIW	Hiroshima West Apt, Japan
HJR	Khajuraho, India
HKB	Healy Lake, AK USA
HKD	Hakodate, Japan
HKG	Hong Kong, (SAR) China
HKK	Hokitika, New Zealand
HKN	Hoskins, Papua New Guinea
HKT	Phuket, Thailand
HLD	Hailar, China
HLF	Hultsfred, Sweden
HLN	Hlena, MT USA
HLZ	Hamilton, New Zealand
HMA	Khanty-Mansiysk, Russian Fed.
HME	Hassi Messaoud, Algeria
HMO	Hermosillo, Mexico
HMV	Hemavan, Sweden
HNA	Hanamaki, Japan
HND	Tokyo Haneda Apt, Japan
HNH	Hoonah, AK USA
HNL	Honolulu, Oahu, HI USA
HNM	Hana, Maui, HI USA
HNS	Haines, AK USA
HOB	Hobbs, NM USA
HOD	Hodeidah, Yemen
HOE	Houeisay, Laos
HOF	Alahsa, Saudi Arabia
HOG	Holguin, Cuba
HOI	Hao Is., French Polynesia
HOM	Homer, AK USA
HON	Huron, SD USA
HOQ	Hof, Germany
HOR	Horta, Portugal (Azores)
HOT	Hot Springs, AR USA
HOU	Houston, TX USA
HOV	Orsta-Volda, Norway
HPA	Ha Apai, Tonga
HPB	Hooper Bay, AK USA
HPH	Haiphong, Viet Nam
HPN	Westchester County, NY USA
HRB	Harbin, China
HRE	Harare, Zimbabwe
HRG	Hurghada, Egypt
HRK	Kharkov, Ukraine
HRL	Harlingen, TX USA
HRM	Hassi R Mel, Algeria
HRO	Harrison, AR USA
HSG	Saga, Japan
HSL	Huslia, AK USA
HSN	Zhoushan, China
HSV	Huntsville/Decatur, AL USA
HTA	Chita, Russian Fed.
HTI	Hamilton Is., QL Australia
HTS	Huntington, WV USA
HUH	Huahine, French Polynesia
HUI	Hue, Viet Nam
HUN	Hualien, Chinese Taipei
HUQ	Houn, Libya
HUS	Hughes, AK USA
HUX	Huatulco, Mexico
HUY	Humberside, UK
HVA	Analalava, Madagascar
HVB	Hervey Bay, QL Australia
HVD	Khovd, Mongolia
HVG	Honningsvag, Norway
HVN	New Haven, CT USA
HVR	Havre, MT USA
HYA	Hyannis, MA USA
HYD	Hyderabad, India
HYF	Hayfields, Papua New Guinea
HYG	Hydaburg, AK USA
HYL	Hollis, AK USA
HYN	Huangyan, China
HYS	Hays, KS USA
HZG	Hanzhong, China

I

IAA	Igarka, Russian Fed.
IAD	Washington Dulles Intl Apt, DC USA
IAH	George Bush Intercontl, TX USA
IAM	In Amenas, Algeria
IAN	Kiana, AK USA
IAS	Iasi, Romania
IBA	Ibadan, Nigeria
IBE	Ibague, Colombia
IBZ	Ibiza, Spain
ICI	Cicia, Fiji
ICN	Seoul Incheon IntL Airport, Korea Republ
ICT	Wichita, KS USA
IDA	Idaho Falls, ID USA
IDR	Indore, India
IEG	Zielona Gora, Poland
IEV	Kiev, Ukraine
IFJ	Isafjordur, Iceland
IFN	Isfahan, Iran Islamic Rep Of,
IFO	Ivano-Frankovsk, Ukraine
IFP	Bullhead City, AZ USA
IGA	Inagua, Bahamas
IGG	Igiugig, AK USA
IGM	Kingman, AZ USA
IGO	Chigorodo, Colombia
IGR	Iguazu, MI Argentina
IGU	Iguassu Falls, PR Brazil
IHR	Iran Shahr, Iran Islamic Rep Of.
IIL	Ilaam, Iran Islamic Rep Of,
IIS	Nissan Is., Papua New Guinea
IKO	Nikolski, AK USA
IKT	Irkutsk, Russian Fed.
ILE	Killeen, TX USA
ILI	Iliamna, AK USA
ILM	Wilmington, NC USA
ILO	Iloilo, Philippines
ILP	Ile Des Pins, New Caledonia
ILY	Islay, UK
IMF	Imphal, India
IMP	Imperatriz, MA Brazil
IMT	Iron Mountain, MI USA
INC	Yinchuan, China
IND	Indianapolis, IN USA
ING	Lago Argentino, SC Argentina
INL	International Falls, MN USA
INN	Innsbruck, Austria
INU	Nauru Is., Nauru
INV	Inverness, UK
INZ	In Salah, Algeria
IOA	Ioannina, Greece
IOM	Isle Of Man, UK
ION	Impfondo, Congo
IOS	Ilheus, BA Brazil
IPA	Ipota, Vanuatu
IPC	Easter Is., Chile
IPH	Ipoh, Malaysia
IPI	Ipiales, Colombia
IPL	El Centro/Imperial, CA USA
IPT	Williamsport, PA USA
IQM	Qiemo, China
IQQ	Iquique, Chile
IQT	Iquitos, Peru
IRA	Kirakira, Solomon Is.
IRC	Circle, AK USA
IRG	Lockhart River, QL Australia
IRJ	La Rioja, LR Argentina
IRK	Kirksville, MO USA
ISA	Mt. Isa, QL Australia
ISB	Islamabad, Pakistan
ISC	Isles Of Scilly, UK
ISG	Ishigaki, Japan
ISN	Williston, ND USA
ISP	Long Is. MacArthur, NY USA
IST	Istanbul, Turkey
ITH	Ithaca, NY USA
ITM	Osaka Itami Airport, Japan
ITO	Hilo, Hawaii, HI USA
IUE	Niue
IVA	Ambanja, Madagascar
IVC	Invecargill, New Zealand
IVL	Ivalo, Finland
IWD	Ironwood, MI USA
IWJ	Iwami, Japan
IXA	Agartala, India
IXB	Bagdogra, India
IXC	Chandigarh, India
IXD	Allahabad, India
IXE	Mangalore, India

City/airport codes

IXG	Belgaum, India
IXI	Lilabari, India
IXJ	Jammu, India
IXL	Leh, India
IXM	Madurai, India
IXR	Ranchi, India
IXS	Silchar, India
IXU	Aurangabad, India
IXZ	Pt. Blair, Andaman Is.
IYK	Inyokem, CA USA
IZM	Izmir, Turkey
IZO	Izumo, Japan

J

JAC	Jackson, WY USA
JAG	Jacobabad, Pakistan
JAI	Jaipur, India
JAL	Jalapa, Mexico
JAN	Jackson, MS USA
JAQ	Jacquinot Bay, Papua New Guinea
JAT	Jabot, Marshall Is.
JAV	Ilulissat, Greenland
JAX	Jacksonville, FL USA
JBR	Jonesboro, AR USA
JCH	Qasigianngit, Greenland
JCK	Julia Creek, QL Australia
JCU	Ceuta Heliport, Spain
JDF	Juiz De Fora, MG Brazil
JDH	Jodhpur, India
JDZ	Jingdezhen, China
JED	Jeddah, Saudi Arabia
JEE	Jeremie, Haiti
JEG	Aasiaat, Greenland
JEJ	Jeh, Marshall Is.
JER	Jersey, UK
JFK	New York J F Kennedy Intl. NY USA
JFR	Paamiut, Greenland
JGA	Jamnagar, India
JGC	Grand Canyon H/P. AZ USA
JGO	Qeqertarsuaq, Greenland
JGR	Groennedal, Greenland
JHB	Johor Bahru, Malaysia
JHG	Jinghong, China
JHM	Kapalua, Maui, HI USA
JHQ	Shute Harbour, QL Australia
JHS	Sisimiut, Greenland
JHW	Jamestown, NY USA
JIA	Juina, MT Brazil
JIB	Djibouti
JIJ	Jijiga, Ethiopia
JIK	Ikaria Is., Greece
JIL	Jilin, China
JIM	Jimma, Ethiopia
JJN	Jinjiang, China
JNU	Qaqortoq, Greenland
JKG	Jonkoping, Sweden
JKH	Chios, Greece
JKT	Jakarta, Indonesia
JLN	Joplin, MO USA
JMK	Mikonos, Greece
JMO	Jomsom, Nepal
JMS	Jamestown, ND USA
JMU	Jiamusi, China
JNB	Johannesburg. South Africa
JNN	Nanortalik, Greenland
JNS	Narsaq, Greenland
JNU	Juneau, AK USA
JNX	Naxos, Cyclades Is., Greece
JNZ	Jinzhou. China
JOE	Joensuu. Finland
JOG	Yogyakarta. Lndonesia
JOI	Joinville, SC Brazil
JOL	Jolo. Philippines
JON	Johnston Is.
JPA	Joao Pessoa, PB Brazil
JQA	Qaarsut, Greenland
JQE	Jaque, Panama
JRH	Jorhat, India
JRO	Kilimanjaro, Tanzania Utd Rep Of,
JSH	Sitia. Greece
JSI	Skiathos. Greece
JSR	Jessore, Bangladesh
JST	Johnstown, PA USA
JSU	Maniitsoq, Greenland
JSY	Syros Is., Greece
JTR	Thira, Greece
JTY	Astypalaia Is., Greece
JUB	Juba, Sudan
JUJ	Jujuy, PJ Argentina
JUL	Juliaca, Peru
JUV	Upernavik, Greenland
JVA	Ankavandra, Madagascar
JYV	Jyvaskyla, Finland

K

KAC	Kameshli, Syria
KAE	Kake, AK USA
KAJ	Kajaani, Finland
KAL	Kaltag. AK USA
KAN	Kano, Nigeria
KAO	Kuusamo, Finland
KAT	Kaitaia, New Zealand
KAW	Kawthaung, Myanmar
KAX	Kalbarri. WA Australia
KBC	Birch Greek, AK USA
KBL	Kabul, Afghanistan
KBP	Kiev Borispol Apt, Ukraine
KBR	Kota Bharu, Malaysia
KBT	Kaben, Marshall Is.
KBV	Krabi, Tthailand
KCA	Kuqa, China
KCC	Coffman Cove, AK USA
KCG	Chignik Fisheries Apt, AK USA
KCH	Kuching, Malaysia
KCL	Chignik, AK USA
KCQ	Chignik Lake Apt, AK USA
KCZ	Kochi, Japan
KDI	Kendari, Indonesia
KDM	Kaadedhdhoo, Maldives
KDO	Kadhdhoo, Maldives
KDR	Kandrian, Papua New Guinea
KDU	Skardu, Pakistan
KDV	Kandavu, Fiji
KEB	Narnwalek, AK USA
KEF	Reykjavik Keflavik Apt, Iceland
KEH	Kenmore Air Harbor, WA USA
KEJ	Kemerovo, Russian Fed.
KEK	Ekwok, AK USA
KEL	Kiel, Germany
KEM	Kemi/Tomio, Finland
KEP	Nepaiganj. Nepal
KER	Kerman, Iran Islamic Rep Of.
KET	Kengtung, Myanmar
KEW	Keewaywin, ON Canada
KFA	Kiffa, Mauritania
KFP	False Pass, AK USA
KGA	Kananga, Congo Dem Rep Of,
KGC	Kingscote, SA Australia
KGD	Kaliningrad, Russian Fed.
KGE	Kagau, Solomon Is.
KGF	Karaganda, Kazakhstan
KGI	Kalgoorlie, WA Australia
KGK	Koliganek, AK USA
KGL	Kigali, Rwanda
KGP	Kogalym, Russian Fed.
KGS	Kos, Greece
KGX	Grayling, AK USA
KHD	Khorramabad, Iran Islamic Rep Of,
KHE	Kherson, Ukraine
KHG	Kashi, China
KHH	Kaohsiung, Chinese Taipei
KHI	Karachi, Pakistan
KHM	Khamti, Myanmar
KHN	Nanchang, China
KHR	Kharkhorin, Mongolia
KHS	Khasab, Oman
KHV	Khabarovsk, Russian Fed.
KID	Kristianstad. Sweden
KIF	Kingfisher Lake, ON Canada
KIH	Kish Is., Lran Islamic Rep Of,
KIJ	Niigata, Japan
KIM	Kimberley, South Africa
KIN	Kingston, Jamaica
KIO	Kili Is., Marshall Is.
KIR	Kerry County. Ireland Republic Of,
KIS	Kisumu, Kenya
KIT	Kithira, Greece
KIV	Chisinau, Moldova Republic Of,
KIX	Osaka Kansai Intl Airport, Japan
KJA	Krasnoyarsk, Russian Fed.
KKA	Koyuk, AK USA
KKC	Khon Kaen, Thailand
KKE	Kerikeri, New Zealand
KKH	Kongiganak, AK USA
KKI	Akiachak, AK USA
KKJ	Kita Kyushu, Japan
KKN	Kirkenes, Norway
KKU	Ekuk, AK USA
KKX	Kikaiga Shima, Japan
KLG	Kalskag, AK USA
KLL	Levelock, AK USA
KLO	Kalibo, Philippines
KLR	Kalmar, Sweden
KLU	Klagenfurt, Austria
KLV	Karlovy Vary, Czech Republic
KLW	Klawock, AK USA
KLX	Kalamata, Greece
KLZ	Kleinzee, South Africa
KMA	Kerema, Papua New Guinea
KMC	King Khalid, Saudi Arabia
KMG	Kunming, China
KMI	Miyazaki, Japan
KMJ	Kumamoto. Japan
KMO	Manokotak, AK USA
KMQ	Komatsu, Japan
KMV	Kalemyo, Myanmar
KNH	Kinmen, Chinese Taipei
KNK	Kakhonak, AK USA
KNQ	Kone, New Caledonia
KNS	King Is., TS Australia
KNW	New Stuyahok, AK USA
KNX	Kununurra, WA Australia
KOA	Kona, Hawaii, HI USA
KOC	Koumac, New Caledonia
KOE	Kupang, Indonesia
KOI	Kirkwall, UK
KOJ	Kagoshima, Japan
KOK	Kokkola/Pietarsaari, Finland
KOP	Nakhon Phanom, Thailand
KOT	Kotlik, AK USA
KOU	Koulamoutou, Gabon
KOW	Ganzhou, China
KPB	Point Baker, AK USA
KPC	Pt. Clarence, AK USA
KPN	Kipnuk, AK USA
KPO	Pohang, Korea Republic Of,
KPV	Perryville, AK USA
KQA	Akutan, AK USA
KRB	Karumba, QL Australia
KRF	Kramfors, Sweden
KRI	Kikori, Papua New Guinea
KRK	Krakow, Poland
KRL	Korla, China
KRN	Kiruna, Sweden
KRO	Kurgan, Russian Fed.
KRP	Karup, Denmark
KRR	Krasnodar, Russian Fed.
KRS	Kristiansand, Norway
KRT	Khartoum, Sudan
KSA	Kosrae, Micronesia
KSC	Kosice, Slovakia
KSD	Karlstad, Sweden
KSE	Kasese, Uganda
KSH	Kermanshah, Iran Islamic Rep Of,
KSJ	Kasos Is., Greece
KSK	Karlskoga, Sweden
KSM	St. Marys, AK USA
KSN	Kostanay, Kazakhstan
KSO	Kastoria, Greece
KSQ	Karshi, Uzbekistan
KSU	Kristiansund, Norway
KSY	Kars, Turkey
KSZ	Kotlas, Russian Fed.
KTA	Karratha, WA Australia
KTB	Thome Bay, AK USA
KTG	Ketapang, Indonesia
KTM	Kathmandu, Nepal
KTN	Ketchikan, AK USA
KTP	Kingston Tinson Apt, Jamaica
KTR	Katherine, NT Australia
KTS	Brevig Mission, AK USA
KTT	Kittila, Finland
KTW	Katowice, Poland
KUA	Kuantan, Malaysia
KUD	Kudat, Malaysia
KUF	Samara, Russian Fed.
KUG	Kubin Is., QL Australia
KUH	Kushiro, Japan
KUK	Kasigluk, AK USA
KUL	Kuala Lumpur, Malaysia
KUM	Yakushima, Japan
KUN	Kaunas, Lithuania
KUO	Kuopio, Finland
KUS	Kulusuk Is., Greenland
KUT	Kutaisi, Georgia

263

City/airport codes

KUV	Gunsan, Korea Republic Of.	LFT	Lafayette, LA USA	LSS	Terre-De-Haut, French Antilles
KUY	Kamusi, Papua New Guinea	LFW	Lome, Togo	LST	Launceston, TS Australia
KVA	Kavala, Greece	LGA	New York La Guardia Apt, NY USA	LSY	Lismore, NS Australia
KVC	King Cove, AK USA	LGB	Long Beach, CA USA	LTD	Ghadames, Libya
KVD	Gyandzha, Azerbaijan	LGI	Deadmans Cay, Long Is., Bahamas	LTI	Altai, Mongolia
KVG	Kavieng, Papua New Guinea	LGK	Langkawi, Malaysia	LTK	Latakia, Syria
KVL	Kivalina, AK USA	LGL	Long Lellang, Malaysia	LTN	London Luton Apt, UK
KWA	Kwajalein, Marshall Is.	LGP	Legaspi, Philippines	LTO	Loreto, Mexico
KWE	Guiyang, China	LGQ	Lago Agrio, Ecuador	LTQ	Le Touquet, France
KWF	Waterfall, AK USA	LGS	Malargue, MD Argentina	LTT	St. Tropez, France
KWG	Krivoy Rog, Ukraine	LGW	London Gatwick Apt, UK	LUA	Lukla, Nepal
KWI	Kuwait	LHE	Lahore, Pakistan	LUC	Laucala Is., Fiji
KWJ	Gwangju, Korea Republic Of.	LHG	Lightning Ridge, NS Australia	LUD	Luderitz, Namibia
KWK	Kwigillingok, AK USA	LHR	London Heathrow Apt, UK	LUG	Lugano, Switzerland
KWL	Guilin, China	LHW	Lanzhou, China	LUL	Laurel/Hattiesburg, MS USA
KWM	Kowanyama, QL Australia	LIF	Lifou, Loyalty Is.	LUM	Luxi, China
KWN	Quinhagak, AK USA	LIG	Limoges, France	LUN	Lusaka, Zambia
KWO	Kawito, Papua New Guinea	LIH	Lihue, Kauai, HI USA	LUF	Kalaupapa, Molklai, HI USA
KWT	Kwethluk, AK USA	LIK	Likiep Is., Marshall Is.	LUQ	San luis, SL Argentina
KWY	Kiwayu, Kenya	LIL	Lille, France	LUR	Cape Lisburne, AK USA
KXA	Kasaan, AK USA	LIM	Lima, Peru	LUX	Luxembourg
KXF	Koro Is., Fiji	LIN	Milan Linate Apt, Italy	LVD	Lime Village, AK USA
KXK	Komsomolsk Na Amure, Russian Fed.	LIR	Liberia, Costa Rica	LVI	Livingstone, Zambia
KYA	Konya, Turkey	LIS	Lisbon, Portugal	LVO	Laverton, WA Australia
KYD	Orchid Is., Chinese Taipei	LIT	Little Rock, AR USA	LWB	Greenbrier, WV USA
KYP	Kyaukpyu, Myanmar	LIW	Loikaw, Myanmar	LWK	Lerwick/Tingwall Apt, UK
KYS	Kayes, Mali	LJG	Lijiang City, China	LWN	Gyoumri, Armenia
KYU	Koyukuk, AK USA	LJU	Ljubljana, Slovenia	LWO	Lviv, Ukraine
KZI	Kozani, Greece	LKB	Lakeba, Fiji	LWS	Lewiston, ID USA
KZN	Kazan, Russian Fed.	LKE	Seattle Lake Union Spb, WA USA	LWT	Lewistown, MT USA
KZO	Kzyl-Orda, Kazakhstan	LKG	Lokichoggio, Kenya	LWY	Lawas, Malaysia
KZS	Kastelorizo, Greece	LKH	Long Akah, Malaysia	LXA	Lhasa, China
		LKL	Lakselv, Norway	LXG	Luang Namtha, Laos
L		LKN	Leknes, Norway	LXR	Luxor, Egypt
LAD	Luanda, Angola	LKO	Lucknow, India	LXS	Limnos, Greece
LAE	Lae, Papua New Guinea	LLA	Lulea, Sweden	LYA	Luoyang, China
LAF	Lafayette, IN USA	LLF	Ling ling, China	LYC	Lycksele, Sweden
LAI	Lannion, France	LLI	Lalibela, Ethiopia	LYG	Lianyungang, China
LAK	Aklavik, NT Canada	LLU	Alluitsup Paa, Greenland	LYH	Lynchburg, VA USA
LAN	Lansing, MI USA	LLW	Lilongwe, Malawi	LYI	Linyi, China
LAO	Laoag, Philippines	LMA	Lake Minchumina, AK USA	LYP	Faisaiabad, Pakistan
LAP	La Paz, Mexico	LMC	Lamacarena, Colombia	LYR	Longyearbyen, Norway
LAQ	Beida, Libya	LME	Le Mans, France	LYS	Lyon, France
LAR	Laramie, WY USA	LMI	Lumi, Papua New Guinea	LZC	Lazaro Cardenas, Mexico
LAS	Las Vegas, NV USA	LML	Lae Is., Marshall Is.	LZH	Liuzhou, China
LAU	Lamu, Kenya	LMM	Los Mochis, Mexico	LZO	Luzhou, China
LAW	Lawton, OK USA	LMN	Limbang, Malaysia	LZR	Lizard Is., QL Australia
LAX	Los Angeles, CA USA	LMP	Lampedusa, Italy		
LBA	Leeds Bradford, UK	LMT	Klamath Falls, OR USA	**M**	
LBB	Lubbock, TX USA	LMY	Lake Murray, Papua New Guinea	MAA	Chennai, India
LBC	Hamburg Luebeck Airport, Germany	LNB	Lamen Bay, Vanuatu	MAB	Maraba, PA Brazil
LBD	Khudzhand, Tajikistan	LNE	Lonorore, Vanuatu	MAD	Madrid, Spain
LBE	Latrobe, PA USA	LNJ	Lincang, China	MAF	Midland/Odessa, TX USA
LBF	North Platte, NE USA	LNK	Lincoln, NE USA	MAG	Madang, Papua New Guinea
LBJ	Labuan Bajo, Indonesia	LNO	Leonora, WA Australia	MAH	Menorca, Spain
LBL	Liberal, KS USA	LNV	Lihir Is., Papua New Guinea	MAJ	Majuro, Marshall Is.
LBP	Long Banga, Malaysia	LNY	Lanai City, HI USA	MAK	Malakal, Sudan
LBS	Labasa, Fiji	LNZ	Linz, Austria	MAM	Matamoros, Mexico
LBU	Labuan, Malaysia	LOD	Longana, Vanuatu	MAN	Manchester, UK
LBV	Libreville, Gabon	LOE	Loei, Thailand	MAO	Manaus, AM Brazil
LBW	Long Bawan, Indonesia	LOH	Loja, Ecuador	MAQ	Mae Sot, Thailand
LCA	Larnaca, Cyprus	LON	London, UK	MAR	Maracaibo, Venezuela
LCE	La Ceiba, Honduras	LOS	Lagos, Nigeria	MAS	Manus Is., Papua New Guinea
LCG	La Coruna, Spain	LOV	Monclova, Mexico	MAT	Matadi, Congo Dem Rep Of.
LCH	Lake Charles, LA USA	LPA	Las Palmas, Canary Is.	MAU	Maupiti Is., French Polynesia
LCJ	Lodz, Poland	LPB	La Paz, Bolivia	MAV	Maloelap Is., Marshall Is.
LCY	London City Apt, UK	LPI	Linkoping, Sweden	MAY	Mangrove Cay, Bahamas
LDB	Londrina, PR Brazil	LPL	Liverpool, UK	MAZ	Mayaguez, Puerto Rico
LDE	Lourdes/Tarbes, France	LPM	Lamap, Vanuatu	MBA	Mombasa, Kenya
LDG	Leshukonskoye, Russian Fed.	LPP	Lappeenranta, Finland	MBE	Maryborough, QL Australia
LDH	Lord Howe Is., NS Australia	LPQ	Luang Prabang, Laos	MBH	Maryborough, QL Australia
LDI	Lindi, Tanzania Utd Rep Of,	LPS	Lopez Is., WA USA	MBJ	Montego Bay, Jamaica
LDU	Lahad Datu, Malaysia	LPT	Lampang, Thailand	MBL	Manistee, MI USA
LDY	Londonderry, UK	LPU	Long Apung, Indonesia	MBS	Saginaw, MI USA
LEA	Learmonth, WA Australia	LPY	Le Puy, France	MBT	Masbate, Philippines
LEB	Lebanon, NH USA	LQM	Puerto Leguizamo, Colombia	MCE	Merced, CA USA
LEC	Lencois, BA Brazil	LRD	Laredo, TX USA	MCG	McGarth, AK USA
LED	St. Petersburg, Russian Fed.	LRE	Longreach, QL Australia	MCI	Kansas City Intl Apt, MO USA
LEH	Le Havre, France	LRH	La Rochelle, France	MCK	McCook, NE USA
LEI	Almeria, Spain	LRM	Casa De Campo, Dom Rep	MCM	Monte Carlo, Monaco
LEJ	Leipzig/Halle, Germany	LRR	Lar, Iran Islamic Rep Of,	MCN	Macon, GA USA
LEL	Lake Evella, NT Australia	LRS	Leros, Greece	MCO	Orlando International Apt, FL USA
LEN	Leon, Spain	LRT	Lorient, France	MCP	Macapa, AP Brazil
LER	Leinster, WA Australia	LSA	Losuia, Papua New Guinea	MCQ	Miskolc, Hungary
LET	Leticia, Colombia	LSC	La Serena, Chile	MCT	Muscat, Oman
LEV	Bureta, Fiji	LSE	La Crosse, WI USA	MCV	McArthur River, NT Australia
LEX	Lexington, KY USA	LSH	Lashio, Myanmar	MCW	Mason City, IA USA
LFM	Lamerd, Iran Islamic Rep Of,	LSI	Shetland Isl Sumburgh Apt, UK	MCX	Makhachkala, Russian Fed.
		LSP	Las Piedras Venezuela		

City/airport codes

MCY	Sunshine Coast, QL Australia
MCZ	Maceio, AL Brazil
MDC	Manado, Indonesia
MDE	Medellin, Colombia
MDG	Mudanjiang, China
MDK	Mbandaka, Congo Dem Rep Of,
MDL	Mandalay, Myanmar
MDQ	Mar Del Plata, BA Argentina
MDS	Middle Caicos, Turks & Caicos Is.
MDT	Harrisburg International Apt, PA USA
MDU	Mendi, Papua New Guinea
MDW	Chicago Midway Apt, IL USA
MDZ	Mendoza, MD Argentina
MEC	Manta, Ecuador
MED	Madinah, Saudi Arabia
MEE	Mare, Loyalty Is.
MEH	Mehamn, Norway
MEI	Meridian, MS USA
MEL	Melbourne, VI Australia
MEM	Memphis, TN USA
MES	Medan, Indonesia
MEX	Mexico City, Mexico
MFA	Mafia, Tanzania Utd Rep Of.
MFE	McAllen, TX USA
MFJ	Moala, Fiji
MFM	Macau, Macao (SAR) China
MFR	Medford, OR USA
MFU	Mfuwe, Zambia
MGA	Managua, Nicaragua
MGB	Mt. Gambier, SA Australia
MGF	Maringa, PR Brazil
MGH	Margate, South Africa
MGL	Dusseldorf Moenchengladbach, Germany
MGM	Montgomery, AL USA
MGN	Magangue, Colombia
MGQ	Mogadishu, Somalia
MGS	Mangaia Is., Cook Is., S. Pacific
MGT	Milingimbi, NT Australia
MGW	Morgantown, WV USA
MGZ	Myeik, Myanmar
MHD	Mashad, Iran Islamic Rep Of,
MHG	Mannheim, Germany
MHH	Marsh Harbour, Bahamas
MHK	Manhattan, KS USA
MHP	Minsk International Apt 1, Belarus
MHQ	Mariehamn, Finland
MHT	Manchester, NH USA
MHU	Mt.Hotham, VI Australia
MHX	Manihiki Is., Cook Is., S. Pacific
MIA	Miami, FL USA
MID	Merida, Mexico
MIG	Mian Yang, China
MII	Marilia, SP Brazil
MIJ	Mili Is., Marshall Is.
MIK	Mikkeli, Finland
MIL	Milan, Italy
MIM	Merimbula, NS Australia
MIR	Monastir, Tunisia
MIS	Misima Is., Papua New Guinea
MIU	Maiduguri, Nigeria
MJA	Manja, Madagascar
MJB	Mejit Is., Marshall Is.
MJD	Mohenjodaro, Pakistan
MJE	Majkin, Marshall Is.
MJF	Mosjoen, Norway
MJI	Mitiga, Libya
MJK	Monkey Mia, WA Austr alia
MJL	Mouila, Gabon
MJM	Mbuji-Mayi, Congo Dem Rep Of,
MJN	Majunga, Madagascar
MJT	Mytilene, Greece
MJV	Murcia, Spain
MJZ	Mirnyi, Russian Fed.
MJC	Kansas City, MO USA
MKE	Milwaukee, WI USA
MKG	Muskegon, MI USA
MKJ	Makoua, congo
MKK	Molokai/Hoolehua, HI USA
MKL	Jackson, TN USA
MKM	Mukah, Malaysia
MKP	Makemo, French Polynesia
MKQ	Merauke, Indonesia
MKR	Meekatharra, WA Australia
MKS	Mekane Selanm, Ethiopia
MKU	Makokou, Gabon
MKW	Manokwari, Indonesia
MKY	Mackay, QL Australia
MKZ	Malacca, Malaysia
MLA	Malta
MLB	Melbourne, FL USA
MLE	Male, Maldives
MLH	Mulhouse France, Euroairport
MLI	Moline, IL USA
MLL	Marshall, AK USA
MLM	Morelia, Mexico
MLN	Melilla, Spain
MLO	Milos, Greece
MLS	Miles City, MT USA
MLU	Monroe, LA USA
MLW	Monrovia, Liberia
MLX	Malatya, Turkey
MLY	Manley Hot Springa, AK USA
MMA	Malmo, Sweden
MMB	Memambelsu, Japan
MME	Teesside, UK
MMG	Mt, Magnet, WA Australia
MMJ	Matsumoto, Japan
MMK	Murmansk, Russian Fed.
MMO	Maio, Cape Verde
MMX	Maimo Sturup Apt, Sweden
MMY	Miyako Jima, Japan
MNB	Moanda, Congo Dem Rep Of,
MNF	Mana Is., Fiji
MNG	Maningrida, NT Australia
MNJ	Mananjary, Madagascar
MNL	Manila, Philippines
MNT	Minto, AK USA
MNU	Maulmyine, Myanmar
MNY	Mono, Solomon Is.
MOA	Moa, Cuba
MOB	Mobile, AL USA
MOC	Montes Claros, MG Brazil
MOD	Modesto, CA USA
MOF	Maumere, Indonesia
MOI	Mitiaro Is., Cook Is., S. Pacific
MOL	Molde, Norway
MOQ	Morondava, Madagascar
MOT	Minot, ND USA
MOU	Mountaim Villae, AK USA
MOW	Moscow, Russian Fed.
MOZ	Moorea, French Polynesia
MPA	Mpacha, Namibia
MPB	Miami SPB, FL USA
MPH	Caticlan, Philippines
MPK	Mokpo, Korea Repubiic Of,
MPL	Montpellier, France
MPM	Maputo, Mozambique
MPN	Mt, Pleasant, Falkland Is.
MPW	Mariupol, Ukraine
MQF	Magnitogorsk, Russian Fed.
MQL	Mildura, VI Australia
MQM	Mardin, Turkey
MQN	Mo I Rana, Norway
MQP	Nelspruit, South Africa
MQT	Marquette, MI USA
MQX	Makale, Ethiopia
MRA	Misurata, Libya
MRD	Merida, Venezuela
MRE	Mara Lodges, Kenya
MRQ	Marinduque, Philippines
MRS	Marseille, France
MRU	Mauritius
MRV	Mineralnye Vody, Russian Fed.
MRY	Monterey, CA USA
MRZ	Moree, NS Australia
MSA	Muskrat Barn, ON Canada
MSE	Manston, UK
MSJ	Misawa, Japan
MSL	Muscle Shoals, AL USA
MSN	Madison, WI USA
MSO	Missoula, MT USA
MSP	Minneapolis/St. Paul, MN USA
MSQ	Minsk, Belarus
MSR	Mus, Turkey
MSS	Massena, NY USA
MST	Maastricht, Netherlands
MSU	Maseru, Lesotho
MSY	New Orleans, LA USA
MTF	Mizan Teferi, Ethiopia
MIH	Marathon, FL USA
MTJ	Montrise, CO USA
MTM	Metlakatla, AK USA
MTR	Monteria, Colombia
MTS	Manzini, Swaziland
MTT	Minatitlan, Mexico
MTV	Mota Lava, Vanuatu
MTY	Monterrey, Mexico
MUA	Munda, Solomon Is.
MUB	Maun, Botswana
MUC	Munich, Germany
MUE	Kamuela, HI USA
MUH	Mersa Matruh, Egypt
MUK	Mauke Is., Cook Is., S. Pacific
MUN	Maturin, Venezuela
MUR	Marudi, Malaysia
MUX	Multan, Pakistan
MVB	Franceville, Gabon
MVD	Montevideo, Uruguay
MVP	Mitu, Colombia
MVR	Maroua, Cameroon
MVS	Mucuri, BA Brazil
MVY	Marthas Vineyard, MA USA
MWA	Marion, IL USA
MWE	Merowe, Sudan
MWF	Maewo, Vanuatu
MWH	Moses Lake, WA USA
MWI	Maramuni, Papua New Guinea
MWP	Mountain, Nepal
MWQ	Magwe, Myanmar
MWZ	Mwanza, Tanzania Utd Rep Of,
MXH	Moro, Papua New Guinea
MXL	Mexicali, Mexico
MXM	Morombe, Madagascar
MXP	Milan Malpensa Apt, Italy
MXS	Maota Savail Is, Samoa
MXT	Maintirano, Madagascar
MXV	Moron, Mongolia
MXW	Mandalgobi, Mongolia
MXX	Mora, Sweden
MXZ	Meixian, China
MYA	Moruya, NS Australia
MYB	Mayournba, Gabon
MYD	Malindi, Kenya
MYG	Mayaguana, Bahamas
MYI	Murray Is., QL Australia
MYJ	Matsuyama, Japan
MYL	McCall, ID USA
MYR	Myrtle Beach, SC USA
MYT	Myitkyina, Myanmar
MYU	Mekoryuk, AK USA
MYW	Mtwara, Tanzania Utd Rep Of,
MYY	Miri, Malaysia
MZG	Makung, Chinese Taipei
MZL	Manizales, Colombia
MZO	Manzanillo, Cuba
MZT	Mazatlan, Mexico
MZV	Mulu, Malaysia

N

NAA	Narrabri, NS Australia
NAG	Nagpur, India
NAJ	Nakhichevan, Azerbaijan
NAK	Nakhon Ratchasima, Thailand
NAL	Naichik, Russian Fed.
NAN	Nadi, Fiji
NAP	Naples, Italy
NAQ	Qaanaaq, Greenland
NAS	Nassau, Bahamas
NAT	Natal, RN Brazil
NAW	Narathiwat, Thailand
NBO	Nairobi, Kenya
NBW	Guantanamo Nas, Cuba
NCA	North Caicos, Turks & Caicos Is.
NCE	Nice, France
NCL	Newcastle, UK
NCP	Luzon Is., Philippines
NCU	Nukus, Uzbekistan
NCY	Annecy, France
NDB	Nouadhibou, Mauritania
NDG	Qiqihar, China
NDJ	N Djamena, Chad
NDK	Namdrik Is., Marshall Is.
NDR	Nador, Morocco
NDY	Sanday, UK
NDZ	Nordholz-Spieka, Germany
NEG	Negril, Jamaica
NER	Neryungri, Russian Fed.
NEV	Nevis, Leeward Is.
NFG	Nefteyugansk, Russian Fed.
NFO	Niuafo ou, Tonga
NGB	Ningbo, China
NGE	N Gaoundere, Cameroon
NGI	Ngau Is., Fiji
NGO	Nagoya, Japan
NGS	Nagasaki, Japan
NGX	Manang, Nepal

265

City/airport codes

NHA	Nha-Trang, Viet Nam
NHV	Nuku Hiva, French Polynesia
NIB	Nikolai, AK USA
NIM	Niamey, Niger
NJC	Nizhnevartovsk, Russian Fed.
NKC	Nouakchott, Mauritania
NKG	Nanjing, China
NKI	Naukiti, AK USA
NKN	Nankina, Papua New Guinea
NKY	Nkayi, Congo
NLA	Ndola, Zambia
NLD	Nuevo Laredo, Mexico
NLF	Darnley Is., QL Australia
NLG	Nelson Lagoon, AK USA
NLK	Norfolk Is.
NLV	Nikolaev, Ukraine
NMA	Namangan, Uzbekistan
NME	Nightmute, AK USA
NNB	Santa Ana Is., Solomon Is.
NNG	Nanning, China
NNL	Nondalton, AK USA
NNM	Naryan-Mar, Russian Fed.
NNT	Nan, Thailand
NNX	Nunukan, Indonesia
NNY	Nanyang, China
NOC	Knock, Ireland Republic Of
NOJ	Nojabrxsk, Russian Fed.
NOM	Nomad River, Papua New Guinea
NOS	Nossi-Be, Madagascar
NOU	Noumea, New Caledonia
NOZ	Novokuznelsk, Russia Fed.
NPE	Napier-Hastings, New Zealand
NPL	New Plymouth, New Zealand
NQN	Neuquen, NE Argentina
NQT	Nottingham, UK
NQU	Nuqui, Colombia
NQY	Newquay, UK
NRA	Narrandera, NS Australia
NRK	Norrkopina, Sweden
NRL	North Ronaldsay, UK
NRN	Niederrhein, Germany
NRT	Tokyo Narita Apt, Japan
NSB	Bimini North Spb, Bahamas
NSH	Now Shanr, Iran Islamic Rep Of
NSI	Yaounde Nsimalen Apt, Cameroon
NSK	Norilsk, Russian Fed.
NSN	Nelson, New Zealand
NST	Nakhon Si Thammarat, Thailand
NTE	Nantes, France
NTG	Nantong, China
NTL	Newcastle, NS Australia
NTN	Normanton, QL Australia
NTO	Santo Antao, Cape Verde
NTQ	Wajima, Japan
NTT	Niuatoputapu, Tonga
NTY	Sun City, South Africa
NUB	Numbulwar, NT Australia
NUE	Nuremberg, Germany
NUI	Nuiqsut, AK USA
NUL	Nulato, AK USA
NUP	Nunapitchuk, AK USA
NUS	Norsup, Vanuatu
NUX	Novy Urengoy, Russian Fed.
NVA	Neiva, Colombia
NVK	Narvik, Norway
NVT	Navegantes, SC Brazil
NWI	Norwich, UK
NYC	New York, NY USA
NYK	Nanyuki, Kenya
NYM	Nadyn, Russian Fed.
NYO	Stockholm Skavsta Airport, Sweden
NYU	Nyaung-U, Myanmar

O

OAG	Orange, NS Australia
OAJ	Jacksonville, NC USA
OAK	Oakland, CA USA
OAX	Oaxaca, Mexico
OBO	Obihiro, Japan
OBU	Kobuk, AK USA
OBX	Obo, Paua New Guinea
OCC	Coca, Ecuador
OCJ	Ocho Rios, Jamaica
ODE	Odense, Denmark
ODN	Long Seridan, Malaysia
ODS	Odessa, Ukraine
ODW	Oak Harbor, WA USA
ODY	Oudomxay, Laos
OER	Ornskoldsvik, Sweden
OES	San Antonio Oeste, RN Argentina
OFK	Norfolk, NE USA
OGG	Kahului, Maui, HI USA
OGN	Yonaguni Jima, Japan
OGS	Ogdensburg, NY USA
OGX	Ouargla, Algeria
OGZ	Vladikavcaz, Russian Fed.
OHD	Ohrid, Macedonia FYR
OHO	Okhotsk, Russian Fed.
OIM	Oshima, Japan
OIR	Okushiri, Japan
OIT	Oita, Japan
OKA	Okinawa, Japan
OKC	Oklahoma City, OK USA
OKD	Sapporo Okadama Apt, Japan
OKE	Okino Erabu, Japan
OKI	Oki Is., Japan
OKJ	Okayama, Japan
OKR	Yorke Is., QL Australia
OKU	Mokuti Lodge, Namibia
OKY	Oakey, QL Australia
OLA	Orland, Norway
OLB	Olbia, Italy
OLF	Wolf Point, MT USA
OLJ	Olpoi, Vanuatu
OLK	Fuerte Olimpo, Paraguay
OLM	Olympia, WA USA
OLP	Olympic Dam, SA Australia
OMA	Omaha, NE USA
OMB	Omboue, Gabon
OMD	Oranjemund, Namibia
OME	Nome, AK USA
OMH	Urmieh, Iran Islamic Rep Of
OMO	Mostar, Bosnia And Herzegovina
OMR	Oradea, Romania
OMS	Omsk, Russian Fed.
OND	Ondangwa, Namibia
ONG	Mornington Is., QL Australia
ONJ	Odate Noshiro, Japan
ONT	Ontario, CA USA
ONX	Colon, Panama
OOK	Toksook Bay, AK USA
OOL	Gold Coast, QL Australia
OOM	Cooma, NS Australia
OPO	Porto, Portugal
OPS	Sinop, MT Brazil
OPU	Balimo, Papua New Guinea
ORB	Orebro, Sweden
ORD	Chicago O Hare Intl Apt, IL USA
ORF	Norfolk/Va.Bch/Wmbg, VA USA
ORG	Paramaribo Zorg En Hoop Apt, Surinam
ORK	Cork, Ireland Republic Of
ORL	Orlando, FL USA
ORN	Oran, Algeria
ORT	Northway, AK USA
ORV	Noorvik, AK USA
ORY	Paris Orly, Apt, France
OSA	Osaka, Japan
OSD	Ostersund, Swesen
OSI	Osijek, Croatia
OSK	Oskarshamn, Sweden
OSL	Oslo, Norway
OSR	Ostrava, Czech Republic
OSS	Osh, Kyrgyzstan
OST	Ostend, Belgium
OSW	Orsk, Russian Fed.
OSY	Namsos, Norway
OTD	Contadora, Panama
OTH	North Bend, OR USA
OTP	Bucharest Otopeni Apt, Romania
OTS	Anacortes, WA USA
Out	Otu, Colombia
OTZ	Kotzebue, AK USA
OUA	Ouagadougou, Burkina Faso
OUD	Oujda, Morocco
OUE	Ouesso, Congo
OUL	Oulu, Finland
OUZ	Zouerate, Mauritania
OVB	Novosibirsk, Russian Fed.
OBD	Asturias, Spain
OWB	Owensboro, KY USA
OXB	Bissau, Guinea-Bissau
OXF	Oxford, UK
OXR	Oxnard/Ventura, CA USA
OYE	Oyem, Gabon
OYG	Moyo, Uganda
OZH	Zaporozhye, Ukraine
OZZ	Ouarzazate, Morocco

P

PAC	Panama City Paitilla Apt, Panama
PAD	Paderborn, Germany
PAF	Pakuba, Uganda
PAH	Paducah, KY USA
PAP	Pt. Au Prince, Haiti
PAR	Paris, France
PAS	Paros, Greece
PAT	Patna, India
PAX	Pt. De Paix, Haiti
PAZ	Poza Rica, Mexico
PBC	Puebla, Mexico
PBD	Porbandar, India
PBE	Puerto Berrio, Colombia
PBH	Paro, Bhutan
PBI	West Palm Beach, FL USA
PBJ	Paama, Vanuatu
PBM	Paramaribo, Suriname
PBO	Paraburdoo, WA Australia
PBU	Putao, Myanmar
PBZ	Plettenberg Bay, South Africa
PCA	Portage Creek, AK USA
PCH	Palacios, Honduras
PCL	Pucallpa, Peru
PCP	Principe Is.
PCR	Puerto Carreno, Colombia
PDA	Puerto Inirida, Colombia
PDB	Pedro Bay, AK USA
PDG	Padang, Indonesia
PDL	Ponta Delgada, Portugal (Azores)
PDP	Punta Del Este, Uruguay
PDS	Piedras Negras, Mexico
PDT	Pendleton, OR USA
PDX	Portland, OR USA
PEC	Pelican, AK USA
PEE	Perm, Russian Fed.
PEG	Perugia, Italy
PEI	Pereira, Colombia
PEK	Beijing Capital Apt, China
PEM	Puerto Maldonado, Peru
PEN	Penang, Malaysia
PER	Perth, WA Australia
PES	Petrozavodsk, Russian Fed.
PEU	Puerto Lempira, Honduras
PEW	Peshawar, Pakistan
PEX	Pechora, Russian Fed.
PFB	Passo Fundo, RS Brazil
PFN	Panama City, FL USA
PFO	Paphos, Cyprus
PGA	Page, AZ USA
PGF	Perpignan, France
PGK	Pangkalpinang, Indonesia
PGM	Pt. Graham, AK USA
PGV	Greenville, NC USA
PGX	Perigueux, France
PHC	Pt. Harcourt, Nigeria
PHE	Pt. Hedoand, WA Australia
PHF	Newport, News/Wmbg, VA USA
PHL	Philadelphia, PA USA
PHO	Point Hope, AK USA
PHS	Phitsanulok, Thailand
PHW	Phalaborwa, South Africa
PHX	Phoenix, AZ USA
PHY	Phetchabun, Thailand
PIA	Peoria, IL USA
PIB	Hattiesburg-Laurel Regional, MS US
PID	Nassau Paradise Island, Bahamas
PIE	St petersburg, FL USA
PIF	Pingtung, Chinese Taipei
PIH	Pocatello, ID USA
PIK	Glasgow Prestwick Apt, UK
PIP	Pilot Point, AK USA
PIR	Pierre, SD USA
PIS	Poitiers, France
PIT	Pittsburgh, PA USA
PIU	Piura, Peru
PIX	Pico Is., Portugal (Azores)
PIZ	Point Lay, AK USA
PJA	Pajala, Sweden
PJG	Panjgur, Pakistan
PKA	Napaskiak, AK USA
PKB	Parkersburg, WV USA
PKC	Petropavlovsk-Kamchats, Russian Fed
PKE	Parkes, NS Australia
PKG	Pangkor, Malaysia
PKN	Pangkalanbun, Indonesia
PKR	Polhara, Nepal
PKU	Pekanbaru, Indonesia

City/airport codes

PKY	Palangkaraya, Indonesia
PKZ	Pakse, Laos
PLB	Plattsburgh, NY USA
PLH	Plymouth, UK
PLJ	Placencia, Belize
PLM	Palembang, Indonesia
PLN	Pellston, MI USA
PLO	Pt. Lincoln, SA Australia
PLP	La Palma, Panama
PLQ	Palanga, Lithuania
PLS	Providenciales, Turks & Caicos Is.
PLU	Belo Horizonte Pampulha Apt, MG Brazil
PLV	Poltava, Ukraine
PLW	Palu, Indonesia
PLX	Semipalatinsk, Kazakhstan
PLZ	Pt. Elizabeth, South Africa
PMA	Pemba Tanzania Utb Ren Of.
PMC	Puerto Montt, Chile
PMF	Milan Parma Apt, Italy
PMI	Palma Mallorca, Spain
PML	Pt. Moller, AK USA
PMN	Pumani, Papua New Guinea
PMO	Palermo, Italy
PMR	Palmerston North, New Zealand
PMV	Porlamar, Venezuela
PMW	Palmas, TO Brazil
PMY	Puerto Madryn, CB Argentina
PNA	Pamplona, Spain
PNC	Ponca City, OK USA
PND	Punta Gorda, Belize
PNF	Petersons Point, AK USA
PNH	Phnom Penh, Cambodia
PNI	Pohnpei, Micronesia
PNK	Pontianak, Indonesia
PNL	Pantelleria, Italy
PNP	Popondetta, Papua New Guinea
PNQ	Pune, India
PNR	Pointe Noire, Congo
PNS	Pensacola, FL USA
PNZ	Petjrolina, PE Brazil
POA	Porto Alegre, RS Brazil
POG	Pt. Gentil, Gabon
POL	Pemba, Mozambique
POM	Pt. Moresby, Papua New Guinea
POP	Puerto Plata, Bom Rep
POR	Pori, Finland
POS	Pt. Of Spain, Trinidad & Tobago
POT	Pt. Antonio, Jamaica
POU	Poughkeepsie, NY USA
POZ	Poznan, Poland
PPB	President Prudente, SP Brazil
PPG	Pago Pago, American Samoa
PPK	Petropavlovsk, Kazakhstan
TPN	Popayan, Colombia
PPP	Proserpine, QL Australia
PPS	Puerto Princesa, Philippines
PPT	Papeete, French Polynesia
PPV	Pt. Protection, AK USA
PPW	Papa Westray, UK
PQC	Phuquoc, Viet Nam
PQI	Presque Isle, ME USA
PQQ	Pt. Macquarie, NS Australia
PQS	Pilot Station, AK USA
PRA	Parana, ER Argentina
TRC	Prescott, AZ USA
PRG	Prague, Czech Republic
PRH	Phrae, Thailand
PRI	Praslin Is., Seychelles
PRN	Pristina, Yugoslavia
PRS	Parasi, Solomon Is.
TSA	Florence Pisa Airport, Italy
PSC	Pasco, WA USA
PSE	Ponce, Puerto Rico
PSG	Petersburg, AK USA
PSI	Pasni, Pakistan
PSM	Portsmouth, NH USA
PSO	Pasto, Colombia
PSP	Palm Springs, CA USA
PSR	Pescara, Italy
PSS	Posadas, MI Argentina
PSU	Putussibau, Indonesia
PSZ	Puerto Suarez, Bolivia
PTA	Pt. Alsworth, AK USA
PTF	Malololailai, Fiji
PTG	Polokwane, South Africa
PTH	Pt. Heiden, AK USA
PTJ	Portland, VI Australia
PTP	Pointe-A-Pitre, French Antilles
PTU	Platinum, AK USA
PTY	Panama City, Panama
PUB	Pueblo, CO USA
PUF	Pau, France
PUG	Pt. Augusta, SA Australia
PUJ	Punta Cana, Dom Rep
PUQ	Punta Arenas, Chile
PUS	Busan, Korea Republic Of.
PUT	Puttaparthi, India
PUU	Puerto Asis, Colombia
PUW	Pullman, WA USA
PUY	Pula, Croatia
PUZ	Puerto Cabezas, Nicaragua
PVA	Providencia, Colombia
PVC	Provincetown, MA USA
PVD	Providence, RI USA
PVG	Shanghai Pu Dogn Apt, China
PVH	Porto Velho, RO Brazil
PVK	Preveza/Lefkas, Greece
PVR	Puerto Vallarta, Mexico
PWK	Chicago Palwaukee Apt, IL USA
PWM	Portland, ME USA
PWQ	Pavlodar, Kazakhstan
PXM	Puerto Escondido, Mexico
PXO	Porto Santo, Portugal (Madeira)
PXU	Pleiku, Viet Nam
PYE	Penrhyn Is., Cook Is., S. Pacific
PYH	Puerto Ayacucho, Venezuela
PYJ	Polyarnyj, Russian Fed.
PZB	Pietermaritzburg, South Africa
PZE	Penzance, UK
PZO	Puerto Ordaz, Venezuela
PZU	Pt. Sudan, Sudan

Q

QBC	Bella Coola, BC Canada
QCU	Akunnaaq, Greenland
QFI	Iginniarfik, Greentand
QFZ	Saarbruecken Hbf Rail Station, Germany
QGQ	Attu, Greenland
QGY	Gyor Bus Station, Hungary
QJE	Kitsissuarsuit, Greenland
QJI	Ikamiut, Greenland
QKL	Cologne Main Rail Station, Germany
QMK	Niaqornaarsuk, Greenland
QPJ	Pecs Bus Station, Hungary
QPL	Ploiesti Bus Station, Romania
QPW	Kangaatsiaq, Greenland
QRO	Queretaro, Mexico
QRW	Warri, Nigeria
QRY	Ikerasaarsuk, Greenland
QUP	Saqqaq, Greenland
QXG	Angers Rail Station, France
QZD	Szeged Bus Station, Hungary

R

RAB	Rabaul, Papua New Guinea
RAE	Arar, Saudi Arabia
RAH	Rafha, Saudi Arabia
RAI	Praia, Cape Verde
RAJ	Rajkot, India
RAK	Marrakech, Morocco
RAM	Ramingining, NT Australia
RAO	Ribeirao Preto, SP Brazil
RAP	Rapid City, SD USA
RAR	Rarotonga, Cook Is., S. Pacific
RAS	Rasht, Iran Islamic Rep Of,
RAT	Raduzhnyi, Russian Fed.
RBA	Rabat, Morocco
RBE	Ratanankiri, Cambodia
RBH	Brooks Lodge, AK USA
RBP	Rabaraba, Papua New Guinea
RBR	Rio Branco, AC Brazil
RBV	Ramata, Solomon Is.
RBY	Ruby, AK USA
RCB	Richards Bay, South Africa
RCE	Roche Harbor, WA USA
RCH	Riohacha, Colombia
RCL	Redcliffe, Vanuatu
RCM	Richmond, QL Australia
RDD	Redding, CA USA
RDG	Reading, PA USA
RDM	Redmond, OR USA
RDU	Raleigh/Durham, NC USA
RDV	Red Devil, AK USA
RDZ	Rodez, France
REC	Recife, PE Brazil
REG	Reggio Calabria, Italy
REK	Reykjavik, Iceland
REL	Trelew, CB Argentina
REN	Orenburg, Russian Fed.
REP	Siem Reap, Cambodia
RES	Rsistencia, CH Argentina
RET	Rost, Norway
REU	Reus, Spain
REX	Reynosa, Mexico
RFP	Raiatea Is., French Polynesia
RGA	Rio Grande, TF Argentina
RGI	Rangiroa Is., French Polynesia
RGL	Rio Gallegos, SC Argentina
RGN	Yangon, Myanmar
RHE	Reims, France
RHI	Rhinelander, WI USA
RHN	Rosh Pina, Namibia
RHO	Rhodes, Greece
RIC	Richmond/Wmbg, VA USA
RIN	Ringi Cove, Solomon Is.
RIO	Rio De Janeiro, RJ Brazil
RIS	Rishiri, Japan
RIW	Riverton, WY USA
RIX	Riga, Latvia
RIY	Riyan Mukalla, Yemen
RJH	Rajshahi, Bangladesh
RJK	Rijeka, Croatia
RJN	Rafsanjan, Iran Islamic Rep Of.
RKD	Rockland, ME USA
RKE	Copenhagen Roskilde Apt, Denmark
RKS	Rock Springs, WY USA
RKT	Ras Al Khaimah, United Arab Emirates
RKV	Reykjavik Apt, Iceland
RLG	Rostock-Laage, Germany
RMA	Roma, QL Australia
RMF	Marsa Alam, Egypt
RMI	Rimini, Italy
RMP	Rampart, AK USA
RNA	Arona, Solomon Is.
RNB	Ronneby, Sweden
RNI	Com Is., Nicaragua
RNJ	Yoronjima, Japan
RNL	Rennell, Solomon Is.
RNN	Bornholm, Denmark
RNO	Reno. NV USA
RNP	Rongelap Is., Marshall Is.
RNS	Rennes, France
ROA	Roanoke, VA USA
ROB	Monrovia Roberts International Apt, Liberia
ROC	Rochester, NY USA
ROI	Roi Et, Thailand
ROK	Rockhampton, QL Australia
ROM	Rome, Italy
ROP	Rota, Mariana Is.
ROR	Koror, Palau Is., Pacific Ocean
ROS	Rosario, SF Argentina
ROT	Rotorua, New Zealand
ROV	Rostov, Russian Fed.
ROW	Roswell, NM USA
RPR	Raipur, India
RRG	Rodrigues Is., Mauritius
RRS	Roros, Norway
RSA	Santa Rosa, LP Argentina
RSD	Rock Sound, Bahamas
RSH	Russian Mission, AK USA
RSJ	Rosario, WA USA
RST	Rochester, MN USA
RSU	Yeosu, Korea Republic Of.
RSW	SW Florida Regional Apt, FL USA
RTA	Rotuma Is., Fiji
RTB	Roatan, Honduras
RTM	Rotterdam, Netherlands
RTW	Saratov, Russian Fed.
RUA	Arua, Uganda
RUH	Riyadh, Saudi Arabia
RUN	St, Denis De La Reunion, Ind. Oc.
RUR	Rurutu, French Polynesia
RUT	Rutland, VT USA
RVA	Farafangana, Madagascar
RVE	Saravena, Colombia
RVK	Roervik, Norway
RVN	Rovaniemi, Finland
RVV	Rairua, French Polynesia
RXS	Roxas, Philippines
RYK	Rahim Yar Khan, Pakistan
RZE	Rzeszow, Poland
RZR	Ramsar, Iran Islamic Rep Of.

S

SAB	Saba, Netherlands Antilles

City/airport codes

SAC	Sacramento, CA USA
SAF	Santa Fe, NM USA
SAH	Sanaa, Yemen
SAK	Saudarkrokur, Iceland
SAL	San Salvader, El Salvador
SAM	Salamo, Papua New Guinea
SAN	San Diego, CA USA
SAO	Sao Paulo, SP Brazil
SAP	San Pedro Sula, Honduras
SAQ	San Andros, Bahamas
SAT	San Antonio, TX USA
SAV	Savannah, GA USA
SAU	Siena, Italy
SBA	Santa Barbara, CA USA
SBH	St. Barthelemy, French Antilles
SBN	South Bend, IN USA
SBP	San Luis Obispo County Apt, CA USA
SBR	Saibai Is., QL Australia
SBS	Steamboat Springs, CO USA
SBU	Springbok, South Africa
SBW	Sibu, Malaysia
SBY	Salisbury–Ocean City, MD USA
SBZ	Sibiu, Romania
SCC	Prudhoe Bay/Deadhorse, AK USA
SCE	State College, PA USA
SCI	San Cristobal, Venezuela
SCJ	Smith Cove, AK USA
SCK	Sacramento Stockton Airport, CA USA
SCL	Santiago, Chile
SCM	Scammon Bay, AK USA
SCN	Saarbrucken, Germany
SCO	Aktau, Kazakhstan
SCQ	Santiago De Compostela, Spain
SCT	Socotra, Yemen
SCU	Santiago, Cuba
SCV	Suceava, Romania
SCW	Syktyvkar, Russian Fed.
SCX	Salina Cruz, Mexico
SCY	San Cristobal, Ecuador
SCZ	Santa Cruz Is., Solomon Is.
SDD	Lubango, Angola
SDE	Santiago Del Estero, SE Argentina
SDF	Louisville, KY USA
SDG	Sanandaj, Iran Islamic Rep Of.
SDI	Saidor, Papua New Guinea
SDJ	Sendai, Japan
SDK	Sandakan, Malaysia
SDL	Sundsvall, Sweden
SDN	Sandane, Norway
SDP	Sand Point, AK USA
SDQ	Santo Domingo, Dom Rep
SDR	Santander, Spain
SDU	Rio De Janeiro Santos Dumont, RJ Brazil
SDV	Yafo Sde Dov, Israel
SDY	Sidney, MT USA
SDZ	Shetland Is., UK
SEA	Seattle/Tacoma, WA USA
SEB	Sebha, Libya
SEL	Seoul, Korea Republic Of,
SEN	Southend, UK
SEY	Selibaby, Mauritania
SEZ	Mahe Is., Seychelles
SFA	Sfax, Tunisia
SFB	Orlando Sanford Apt, FL USA
SFG	St. Martin, French Antilles
SFJ	Kangerlussuaq, Greenland
SFL	Sao Filipe, Cape Verde
SFN	Santa Fe, SF Argentina
SFO	San Francisco, CA USA
SFQ	Sanliurfa, Turkey
SFS	Subic Bay, Philippines
SFT	Skellefteå, Sweden
SGC	Surgut, Russian Fed.
SGD	Sonderborg, Denmark
SGF	Springfield, MO USA
SGN	Ho Chi Minh City, Viet Nam
SGO	St George, QL Australia
SGU	St George, UT USA
SGY	Skagway, AK USA
SHA	Shanghai, China
SHB	Nakashibetsu, Japan
SHC	Indaselassie, Ethiopia
SHD	Shenandoah Valley, VA USA
SHE	Shenyang, China
SHG	Shungnak, AK USA
SHH	Shishmaref, AK USA
SHJ	Sharjah, United Arab Emirates
SHL	Shillong, India
SHM	Nanki Shirahama, Japan
SHR	Sheridan, WY USA
SHV	Shreveport, LA USA
SHW	Sharurah, Saudi Arabia
SHX	Shageluk, AK USA
SHY	Shinyanga, Tanzania Utd Rep Of,
SIA	Xi An, China
SID	Sal, Cape Verde
SIF	Simara, Nepal
SIG	San Juan Isla Grande Apt, Puerto Rico
SIN	Singapore
SIP	Simferopol, Ukraine
SIT	Sitka, AK USA
SJC	San Jose, CA USA
SJD	Los Cabos, Mexico
SJE	San Jose Del Guaviare, Colombia
SJI	San Jose, Philippines
SJJ	Sarajevo, Bosnia And Herzegovina
SJO	San Jose, Costa Rica
SJP	Sao Jose Do Rio Preto, SP Brazil
SJT	San Angelo, TX USA
SJU	San Juan, Puerto Rico
SJW	Shijiazhuang, China
SJY	Seinajoki, Finland
SJZ	Sao Jorge Is., Portugal (Azores)
SKB	St. Kitts, Leeward Is.
SKD	Samarkand, Uzbekistan
SKG	Thessaloniki, Greece
SKK	Shaktoolik, AK USA
SKN	Stokmarknes, Norway
SKO	Sokoto, Nigeria
SKP	Skopje, Macedonia FYR
SKU	Skiros, Greece
SKZ	Sukkur, Pakistan
SLA	Saita, SA Argentina
SLC	Salt Lake City, UT USA
SLD	Sliac, Slovakia
SLH	Sola, Vanuatu
SLK	Saranac Lake, NY USA
SLL	Salalah, Oman
SLM	Salamanca, Spain
SLN	Salina, KS USA
SLP	San Luis Potosi, Mexico
SLQ	Sleetmute, AK USA
SLU	St. Lucia, West Indies
SLW	Saltillo, Mexico
SLX	Salt Cay, Turks & Caicos Is.
SLY	Salehard, Russian Fed.
SLZ	Sao Luiz, MA Brazil
SMA	Santa Maria, Portugal (Azores)
SMF	Sacramento International Apt, CA USA
SMI	Samos, Greece
SMK	St. Michael, AK USA
SML	Stella Maris, Long Is., Bahamas
SMN	Salmon, ID USA
SMQ	Sampit, Indonesia
SMR	Santa Marta, Colombia
SMS	Sainte Marie, Madagascar
SMX	Santa Maria, CA USA
SNA	Orange County, CA USA
SNE	Sao Nicolau, Cape Verde
SNN	Shannon, Ireland Republic Of,
SNO	Sakon Nakhon, Thailand
SNP	St. Paul Is., AK USA
SNW	Thandwe, Myanmar
SOC	Solo City, Indonesia
SOF	Sofia, Bulgaria
SOG	Sogndal, Norway
SOI	South Molle Is., QL Australia
SOJ	Sorkjosen, Norway
SON	Espiritu Santo, Vanuatu
SOQ	Sorong, Indonesia
SOU	Southampton, UK
SOV	Seldovia, AK USA
SOW	Show Low, AZ USA
SOY	Stronsay, UK
SPB	St Thomas Spb, Virgin Is.
SPC	Santa Cruz De La Palma, Canary Is.
SPD	Saidpur, Bangladesh
SPI	Springfield, IL USA
SPK	Sapporo, Japan
SPN	Saipan, Mariana Is.
SPR	San Pedro, Belize
SPS	Wichita Falls, TX USA
SPU	Split, Croatia
SQG	Sintang, Indonesia
SQH	Son-La, Viet Nam
SQO	Storuman, Sweden
SRE	Sucre, Bolivia
SRG	Semarang, Indonesia
SRI	Samarinda, Indonesia
SRP	Stord, Norway
SRQ	Sarasota/Bradenton, FL USA
SRV	Stony River, AK USA
SRX	Sert, Libya
SRY	Sary, Iran Islamic Rep Of,
SRZ	Santa Cruz, Bolivia
SSA	Salvador, BA Brazil
SSB	St Croix Spb, Virgin Is.
SSG	Malabo, Equatorial Guinea
SSH	Sharm El Sheikh, Egypt
SSI	Brunswick, GA USA
SSJ	Sandnessjoen, Norway
SSM	Sault Ste Marie, MI USA
SSR	Sara, Vanuatu
SSX	Samsun, Turkey
STB	Santa Barbara Zulia, Venezuela
STC	St. Cloud, MN USA
STD	Santo Domingo, Venezuela
STG	St. George Is., AK USA
STI	Santiago, Dom Rep
STL	St. Louis, MO USA
STM	Santarem, PA Brazil
STN	London Stansted Apt, UK
STO	Stockholm, Sweden
STR	Stuttgart, Germany
STT	St. Thomas, Virgin Is.
STW	Stavropol, Russian Fed.
STX	St. Croix, Virgin Is.
SUB	Surabaya, Indonesia
SUF	Lamezia Terme, Italy
SUG	Surigao, Philippines
SUJ	Satu Mare, Romania
SUL	Sui, Pakistan
SUN	Sun Valley, ID USA
SUR	Summer Beaver, ON Canada
SUV	Suva, Fiji
SUX	Sioux City, IA USA
SVA	Savoonga, AK USA
SVB	Sambava, Madagascar
SVC	Silver City, NM USA
SVD	St. Vincent
SVG	Stavanger, Norway
SVI	San Vicente Del Caguan, Colombia
SVJ	Svolvaer, Norway
SVL	Savonlinna, Finland
SVO	Moscow Sheremetyevo Apt, Russian Fed.
SVQ	Seville, Spain
SVS	Stevens Village, AK USA
SVU	Savusavu, Fiji
SVX	Ekaterinburg, Russian Fed.
SVZ	San Antonio, Venezuela
SWA	Shantou, China
SWF	Poughkeepsie Stewart Airport, NY USA
SWJ	South West Bay, Vanuatu
SWQ	Swakopmund, Namibia
SWQ	Sumbawa, Indonesia
SWS	Swansea, UK
SXB	Strasbourg, France
SXF	Berlin Schonefeld Apt, Germany
SXH	Sehulea, Papua New Guinea
SXL	Sligo, Ireland Republic Of,
SXM	St. Maarten, Netherlands Antilles
SXP	Sheldon Point, AK USA
SXR	Srinagar, India
SYD	Sydney, NS Australia
SYM	Simao, China
SYO	Shonai, Japan
SYR	Syracuse, NY USA
SYU	Warraber Is., QL Australia
SYX	Sanya, China
SYY	Stornoway, UK
SYZ	Shiraz, Iran Islamic Rep Of,
SZB	Sultan Abdul Aziz Shah Apt, Malaysia
SZF	Samsun Carsamba Airport, Turkey
SZG	Salzburg, Austria
SZT	San Cristobal De Las Casas, Mexico
SZX	Shenzhen, China
SZZ	Szczecin, Poland

T

TAB	Tobago, Trinidad & Tobago
TAC	Tacloban, Philippines
TAE	Daegu, Korea Republic Of,
TAG	Tagbilaran, Philippines
TAH	Tanna, Vanuatu
TAJ	Tadji, Papua New Guinea
TAK	Takamatsu, Japan

City/airport codes

TAL	Tanana, AK USA
TAM	Tampico, Mexico
TAO	Qingdao, China
TAP	Tapachula, Mexico
TAS	Tashkent, Uzbekistan
TBB	Tuyhoa, Viet Nam
TBG	Tabubil, Papua New Guinea
TBI	The Bight, Bahamas
TBJ	Tabarka, Tunisia
TBN	Ft. Leonard Wood, MO USA
TBO	Tabora, Tanzania Utd Rep Of
TBP	Tumbes, Peru
TBS	Tbilisi, Georgia
TBT	Tabatinga, AM Brazil
TBU	Nuku Alofa, Tonga
TBZ	Tabriz, Iran Islamic Rep Of
TCA	Tennant Creek, NT Australia
TCB	Treasure Cay, Bahamas
TCG	Tacheng, China
TCI	Tenerife, Canary Is.
TCO	Tumaco, Colombia
TCP	Taba, Egypt
TCQ	Tacna, Peru
TCT	Takotna, AK USA
TCX	Tabas, Iran Islamic Rep Of
TDD	Trinidad, Bolivia
TDG	Tandag, Philippines
TDK	Taldy Kurgan, Kazakhstan
TDX	Trat, Thailand
TED	Thisted, Denmark
TEE	Tbessa, Algeria
TEH	Tetlin, AK USA
TEN	Tongren, China
TEP	Teptep, Papua New Guinea
TER	Terceira, Portugal (Azores)
TET	Tete, Mozambique
TEX	Telluride, CO USA
TEZ	Tezpur, India
TFF	Tefe, AM Brazil
TFI	Tufi, Papua New Guinea
TFM	Telefomin, Papua New Guinea
TFN	Tenerife Norte Apt, Canary Is.
TFS	Tenerife Sur Reina Sofia Apt, Canary Is.
TGD	Podgorica, Yugoslavia
TGG	Kuala Terengganu, Malaysia
TGH	Tongoa, Vanuatu
TGJ	Tiga, Loyalty Is.
TGN	Traralgon, VI Australia
TGR	Touggourt, Algeria
TGU	Tegucigalpa, Honduras
TGZ	Tuxtla Gutierrez, Mexico
THE	Teresina, PI Brazil
THF	Berlin Tempelhof Apt, Germany
THG	Thangool, QL Australia
THL	Tachilek, Myanmar
THN	Trollhattan, Sweden
THO	Thorshofn, Iceland
THR	Tehran, Iran Islamic Rep Of
THS	Sukhothai, Thailand
THU	Pituffik, Greenland
TIA	Tirana, Albania
TIE	Tippi, Ethiopia
TIF	Taif, Saudi Arabia
TIH	Tikehau Atoll, French Polynesia
TIJ	Tijuana, Mexico
TIM	Tembagapura, Indonesia
TIN	Tindouf, Algeria
TIP	Tripoli, Libya
TIQ	Tinian, Mariana Is.
TIR	Tirupati, India
TIS	Thursday Is., QL Australia
TIU	Timaru, New Zealand
TIV	Tivat, Yugoslavia
TIY	Tidjikja, Mauritania
TIZ	Tari, Papua New Guinea
TJA	Tarija, Bolivia
TJG	Tanjung, Indonesia
TJH	Toyooka, Japan
TJM	Tyumen, Russian Fed.
TJQ	Tanjung Pandan, Indonesia
TJS	Tanjung Selor, Indonesia
TKE	Tenakee, AK USA
TKG	Bandar Lampung, Indonesia
TKJ	Tok, AK USA
TKK	Truk, Micronesia
TKN	Tokunoshima, Japan
TKQ	Kigoma, Tanzania Utd Rep Of
TKS	Tokushima, Japan
TKU	Turku, Finland
TLA	Teller, AK USA
TLC	Toluca, Mexico
TLD	Tuli Block, Botswana
TLE	Tulear, Madagascar
TLH	Tallahassee, FL USA
TLJ	Tatalina, AK USA
TLL	Tallinn, Estonia
TLM	Tlemcen, Algeria
TLN	Toulon, France
TLS	Toulouse, France
TLT	Tuluksak, AK USA
TLU	Tolu, Colombia
TLV	Tel Aviv, Israel
TLW	Talasea, Papua New Guinea
TMC	Tambolaka, Indonesia
TME	Tame, Colombia
TMG	Tomanggong, Malaysia
TMI	Tumlingtar, Nepal
TMJ	Termez, Uzbekistan
TMM	Tamatave, Madagascar
TMP	Tampere, Finland
TMR	Tamanrasset, Algeria
TMS	Sao Tome Is.
TMT	Trombetas, PA Brazil
TMW	Tamworth, NS Australia
TMX	Timimoun, Algeria
TNA	Jinan, China
TNC	Tin City, AK USA
TND	Trinidad, Cuba
TNE	Tanegashima, Japan
TNG	Tangier, Morocco
TNK	Tununak, AK USA
TNN	Tainan, Chinese Taipei
TNR	Antananarivo, Madagascar
TNX	Stung Treng, Cambodia
TOB	Tobruk, Libya
TOD	Tioman, Malaysia
TOE	Tozeur, Tunisia
TOF	Tomsk, Russian Fed.
TOG	Togiak, AK USA
TOH	Torres, Vanuatu
TOL	Toledo, OH USA
TOS	Tromso, Norway
TOU	Touho, New Caledonia
TOY	Toyama, Japan
TPA	Tampa/St. Petersburg, FL USA
TPE	Taipei, Chinese Taipei
TPP	Tarapoto, Peru
TPQ	Tepic, Mexico
TPR	Tom Price, WA Australia
TPS	Trapani, Italy
TQR	San Domino Is., Italy
TRB	Turbo, Colombia
TRC	Torreon, Mexico
TRD	Trondheim, Norway
TRE	Tiree, UK
TRF	Oslo Torp Airport, Norway
TRG	Tauranga, New Zealand
TRI	Tri-City Airport, TN USA
TRK	Tarakan, Indonesia
TRN	Turin, Italy
TRO	Taree, NS Australia
TRS	Trieste, Italy
TRU	Trujillo, Peru
TRV	Thiruvananthapuram, India
TRW	Tarawa, Kiribati
TRZ	Tiruchirapally, India
TSA	Taipei Sung Shan Apt, Chinese Taipei
TSE	Astana, Kazakhstan
TSF	Venice Treviso Apt, Italy
TSJ	Tsushima, Japan
TSM	Taos, NM USA
TSN	Tianjin, China
TSO	Isles Of Scilly Tresco Apt, UK
TSR	Timisoara, Romania
TST	Trang, Thailand
TSV	Townsville, QL Australia
TTB	Tortoli, Italy
TTE	Temate, Indonesia
TTJ	Tottori, Japan
TTN	Trenton-Mercer Apt, NJ USA
TTS	Tsaratanana, Madagascar
TTT	Taitung, Chinese Taipei
TUB	Tubuai, French Polynesia
TUC	Tucuman, TU Argentina
TUF	Tours, France
TUG	Tuguegarao, Philippines
TUI	Turaif, Saudi Arabia
TUK	Turbat, Pakistan
TUL	Tulsa, OK USA
TUN	Tunis, Tunisia
TUO	Taupo, New Zealand
TUP	Tupelo, MS USA
TUR	Tucurui, PA Brazil
TUS	Tucson, AZ USA
TUU	Tabuk, Saudi Arabia
TVA	Morafenobe, Madagascar
TVC	Traverse City, MI USA
TVF	Thief River Falls, MN USA
TVU	Taveuni, Fiji
TVY	Dawe, Myanmar
TWA	Twin Hills, AK USA
TWB	Toowoomba, QL Australia
TWD	Pt. Townsend, WA USA
TWF	Twin Falls, ID USA
TWT	Tawitawi, Philippines
TWU	Tawau, Malaysia
TXG	Taichung, Chinese Taipei
TXK	Texarkana, AR USA
TXL	Berlin Tegel Apt, Germany
TXN	Tunxi, China
TYF	Torsby, Sweden
TYN	Taiyuan, China
TYO	Tokyo, Japan
TYR	Tyler, TX USA
TYS	Knoxville, TN USA
TZA	Belize City Municipal Apt, Belize
TZN	South Andros, Bahamas
TZX	Trabzon, Turkey

U

UAH	Ua Huka, French Polynesia
UAK	Narsarsuaq, Greenland
UAQ	San Juan, SJ Argentina
UAS	Samburu, Kenya
UBA	Uberaba, MG Brazil
UBB	Mabuiag Is., QL Australia
UBJ	Ube, Japan
UBP	Ubon Ratchathani, Thailand
UBS	Columbus/Strkvlle/West Pt., MS USA
UCT	Ukhta, Russian Fed.
UDI	Uberlandia, MG Brazil
UDJ	Uzhgorod, Ukraine
UDR	Udaipur, India
UEL	Quelimane, Mozambique
UEO	Kume Jima, Japan
UET	Quetta, Pakistan
UFA	Ufa, Russian Fed.
UGA	Bulgan, Mongolia
UGB	Pilot Point Ugashik Bay Apt, AK USA
UGC	Urgench, Uzbekistan
UIB	Quibdo, Colombia
UIH	Quinhon, Viet Nam
UII	Utila, Honduras
UIN	Quincy, IL USA
UIO	Quito, Ecuador
UIP	Quimper, France
UIT	Jaluit Is., Marshall Is.
UJE	Ujae Is., Marshall Is.
UKA	Ukunda, Kenya
UKK	Ust-Kamenogorsk, Kazakhstan
UKU	Nuku, Papua New Guinea
ULB	Ulei, Vanuatu
ULD	Ulundi, South Africa
ULG	Ulgit, Mongolia
ULN	Ulaanbaatar, Mongolia
ULO	Ulaangom, Mongolia
ULP	Quilpie, QL Australia
ULY	Ulyanovsk, Russian Fed.
ULZ	Uliastai, Mongolia
UMD	Uummannaq, Greenland
UME	Umea, Sweden
UNA	Una, BA Brazil
UNG	Kiunga, Papua New Guinea
UNI	Union Is., Windward Is.
UNK	Unalakleet, AK USA
UNN	Ranong, Thailand
UNR	Underkhaan, Mongolia
UPG	Ujung Pandang, Indonesia
UPN	Uruapan, Mexico
URA	Uralsk, Kazakhstan
URC	Urumqi, China
URJ	Uraj, Russian Fed.
URO	Rouen, France
URT	Surat Thani, Thailand
URY	Gurayat, Saudi Arabia
USH	Ushuaia, TF Argentina

City/airport codes

USK	Usinsk, Russian Fed.
USM	Koh Samui, Thailand
USN	Ulsan, Korea Republic Of.
USU	Busuanga, Philippines
UTH	Udon Thani, Thailand
UTK	Utirik Is., Marshall Is.
UTN	Upington, South Africa
UTO	Utopia Creek, AK USA
UTP	Utapao, Thailand
UTT	Umtata, South Africa
UUA	Bugulma, Russian Fed.
UUD	Ulan-Ude, Russian Fed.
UUN	Baruun-Urt, Mongolia
UUS	Yuzhno-Sakhalinsk, Russian Fed.
UVE	Ouvea, Loyalty Is.
UVF	St Lucia Hewanorra Apt, West Indies
UVL	Kharga, Egypt
UVO	Uvol, Papua New Guinea
UYL	Nyala, Sudan
UYN	Yulin, China

V

VAA	Vaasa, Finland
VAG	Varginha, MG Brazil
VAI	Vanimo, Papua New Guinea
VAK	Chevak, AK USA
VAN	Van, Turkey
VAO	Suavanao, Solomon Is.
VAR	Varna, Bulgaria
VAT	Vatomandry, Madagascar
VAV	Vava'u, Tonga
VAW	Vardoe, Norway
VBS	Verona Brescia Airport, Italy
VBV	Vanuabalavu, Fiji
VBY	Visby, Sweden
VCE	Venice, Italy
VCT	Victoria, TX USA
VDA	Ovda, Israel
VDB	Fagernes, Norway
VDC	Vitoria Da Conquista, BA Brazil
VDE	Valverde, Canary Is.
VDM	Viedma, RN Argentina
VDS	Vadso, Norway
VDZ	Valdez, AK USA
VEE	Venetie, AK USA
VEJ	Vejle, Denmark
VEL	Vernal, UT USA
VER	Veracruz, Mexico
VEY	Vestmannaeyjar, Iceland
VFA	Victoria Falls, Zimbabwe
VGO	Vigo, Spain
VGT	Las Vegas North Air Terminal, NV USA
VHM	Vilhelmina, Sweden
VIE	Vienna, Austria
VII	Vinh City, Viet Nam
VIJ	Virgin Gorda, Virgin Is. British
VIL	Dakhla, Morocco
VIN	Vinnica, Ukraine
VIS	Visalia, CA USA
VIT	Vitoria, Spain
VIV	Vivigani, Papua New Guinea
VIX	Vitoria, ES Brazil
VKG	Rachgia, Viet Nam
VKO	Moscow Vnukovo Apt, Russian Fed
VKT	Vorkuta, Russian Fed.
VLC	Valencia, Spain
VLD	Valdosta, GA USA
VLI	Pt. Vila, Vanuatu
VLL	Valladolid, Spain
VLN	Valencia, Venezuela
VLS	Valesdir, Vanuatu
VMI	Vallemi, Paraguay
VMU	Baimuru, Papua New Guinea
VNO	Vilnius, Lithuania
VNS	Varanasi, India
VNX	Vilanculos, Mozambique
VOG	Volgograd, Russian Fed.
VOH	Vohemar, Madagascar
VPN	Vopnafjordur, Iceland
VPS	Ft. Walton Beach, FL USA
VQS	Vieques, Puerto Rico
VRA	Varadero, Cuba
VRC	Virac, Philippines
VRK	Varkaus, Finland
VRL	Vila Real, Portugal
VRN	Verona, Italy
VRY	Vaeroy, Norway
VSA	Villahermosa, Mexico
VSG	Lugansk, Ukraine
VST	Stockholm Vasteras Apt, Sweden
VTB	Vitebsk, Belarus
VTE	Vientiane, Laos
VTU	Las Tunas, Cuba
VTZ	Vishakhapatnam, India
VUP	Valledupar, Colombia
VVB	Mahanoro, Madagascar
VVC	Villavicencio, Colombia
VVI	Viru Viru International Apt, Bolivia
VVO	Vladivostok, Russian Fed.
VVZ	Illizi, Algeria
VXC	Lichinga, Mozambique
VXE	Sao Vicente, Cape Verde
VXO	Vaxjo, Sweden

W

WAA	Wales, AK USA
WAE	Wadi Ad Bawasir, Saudi Arabia
WAG	Wanganui, New Zealand
WAI	Antsohihy, Madagascar
WAM	Ambatondrazaka, Madagascar
WAQ	Antsalova, Madagascar
WAS	Washington, DC USA
WAT	Waterford, Ireland Republic Of.
WAW	Warsaw, Poland
WBB	Stebbins, AK USA
WBQ	Beaver, AK USA
WDG	Ened, OK USA
WDH	Windhoek, Namibia
WED	Wedau, Papua New Guinea
WEF	Weifang, China
WEH	Weihai, China
WEI	Weipa, QL Australia
WFI	Fianarantsoa, Madagascar
WGA	Wagga Wagga, NS Australia
WGE	Walgett, NS Australia
WGP	Waingapu, Indonesia
WHF	Wadi Halfa, Sudan
WHK	Whakatane, New Zealand
WIC	Wick, UK
WIL	Nairobi Wilson Apt, Kenya
WIN	Winton, QL Australia
WJA	Woja, Marshall Is.
WJU	Won-Ju, Korea Republic Of.
WKA	Wanaka, New Zealand
WKJ	Wakkanai, Japan
WKK	Aleknagik, AK USA
WLG	Wellington, New Zealand
WLH	Walaha, Vanuatu
WLK	Selawik, AK USA
WLS	Wallia Ia.
WMA	Mandritsara, Madagascar
WMK	Meyers Chuck, AK USA
WMN	Maroantsetra, Madagascar
WMO	White Mountain, AK USA
WMP	Mampikony, Madagascar
WMR	Mananara, Madagascar
WNA	Napakiak, AK USA
WNN	Wunnummin Lake, ON Canada
WNP	Naga, Philippines
WNR	Windorah, QL Australia
WNZ	Wenzhou, China
WOT	Wonan, Chinese Taipei
WPB	Pt. Berge, Madagascar
WRE	Whangarei, New Zealand
WRG	Wrangell, AK USA
WRL	Worland, WY USA
WRO	Wroclaw, Poland
WRY	Westray, UK
WSN	South Naknek, AK USA
WST	Westerly, RI USA
WSX	Westsound, WA USA
WSZ	Westport, New Zealand
WTA	Tambohorano, Madagascar
WTE	Wotje Is., Marshall Is.
WTK	Noatak, AK USA
WTL	Tuntutuliak, AK USA
WTO	Wotho Is., Marshall Is.
WTS	Tsiroanomandidy, Madagascar
WUH	Wuhan, China
WUN	Wiluna, WA Australia
WUS	Wuyishan, China
WUU	Wau, Sudan
WVB	Walvis Bay, Namibia
WVK	Manakara, Madagascar
WVN	Wilhelmshaven, Germany
WWK	Wewak, Papua New Guinea
WWP	Whale Pass, AK USA
WWT	Newtok, AK USA
WXN	Wanxian, China
WYA	Whyalla, SA Australia
WYS	West Yellowstone, MT USA

X

XAK	Herning Rail Station, Denmark
XAP	Chapeco, SC Brazil
XBE	Bearskin Lake, ON Canada
XBJ	Birjand, Iran Islamic Rep Of.
XBN	Biniguni, Papua New Guinea
XCH	Christmas Is.
XER	Strasbourg Bus Station, France
XFN	Xiangfan, China
XGR	Kanagiqsualujjuaq, QC Canada
XHK	Valence Rail Station, France
XHV	Brasov Bus Station, Romania
XIL	Xilinhot, China
XIQ	Ilimanaq, Greenland
XIY	Xi An Xianyang Apt, China
XKH	Xieng Khouang, Laos
XKS	Kasabonika, ON Canada
XLB	Lac Brochet, MB Canada
XMH	Manihi, French Polynesia
XMN	Xiamen, China
XMY	Yam Is., QL Australia
XNA	Northwest Arkansas Reg Apt, AR USA
XNN	Xining, China
XOP	Poitiers Rail Station, France
XPJ	Montpellier Rail Station, France
XPK	Pukatawagan, MB Canada
XQU	Qualicum, BC Canada
XRF	Marseille Rail Station, France
XRY	Jerez De La Frontera, Spain
XSC	South Caicos, Turks & Caicos Is.
XSH	Tours St Pierre Des Corps Rail Stn, France
XSI	South Indian Lake, MB Canada
XSP	Singapore Seletar Apt, Singapore
XTG	Thargomindah, QL Australia
XTL	Tadoule Lake, MB Canada
XUZ	Xuzhou, China
XVX	Vejle Rail Station, Denmark
XYA	Yandina, Solomon Is.
XZM	Macao, Macao (SAR) China

Y

YAA	Anahim Lake, BC Canada
YAC	Cat Lake, ON Canada
YAG	Ft. Frances, ON Canada
YAI	Chillan, Chile
YAK	Yakutat, AK USA
YAM	Sault Ste Marie, ON Canada
YAO	Yaounde, Cameroon
YAP	Yap, Micronesia
YAT	Attawapiskat, ON Canada
YAX	Angling Lake, ON Canada
YAY	St. Anthony, NL Canada
YAZ	Tofino, BC Canada
YBB	Pelly Bay, NU Canada
YBC	Baie Comeau, QC Canada
YBE	Uranium City, SK Canada
YBG	Bagotville, QC Canada
YBI	Black Tickle, NL Canada
YBK	Baker Lake, NU Canada
YBL	Campbell River, BC Canada
YBP	Yibin, China
YBT	Brochet, MB Canada
YBW	Bedwell Harbor, BC Canada
YBX	Blanc Sablon, QC Canada
YCB	Cambridge Bay, NU Canada
YCD	Nanaimo, BC Canada
YCG	Castlegar, BC Canada
YCK	Colville Lake, NT Canada
YCO	Kugluktuk Coppermine, NU Canada
YCS	Chesterfield Inlet, NU Canada
YCY	Clyde River, NU Canada
YDA	Dawson City, YT Canada
YDF	Deer Lake, NL Canada
YDI	Davis Inlet, NL Canada
YDN	Dauphin, MB Canada
YDP	Nain, NL Canada
YDQ	Dawson Creek, BC Canada
YDS	Desolation Sound, BC Canada
YEA	Edmonton, AB Canada
YEC	Yecheon, Korea Republic Of.
YEG	Edmonton International Apt, AB Canada
YEK	Arviat, NU Canada

City/airport codes

YER	FL Severn, ON Canada
YES	Yasouj, Iran Islamic Rep. Of.
YEV	Inuvik, NT Canada
YFA	Ft. Albany, ON Canada
YFB	Iqaluit, NU Canada
YFC	Fredericton, NB Canada
YFH	Ft. Hope, ON Canada
YFJ	Snare Lake, NT Canada
YFO	Flin Flon, MB Canada
YFS	Ft. Simpson, NT Canada
YGB	Gillies Bay, BC Canada
YGG	Ganges Harbor, BC Canada
YGH	Ft. Good Hope, NT Canada
YGJ	Yonago, Japan
YGK	Kingston, ON Canada
YGL	La Grande, QC Canada
YGN	Greenway Sound, BC Canada
YGO	Gods Narrows, MB Canada
YGP	Gaspe, QC Canada
YGR	Iles De La Madeleine, QC Canada
YGT	Igloolik, NU Canada
YGW	Kuujjuarapik, QC Canada
YGX	Gillam, MB Canada
YGZ	Grise Fiord, NU Canada
YHA	Pt. Hope Simpson, NL Canada
YHD	Dryden, ON Canada
YHG	Charlottetown, NL Canada
YHH	Campbell River Harbor Spb, BC Canada
YHI	Holman Is., NT Canada
YHK	Gjoa Haven, NU Canada
YHM	Hamilton, ON Canada
YHO	Hopedale, NL Canada
YHP	Poplar Hill, ON Canada
YHR	Chevery, QC Canada
YHS	Sechelt, BC Canada
YHY	Hay River, NT Canada
YHZ	Halifax, NS Canada
YIF	Pakuashipi, QC Canada
YIH	Yichang, China
YIK	Ivujivik, QC Canada
YIN	Yining, China
YIO	Pond Inlet, NU Canada
YIV	Is. Lake/Garden Hill, MB Canada
YIW	Yiwu, China
YJT	Stephenville, NL Canada
YKA	Kamloops, BC Canada
YKG	Kangirsuk, QC Canada
YKL	Schefferville, QC Canada
YKM	Yakima, WA USA
YKQ	Waskaganish, QC Canada
YKS	Yakutsk, Russian Fed.
YKT	Klemtu, BC Canada
YKU	Chisasibi, QC Canada
YKZ	Toronto Buttonville Apt, ON Canada
YLC	Kimmirut/Lake Harbour, NU Canada
YLE	Wha Ti Lac La Martre, NT Canada
YLH	Lansdowne House, ON Canada
YLL	Lloybminster, AB Canada
YLW	Kelowna, BC Canada
YMH	Mary's Harbour, NL Canada
YMM	Ft. McMurray, AB Canada
YMN	Makkovik, NL Canada
YMO	Moosonee, ON Canada
YMP	Pt. McNeil, BC Canada
YMQ	Montreal, QC Canada
YMT	Chibougamau, QC Canada
YMX	Montreal Mirabel Intl Apt, QC Canada
YNA	Natashquan, QC Canada
YNB	Yanbu, Saudi Arabia
YNC	Wemindji, QC Canada
YNE	Norway House, MB Canada
YNJ	Yanji, China
YNL	Points North Landing, SK Canada
YNO	North Spirit Lake, ON Canada
YNS	Nemiscau, QC Canada
YNT	Yantai, China
YNY	Yangyang, Korea Republic Of.
YNZ	Yancheng, China
YOC	Old Crow, YT Canada
YOG	Ogoki, ON Canada
YOH	Oxford House, MB Canada
YOJ	High Level, AB Canada
YOL	Yola, Nigeria
YOP	Rainbow Lake, AB Canada
YOW	Ottawa, ON Canada
YPA	Prince Albert, SK Canada
YPB	Pt. Alberni, BC Canada
YPC	Paulatuk, NT Canada
YPE	Peace River, AB Canada
YPH	Inukjuak, QC Canada
YPJ	Aupaluk, QC Canada
YPL	Pickle Lake, ON Canada
YPM	Pikangikum, ON Canada
YPO	Peawanuck, ON Canada
YPR	Prince Rupert, BC Canada
YPT	Pender Harbor, BC Canada
YPW	Powell River, BC Canada
YPX	Puvirnituq, QC Canada
YQB	Quebec, QC Canada
YQC	Quaqtaq, QC Canada
YQD	The Pas, MB Canada
YQG	Windsor, ON Canada
YQK	Kenora, ON Canada
YQL	Lethbridge, AB Canada
YQM	Moncton, NB Canada
YQN	Nakina, ON Canada
YQQ	Comox, BC Canada
YQR	Regina, SK Canada
YQT	Thunder Bay, ON Canada
YQU	Grande Prairie, AB Canada
YQX	Gander, NL Canada
YQY	Sydney, NS Canada
YQZ	Quesnel, BC Canada
YRA	Rae Lakes, NT Canada
YRB	Resolute, NU Canada
YRF	Cartwright, NL Canada
YRG	Rigolet, NL Canada
YRJ	Roberval, QC Canada
YRL	Red Lake, ON Canada
YRR	Stuart Is., BC Canada
YRT	Rankin Inlet, NU Canada
YSB	Sudbury, ON Canada
YSF	Stony Rapids, SK Canada
YSG	Lutselke Snowdrift, NT Canada
YSJ	St. John, NB Canada
YSK	Sanikiluaq, NU Canada
YSM	Ft. Smith, NT Canada
YSO	Postville, NL Canada
YSR	Nanisivik, NU Canada
YST	Ste Therese Point, MB Canada
YSY	Sachs Harbour, NT Canada
YTE	Cape Dorset, NU Canada
YTG	Sullivan Bay, BC Canada
YTH	Thompson, MB Canada
YTL	Big Trout Lake, ON Canada
YTO	Toronto, ON Canada
YTQ	Tasiujuaq, QC Canada
YTS	Timmins, ON Canada
YTZ	Toronto City Centre Apt, ON Canada
YUB	Tuktoyaktuk, NT Canada
YUD	Umiujaq, QC Canada
YUL	Montreal Dorval Intl Apt, QC Canada
YUM	Yuma, AZ USA
YUT	Repulse Bay, NU Canada
YUX	Hall Beach, NU Canada
YUY	Rouyn-Noranda, QC Canada
YVA	Moroni, Comoros
YVC	La Ronge, SK Canada
YVM	Broughton Island, NU Canada
YVO	Val D'Or, QC Canada
YVP	Kuujjuaq, QC Canada
YVQ	Norman Wells, NT Canada
YVR	Vancouver, BC Canada
YVZ	Deer Lake, ON Canada
YWB	Kangiqsujuaq, QC Canada
YWG	Winnipeg, MB Canada
YWH	Victoria Inner Harbour Apt, BC Canada
YWJ	Deline, NT Canada
YWK	Wabush, NL Canada
YWL	Williams Lake, BC Canada
YWM	Williams Harbour, NL Canada
YWP	Webequie, ON Canada
YWS	Whistler, BC Canada
YXC	Cranbrook, BC Canada
YXD	Edmonton Municipal Apt, AB Canada
YXE	Saskatoon, SK Canada
YXH	Medicine Hat, AB Canada
YXJ	Ft. St. John, BC Canada
YXL	Sioux Lookout, ON Canada
YXN	Whale Cove, NU Canada
YXP	Pangnirtung, NU Canada
YXS	Prince George, BC Canada
YXT	Terrace, BC Canada
YXU	London, ON Canada
YXX	Abbotsford, BC Canada
YXY	Whitehorse, YT Canada
YYB	North Bay, ON Canada
YYC	Calgary, AB Canada
YYD	Smithers, BC Canada
YYE	Ft. Nelson, BC Canada
YYF	Penticton, BC Canada
YYG	Charlottetown, PE Canada
YYH	Taloyoak, NU Canada
YYJ	Victoria, BC Canada
YYL	Lynn Lake, MB Canada
YYQ	Churchill, MB Canada
YYR	Goose Bay, NL Canada
YYT	St. Johns, NL Canada
YYU	Kapuskasing, ON Canada
YYY	Mont Joli, QC Canada
YYZ	Lester B Pearson Intl Apt, ON Canada
YZF	Yellowknife, NT Canada
YZG	Salluit, QC Canada
YZP	Sandspit, BC Canada
YZR	Sarnia, ON Canada
YZS	Coral Harbour, NU Canada
YZT	Pt. Hardy, BC Canada
YZV	Sept-Iles, QC Canada

Z

ZAC	York Landing, MB Canada
ZAD	Zadar, Croatia
ZAG	Zagreb, Croatia
ZAH	Zahedan, Iran Islamic Rep Of.
ZAL	Valdivia, Chile
ZAM	Zamboanga, Philippines
ZAT	Zhaotong, China
ZAZ	Zaragoza, Spain
ZBB	Esbjerg Rail Station, Denmark
ZBF	Bathurst, NB Canada
ZBJ	Fredericia Rail Station, Denmark
ZBQ	Odense Rail Station, Denmark
ZBR	Chah-Bahar, Iran Islamic Rep Of.
ZCL	Zacatecas, Mexico
ZCO	Temuco, Chile
ZDN	Brno Bus Station, Czech Republic
ZEL	Bella Bella, BC Canada
ZEM	East Main, QC Canada
ZFD	Fond Du Lac, SK Canada
ZFJ	Rennes Rail Station, France
ZFN	Tulita Ft. Norman, NT Canada
ZFQ	Bordeaux Rail Station, France
ZGC	Lanzhou Zhongchuan-Lanzhou West Apt, China
ZGI	Gods River, MB Canada
ZGS	Gethsemani, QC Canada
ZGU	Gaua, Vanuatu
ZHA	Zhanjiang, China
ZIB	Nyborg Rail Station, Denmark
ZIG	Ziguinchor, Senegal
ZIH	Ixtapa/Zihuatanejo, Mexico
ZJH	Aarhus Rail Station, Denmark
ZJN	Swan River, MB Canada
ZKE	Kaschechewan, ON Canada
ZKG	Kegaska, QC Canada
ZLN	Le Mans Rail Station, France
ZLO	Manzanillo, Mexico
ZLT	La Tabatiere, QC Canada
ZMT	Masset, BC Canada
ZNA	Nanaimo Harbour Apt, BC Canada
ZNE	Newman, WA Australia
ZNZ	Zanzibar, Tanzania Utd Rep Of.
ZOS	Osorno, Chile
ZPB	Sachigo Lake, ON Canada
ZQN	Queenstown, New Zealand
ZRH	Zurich, Switzerland
ZRJ	Round Lake, ON Canada
ZSA	San salvador, Bahamas
ZSE	St Pierre De La Reunion, Ind. Oc.
ZSJ	Sandy Lake, ON Canada
ZTB	Tete-A-La Baleine, QC Canada
ZTC	Turin Bus Station, Italy
ZTG	Aalborg Rail Station, Denmark
ZTH	Zakinthos, Greece
ZTM	Shamattawa, MB Canada
ZUH	Zhuhai, China
ZUM	Churchill Falls, NL Canada
ZVK	Savannakhet, Laos
ZWL	Wollaston Lake, SK Canada
ZWS	Stuttgart Rail Station, Germany
ZYL	Sylhet, Bangladesh
ZYN	Nimes Rail Station, France
ZZU	Mzuzu, Malawi

7. 国际时间计算表

International time calculator

Standard Clock Time is shown in hours and minutes fast (+) or slow (-) of Greenwich Mean Time (GMT). Many countries also have a period of Daylight Saving Time (DST). This is shown together with the period it is effective.

Countries with more than one time zone are marked **.
To establish the local time for any particular city, please refer to the entry in the Flight schedules section.

A	Hours ±GMT	DST ±GMT	Daylight SavingTime DST (period)
Afghanistan	+4.30		
Albania	+1	+2	29 Mar 09 - 25 Oct 09
Algeria	+1		
American Samoa	-11		
Andorra	+1	+2	29 Mar 09 - 25 Oct 09
Angola	+1		
Anguilla, Leeward Islands	-4		
Antarctica	-4		
Antigua and Barbuda, Leeward Islands	-4		
Argentina**	-3 -3	-2	19 Oct 08 - 14 Mar 09
Armenia	+4	+5	29 Mar 09 - 25 Oct 09
Aruba	-4		
Australia**			
Lord Howe Island	+10.30	+11	05 Oct 08 - 05 Apr 09
Capital Territory, NSW (excluding Lord Howe Island, Broken Hill), Victoria	+10	+11	05 Oct 08 - 05 Apr 09
Northern Territory	+9.30		
Queensland	+10		
South Australia, Broken Hill	+9.30	+10.30	05 Oct 08 - 05 Apr 09
Western Australia	+8	+9	26 Oct 08 - 29 Mar 09
Tasmania	+10	+11	05 Oct 08 - 05 Apr 09
Austria	+1	+2	29 Mar 09 - 25 Oct 09
Azerbaijan	+4	+5	29 Mar 09 - 25 Oct 09

B	Hours ±GMT	DST ±GMT	Daylight SavingTime DST (period)
Bahamas	-5	-4	08 Mar 09 - 01 Nov 09
Bahrain	+3		
Bangladesh	+6		
Barbados	-4		
Belarus	+2	+3	29 Mar 09 - 25 Oct 09
Belgium	+1	+2	29 Mar 09 - 25 Oct 09
Belize	-6		
Benin	+1		
Bermuda	-4	-3	08 Mar 09 - 01 Nov 09
Bhutan	+6		
Bolivia	-4		
Bosnia and Herzegovina	+1	+2	29 Mar 09 - 25 Oct 09
Botswana	+2		
Brazil**			
Alagoas, Amapa, Bahia, Ceara, East Para, Maranhao, Paraiba, Pernambuco, Piaui, Rio Grande do Norte, Sergipe, Tocantins	-3		
Amazonas, Rondonia, Roraima, West Para, Acre, Tabatinga	-4		
Fernando de Noronha, Espirito Santo, Federal District, Goias, Minas Gerais, Parana, Rio De Janeiro, Rio Grande do Sul, Santa Catarina, Sao Paulo	-3	-2	18 Oct 09 - 20 Feb 10
Mato Grosso, Mato Grosso do Sul	-4	-3	18 Oct 09 - 20 Feb 10
Brunei Darussalam	+8		
Bulgaria	+2	+3	29 Mar 09 - 25 Oct 09
Burkina Faso	GMT		
Burundi	+2		

C	Hours ±GMT	DST ±GMT	Daylight SavingTime DST (period)
Cambodia	+7		
Cameroon	+1		
Canada**			
Newfoundland Island excluding Labrador	-3.30	-2.30	08 Mar 09 - 01 Nov 09
Atlantic Area including Labrador	-4	-3	08 Mar 09 - 01 Nov 09
Eastern Time	-5	-4	08 Mar 09 - 01 Nov 09
Central Time except Saskatchewan	-6	-5	08 Mar 09 - 01 Nov 09
Mountain Time	-7	-6	08 Mar 09 - 01 Nov 09
Pacific Time	-8 -3	-7	08 Mar 09 - 01 Nov 09
Atlantic Areas not observing DST	-4		
Eastern Areas not observing DST	-5		
Saskatchewan	-6		
Mountain Areas not observing DST	-7		
Cape Verde	-1		
Cayman Islands	-5		
Central African Republic	+1		
Chad	+1		

Chile**			
Mainland	-4	-3	12 Oct 08 - 14 Mar 09
Easter Island	-6	-5	11 Oct 08 - 14 Mar 09
China	+8		
Chinese Taipei	+8		
Christmas Island, Indian Ocean	+7		
Cocos (Keeling) Islands	+6.30		
Colombia	-5		
Comoros	+3		
Congo	+1		
Congo Democratic Republic of**			
Kinshasa, Bandunga, Bas-Congo, Equateur	+1		
Kasai, Kivu, Maniema, Katanga, Orientale	+2		
Cook Islands	-10		
Costa Rica	-6		
Cote d'Ivoire	GMT		
Croatia	+1	+2	29 Mar 09 - 25 Oct 09
Cuba	-5	-4	29 Mar 09 - 25 Oct 09
Cyprus			
Cyprus	+2	+3	29 Mar 09 - 25 Oct 09
Czech Republic	+1	+2	29 Mar 09 - 25 Oct 09

D	Hours ±GMT	DST ±GMT	Daylight SavingTime DST (period)
Denmark	+1	+2	29 Mar 09 - 25 Oct 09
Djibouti	+3		
Dominica	-4		
Dominican Republic	-4		

E	Hours ±GMT	DST ±GMT	Daylight SavingTime DST (period)
Ecuador**			
Mainland	-5		
Galapagos Islands	-6		
Egypt	+2	+3	24 Apr 09 - 20 Aug 09
El Salvador	-6		
Equatorial Guinea	+1		
Eritrea	+3		
Estonia	+2	+3	29 Mar 09 - 25 Oct 09
Ethiopia	+3		

F	Hours ±GMT	DST ±GMT	Daylight SavingTime DST (period)
Falkland Islands	-4	-3	07 Sep 08 - 19 Apr 09
Faroe Islands	GMT	+1	29 Mar 09 - 25 Oct 09
Fiji	+12		
Finland	+2	+3	29 Mar 09 - 25 Oct 09
France	+1	+2	29 Mar 09 - 25 Oct 09
French Guiana	-3		
French Polynesia**			
Marquesas Island	-9.30		
French Polynesia except Marquesas Island and Gambier Island	-10		
Gambier Island	-9		

G	Hours ±GMT	DST ±GMT	Daylight SavingTime DST (period)
Gabon	+1		
Gambia	GMT		
Georgia	+4		
Germany	+1	+2	29 Mar 09 - 25 Oct 09
Ghana	GMT		
Gibraltar	+1	+2	29 Mar 09 - 25 Oct 09
Greece	+2	+3	29 Mar 09 - 25 Oct 09
Greenland**			
Greenland except Pituffik, Ittoqqortoormiit, Nerlerit Inaat	-3	-2	28 Mar 09 - 24 Oct 09
Pituffik	-4	-3	08 Mar 09 - 01 Nov 09
Ittoqqortoormiit, Nerlerit Inaat	-1	GMT	29 Mar 09 - 25 Oct 09
Grenada, Windward Islands	-4		
Guadeloupe	-4		
Guam	+10		
Guatemala	-6		
Guinea	GMT		
Guinea-Bissau	GMT		
Guyana	-4		

H	Hours ±GMT	DST ±GMT	Daylight SavingTime DST (period)
Haiti	-5		
Honduras	-6		
Hong Kong (SAR) China	+8		
Hungary	+1	+2	29 Mar 09 - 25 Oct 09

I	Hours ±GMT	DST ±GMT	Daylight SavingTime DST (period)
Iceland	GMT		
India			
including Andaman Islands	+5.30		

Indonesia**			
Western, including Sumatera, Jawa, Kalimantan Barat and Kalimantan Tengah	+7		
Central, including Sulawesi, Kalimantan Selatan, Kalimantan Timur and Nusa Tenggara	+8		
Eastern, Including Maluku and Papua	+9		
Iran Islamic Republic of	+3.30	+4.30	21 Mar 09 - 21 Sep 09
Iraq	+3		
Ireland Republic of	GMT	+1	29 Mar 09 - 25 Oct 09
Israel	+2	+3	27 Mar 09 - 27 Sep 09
Italy	+1	+2	29 Mar 09 - 25 Oct 09

J	Hours ±GMT	DST ±GMT	Daylight SavingTime DST (period)
Jamaica	-5		
Japan	+9		
Jordan	+2	+3	27 Mar 09 - 29 Oct 09

K	Hours ±GMT	DST ±GMT	Daylight SavingTime DST (period)
Kazakhstan**			
Aktau, Atyrau, Aktyubinsk, Uraisk	+5		
Almaty, Astana, Karaganda, Kokshetau, Kostanay, Kyzl-Orda, Petropavlovsk, Semipalatinsk, Shimkent, Ust-Kamenogorsk, Zhezkazgan	+6		
Kenya	+3		
Kiribati**			
Gilbert Islands	+12		
Line Islands	+14		
Phoenix Islands	+13		
Korea Democratic People's Republic of	+9		
Korea Republic of	+9		
Kuwait	+3		
Kyrgyzstan	+6		

L	Hours ±GMT	DST ±GMT	Daylight SavingTime DST (period)
Lao People's Democratic Republic	+7		
Latvia	+2	+3	29 Mar 09 - 25 Oct 09
Lebanon	+2	+3	29 Mar 09 - 24 Oct 09
Lesotho	+2		
Liberia	GMT		
Libyan Arab Jamahiriya	+2		
Liechtenstein	+1	+2	29 Mar 09 - 25 Oct 09
Lithuania	+2	+3	29 Mar 09 - 25 Oct 09
Luxembourg	+1	+2	29 Mar 09 - 25 Oct 09

M	Hours ±GMT	DST ±GMT	Daylight SavingTime DST (period)
Macao (SAR) China	+8		
Macedonia Former Yugoslav Republic of	+1	+2	29 Mar 09 - 25 Oct 09
Madagascar	+3		
Malawi	+2		
Malaysia	+8		
Maldives	+5		
Mali	GMT		
Malta	+1	+2	29 Mar 09 - 25 Oct 09
Marshall Islands	+12		
Martinique	-4		
Mauritania	GMT		
Mauritius	+4	+5	26 Oct 08 - 29 Mar 09
Mayotte	+3		
Mexico**			
Mexico, Rest	-6	-5	05 Apr 09 - 25 Oct 09
Baja California Sur, Chihuahua, Nayarit, Sinaloa	-7	-6	05 Apr 09 - 25 Oct 09
Baja California Norte	-8	-7	05 Apr 09 - 25 Oct 09
Sonora	-7		
Micronesia Federated States of**			
except Kosrae, Pohnpei	+10		
Kosrae and Pohnpei	+11		
Moldova Republic of	+2	+3	29 Mar 09 - 25 Oct 09
Monaco	+1	+2	29 Mar 09 - 25 Oct 09
Mongolia	+8		
Montenegro	+1	+2	29 Mar 09 - 25 Oct 09
Montserrat, Leeward Islands	-4		
Morocco	GMT		
Mozambique	+2		
Myanmar	+6.30		

N	Hours ±GMT	DST ±GMT	Daylight SavingTime DST (period)
Namibia	+1	+2	07 Sep 08 - 05 Apr 09
Nauru	+12		
Nepal	+5.45		
Netherlands	+1	+2	29 Mar 09 - 25 Oct 09
Netherlands Antilles	-4		
New Caledonia including Loyalty Island	+11		
New Zealand**			
Mainland except Chatham Island	+12	+13	28 Sep 08 - 05 Apr 09
Chatham Island	+12.45	+13.45	28 Sep 08 - 05 Apr 09
Nicaragua	-6		
Niger	+1		
Nigeria	+1		
Niue	-11		
Norfolk Island	+11.30		
Northern Mariana Islands (except Guam)	+10		
Norway	+1	+2	29 Mar 09 - 25 Oct 09

O	Hours ±GMT	DST ±GMT	Daylight SavingTime DST (period)
Oman	+4		

P	Hours ±GMT	DST ±GMT	Daylight SavingTime DST (period)
Pakistan			
Pakistan	+5		
Palau	+9		
Panama	-5		
Papua New Guinea	+10		
Paraguay	-4	-3	19 Oct 08 - 07 Mar 09
Peru	-5		
Philippines	+8		
Pitcairn Islands	-8		
Poland	+1	+2	29 Mar 09 - 25 Oct 09
Portugal**			
Mainland and Madeira	GMT	+1	29 Mar 09 - 25 Oct 09
Azores	-1	GMT	29 Mar 09 - 25 Oct 09
Puerto Rico	-4		

Q	Hours ±GMT	DST ±GMT	Daylight SavingTime DST (period)
Qatar	+3		

R	Hours ±GMT	DST ±GMT	Daylight SavingTime DST (period)
Reunion	+4		
Romania	+2	+3	29 Mar 09 - 25 Oct 09
Russian Federation**			
Kaliningrad	+2	+3	29 Mar 09 - 25 Oct 09
Moscow, St Petersburg, Astrakhan, Naryan-Ma	+3	+4	29 Mar 09 - 25 Oct 09
izhevsk, Samara	+4	+5	29 Mar 09 - 25 Oct 09
Perm, Nizhnevartovsk, Ekaterinburg	+5	+6	29 Mar 09 - 25 Oct 09
Omsk and Novosibirsk	+6	+7	29 Mar 09 - 25 Oct 09
Norilsk, Kyzyl	+7	+8	29 Mar 09 - 25 Oct 09
Bratsk, Ulan-Ude	+8	+9	29 Mar 09 - 25 Oct 09
Chita, Yakutsk	+9	+10	29 Mar 09 - 25 Oct 09
Khabarovsk, Vladivostock, Yuzhno-Sakhalinsk	+10	+11	29 Mar 09 - 25 Oct 09
Magadan	+11	+12	29 Mar 09 - 25 Oct 09
Petropavlovsk -Kamchatsky	+12	+13	29 Mar 09 - 25 Oct 09
Rwanda	+2		

S	Hours ±GMT	DST ±GMT	Daylight SavingTime DST (period)
Saint Helena including Ascension Island	GMT		
Saint Kitts and Nevis, Leeward Islands	-4		
Saint Lucia	-4		
Saint Pierre and Miquelon	-3	-2	08 Mar 09 - 01 Nov 09
St Vincent and the Grenadines	-4		
Samoa	-11		
San Marino	+1	+2	29 Mar 09 - 25 Oct 09
Sao Tome and Principe	GMT		
Saudi Arabia	+3		
Senegal	GMT		
Serbia	+1	+2	29 Mar 09 - 25 Oct 09
Seychelles	+4		
Sierra Leone	GMT		
Singapore	+8		
Slovakia	+1	+2	29 Mar 09 - 25 Oct 09
Slovenia	+1	+2	29 Mar 09 - 25 Oct 09
Solomon Islands	+11		
Somalia	+3		
South Africa	+2		
Spain**			
Mainland, Balearics, Ceuta, Melilla	+1	+2	29 Mar 09 - 25 Oct 09
Canary Islands	GMT	+1	29 Mar 09 - 25 Oct 09
Sri Lanka	+5.30		
Sudan	+3		
Suriname	-3		
Swaziland	+2		
Sweden	+1	+2	29 Mar 09 - 25 Oct 09
Switzerland	+1	+2	29 Mar 09 - 25 Oct 09
Syrian Arab Republic	+2	+3	03 Apr 09 - 29 Oct 09

T	Hours ±GMT	DST ±GMT	Daylight SavingTime DST (period)
Tajikistan	+5		
Tanzania United Republic of	+3		
Thailand	+7		
Timor-Leste	+9		
Togo	GMT		
Tonga	+13		
Trinidad and Tobago	-4		
Tunisia	+1	+2	29 Mar 09 - 25 Oct 09
Turkey	+2	+3	29 Mar 09 - 25 Oct 09
Turkmenistan	+5		
Turks and Caicos Islands	-5	-4	08 Mar 09 - 01 Nov 09
Tuvalu	+12		

U	Hours ±GMT	DST ±GMT	Daylight SavingTime DST (period)
Uganda	+3		
Ukraine	+2	+3	29 Mar 09 - 25 Oct 09
United Arab Emirates	+4		
United Kingdom	GMT	+1	29 Mar 09 - 25 Oct 09
United States Minor Outlying Islands**			
Johnston Atoll	-10		
Midway Island	-11		
Wake Island	+12		
USA**			
Eastern Time except Indiana	-5	-4	08 Mar 09 - 01 Nov 09
Central Time	-6	-5	08 Mar 09 - 01 Nov 09
Mountain Time except Arizona	-7	-6	08 Mar 09 - 01 Nov 09
Mountain Time, Arizona	-7		
Pacific Time	-8	-7	08 Mar 09 - 01 Nov 09
Alaska	-9	-8	08 Mar 09 - 01 Nov 09
Aleutian Islands	-10	-9	08 Mar 09 - 01 Nov 09
Hawaiian Islands	-10		
Uruguay	-3	-2	05 Oct 08 - 08 Mar 09
Uzbekistan	+5		

V	Hours ±GMT	DST ±GMT	Daylight SavingTime DST (period)
Vanuatu	+11		
Venezuela	-4.30		
Viet Nam	+7		
Virgin Islands, British	-4		
Virgin Islands, US	-4		

W	Hours ±GMT	DST ±GMT	Daylight SavingTime DST (period)
Wallis and Futuna Islands	+12		

Y	Hours ±GMT	DST ±GMT	Daylight SavingTime DST (period)
Yemen	+3		

Z	Hours ±GMT	DST ±GMT	Daylight SavingTime DST (period)
Zambia	+2		
Zimbabwe	+2		

8. IATA 兑换率表

IATA Rates of Exchange (IROE)

NOTE:
The ROE used to convert NUC into the currency of the country of commencement of transportation shall be that in effect on the date of ticket issuance.

To calculate fares, rates or charges in currencies listed below:				Multiply NUC fare rate/ charge by the following rate of exchange:	And round up the resulting amount to the next higher unit as listed below:			
Country (+ local currency acceptance limited)	Currency Name	ISO Codes Alpha	Numeric	From NUC	Local Curr. Fares	Other Charges	Decimal Units	Notes
Afghanistan	US Dollar	USD	840	1.000000	1	0.1	2	5
+ Afghanistan	Afghani	AFN	971	49.500000	1	1	0	2, 8
Albania	euro	EUR	978	0.742833	1	0.01	2	
+ Albania	Lek	ALL	008	NA	1	1	0	22
+ Algeria	Algerian Dinar	DZD	012	70.440200	10	1	0	
American Samoa	US Dollar	USD	840	1.000000	1	0.1	2	5
Angola	US Dollar	USD	840	1.000000	1	0.1	2	5
+ Angola	Kwanza	AOA	973	74.967200	1	1	2	2, 8
Anguilla	US Dollar	USD	840	1.000000	1	0.1	2	5
Anguilla	East Caribbean Dollar	XCD	951	2.700000	1	0.1	2	2,5
Antigua Barbuda	US Dollar	USD	840	1.000000	1	0.1	2	5
Antigua Barbuda	East Caribbean Dollar	XCD	951	2.700000	1	0.1	2	2
Argentina	US Dollar	USD	840	1.000000	1	0.1	2	5
+ Argentina	Argentine Peso	ARS	032	3.074730	1	0.1	2	1, 2, 5, 8
Armenia	US Dollar	USD	840	1.000000	1	0.1	2	5
+ Armenia	Armenian Dram	AMD	051	345.215000	1	1	0	2, 8
Aruba	Aruban Guilder	AWG	533	1.790000	1	1	0	
Australia	Australian Dollar	AUD	036	1.191448	1	0.1	2	8, 17
Austria	euro	EUR	978	0.742833	1	0.01	2	8
Azerbaijan	US Dollar	USD	840	1.000000	1	0.1	2	5
+ Azerbaijan	Azerbaijanian Manat	AZN	944	0.859050	0.1	0.1	2	2, 8
Bahamas	US Dollar	USD	840	1.000000	1	0.1	2	5
Bahamas	Bahamian Dollar	BSD	044	NA	1	0.1	2	2
Bahrain	Bahraini Dinar	BHD	048	0.376100	1	0.1	3	
Bangladesh	US Dollar	USD	840	1.000000	1	0.1	2	5
+ Bangladesh	Taka	BDT	050	69.033000	1	1	0	2,19
Barbados	US Dollar	USD	840	1.000000	1	0.1	2	5
+ Barbados	Barbados Dollar	BBD	052	NA	1	0.1	2	2
Belarus	US Dollar	USD	840	1.000000	1	0.1	2	5
+ Belarus	Belarussian Ruble	BYR	974	2145.105000	10	10	0	2, 4, 8
Belgium	euro	EUR	978	0.742833	1	0.01	2	8
Belize	US Dollar	USD	840	1.000000	1	0.1	2	5
+ Belize	Belize Dollar	BZD	084	2.000000	1	0.1	2	2
Benin	CFA Franc	XOF	952	487.266189	100	100	0	
Bermuda	US Dollar	USD	840	1.000000	1	0.1	2	5
Bermuda	Bermudian Dollar	BMD	060	1.000000	1	0.1	2	2,5
Bhutan	Ngultrum	BTN	064	40.704000	1	1	0	
Bolivia	US Dollar	USD	840	1.000000	1	0.1	2	5
+ Bolivia	Boliviano	BOB	068	7.995000	1	1	0	1, 2, 8
Bosnia and Herzegovina	euro	EUR	978	0.742833	1	0.01	2	
+ Bosnia and Herzegovina	Convertible Mark	BAM	977	NA	1	1	0	22
Botswana	Pula	BWP	072	6.226715	1	0.1	2	

IATA Rates of Exchange (IROE)

	To calculate fares, rates or charges in currencies listed below:				Multiply NUC fare rate/ charge by the following rate of exchange:	And round up the resulting amount to the next higher unit as listed below:			
	Country (+ local currency acceptance limited)	Currency Name	ISO Codes		From NUC	Rounding Units			
			Alpha	Numeric		Local Curr. Fares	Other Charges	Decimal Units	Notes
	Brazil	US Dollar	USD	840	1.000000	1	0.1	2	5
+	Brazil	Brazilian Real	BRL	986	1.940450	0.01	0.01	2	1,2,3,8,14
	Brunei Darussalam	Brunei Dollar	BND	096	1.533310	1	1	0	
	Bulgaria	euro	EUR	978	0.742833	1	0.01	2	
+	Bulgaria	Lev	BGN	975	NA	0.01	0.01	2	8, 22
	Burkina Faso	CFA Franc	XOF	952	487.266189	100	100	0	
	Burundi	US Dollar	USD	840	1.000000	1	0.1	2	5
+	Burundi	Burundi Franc	BIF	108	1064.612000	10	5	0	2, 16
	Cambodia	US Dollar	USD	840	1.000000	1	0.1	2	5
+	Cambodia	Riel	KHR	116	NA	10	10	0	2
	Cameroon	CFA Franc	XAF	950	487.266189	100	100	0	
	Canada	Canadian Dollar	CAD	124	1.061550	1	0.1	2	8, 12
	Cape Verde Islands	euro	EUR	978	0.742833	1	0.01	2	
+	Cape Verde Islands	Cape Verde Escudo	CVE	132	81.908427	100	100	0	2, 8
	Cayman Islands	US Dollar	USD	840	1.000000	1	0.1	2	5
	Cayman Islands	Cayman Islands Dollar	KYD	136	0.820000	0.1	0.1	2	2, 5
	Central African Rep.	CFA Franc	XAF	950	487.266189	100	100	0	
	Chad	CFA Franc	XAF	950	487.266189	100	100	0	
	Chile	US Dollar	USD	840	1.000000	1	0.1	2	5
+	Chile	Chilean Peso	CLP	152	526.265000	1	1	0	2
+	China excluding Hong Kong SAR and Macao SAR	Yuan Renminbi	CNY	156	7.645920	10	1	0	
	Chinese Taipei	New Taiwan Dollar	TWD	901	33.023700	1	1	0	
	Colombia	US Dollar	USD	840	1.000000	1	0.1	2	5
+	Colombia	Colombian Peso	COP	170	1887.940000	100	100	0	1, 2, 8, 21
	Comoros (Isl. Rep. of)	Comoro Franc	KMF	174	365.449642	100	50	0	
	Congo (Brazzaville)	CFA Franc	XAF	950	487.266189	100	100	0	
	Congo (Kinshasa)	US Dollar	USD	840	1.000000	1	0.1	2	5,
+	Congo (Kinshasa)	Franc Congolais	CDF	976	NA	1	0.05	3	2, 8
	Cook Islands	New Zealand Dollar	NZD	554	1.332492	1	0.1	2	8
	Costa Rica	US Dollar	USD	840	1.000000	1	0.1	2	5
	Costa Rica	Costa Rican Colon	CRC	188	NA	1	1	0	2, 5
	Côte d'Ivoire	CFA Franc	XOF	952	487.266189	100	100	0	
	Croatia	euro	EUR	978	0.742833	1	0.01	2	
+	Croatia	Kuna	HRK	191	NA	1	1	0	5, 8, 22
	Cuba	US Dollar	USD	840	1.000000	1	0.1	2	5
+	Cuba	Cuban Peso	CUP	192	1.000000	1	0.1	2	2
	Cyprus	Cyprus Pound	CYP	196	0.433210	1	0.5	2	8
	Czech Republic	Czech Koruna	CZK	203	21.091200	1	1	0	8
	Denmark	Danish Krone	DKK	208	5.532020	5	1	0	8
	Djibouti	Djibouti Franc	DJF	262	175.750000	100	100	0	
	Dominica	US Dollar	USD	840	1.000000	1	0.1	2	5
	Dominica	East Caribbean Dollar	XCD	951	2.700000	1	0.1	2	2
	Dominican Republic	US Dollar	USD	840	1.000000	1	0.1	2	5
	Dominican Republic	Dominican Peso	DOP	214	NA	1	1	0	2, 8
	Ecuador	US Dollar	USD	840	1.000000	1	0.1	2	5
	Egypt (Arab Rep. of)	Egyptian Pound	EGP	818	5.698070	1	1	2	
	El Salvador	US Dollar	USD	840	1.000000	1	0.1	2	5, 15
+	El Salvador	El Salvador Colon	SVC	222	NA	1	1	2	2, 8, 15

275

IATA Rates of Exchange (IROE)

To calculate fares, rates or charges in currencies listed below:			Multiply NUC fare rate/ charge by the following rate of exchange:	And round up the resulting amount to the next higher unit as listed below:			
Country (+ local currency acceptance limited)	Currency Name	ISO Codes	From NUC	Rounding Units			
		Alpha / Numeric		Local Curr. Fares	Other Charges	Decimal Units	Notes
Equatorial Guinea	CFA Franc	XAF 950	487.266189	100	100	0	
Eritrea	US Dollar	USD 840	1.000000	1	0.1	2	5
+ Eritrea	Nakfa	ERN 232	15.750000	1	1	0	2, 8
Estonia	Kroon	EEK 233	11.622803	5	1	0	8
Ethiopia	US Dollar	USD 840	1.000000	1	0.1	2	5
+ Ethiopia	Ethiopian Birr	ETB 230	9.025800	1	1	0	2, 8
Falkland Islands	Falkland Pound	FKP 238	0.503812	1	0.1	2	5
Faroe Isl.	Danish Krone	DKK 208	5.532020	5	1	0	8
Fiji Islands	Fiji Dollar	FJD 242	1.606014	1	0.1	2	8
Finland	euro	EUR 978	0.742833	1	0.01	2	8
France	euro	EUR 978	0.742833	1	0.01	2	8
French Guiana	euro	EUR 978	0.742833	1	0.01	2	8
French Polynesia	CFP Franc	XPF 953	88.643467	100	10	0	
Gabon	CFA Franc	XAF 950	487.266189	100	100	0	
Gambia	US Dollar	USD 840	1.000000	1	0.1	2	5
+ Gambia	Dalasi	GMD 270	NA	1	0.1	2	2, 8
Georgia	US Dollar	USD 840	1.000000	1	0.1	2	5
+ Georgia	Lari	GEL 981	1.676940	1	0.1	2	2, 8
Germany	euro	EUR 978	0.742833	1	0.01	2	8
Ghana	US Dollar	USD 840	1.000000	1	0.1	2	5
+ Ghana	Cedi	GHC 288	9276.757000	1	0.1	2	2, 8
Gibraltar	Gibraltar Pound	GIP 292	0.503812	1	0.1	2	5
Greece	euro	EUR 978	0.742833	1	0.01	2	8
Greenland	Danish Krone	DKK 208	5.532020	5	1	0	8
Grenada	US Dollar	USD 840	1.000000	1	0.1	2	5
Grenada	East Caribbean Dollar	XCD 951	2.700000	1	0.1	2	2
Guadeloupe	euro	EUR 978	0.742833	1	0.01	2	8
Guam	US Dollar	USD 840	1.000000	1	0.1	2	5
Guatemala	US Dollar	USD 840	1.000000	1	0.1	2	5
Guatemala	Quetzal	GTQ 320	NA	1	0.1	2	2, 8
Guinea	US Dollar	USD 840	1.000000	1	0.1	2	5
+ Guinea	Guinea Franc	GNF 324	3450.600000	100	100	0	2, 8
Guinea Bissau	CFA Franc	XOF 952	487.266189	100	100	0	
Guyana	US Dollar	USD 840	1.000000	1	0.1	2	5
+ Guyana	Guyana Dollar	GYD 328	NA	1	1	0	2
Haiti	US Dollar	USD 840	1.000000	1	0.1	2	5
Haiti	Gourde	HTG 332	NA	1	0.5	2	2
Honduras	US Dollar	USD 840	1.000000	1	0.1	2	5
Honduras	Lempira	HNL 340	NA	1	0.2	2	2
Hong Kong SAR, China	Hong Kong SAR Dollar	HKD 344	7.810630	10	1	0	8
+ Hungary	Forint	HUF 348	187.381000	100	100	0	8
Iceland	Iceland Krona	ISK 352	63.200000	100	10	0	8
India	Indian Rupee	INR 356	40.704000	5	1	0	8, 10
Indonesia	US Dollar	USD 840	1.000000	1	0.1	2	5
Indonesia	Rupiah	IDR 360	8891.000000	1000	100	0	1, 2, 8
+ Iran (Islamic Rep. of)	Iranian Rial	IRR 364	9255.600000	1000	1000	0	19
Iraq	US Dollar	USD 840	1.000000	1	0.1	2	5
+ Iraq	Iraqi Dinar	IQD 368	1259.204000	0.1	0.05	3	2

IATA Rates of Exchange (IROE)

	Country (+ local currency acceptance limited)	Currency Name	ISO Codes Alpha	Numeric	From NUC	Local Curr. Fares	Other Charges	Decimal Units	Notes
	Ireland	euro	EUR	978	0.742833	1	0.01	2	8
	Israel	US Dollar	USD	840	1.000000	1	0.1	2	5, 10
	Israel	New Israeli Sheqel	ILS	376	NA	1	1	0	2, 5, 8
	Italy	euro	EUR	978	0.742833	1	0.01	2	8
	Jamaica	US Dollar	USD	840	1.000000	1	0.1	2	5
+	Jamaica	Jamaican Dollar	JMD	388	NA	1	1	0	2
	Japan	Yen	JPY	392	121.551000	100	10	0	7, 8
	Jordan	Jordanian Dinar	JOD	400	0.708440	0.1	0.05	3	
+	Kazakhstan	Kazakhstan Tenge	KZT	398	121.246000	1	1	0	8
	Kenya	US Dollar	USD	840	1.000000	1	0.1	2	5
+	Kenya	Kenyan Shilling	KES	404	66.629000	5	5	0	2
	Kiribati	Australian Dollar	AUD	036	1.191448	1	0.1	2	
+	Korea (Dem. Peoples Rep. of)	North Korean Won	KPW	408	141.970000	1	1	0	
+	Korea (Rep. of)	Won	KRW	410	927.950000	100	100	0	8
	Kuwait	Kuwaiti Dinar	KWD	414	0.288116	1	0.05	3	
	Kyrgyzstan	US Dollar	USD	840	1.000000	1	0.1	2	5
+	Kyrgyzstan	Som	KGS	417	38.010000	1	0.1	2	2, 8
	Laos (People's Dem. Rep.)	US Dollar	USD	840	1.000000	1	0.1	2	5
+	Laos (People's Dem. Rep.)	Kip	LAK	418	9588.600000	10	10	0	2
	Latvia	Latvian Lats	LVL	428	0.522066	1	0.1	2	
	Lebanon	US Dollar	USD	840	1.000000	1	0.1	2	5
+	Lebanon	Lebanese Pound	LBP	422	NA	100	100	0	2, 8
	Lesotho	Loti	LSL	426	7.202010	10	1	0	6
	Liberia	US Dollar	USD	840	1.000000	1	0.1	2	5
+	Liberia	Liberian Dollar	LRD	430	NA	1	0.1	2	2, 5
+	Libya (S.P.L.A.J.)	Libyan Dinar	LYD	434	1.264980	0.1	0.05	3	19
	Liechtenstein	Same as Switzerland	CHF	756	1.224220	1	0.5	2	8
	Lithuania	Litas	LTL	440	2.564852	1	1	0	5,8
	Luxembourg	euro	EUR	978	0.742833	1	0.01	2	8
	Macao SAR, China	Pataca	MOP	446	8.044949	10	1	0	
	Macedonia (FYROM)	euro	EUR	978	0.742833	1	0.01	2	
+	Macedonia (FYROM)	Macedonian Denar	MKD	807	45.452700	1	1	0	5, 8, 22
	Madagascar	US Dollar	USD	840	1.000000	1	0.1	2	5
+	Madagascar	Ariary	MGA	969	1846.400000	100	100	0	2
	Malawi	US Dollar	USD	840	1.000000	1	0.1	2	5
	Malawi	Kwacha	MWK	454	140.413560	1	0.1	2	2, 8
	Malaysia	Malaysian Ringgit	MYR	458	3.422400	1	1	0	8
	Maldives Isl.	US Dollar	USD	840	1.000000	1	0.1	2	5
	Maldives Isl.	Rufiyaa	MVR	462	NA	1	1	0	2
	Mali	CFA Franc	XOF	952	487.266189	100	100	0	
	Malta	Maltese Lira	MTL	470	0.318909	1	0.1	2	5
	Marshall Isl.	US Dollar	USD	840	1.000000	1	0.1	2	5
	Martinique	euro	EUR	978	0.742833	1	0.01	2	8
+	Mauritania	Ouguiya	MRO	478	261.000000	20	10	0	
+	Mauritius	Mauritius Rupee	MUR	480	31.430000	5	1	0	
	Mayotte	euro	EUR	978	0.742833	1	0.01	2	8
	Mexico	US Dollar	USD	840	1.000000	1	0.1	2	5
	Mexico	Mexican Peso	MXN	484	10.841090	1	0.01	2	2, 8
	Micronesia	US Dollar	USD	840	1.000000	1	0.1	2	5

IATA Rates of Exchange (IROE)

To calculate fares, rates or charges in currencies listed below:				Multiply NUC fare rate/ charge by the following rate of exchange:	And round up the resulting amount to the next higher unit as listed below:			
Country (+ local currency acceptance limited)		Currency Name	ISO Codes	From NUC	Rounding Units			
			Alpha / Numeric		Local Curr. Fares	Other Charges	Decimal Units	Notes
	Moldova	euro	EUR 978	0.742833	1	0.01	2	
+	Moldova	Moldovan Leu	MDL 498	12.139000	1	1	0	8, 22
	Monaco	euro	EUR 978	0.742833	1	0.01	2	8
	Mongolia	US Dollar	USD 840	1.000000	1	0.1	2	5
	Mongolia	Tugrik	MNT 496	NA	-	-	2	2
	Montenegro	euro	EUR 978	0.742833	1	0.1	2	5
	Montserrat	US Dollar	USD 840	1.000000	1	0.1	2	5
	Montserrat	East Caribbean Dollar	XCD 951	2.700000	1	0.1	2	2,5
+	Morocco	Moroccan Dirham	MAD 504	8.314230	5	1	0	8
+	Mozambique	Metical	MZN 943	26.004000	10	1	0	8
+	Myanmar	Kyat	MMK 104	6.420000	1	1	0	
	Namibia	Namibia Dollar	NAD 516	7.202010	10	1	0	6, 8
	Nauru	Australian Dollar	AUD 036	1.191448	1	0.1	2	
	Nepal	US Dollar	USD 840	1.000000	1	0.1	2	5
+	Nepal	Nepalese Rupee	NPR 524	65.126400	1	1	0	2
	Netherlands	euro	EUR 978	0.742833	1	0.01	2	8, 11
	Netherlands Antilles	Neth. Antillian Guilder	ANG 532	1.790000	1	1	0	
	New Caledonia	CFP Franc	XPF 953	88.643467	100	10	0	
	New Zealand	New Zealand Dollar	NZD 554	1.332492	1	0.1	2	8, 18
	Nicaragua	US Dollar	USD 840	1.000000	1	0.1	2	5
+	Nicaragua	Cordoba Oro	NIO 558	18.280000	1	1	0	1, 2
	Niger	CFA Franc	XOF 952	487.266189	100	100	0	
	Nigeria	US Dollar	USD 840	1.000000	1	0.1	2	5
+	Nigeria	Naira	NGN 566	127.521000	1	1	0	2
	Niue	New Zealand Dollar	NZD 554	1.332492	1	0.1	2	
	Norfolk Isl.	Australian Dollar	AUD 036	1.191448	1	0.1	2	
	North Mariana Isl.	US Dollar	USD 840	1.000000	1	0.1	2	5
	Norway	Norwegian Krone	NOK 578	6.009620	5	1	0	8
	Oman	Rial Omani	OMR 512	0.384500	1	0.1	3	
+	Pakistan	Pakistan Rupee	PKR 586	60.714000	10	1	0	9
	Palau	US Dollar	USD 840	1.000000	1	0.1	2	5
	Palestinian Territory, Occupied	US Dollar	USD 840	1.000000	1	0.1	2	5
	Panama	US Dollar	USD 840	1.000000	1	0.1	2	5
	Panama	Balboa	PAB 590	1.000000	1	0.1	2	2
	Papua New Guinea	Kina	PGK 598	2.968958	1	0.1	2	
	Paraguay	US Dollar	USD 840	1.000000	1	0.1	2	5
+	Paraguay	Guarani	PYG 600	NA	100	100	0	2, 20
	Peru	US Dollar	USD 840	1.000000	1	0.1	2	5
+	Peru	Nuevo Sol	PEN 604	3.171350	0.1	0.1	2	2, 8
	Philippines	US Dollar	USD 840	1.000000	1	0.1	2	5
+	Philippines	Philippine Peso	PHP 608	NA	1	1	0	2, 8
+	Poland	Zloty	PLN 985	2.839920	1	0.01	2	8
	Portugal incl Azores, Madeira	euro	EUR 978	0.742833	1	0.01	2	8
	Puerto Rico	US Dollar	USD 840	1.000000	1	0.1	2	5
	Qatar	Qatari Rial	QAR 634	3.640000	10	10	0	
	Reunion Isl.	euro	EUR 978	0.742833	1	0.01	2	8
	Romania	euro	EUR 978	0.742833	1	0.01	2	
+	Romania	New Leu	RON 946	2.427880	1	1	2	8, 22
	Russia	euro	EUR 978	0.742833	1	0.01	2	8,22

IATA Rates of Exchange (IROE)

	Country (+ local currency acceptance limited)	Currency Name	ISO Codes Alpha	Numeric	From NUC	Rounding Units Local Curr. Fares	Other Charges	Decimal Units	Notes
+	Russia	Russian Ruble	RUB	643	25.880040	5	1	0	8, 22
	Rwanda	US Dollar	USD	840	1.000000	1	0.1	2	5, 13
+	Rwanda	Rwanda Franc	RWF	646	NA	10	5	0	2, 13
	Saint Kitts, Nevis	US Dollar	USD	840	1.000000	1	0.1	2	5
	Saint Kitts, Nevis	East Caribbean Dollar	XCD	951	2.700000	1	0.1	2	2
	Saint Lucia	US Dollar	USD	840	1.000000	1	0.1	2	5
	Saint Lucia	East Caribbean Dollar	XCD	951	2.700000	1	0.1	2	2
	St.Pierre Miquelon	euro	EUR	978	0.742833	1	0.01	2	8
	St. Vincent and the Grenadines	US Dollar	USD	840	1.000000	1	0.1	2	5
	St. Vincent and the Grenadines	East Caribbean Dollar	XCD	951	2.700000	1	0.1	2	2
	Samoa	Tala	WST	882	2.557613	1	0.1	2	8
	Sao Tome and Principe	US Dollar	USD	840	1.000000	1	0.1	2	5
+	Sao Tome and Principe	Dobra	STD	678	NA	100	100	0	2, 8
	Saudi Arabia	Saudi Riyal	SAR	682	3.750660	1	1	0	
	Senegal	CFA Franc	XOF	952	487.266189	100	100	0	
	Serbia	euro	EUR	978	0.742833	1	0.01	2	
+	Serbia	Serbian Dinar	RSD	941	60.508710	1	1	0	5, 8, 22
	Seychelles	Seychelles Rupee	SCR	690	6.184490	1	1	2	
	Sierra Leone	US Dollar	USD	840	1.000000	1	0.1	2	5
+	Sierra Leone	Leone	SLL	694	NA	1	0.1	2	2, 8
	Singapore	Singapore Dollar	SGD	702	1.533310	1	1	0	8
+	Slovakia	Slovak Koruna	SKK	703	25.363500	1	1	0	
	Slovenia	euro	EUR	978	0.742833	1	0.01	2	
	Solomon Islands	Solomon Island Dollar	SBD	090	7.115773	1	0.1	2	
	Somalia	US Dollar	USD	840	1.000000	1	0.1	2	5
+	Somalia	Somali Shilling	SOS	706	1356.600000	1	1	0	1, 2
	South Africa	Rand	ZAR	710	7.202010	10	1	0	6, 8
	Spain incl. Canary Islands	euro	EUR	978	0.742833	1	0.01	2	8
+	Sri Lanka	Sri Lanka Rupee	LKR	144	110.797000	100	1	0	
+	Sudan	Sudanese Pound	SDG	938	2.040000	1	1	2	19
	Suriname	US Dollar	USD	840	1.000000	1	0.1	2	5
+	Suriname	Surinam Dollar	SRD	968	2.770000	1	1	0	2
	Swaziland	Lilangeni	SZL	748	7.202010	10	1	0	6
	Sweden	Swedish Krona	SEK	752	6.931420	5	1	0	8
	Switzerland	Swiss Franc	CHF	756	1.224220	1	0.5	2	8
+	Syria	Syrian Pound	SYP	760	50.990000	1	1	0	19
	Tajikistan	US Dollar	USD	840	1.000000	1	0.1	2	5
+	Tajikistan	Somoni	TJS	972	3.430000	1	0.1	2	2, 8
	Tanzania	US Dollar	USD	840	1.000000	1	0.1	2	5
+	Tanzania	Tanzania Shilling	TZS	834	1260.700000	10	10	0	2
	Thailand	Baht	THB	764	32.783000	5	5	0	8
	Timor Leste	US Dollar	USD	840	1.000000	1	0.1	2	5
	Togo	CFA Franc	XOF	952	487.266189	100	100	0	
	Tonga Isl.	Pa'anga	TOP	776	1.971544	1	0.1	2	8
	Trinidad and Tobago	US Dollar	USD	840	1.000000	1	0.1	2	5
+	Trinidad and Tobago	Trinidad & Tobago Dollar	TTD	780	NA	1	0.1	2	2
+	Tunisia	Tunisian Dinar	TND	788	1.300030	1	0.5	3	
	Turkey	euro	EUR	978	0.742833	1	0.01	2	8

IATA Rates of Exchange (IROE)

To calculate fares, rates or charges in currencies listed below:				Multiply NUC fare rate/ charge by the following rate of exchange:	And round up the resulting amount to the next higher unit as listed below:			
Country (+ local currency acceptance limited)	Currency Name	ISO Codes Alpha	Numeric	From NUC	Rounding Units Local Curr. Fares	Other Charges	Decimal Units	Notes
+ Turkey	New Turkish Lira	TRY	949	1.325090	1	0.01	2	8, 22
Turkmenistan	US Dollar	USD	840	1.000000	1	0.1	2	5
+ Turkmenistan	Turkmenistan Manat	TMM	795	5200.000000	1	0.1	2	2, 8
Turks and Caicos Isl.	US Dollar	USD	840	1.000000	1	0.1	2	5
Tuvalu	Australian Dollar	AUD	036	1.191448	1	0.1	2	
Uganda	US Dollar	USD	840	1.000000	1	0.1	2	5
+ Uganda	Uganda Shilling	UGX	800	1675.001000	1	1	0	2, 8
Ukraine	US Dollar	USD	840	1.000000	1	0.1	2	5
+ Ukraine	Hryvnia	UAH	980	5.028250	1	0.1	2	2, 8
United Arab Emirates	UAE Dirham	AED	784	3.672730	10	10	0	
United Kingdom	Pound Sterling	GBP	826	0.503812	1	0.1	2	5, 8
United States of America / UST	US Dollar	USD	840	1.000000	1	0.1	2	4
Uruguay	US Dollar	USD	840	1.000000	1	0.1	2	5
+ Uruguay	Peso Uruguayo	UYU	858	23.920000	1	1	0	1, 2, 5, 8
Uzbekistan	US Dollar	USD	840	1.000000	1	0.1	2	5
+ Uzbekistan	Uzbekistan Sum	UZS	860	1260.654000	1	1	0	2, 8
Vanuatu	Vatu	VUV	548	103.519000	100	10	0	
Venezuela	US Dollar	USD	840	1.000000	1	0.1	2	5
Venezuela	Bolivar	VEB	862	2150.000000	10	10	0	2, 5, 8
Viet Nam	US Dollar	USD	840	1.000000	1	0.1	2	5
+ Viet Nam	Dong	VND	704	16099.100000	1000	1000	0	2
Virgin Islands (British)	US Dollar	USD	840	1.000000	1	0.1	2	5
Virgin Islands (US)	US Dollar	USD	840	1.000000	1	0.1	2	4, 5
Wallis and Futuna Isl.	CFP Franc	XPF	953	88.643467	100	10	0	
Yemen	Yemeni Rial	YER	886	198.000000	1	1	0	19
Zambia	US Dollar	USD	840	1.000000	1	0.1	2	5, 9
+ Zambia	Kwacha	ZMK	894	NA	5	5	0	2, 8
Zimbabwe	US Dollar	USD	840	1.000000	1	0.1	2	5
+ Zimbabwe	Zimbabwe Dollar	ZWD	716	NA	1	1	2	2

IATA Rates of Exchange (IROE)

NOTES

1. For information apply to the nearest office of an issuing or participating airline.

2. International fares, fares related charges and excess baggage charges will be quoted in US Dollars. The conversion rate shown herein is to be used solely to convert local currency domestic fares to US Dollars, permitting the combination of domestic fares and international fares on the same ticket.

3. No rounding is involved; all decimals beyond two shall be ignored.

4. Rounding of fares and other charges shall be to the nearest rounding unit except US Tax charges shall be rounded to the nearest 0.01.

5. Rounding of fares and other charges shall be to the nearest rounding unit.

For Example if rounding unit is 1:
  Between: 0.01 and 0.49 round down
             0.50 and 0.99 round up

6. Rounding of other charges shall be accomplished by dropping amounts less than 50 cents/lisenti and increasing amounts of 50 cents/lisenti or more.

7. Changes to promotional fares in Japanese Yen shall be calculated to JPY 1 and rounded up to JPY 1,000.

8. Refer to PAT General Rules book section 11.10 for sources for bankers rates of exchange.

9. Tickets issued outside Pakistan for journeys commencing in Pakistan may not be issued to Pakistani nationals whose stay abroad has been less than 10 months, unless approved by the Pakistani State Bank.

10. When purchasing a ticket in India, non-residents need prior approval from Reserve Bank or must produce a bank certificate evidencing the exchange of foreign currency.

11. Netherlands security charge and Passenger Service Charge shall not be rounded.

12.
(a) Rounding of local currency fares shall be accomplished by dropping amounts less than 50 cents and increasing amounts of 50 cents or more. Round trip fares in Canadian/US currency shall not exceed twice the one-way fare.
(b) Other charges - Canadian Tax Charges rounded to the nearest 0.01.

13. Notwithstanding the '+'sign, Rwanda francs may be accepted only in accordance with the instructions issued by the 'Ministere des Finances' to the agents of Rwanda and the carriers operating to or from Rwanda. All fares from Rwanda shall be published in a basic currency.

14. The sale in Brazilian currency is prohibited for tickets which permit a stopover in Brazil on the outbound journey, once the passenger has left Brazil. This prohibition shall not apply to the sale of transportation to be performed solely within the area comprised of Argentina / Brazil / Chile / Paraguay and Uruguay.

15. El Salvador VAT shall not be rounded.

16. Notwithstanding the dagger sign, Burundese francs may be accepted only in accordance with the instructions issued by the 'Ministere des Finances' of the Kingdom of Burundi to the agents of Burundi and the carriers operating to or from Burundi. All fares from Burundi shall be published in a basic currency.

17. Other Charges - Australian Tax Charges when collected in Australia, round to the nearest 0.01.

18. Other Charges - New Zealand Tax Charges when collected in New Zealand, round to the nearest 0.01.

19. Exchange rate set by Government.

20. Other Charges - Paraguay IVA tax rounded to nearest PYG1.

21. Other Charges - Colombian VAT shall be rounded to the nearest COP 10

22. International fares, fares related charges and excess baggage charges will be quoted in euro (EUR). The conversion rate shown herein is to be used solely to convert local currency domestic fares to euro, permitting the combination of domestic fares and international fares on the same ticket

9. EMA 里程补贴表

2. Application of Tariff

2.4. Mileage system/ routings

2.4.1. Mileage calculation

2.4.1.2. Applicable fare when mileage exceeded

Where the sum of the TPMs is in excess of the MPM, divide the sum of TPMs by the MPM, and surcharge in accordance with the table below. When dividing the sum of TPMs by the MPM the result of the calculation shall be truncated at 5 decimals; the result indicates the mileage percentage to be applied

If the result is over	Up to and including	The fare shall not be less than the direct route fare plus
1.00	1.05	5%
1.05	1.10	10%
1.10	1.15	15%
1.15	1.20	20%
1.20	1.25	25%
	over 1.25	lowest combination

EXAMPLE 1
Mileage calculation via indirect routing
Problem: Mileage calculation for an indirect routing from CAI to MIL via ZRH

Routing　Relevant miles
CAI
ZRH　　CAI-ZRH　　　　　　　TPM 1705
MIL　　ZRH-MIL　　　　　　　TPM 133
　　　　Cumulative TPM:　　　　1838
　　　　MPM: CAI-MIL　　　　　1929
EXPLANATION
Since the total TPM (1838) is lower than the MPM between CAI-MIL (1929), no mileage surcharge applies. The fare is assessed according to Rules 2.5. - 2.13.

EXAMPLE 2
Mileage calculation via indirect routing
Problem: Mileage calculation for an indirect routing from OSL to GVA via CPH-FRA-PAR

Routing　Relevant miles
OSL
CPH　　OSL-CPH　　　　　　　TPM 314
FRA　　CPH-FRA　　　　　　　TPM 422
PAR　　FRA-PAR　　　　　　　TPM 289
GVA　　PAR-GVA　　　　　　　TPM 250
　　　　Cumulative TPM:　　　　1275
　　　　MPM: OSL-GVA　　　　　1173
EXPLANATION
Since the total TPM (1275) is higher than the MPM between OSL-GVA (1173), a mileage surcharge is applicable.
The excess mileage table on the inside cover at the back of this book enables you to determine the applicable mileage surcharge by which the fare via this indirect routing must be multiplied.
In this case a 10% surcharge must be added to the applicable direct fare.

EXAMPLE 3
Mileage calculation for a return journey
Problem: Mileage calculation for an indirect journey from OSL via CPH - DUS - PAR - GVA - LON - CPH back to OSL (turnaround point - GVA)

Routing　Relevant miles
OSL
CPH　　OSL-CPH　　　　　　　TPM 314
DUS　　CPH-DUS　　　　　　　TPM 422
PAR　　DUS-PAR　　　　　　　TPM 289
GVA　　PAR-GVA　　　　　　　TPM 250
LON　　GVA-LON　　　　　　　TPM 466
CPH　　LON-CPH　　　　　　　TPM 594
OSL　　CPH-OSL　　　　　　　TPM 314
Out　　Cumulative TPM: OSL-GVA　1275
　　　　MPM: OSL-GVA　　　　　1173
In　　　Cumulative TPM: GVA-OSL　1374
　　　　MPM: OSL-GVA　　　　　1173
EXPLANATION
In case of return journeys, the journey is divided into separate fare components for the outbound and inbound portions.

A separate mileage calculation must be done for each fare component.
The total TPM (1275) for the outbound component exceeds the MPM requiring 5% surcharge to be applied. The inbound fare component requires a 20% surcharge to permit travel via LON and CPH.

EXAMPLE 4
Mileage calculation via a routing for which a special two letter direction code applies
Problem: Mileage calculation for an indirect routing from VIE via LON - FRA - TYO. The portion FRA - TYO is flown via Siberia (TS).

Routing　Relevant miles
VIE
LON　　VIE-LON　　　　　　　TPM 780
FRA　　LON-FRA　　　　　　　TPM 396
TYO　　FRA-TYO (TS)　　　　　TPM 5927
　　　　Cumulative TPM:　　　　7103
　　　　MPM: VIE-TYO (TS)　　　6837
EXPLANATION
Since the passenger is travelling via Siberia, also the mileage and fare calculations are carried out with miles and fares via Siberia. The direction code is TS. As the TPM exceeds MPM, a 5% mileage surcharge is applicable.

2.4.3. Extra mileage allowance (EMA)

A special mileage calculation procedure applies to define indirect routings. A ticketed point mileage deduction is permitted if:
1　the fare construction points correspond to the cities under 'between/ and'
2　travel is via the city(ies) under 'Via'. Additional intermediate ticketed points may be added to the routing.
The total ticketed point mileage between the fare construction points is then reduced by the amount shown in the line: 'Mileage deduction'. Only 1 deduction is permitted in the same fare component. This new TPM amount is compared to the maximum permitted mileage to establish a possible mileage surcharge.
Only one TPM deduction per fare component is permitted.

NOTE: in the following Tables;
"-"　　means "and/ or"
"/"　　means "or"

2.4.3.1. Area 1 EMA

Between	And	Via	TPM Deduction
Buenos Aires/ Montevideo	Canada/ Mexico/ USA	Rio de Janeiro-Sao Paulo with no stopover at either point	510
Buenos Aires/ Montevideo	Caracas	Wholly within South America	400

2.4.3.2. Area 2 EMA

2.4.3.2.1. Between Europe and the Middle East

Between	And	Via	TPM Deduction
Europe	Iran (except Tehran)	Tehran	100
Budapest	Middle East	a point in Europe other than in Hungary	100

2.4.3.3. Area 3 EMA

Between	And	Via	TPM Deduction
Osaka/ Tokyo	Denpasar Bali	via Jakarta with no stopover; no additional intermediate points between Jakarta and Denpasar Bali	70
Area 3 (except when travel is wholly within Afghanistan, Bangladesh, Bhutan, Maldives, Pakistan, India, Nepal and Sri Lanka)	A point in Area 3	via both Mumbai and Delhi, or via both Islamabad and Karachi	700
Area 3 (except when travel is wholly within Afghanistan, Bangladesh, Bhutan, Maldives, Pakistan, India, Nepal and Sri Lanka)	Mumbai	Delhi	700
Area 3 (except when travel is wholly within Afghanistan, Bangladesh, Bhutan, Maldives, Pakistan, India, Nepal and Sri Lanka)	Delhi	Mumbai	700
Area 3 (except when travel is wholly within Afghanistan, Bangladesh, Bhutan, Maldives, Pakistan, India, Nepal and Sri Lanka)	Karachi	Islamabad	700

2. Application of Tariff

Between	And	Via	TPM Deduction
Area 3 (except when travel is wholly within Afghanistan, Bangladesh, Bhutan, Maldives, Pakistan, India, Nepal and Sri Lanka)	Islamabad	Karachi	700

2.4.3.4. Area 12 via the Atlantic EMA

Between	And	Via	TPM Deduction
Alberta/ British Columbia/ Yukon	Europe	via St. Johns - Halifax - Montreal - Ottawa - Toronto	400
Canada/ Mexico/ USA	South Africa	Tel Aviv	660
Cancun	Europe	Mexico City	550
Merida	Europe	Mexico City	150
Mid Atlantic Points except Bahamas/ Bermuda	Fuerteventura/ Gran Canaria/ Lanzarote/ San Sebastian de la Gomera / Santa Cruz de la Palma/ Tenerife/ Valverde	via Europe other than Fuerteventura/ Gran Canaria/ Lanzarote/ San Sebastian de la Gomera/ Santa Cruz de la Palma/ Tenerife/ Valverde	1300
New Brunswick/ Newfoundland/ Nova Scotia/ Prince Edward Island	Europe	via Boston - Montreal - Ottawa - Toronto	1500
New Brunswick/ Nova Scotia/ Prince Edward Island	Israel	via Halifax - Montreal - Toronto	500
Newfoundland	Israel	via St. Johns - Halifax - Montreal - Toronto	1600
Newfoundland	Europe	via Halifax	700

2.4.3.5. Area 23 EMA

Between	And	Via	TPM Deduction
Europe	Australia	Harare-Johannesburg	518
Europe	South Asian Subcontinent	via both Mumbai and Delhi	700
Europe	Mumbai	Delhi	700
Europe	Delhi	Mumbai	700
Middle East	TC3 (except South West Pacific)	via both Mumbai and Delhi, or via both Islamabad and Karachi	700
Middle East	Mumbai	Delhi	700
Middle East	Delhi	Mumbai	700
Middle East	Karachi	Islamabad	700
Middle East	Islamabad	Karachi	700

2.4.3.6. Area 31 via the Pacific EMA

Between	And	Via	TPM Deduction
USA (except Hawaii)/ Canada	Area 3	Hawaii - for North/ Central Pacific fares only	800

2.4.4. Routing References - Application of specified routings

See Routings at back of Fares Book. The routings in this Passenger Air Tariff show indirect routings indicating stopover and/ or ticketed transfer points. Intermediate points may be omitted if a more direct routing is used, and no additional point is added. However, notes governing the indirect routing are applicable also to the more direct route.
Route options are shown in one direction only. For travel in the opposite direction they must be read in the reverse direction

2.4.5. Specified routings

The specified routings mentioned below shall be permitted at the direct fare (Rules 2.9.1. do not apply) provided that:
- the fare between the points named is applied and is permitted without surcharge
- the route is via the points specified
- an intermediate point may be omitted but no additional points may be added

See also Rule 2.4.4. for other routing options.

2.4.5.1. Area 1 - Specified Routings

Between	And	Via
Asuncion	Bogota/ Guayaquil/ Mexico/ Quito	BUE/ RIO/ SAO
Brasilia	Atlanta/ Baltimore/ Boston/ Chicago/ Mexico City/ Miami/ Montreal/ New York/ Philadelphia/ Ottawa/ Toronto/ Washington	Rio de Janeiro/ Sao Paulo
Buenos Aires	Guayaquil/ Quito/ San Jose	Rio de Janeiro/ Sao Paulo / Bogota
Cancun	A point in Colombia/ Quito / Guayaquil	Mexico City / Miami
Quito	Aruba	Caracas / Bogota

283

后 记

为了适应中国和世界民航运输的迅猛发展，以及国际客运销售业务由纸质机票进步到全面电子机票的新阶段，本教材主要参考国际航协（IATA）和世界各航空公司的近期运价和票务规则编写，并将航班信息和国际旅行信息、电子机票等和国际客运销售密切相关的内容体现在教材中。

全书共九章，由于爱慧担任主编，陈燕、孙惠君担任副主编。陈燕编写第一章，王静芳编写第二章，孙惠君编写第三章，于爱慧编写第四章至第六章、第八章和第九章，陈小代编写第七章和全书练习题。

本书中引用的运价、兑换率和航程资料等仅用于说明教材内容，并且数据资料出自不同版本的运价手册和公布信息，前后可能不一致，并非现时有效的数据，不可在实际工作中引用。同时，限于篇幅，书中主要介绍多数国家和航空公司通用的一般规则，而在实际中存在大量的例外情况，需向有关航空公司咨询。

在有限的时间内，本书力求做到内容完整准确、简明扼要，但限于水平，难免挂一漏万，望读者不吝指正。

编者
2011. 8. 8